民國文化與文學研究文叢

二 編

李 怡 主編

第 4 冊

民國文學現象叢論

何錫章 著

國家圖書館出版品預行編目資料

民國文學現象叢論／何錫章 著 — 初版 — 新北市：花木蘭文
化出版社，2013〔民 102〕

目 2+272 面：19×26 公分

（民國文化與文學研究文叢 二編：第 4 冊）

ISBN：978-986-322-307-8（精裝）

1. 中國文學　2. 文學評論

541.26208　　　　　　　　　　　　　　　　　102012319

ISBN-978-986-322-307-8

9 789863 223078

民國文化與文學研究文叢
二 編 第四冊　　　　　　ISBN：978-986-322-307-8

民國文學現象叢論

作　　者　何錫章
主　　編　李 怡
企　　劃　四川大學現代中國文化與文學研究中心
　　　　　民國文學與海外漢學研究中心（籌）
　　　　　北京師範大學民國歷史文化與文學研究中心
總 編 輯　杜潔祥
印　　刷　普羅文化出版廣告事業
出　　版　花木蘭文化出版社
發 行 人　高小娟
聯絡地址　235 新北市中和區中安街七二號十三樓
　　　　　電話：02-2923-1455／傳真：02-2923-1452
網　　址　http://www.huamulan.tw 信箱 sut81518@gmail.com
初　　版　2013 年 9 月
定　　價　二編 22 冊（精裝）新台幣 38,000 元
　　　　　　　　　　　　　　　　　　　版權所有·請勿翻印

民國文學現象叢論

何錫章　著

作者簡介

何錫章，1953 年出生於重慶雲陽，現任華中科技大學教授，人文學院院長，主要從事文學與文化研究。

提　　要

　　這是作者多年從事民國文學研究的結晶。以歷史的眼光，燭照現代文學；用現代價值，審視作家作品。對魯迅理想人性思想研究，別具只眼；對現代文學特質的理解，新穎獨特；有關現代抒情小說、浪漫主義文學思潮的解讀，不囿陳說；對現代文學語言革命意義的認識，多有己見。思想活躍敏銳，學術視野開闊，充分吸收了文化學、哲學、美學等學科的理論和方法，站在現代性的立場上，將研究對象與中國傳統文化、文學進行比較，既具有嚴肅學者的治學態度，又有思想者的批判理性精神。本書將理論思辨與生動活潑的文字結合，在啟發讀者思想之際，能給人一種閱讀的快樂。

就「民國機制」與民國文學答問
——《民國文化與文學研究文叢》第二輯引言

李　怡

文學的「民國機制」是什麼

周維東：我注意到，最近有一些學者提出了「民國文學史」研究的問題，例如張福貴先生、丁帆先生、湯溢澤先生等等。而在這些「文學史」重新書寫的呼聲中，您似乎更專注於一個新的概念的闡述和運用，這就是文學的「民國機制」，您能否說明一下，究竟什麼是文學的「民國機制」呢？

李怡：「民國機制」是近年來我在中國現代文學史研究中逐漸感受到並努力提煉出來的一個概念。形成這一概念大約是在 2009 年，爲了參加北京大學召開的紀念五四新文化運動 90 周年研討會，我重新考察了「五四文化圈」的問題，我感到，五四文化圈之所以有力量，有創造性，根本原因就在於當時形成了一個砥礪切磋、在差異中相互包容又彼此促進的場域，而這樣的場域所以能夠形成，又與「民國」的出現關係甚大，中國現代文學之有後來的發展壯大，在很大程度上得力於當時能夠形成這個場域。在那時，我嘗試著用「民國機制」來概括這一場域所表現出來的影響文學發展的特點。〔註 1〕我將五四時期視作文學的「民國機制」的初步形成期，因爲，就是從這個時期開始，推動中國現代文化與文學健康穩定發展的基本因素已經出現並構成了較爲穩定的「結構」。〔註 2〕

〔註 1〕李怡：《誰的五四：論五四文化圈》，見《中國現代文學研究叢刊》2009 年 3 期。

〔註 2〕李怡：《「五四」與現代文學「民國機制」的形成》，《鄭州大學學報》2009 年

　　2010 年，在進一步的研究中，我對文學的「民國機制」做出了初步的總結。我提出：「民國機制」就是從清王朝覆滅開始在新的社會體制下逐步形成的推動社會文化與文學發展的諸種社會力量的綜合，這裏有社會政治的結構性因素，有民國經濟方式的保證與限制，也有民國社會的文化環境的圍合，甚至還包括與民國社會所形成的獨特的精神導向，它們共同作用，彼此配合，決定了中國現代文學的特徵，包括它的優長，也牽連著它的局限和問題。為什麼叫做「民國機制」呢？就是因為形成這些生長因素的力量醞釀於民國時期，後來又隨著 1949 年的政權更迭而告改變或者結束。新中國成立以後，眾所周知的事實是，政治制度、經濟形態及社會文化氛圍及人的精神風貌都發生了重大改變，「民國」作為一個被終結的歷史從大陸中國消失了，以「民國」為資源的機制自然也就不復存在了，新中國文學在新的「機制」中轉換發展，雖然我們不能斷言這些新「機制」完全與舊機制無關，或許其中依然包含著數十年新文化新文學發展無法割斷的因素，但是從總體上看，這些因素即便存在，也無法形成固有的「結構」，對於文化和文學的發展而言，往往就是這些不同的「結構」在發生著關鍵性的作用，所以我主張將所謂的「百年中國文學」、「二十世紀中國文學」分段處理，不要籠統觀察和描述，它們實在大不相同，二十世紀下半葉的中國文學應該在新的「機制」中加以認識。〔註3〕

　　周維東：「民國機制」與同時期出現的「民國文學史」、「民國史視角」有什麼差別？

　　李怡：「民國文學史」提出來自當代學人對諸多「現代文學」概念的不滿，據我的統計，最早提出以「民國文學史」取代「現代文學史」設想的是上海的陳福康先生，陳福康先生長期致力於現代文獻史料的發掘勘定工作，他所接觸和處理的歷史如此具體，實在與抽象的「現代」有距離，所以更願意認同「民國」這一稱謂，其實這裏有一個值得注意的現象：真正投入歷史的現場，你就很容易發現文學的歷史更多的是一些具體的「故事」，抽象的「現代」之辨並不都那麼激動人心，所以在近現代史學界，以「民國史」定位自己工作者先前就存在，遠比我們觀念性強的「文學史」界為早。繼陳福康先生之後，又先後有張福貴、魏朝勇、趙步陽、楊丹丹、湯溢澤、丁帆等人繼續闡

　　　4 期。
〔註 3〕李怡：《民國機制：中國現代文學的一種闡釋框架》，《廣東社會科學》2010
　　　年 6 期。

述和運用了「民國文學史」的概念，尤其是張福貴和丁帆先生，更以「國務院學位委員」特有的學科視野為我們論述和規劃了這一新概念的重要意義與現實可能，我覺得他們的論述十分重要，需要引起國內現代文學同行的高度重視和認真討論。在一開始，我也樂意在「民國文學史」的框架中討論現代文學的問題，因為這一框架顯然能夠把我們帶入更為具體更為寬闊的歷史場景，而不必陷入糾纏不清的概念圈套之中，例如借助「民國文學史」的框架，我們就能夠更好地解釋「大後方文學」的複雜格局，包括它與延安文學的互動關係。〔註4〕

　　不過，「民國文學史」主要還是一個歷史敘述的框架，而不是具體的認知視角和研究範式，或者說他更像是一個宏闊的學科命名，而不是「進入」問題的角度，我們也不僅僅為了「寫史」，在書寫整體的歷史進程之外，我們大量的工作還在對一個一個具體文學現象的理解和闡釋，而這就需要有更具體的解讀歷史的角度和方法，我們不僅要告訴人們這一段歷史「叫做」什麼，而且要回答它「為什麼」是這樣，其中都有哪些值得注意的東西，對後者的深入挖掘可以為我們的文學研究打開新的空間，「機制」的問題提出就來源於此。

　　周維東：我也意識到這一問題。「民國文學史」提出的學理依據和理論價值，在於它一時間化解了「中國現代文學史」框架中許多難以解決的難題，譬如中國現代文學的「起點」問題，中國現代文學的「包容度」問題，中國現代文學史寫作的價值立場問題等等。但「化解」並不等同於「解決」，當我們以「民國」的歷史來界分中國現代文學時，我們依舊需要追問「現代」的起源問題；當我們不在為中國現代文學的包容度而爭議時，如何將民國文學錯綜複雜的文學現象統攝在同一個學術平臺上，又成了新的問題；我們可以不為「現代」的本質而煩擾，但一代代中國現代知識份子的文化追求還是會引發我們思考：他們為什麼要這樣而不是那樣？

　　李怡：還有一個概念也很有意思，這就是秦弓先生提出的「民國史視角」，〔註5〕「視角」的思路與我們對其中「機制」的關注和考察有彼此溝通之處，

〔註4〕 李怡：《「民國文學史」框架與「大後方文學」》，《重慶師範大學學報》2009年1期。

〔註5〕 秦弓先後發表《從民國史的角度看魯迅》（《廣東社會科學》2006年4期）、《現代文學的歷史還原與民國史視角》（《湖南社會科學》2010年1期）。

我們都傾向於通過對特定歷史文化的具體分析爲文學現象的解釋找到根據。在我們的研究中，有時也使用「視角」一詞，只是，我更願意用「機制」，因爲，它指涉的歷史意義可能更豐富，研究文學現象不僅需要「觀察點」，需要「角度」，更需要有對文化和文學的內在「結構性」因素的總結，最終，讓二十世紀中國文學上下半葉各自區分的也不是「角度」而是一系列實在內涵。

周維東：「民國機制」的研究許多都涉及社會文化的制度問題，這與前些年出現的「中國現當代文學制度研究」有什麼差別呢？

李怡：最近一些年出現的「中國現當代文學制度研究」爲中國文學的發生發展尋找到了豐富的來自社會體制的解釋，這對過去機械唯物主義的「社會反映論」研究具有根本的差異，我們今天對「民國機制」的思考，當然也包含著對這些成果的肯定，不過，我認爲，在兩個大的方面上，我們的「機制」論與之有著不同。首先，這些「制度研究」的理論資源依然主要來自西方學術界，這固然不必指責，但顯然他們更願意將現代中國的各種「制度現象」納入到更普遍的「制度理論」中予以認識，「民國」歷史的特殊性和諸多細節還沒有成爲更主動的和主要的關注對象，「民國視角」也不夠清晰和明確，而這恰恰是我們所要格外強調的；其次，我們所謂的「機制」並不僅是外在的社會體制，它同時也包括現代知識份子對各種體制包圍下的生存選擇與精神狀態。例如民國時期知識份子所具有的某種推動文學創造的個性、氣質與精神追求，這些人的精神特徵與國家社會的特定環境相關，與社會氛圍相關，但也不是來自後者的簡單「決定」與「反映」，有時它恰恰表現出對當時國家政治、社會制度、生存習俗的突破與抗擊，只是突破與抗擊本身也是源於這個國家社會文化的另外一些因素。特別是較之於後來極左年代的「殘酷鬥爭、無情打擊」，較之於「知識份子靈魂改造」後的精神扭曲，或者較之於中國式市場經濟時代的信仰淪喪與虛無主義，作爲傳統文化式微、新興文明待建過程中的民國知識份子，的確是相對穩健地行走在這條歷史的過渡年代，其中的姿態值得我們認眞總結。

周維東：經過您的闡述，我可不可以這樣理解：「民國機制」包含了一種全新的文學理解方式，「民國」是靜態的歷史時空，而「機制」則是文化參與者與歷史時空動態互動中形成的秩序，兩者結合在一起，強調的是在文學活動中「人」與「歷史時空」的豐富的聯繫，這種聯繫可以形成一種類似「場域」的空間，它既是外在的又是內在的。通過對「文學機制」的發現，文學

研究可以獲得更大的彈性空間，從而減少了因為理論機械性而造成的文學阻隔。單純使用「民國」或「制度」等概念，往往會將文學置於「被決定」的地位，它值得警惕的地方在於，我們既無法窮盡對「民國」或「制度」全部內容的描述，也無法確定在一定的歷史時空下就必然出現一定的文學現象。

李怡：可以這樣理解。

為什麼是「民國機制」

周維東：應該說，目前中國現代文學研究已經相當成熟了，各種研究模式、方法、框架都取得了引人注目的成就，在這個時候，為什麼還要提出這個新的闡述方式呢？

李怡：很簡單，就是因為目前的種種既有研究框架存在一些明顯的問題，對進一步的研究形成了相當的阻力。我們最早是有「新文學」的概念，這源於晚清「新學」，「新文學」也是「新」之一種，顯然這一術語感性色彩過強，我們必須追問：「新」旗幟的如何永遠打下去而內涵不變？「現代」一詞從移入中國之日起就內涵駁雜，有歐洲文明的「現代觀」，也有前蘇聯的十月革命「現代觀」，後者影響了中國，而中國又獨出心裁地劃出一「當代」，與前蘇聯有所區別，到了新時期，所謂「與世界接軌」也就是與歐美學術看齊，但是我們的「現代」概念卻與人家接不了軌！到 1990 年代，「現代性」知識登陸中國，一陣恍然大悟之後，我們「奮起直追」，「現代性」概念漫天飛舞，但是新的問題也來了：如何證明中國文學的「現代」就是歐美的「現代」？如果證明不了，那麼這個概念就是有問題的，如果真的證明了，那麼中國文學的獨立性與獨創性還有沒有？我們的現代文學研究真的很尷尬！提出「民國機制」其實就是努力返回到我們自己的歷史語境之中，發現中國人在特定歷史中的自主選擇，這才是中國文學在現代最值得闡述的內容，也是中國文學之所以成為中國文學的理由，或者說是中國自己的真正的「現代」。

周維東：我在想一個問題，「民國機制」的提出在很大程度上來自對目前「現代」概念的質疑和反思，這是不是意味著，我們從此就確立了與「現代」無關的概念，或者說應該把「現代」之說驅除出去呢？

李怡：當然不是。「現代」概念既然可以從其知識的來源上加以追問，借助「知識考古」的手段釐清其中的歐美意義，但是，在另外一方面，「現代」

從日本移入中國語彙的那一天起，就已經自然構成了中國人想像、調遣和自我感性表達的有機組成部分，也就是說，中國人已經逐步習慣於在自己理解的「現代」概念中完成自己和發展自己，今天，我們依然需要對這方面的經驗加以梳理和追蹤，我們需要重新摸索中國自己的「現代經驗」與「現代思想」，而這一切並不是 1990 年代以後自西方輸入的「現代性知識體系」能夠解釋的，怎麼解釋呢？我覺得還是需要我們的民國框架，在我們「民國機制」的格局中加以分析。

周維東：也就是說，只有在「民國機制」中，我們才可以真正發現什麼是自己的「現代」。

李怡：就是這個意思，「現代」並不是已經被我們闡述清楚了，恰恰相反，我覺得很多東西才剛剛開始。

周維東：「民國」一詞是中性的，這是不是更方便納入那些豐富的文學現象呢？例如舊體詩詞、通俗小說等等。提出「民國機制」是否更有利於現代文學史的「擴軍」？也就是說將民國時期的一切文化文學現象統統包括進去？

李怡：從字面上看似乎有這樣的可能，實際上已經有學者提出了這個問題。但是，對於這個問題，我卻有些不同的看法，實際上，一部文學史絕對不會不斷「擴容」的，不然，數千年歷史的中國古典文學今天就無法閱讀了，不斷「減縮」是文學史寫作的常態，文學經典化的過程就在減縮中完成。這就為我們提出了一個問題：一種新的文學闡釋模式的出現從根本上講是為了「照亮」他人所遮蔽的部分而不是簡單的範圍擴大，「民國」概念的強調是為了突出這一特定歷史情景下被人遺忘或扭曲的文學現象，舊體詩詞、通俗小說等等直到今天也依然存在，不能說是民國文學的獨有現象，而且能夠進入文學史研究的一定是那些在歷史上產生了獨立作用和創造性貢獻的現象，舊體詩詞與通俗小說等等能不能成為這樣的現象大可質疑，與唐宋詩詞比較，我們現代的舊體詩詞成就幾何？與新文學對現代人生的揭示和追求比較，通俗小說的深度怎樣？這都是可以探討的。實際上，一直都由學者提出舊體詩詞與通俗小說進入「現代文學史」，與新文學並駕齊驅的問題，呼籲了很多年，文學史著作也越出越多，但仍然沒有發現有這麼一種新舊雜糅、並駕齊驅的著作問世，為什麼呢？因為兩者實在很難放在同一個平臺上討論，基礎不一樣，判斷標準不一樣。我認為，提出文學的「民國機制」還是為了更好地解

釋那些富有獨創性的文學現象，而不是爲了擴大我們的敍述範圍。

周維東：文學史研究從根本上講，就不可能是「中性」的。

李怡：當然，任何一種闡述本身就包含了判斷。

「民國機制」何爲

周維東：在文學的「民國機制」論述中，有哪些內容可以加以考察？或者說，我們可以爲現代中國文學研究開拓哪些新空間呢？

李怡：大體上可以區分爲兩大類：一是對「民國」各種社會文化制度、生存方式之於文學的「結構性力量」的考察、分析，二是對現代作家之於種種社會格局的精神互動現象的挖掘。前者可以展開的論題相當豐富，例如民國經濟形態所造就的文學機制。從 1913 年張謇擔任農商務部總長起，在大多數情形下，鼓勵民營經濟的發展已經成了民國的基本國策，中國近現代的出版傳播業就是在這樣的格局中發展起來的，這賦予了文學發展較大的空間；至少在法制的表面形態上，民國政府表現出了一系列「法治」的努力，以「三民主義」和西方法治思想爲基礎民國法律同樣也建構著保障民權的最後一道防線，雖然它本身充滿動搖和脆弱。這表層的「法治」形式無疑給了知識份子莫大的鼓勵，鼓勵他們以法律爲武器，對抗獨裁、捍衛言論自由；多種形態的教育模式營造了較大的精神空間，對國民黨試圖推進的「黨化」教育形成抵制。後者則可以深入挖掘現代知識份子如何通過自己的努力、抗爭調整社會文化格局，使之有利於自己的精神創造。

周維東：這些研究表面上看屬於社會體制的考察，其實卻是「體制考察與人的精神剖析」相互結合，最終是爲了闡發現代文學的創造機能而展開的研究。

李怡：對，尋找外在的社會文化體制與人的內部精神追求的歷史作用，就是我所謂的「機制」的研究。

周維東：這樣看來，民國機制的研究也就帶有鮮明的立場：爲中國現代文學的創造力尋求解釋，深入展示我們文學曾經有過的歷史貢獻，當然，也爲未來中國文學的發展挖掘出某些啓示。所以說，「民國機制」不是重新劃範圍的研究，不是「標籤」與「牌照」的更迭，更不是貌似客觀中性的研究，它無比明確地承擔著回答現代文學創造性奧秘的使命。

李怡：這樣的研究一開始就建立在「提問」的基礎上，是未來回答現代文學的諸多問題我們才引入了「民國機制」這樣的概念，因為「提問」，我想我們的研究無論是在文學思潮運動還是在具體的作家作品現象方面都會有一系列新的思維、新的結論。例如一般認為 1930 年代左翼作家的現實揭弊都來源於他們生活的困窘，其實認真的民國生活史考察可以告訴我們，但凡在上海等地略有名氣的作家（包括左翼作家）都逐步走上了較為穩定的生活，他們之所以堅持抗爭在很大程度上還是來自理想與信念。再如目前的文學史認為茅盾的《子夜》揭示了民族資產階級在現代中國沒有前途，但問題是民國的制度設計並非如此，其實民營經濟是有自己的生存空間的，尤其 1927～1937 被稱作民國經濟的黃金時代，這怎麼理解？顯然，在這個時候，茅盾作為左翼作家的批判性佔據了主導地位，而引導他如此寫作的也不是什麼「按照生活本來面目加以反映」的 19 世紀歐洲的「現實主義」原則，而是新進引入的馬克思主義的階級觀念。民國體制與作家實際追求的兩相對照，我們看到的恰恰是民國文學的獨特景象：這裏不是什麼遵循現實主義原則的問題，而是作家努力尋找精神資源，完成對社會的反抗和拒斥的問題，在這裏，文學創作本身的「思潮屬性」是次要的，構建更大的精神反抗的要求是第一位的。在這方面，是不是存在一種「民國氣質」呢？

周維東：根據您的闡述，我理解到「民國機制」所要研究的問題。過去我們研究文學史，也注重了歷史語境的問題，但從某個單一視角出發，就可能出現「臆斷」和「失度」的現象，這也就是俗話中的「只知其一不知其二」。「民國機制」研究民國「社會文化制度、生存方式之於文學的『結構性力量』」，實際還強調了歷史現場的全景考察。其次，「現代作家之於種種社會格局的精神互動現象」在過去常常被認為作家的個體想像，您在這裏特別強調這種互動的集體性和有序性，並試圖將之作為結構文學史的重要基礎。

李怡：是這樣的。過去我們都習慣用階級對抗在解釋民國時代的「左」、「中」、「右」，好像現代文學就是在不同階級的作家的屬性衝突中發展起來的，其實，就這些作家本身而言，分歧和衝突是一方面，而彼此的包容和配合也是不容忽視的一面，更重要的是，他們意見和趣味的分歧往往又在對抗國家專制統治方面統一了，在面對獨裁壓制的時候，都能夠同仇敵愾，共同捍衛自己的利益。當整個知識份子階層形成共同形成精神的對抗之時，即便是專制統治者也不得不有所忌憚，例如擔任國民黨中宣部部長的張道藩就在

1940 年代的「文學政策」論爭中無法施展壓制之術。民國文學創作的自由空間就是不同思想取向的知識份子共同造成的。

周維東：這樣看來，「民國機制」還有很多課題值得挖掘。譬如民國時期知識份子與大眾傳媒關係問題，過去我們基本從「稿費」和「經濟」的角度理解這一現象，不過如果我們注意到這一時期的「零稿費」現象、「虧本經營」現象，以及稿件類型與稿酬水平的關係問題等等，就可以從單純的經濟問題擴展到民國文人、民國傳媒的趣味和風尚問題，進而還能擴展到民國知識份子生存空間的細枝末節。這樣研究文學史，真可謂「別有洞天」呀！

作為方法的「民國機制」

周維東：我覺得，提出文學的「民國機制」不僅可以為我們的學術研究開闢空間，同時它也具有方法論的價值。

李怡：我以為這種方法論的意義至少有三個方面：一是倡導我們的現代文學學術研究應該進一步回到民國歷史的現場，而不是抽象空洞的「現代」，即便是中國作家的「現代」理念，也有必要在我們自己的歷史語境中獲得具體的內容；二是史料考證與思想研究相互深入結合，近年來，對現代文學史料的重視漸成共識，不過，究竟如何認識「史料」卻已然存在不同的思路，有人認為提倡史料價值，就是從根本上排除思想研究，努力做到「客觀」和「中性」，其實，沒有一種研究可以是「客觀」的，從來也不存在絕對的「中性」，最有意義的研究還是能夠回答問題，是具有強烈的問題意識的研究。如何將史料的考證和辨析與解答民國時期文學創造的奧秘相互結合，這在當前還亟待大家努力。第三，正如前面我們所強調的那樣，我們也努力將外部研究（體制考察）與內部研究（精神闡釋）結合起來，以「機制」的框架深入把握推動文學發展的「綜合性力量」，這對過去「內外分裂」的研究模式也是一種突破。

周維東：最近幾年，中國出現了「民國熱」，談論民國，想像民國，出版民國讀物，蔚為大觀，有人擔心是否過於美化了那一段歷史？

李怡：這個問題也要分兩重意義來說，首先是為什麼會出現這樣的「熱」？顯然是我們的歷史存在某種需要反省的東西，或者將那個時候的一切統統斥之為「萬惡的舊社會」，從來沒有正視過歷史的應有經驗，或者是對我們今天——市場經濟下虛無主義盛行，知識份子喪失理想和信仰的某種比照，在這

樣兩種背景上開掘「民國資源」，我覺得都有明顯的積極意義，因爲它主要代表了我們的不滿足，求反思，重批判，至於是否「美化」那要具體分析，不過，在「民國」永遠不會「復辟」的前提下，某些美好的想像和誇張也無需過分擔憂，因爲，「民國」資源本身包含「多元」性，左翼批判精神也是民國精神之一，換句話說，眞正進入和理解「民國」，就會引發對民國的批判，何況今天分明還具有太多的從新體制出發抨擊民國的思想資源，學術思想的整體健康來自不同思想的相互抵消，而不是每一種思想傾向都四平八穩。

周維東：的確是這樣。所謂「美化」的背後其實是缺失和批判。學術史上又太多類似的「美化」，屈原、陶淵明、李白、杜甫等文化名人形成的光輝形象，不正是研究者「美化」的結果嗎？魯迅也曾經「美化」過魏晉。在研究者「美化」歷史人物和歷史時期時，我想他（她）不是諂媚也不是褒貶，而是在更大的文化空間上，揭示我們還缺少什麼，我們如何可以過的更好。

李怡：還有，也是更主要的一點，我們的「民國機制」研究與目前的「民國熱」在本質上沒有關係。我們要回答的是民國時期現代文學的創造秘密，這與是否「美化」民國統治者完全是兩回事，我們從來嚴重關切民國歷史的黑暗面，無意爲它塗脂抹粉，恰恰相反，我們是要在正視這些黑暗的基礎上解答一個問題：現代知識份子如何通過自己的抗爭和奮鬥突破了思想的牢籠，贏得了民國時期的文學輝煌，我們把其中的創生力量歸結爲「民國機制」，但是顯而易見，民國機制並不屬於那些專制獨裁者，而是根植於近代以來成長起來的現代知識份子群體，根植於這一群體對共和國文化環境與國家體制的種種開創和建設，根植於孫中山等民主革命先賢的現代理想。

周維東：「民國機制」不是民國統治者的慈善，不是政治家的恩賜，而是以知識份子爲主體的社會力量主動爭取和奮鬥的結果，在這裏，需要自我反省的是知識份子自己。

李怡：「民國機制」的提出歸根結底是現代文學學術長期發展的結果，絕非當前的「風潮」鼓動（中國是一個充滿「風潮」的社會，實在值得警惕），近三十年來，中國現代文學研究一直在尋找一種更恰當的自我表達方式，從1980年代「二十世紀中國文學」在「走向世界」中抵消政治意識形態的干預到1990年代「現代性」旗幟的先廢後存，尷尷尬尬，我們的文學研究框架始終依靠外來文化賜予，那麼，我們研究的主體性何在？思想的主體性何在？我曾經倡導過文學研究的「生命體驗」，又集中梳理過中國現代文學批評的術

語演變，這一切的努力都不斷將我們牽引回中國歷史的本身，我們越來越眞切地感受到更完整地返回我們的歷史情境才有可能對文學的發展作進一步的追問。對於現代的中國文學而言，這一歷史情境就是「民國」，一個無所謂「美化」也無所謂「醜化」的實實在在的民國，回到民國，才是回到了現代中國作家的棲息之地，也才回到了中國文學自身。

周維東：最後一個問題，我們研究民國時期的文學，是否也應該考慮當時歷史狀況的複雜性，比如是不是民國時代的所有文學都從屬於「民國機制」？比如解放區文學、淪陷區文學？除了「民國機制」，當時還存在另外的文學機制沒有？

李怡：這樣的提問就將我們的問題引向深入了！我一向反對以本質主義的思維來概括歷史，社會文化的內在結構不會是一個而是多個，當然，在一定的歷史時期，肯定有主導性的也有非主導性的，有全局性的也有非全局性的。在「民國」的大框架中，也在特定條件下發展起了一些新的「機制」，但是民國沒有瓦解，這些「機制」的作用也還是局部的。延安文學機制是在蘇區文學機制的基礎上發展起來的，軍事性、鬥爭性和一元性是其主要特徵，但這一機制全面發揮作用是在「民國」瓦解之後，在民國當時，延安文學能夠在大的國家文化體系中存在，也與民國政治的特殊架構有關，在這個意義上，也可以說是民國機制在特殊的局部滋生了新的延安機制，並最終爲發展後的延安機制所取代。至於淪陷區則還應該仔細區分完全殖民地化的臺灣以及置身中國本土的東北淪陷區、華北淪陷區和上海孤島等，對於完全殖民地化的尚未光復的臺灣，可能基本置於「民國機制」之外，而對其他幾個地區，則可能是多種機制的摻雜，雖然摻雜的程度各不相同。但是，從總體上看，我並不主張抽象地籠統地地議論這些「機制」比例問題，我們提出「民國機制」最終還是爲了解決現代中國文學發生發展的若干具體問題，只有回到具體的文學現象當中，在分析解決具體的文學問題之時，「民國機制」才更能發揮「方法論」的作用，啓發我們如何在「體制與人」的交互聯繫中發掘創造的秘密。我們無需完成一部抽象的「民國機制發展史」，可能也完成不了，更迫切的任務是針對文學具體現象的新的符合中國歷史情境的闡述和分析。

周維東：對，我們的任務是進入具體的文學問題，將關注「民國機制」作爲內在的思想方法，引導對實際現象的感受和分析。

目
次

上編　魯迅的創作與理想選擇

第一章　理想人性的思考

一、魯迅中國理想人性思想：一個亟待深入研究的命題

　　魯迅始終不僅是中國現代文學研究界乃至整個思想文化研究界的重點研究對象，更是現代中國日常精神、思想、文化活動中的普遍話題。魯迅，他既是現代中國人成爲現代人的實體象徵，又是中國文化走向現代化的符號代表；魯迅，以其深邃超越的思想、獨立自由的精神、崇高峻拔的人格，已深刻地帶入現代中國社會、文化、思想、精神之中，滲透在普通中國人尤其是知識分子的靈魂之內。魯迅，已化爲一種心理情結甚至成爲一種無意識，其影響必將繼續，伴隨中國人進入未來。於是，繼續深入研究魯迅是中國文化的需要，是中國人的精神需要，是中華民族通向未來的需要。

　　應當指出，魯迅研究的成果汗牛充棟，湧現了大批傑出的學者，研究的深度與廣度是其他被研究對象無法相提並論的，在此領域所集中的研究精英更會令其他研究領域人士羨慕。但是，有一個問題卻沒有引起研究者的重視因而也沒能得到眞正意義上的研究，即魯迅所追求的中國理想人性問題。不可否認，在研究有關魯迅改良國民性思想時，一些學者或多或少有所涉及，但大多是作爲一種研究的前提而不是作爲研究本體被涉及的；因此，研究者們主要是從魯迅批判、否定國民劣根性的角度立論，涉及的是魯迅對中國傳統國民性的批判性否定性內容，沒有從魯迅所追求的建設性的肯定性的中國理想人性的內容進入。形成這種研究現象的可能原因是：第一，在人們的心目中、在研究者的意識裏，所普遍認同的魯迅是一個批判型的思想家文學家，注重對魯迅批判性思想的研究就成爲理所當然的基本選擇，這一認同的心理

定勢在無意識中遮蔽了魯迅思想中具有建設性的一面。第二，魯迅自身思想體系裏，確實存在著對中國理想人性認識的非系統性特徵，對建設性肯定性的中國理想人性內容的表述並不是特別完整與清晰，這易造成研究者認識、選擇的某種盲點。第三，魯迅主要是一個在實踐中爭戰的現實主義者，其超越的理想性思想往往通過其對歷史與現實中的不合理事物的爭戰、批判來顯現，追求理想的思想並不具備較大程度的顯性自明性，這勢必造成整理、研究相關思想的難度。第四，談人性而色變的極「左」思潮氾濫時代也使研究者對此望而卻步。出現上述情況完全可以理解。不過，這畢竟是研究的一種遺憾。但必須指出的是，在紀念魯迅逝世 5 週年時，茅盾以思想家的敏銳，寫下了以《最理想的人性》爲題的文章，在文章裏，他明確提出了把握魯迅思想中心應從「理想人性」問題入手的要求，認爲「也許比其他方面下手，更能把握到魯迅思想的中心」。可惜的是，茅盾的意見長期被忽視了。

我認爲，整理、研究魯迅關於中國理想人性的思想至少有如下意義。

其一，還原完整的魯迅及其思想的必要。當人們自覺或不自覺地將魯迅定義在批判與破壞型的思想家文學家時，實質上就已割裂了魯迅，將魯迅單一化了，豐富複雜的魯迅以及他的思想被簡化了。當下許多人尤其是青年人對魯迅的疏離、誤解、陌生化，除開過去出於政治需要過分神話魯迅後引起的逆反心理這一原因外，思想文化界學術界把魯迅主要限定在批判、破壞的激進主義者之列，有不可推卸的責任；而當前學術、思想文化領域普遍存在推崇所謂「五四」以來的溫和的自由主義知識分子傾向，也是對魯迅及其同類人作爲激進主義者的代表的評價相關。批判是必要的，這是知識者存在的一種基本使命；但批判不是目的，也不能僅止於批判，目的是爲了建構。這是一切合理批判的前提。魯迅的批判應屬於此，其建設新的文化、新的理想人性是他批判歷史與現實的最高目的。他的激進，不過是一種發言的方式、策略，是心中的理想與歷史、現實反差太大所形成的恨鐵不成鋼的心理反應，與虛無主義者和厭世主義者有著質的區別。他是批判與建設的統一，顯性批判和深層建設的統一。其建設的主要內容、目標，就是要建立起人的世界——具有理想人性的中國人的世界。這是對魯迅及其思想完整性的真正還原。

其二，理解魯迅思想形成的邏輯起點。魯迅一生思想是複雜的，也有不斷調整的否定與更新的過程，但從日本留學時就確立的「立人」思想則貫穿到生命的終點，這應是不可懷疑的存在。如果說，「立人」的思想是魯迅解決

中國國民性問題的抽象的邏輯起點與歸宿的話，那麼，對理想人性的追求就是這一抽象思想的具體的邏輯展開。因此，「立人」與追求理想人性密不可分，實質上一道構成了魯迅思想形成的邏輯基礎。這是認識理解魯迅思想形成所無法繞過的基礎。

　　其三，把握魯迅生命實踐意義與思想價值的關鍵。魯迅及其思想具有永恆的意義，時間已經並將繼續證明。困難不在於抽象地做出這樣的認識結論，而在於解釋永恆的理由。在魯迅的思想體系中，從早年接受進化論、主觀意志哲學，到「五四」前後占主導的個性主義、人道主義、民主主義，再到馬克思主義的接受，從現象上看，是一個不斷變化不斷進行自我思想否定的過程；但從深層意義上來討論，就會發現，這恰恰體現著魯迅對理想人性的核心基礎即自由與獨立的獨特理解、追求和實踐。自由與獨立是人存在的本質，是理想人性的核心，是人性的終極，是人類的永恆價值追求。魯迅對此有著深刻的認識與理解。他之所以不斷調整、否定自我的思想，在於他不願受到某一特定思想、主義的限制。一切人類的思想，都應被放到特定的時空環境中接受證明，在實踐中來說明其合理性、非合理性、相對價值、永恆價值。魯迅正是從這樣的立場出發來接受或相對揚棄上述思想的。在他看來，只要與他所認識理解的中國理想人性以及建立「人國」目標相符的思想就接受，反之則放棄，或者以揚棄的態度部分接受部分放棄。因此，當我們分析魯迅思想的演變時，就會發現，與自由獨立相關的思想就從未加以否定，如個性主義、民主主義、人道主義等。他對馬克思主義接受的也應作如是觀。馬克思主義本質上是解放人，使人從必然王國通向自由王國的哲學，其革命性實踐性特徵不過是實現自由的手段與中介。可以說，魯迅正是以這樣的認識與理解接受馬克思主義的，當然，還包括對方法論認同。他的生命實踐也充分說明了這一點。革命性與現實的實踐性是魯迅思想及其生命歷程中的鮮明特徵，其指向是中國理想人性的建構和實現，也就是自由獨立為核心作用的人性以及以此為基礎的「人國」實現。因為只有通過在經驗世界中的革命與實踐，才能建立理想人性的王國，才能使人走向自由的超驗世界。魯迅說自己是「歷史的中間物」，正是其追求自由的象徵。魯迅在《寫在〈墳〉的後面》中講過一段大家耳熟能詳的話：「自己卻苦於背了這些古老的鬼魂，擺脫不開，時常感到一種使人氣悶的沉重。就是思想上，也何嘗不中些莊周韓非的毒，時而很隨便，時而很峻急。孔孟的書我讀得最早，最熟，然而倒似乎和

我不相干。大半也因為懶惰罷，往往為自己寬解，以為一切事物，在轉變中，是總有多少中間物的。動植之間，無脊椎和脊椎動物之間，都有中間物；或者簡直可以說，在進化的鏈子上，一切都是中間物。」〔註1〕對於這一命名的複雜內涵，已有不少學者進行了深入且取得了重要成果的研究，其中汪暉與王乾坤的研究最引人注目，啓發甚多。汪暉認為，「中間物」作為一種借代，標示的是「魯迅個人的客觀的歷史地位」和「深刻的自我意識」，用以概括魯迅的「一種把握世界的具體感受世界觀。」〔註2〕王乾坤則認為，僅僅從歷史地位和世界觀的角度來解釋「中間物」的所指有相當大的學術價值，但是有缺陷。他說：「『歷史中間物』的提法並沒有錯，而且它把『歷史』與『中間物』連在一起，是一個很重要的理論生長點。問題是『誰的歷史』。……魯迅關心的首先是生命之歷史，是人生在時間中『由此到彼（墳）的道路』，而不是社會歷史或其他什麼史。後者在魯迅的思想中當然有回答，然而是前者的投射，處於從屬、派生的位置。比如他對中國社會兩種時代的分類，即是以人的奴隸性存在狀況來劃分的。所以中間物主要是人的中間物，生命中間物。」〔註3〕兩位先生的理解各具特色，言之成理，從不同的視域對「中間物」的意義做出了自己的界定。其實，「歷史中間物」與「生命中間物」是可以放在一道討論的，生命就是歷史，歷史離不開生命。馬克思講過，任何人類歷史的第一個前提是有生命的個人的存在，人們的社會歷史始終只是他們的個體發展的歷史。

除了上面兩種理解的維度外，我以為還可從自由的維度來解釋魯迅的「中間物」的實質。「中間物」既是個體生命在人類歷史之鏈上的地位，也是在時間環節中的位置，它把前之「過去」與後之「將來」與當下現實之「中間」連接為永不中斷的生命歷史之流；它是生命存在狀態的描述，也是對生命意義的一種自我認識和估價，還是對個體生命在人類歷史中作用地位的清醒定位。如果進一步打開，聯繫魯迅一生始終追求並奮力實踐的目標，「中間物」是魯迅精神思想存在的一種姿態，即自由獨立的姿態。這與魯迅一生不依附任何權力、任何權威、任何政黨、任何組織的態度具有精神的同構，與魯迅不迷信歷史也不美化將來的思想具有一致性。在時間意義上，「中間物」處於

〔註1〕《魯迅全集》（第1卷），北京：人民文學出版社，1981年，第285～286頁。
〔註2〕汪暉：《反抗絕望》，上海：上海人民出版社，1991年，第3頁。
〔註3〕王乾坤：《魯迅生命哲學》，北京：人民文學出版社，1999年，第18頁。

過去與未來的結點——現實之「在」，形成既可回溯歷史又能通向將來的可自由展開的狀態；從空間看，它與前後左右上下都有緊密聯繫但又不依附從屬任何一維，處在可以四面伸延的自由之維。因此，「中間物」是一個極具張力和彈性的存在。在這種狀態下，人的自由度相對較大，本質上處於自由的位置。這與魯迅一生的思想及其人格實踐具有驚人的一致性。所以，我認為，以自由獨立為基礎的中國理想人性思想，既是魯迅思想形成的內在基礎，是認識魯迅生命實踐意義的關鍵，又是魯迅及其思想具有永恆性的價值內核。

其四，解釋魯迅批判思想的邏輯需要。在邏輯上，批判什麼，為什麼要批判，必然要借助一個相對應的參照系和鮮明的目的來指導。基於此，要清楚地解釋魯迅的批判立場以及批判的內容，就應當找到他心中對應的參照系和明確的目的，而理想人性正是他指導批判國民劣根性和為什麼要批判參照系及目的，這就為魯迅的批判確立了邏輯根據。

其五，實現人的現代化的現實需要。現代化是中華民族近 100 多年的歷史主題，至今還處於進行時態。現代化不僅僅是物質、制度的現代化，更重要的是人自身的現代化。這是更為艱難痛苦的過程。中國人的現代化必須吸收人類其他已實現或正在實現現代化的民族的經驗與教訓，同時還應繼承自己傳統中的尤其是近代以來傳統中關於人的現代化的合理思想與內容，魯迅無疑是最重要的可繼承的資源。他是中國人的現代化的探路人、開拓者、重要的實踐者、但他的理想人性思想遺產未能得到很好繼承。從某種意義上講，魯迅所批判的國民劣根性還廣泛存在，而所追求的理想人性也遠遠未能實現。因此將魯迅所認識到的所追求的中國理想人性思想及其內容轉化為正在進行人的現代化的中國的當下資源，應是思想文化與學術界一項重要工作，而整理研究魯迅的相關思想和理想人性的內容便成為題中之義。

二、魯迅中國理想人性思想初探

關於魯迅中國理想人性思想的研究，在魯迅研究中至今還是一片空白。本文力圖以馬克思主義的立場、觀點和方法，較為全面而系統地探討魯迅追求理想人性的主客觀條件及其思想發展的基本軌跡；通過同封建社會造成的人性劣根性的比較分析，找出理想人性的內容結構及其特徵；並把這一思想放在中國思想史、現代革命史上，給予客觀評價；確定在魯迅思想體系中以及在今天的地位。研究這一思想，對於完整理解魯迅改良國

民性思想，認識人性與歷史發展，理想人性與革命動力的關係都有重要的作用和理論價值。

　　全文分爲引言、正文、結論三部分。正文分爲三節。第一節，主要探討魯迅形成追求理想人性的主客觀條件及其這一思想的發展軌跡。本文認爲，魯迅幼年、青年時期積澱起來的樸素的愛國主義民族主義感情，無私的樸素意識、反抗性感情，是魯迅走上探索中國理想人性道路的主觀內部動力，是產生這一思想的心理基礎、思想基礎。這一切導源於紹興文化背景的薰陶、民族現實災難的刺激、幼年生活經歷及其所受的教育。而中國近代以來民主革命先驅改良人的思想和歐洲 19 世紀末的人性思想則是形成魯迅這一思想的直接現實前提和間接客觀動因。主體心靈內容與社會客觀思潮的共振，爆出了追求理想人性的火花。

　　魯迅理想人性思想的發展，從方法論看，經歷了從抽象、籠統的人性觀向具體人性思想的發展路線。具體講，早期抽象色彩比較鮮明，前期是具體方法與抽象方法的交織，抽象的人，等級的人以及階級的人三者並存，成爲此時的重要方法論特徵；後期則完全是具體分析的階級方法，從而完成了方法論的飛躍。不過，即使是早期，他所理解的人性也不同於純抽象的人性觀，因爲民族性特徵是他追求的理想人性的基本點，故比起抽象的人性來已進向了具體人性的層次。從對理想人性內容的追求、實質的認識而言，魯迅經過了從追求精神界戰士到逐步自覺爲人民大眾而戰再向完全自覺爲無產階級的偉大目標而奮鬥的戰士這樣三個階段，最終走向了馬克思主義，找到了人類最崇高的理想人性代表——無產階級。

　　第二節是全文的重點，討論理想人性的結構，分析具體內容。本文認爲，魯迅理想人性內容，其性質是現代中國人民反帝反封建、爭取民族和人的徹底解放這一崇高理想的反映。因而在內容上具有鮮明的歷史、現實針對性和時代、實踐的具體性。所謂針對性，指的是這一思想是反帝反封建的必然產物和醫治歷史遺留下來的、並在現代中國發生消極影響之國民劣根性的結晶。所謂具體性，指它的內容是具體的，在實踐中經過努力可以實現的人格理想，是人在現實實踐活動中的精神、言行、心理內容、個性氣質等方面的標準與尺度，即理想人格，也就是人性中最具體的層次。理想人性內容是多層次的有機結構。主要方面是：

　　一、它以戰士人格作爲主體，這是反對奴性人格的產物，是革命實踐必

然要求的反映。戰士人格有三個特徵：反抗叛逆精神，勇毅的品質，韌性、徹底的戰鬥原則，其中韌性、徹底性是魯迅獨創的貢獻。

二、它以無私品性作為思想基礎。這是反封建自私的結果，是認識自私觀念有害現實革命的深刻總結。從性質而言，魯迅追求無私品性，具有三個階段，肯定樸素自發本能的無私向追求逐步自覺的無私再到完全自覺的無私的發展為其基本線索。就範圍、程度、境界而言，又經歷了三個不同級次的階梯，為別人到為受苦難的階級弟兄再到為整個階級、全體人民服務、戰鬥是這三個階梯的發展軌跡。與此相關的是對愛的提倡。他是以對幼者、民族、國家、大眾的愛，以發展的觀點來認識、提倡愛的，因此建立在無私原則基礎上的愛就具有利他性、自我犧牲、團結互助的特點和鮮明的傾向性和質的規定性。提倡無私品性打破了封建社會以「公」為本位道德的虛偽、虛幻性；批判了以自私為本的利己主義思潮，因而具有理論和實踐意義。

三、它以自我批判精神作為培養理想人性的前提。這是批判瞞和騙、自欺欺人劣根性的結果，是改造傳統「內省」方法的創新。它包括兩個層次，即「首在度己，亦必知人」和「不滿」現狀的態度；個人自我批判精神也包含兩個層次，即正視自己，解剖自己和改造自己。決之，民族與個人的關係是共性與個性的關係，是民族整體與具體人格的關係。

四、它以動態精神為本的開拓、創造、開放精神作為內部發展動力。這是對封建社會以靜、以過去為本位的人性理想的反動，也是對舊時代守業型、模仿型、封閉型人格的批判與改造。動態精神是整體狀態，開拓、創造、開放精神則是總體特徵的具體化，實踐化。

五、它以現實主義精神作為內在精神。這是批判古典的、妥協的現實主義精神和反對復古、耽於幻想思想的必然結論。這一精神包括四個層次：1.「執著現在、執著地上的人」；2. 正視現實人生的勇氣和敢於為現實抗爭的精神；3. 深入現實，瞭解現實，與現實緊密相連的品質；4. 切實的、實踐的實幹家品性。切切實實為現在中國人民的生存埋頭苦幹、拼命硬幹，是這一精神的基本內涵。

上述五個方面，其中無私是整個內容結構的核心，是其他人格實踐的思想基礎。

第三節，主要對魯迅理想人性思想給予評價。本文認為，在中國思想史上，魯迅的獨特貢獻在於把人性問題從封建社會的純倫理道德中解放出

來，並且把理想人性從狹隘的為封建統治階級服務的小天地中解放出來，使人性、人格的培養與社會實踐、歷史發展得到了統一，並把追求理想人性同尋找民族、人民解放的革命動力有機結合在一起。因此，他避免了舊時代理想人性的虛幻性、狹隘性。並且，他用以下和幼者、以動、以將來為本位的理想取代了封建社會以上和長者、以靜、以過去為本位的道德理想，體現了歷史唯物主義和革命的發展觀。同時，他拋棄了近代以來思想家追求理想人性的不徹底的局限，把他們向封建社會妥協的改良主義的理想變成了完全徹底的反封建的現代中國人、中華民族的新的理想；而且他還避免了改良派、早期民主主義者把理想人性追求與革命實踐相分離的局限。因此，魯迅理想人性在中國倫理思想發展史、人性思想發展史上，就具有了獨特而突出的地位。

在現代革命史上，其地位主要表現在：內容上與現代革命的目的相一致，而且適應了現代革命之重要形式——思想革命的根本要求。本質上，魯迅的努力是為民族、民主革命尋找動力，並為革命動力探索思想和精神的力量。

與 20 世紀社會革命浪潮相比較，魯迅這一思想也是相統一的。無論是民族革命，還是社會主義革命，在魯迅理想人性思想中都有鮮明的反映。因此，他與世界範圍內的民族解放運動和社會主義革命的要求保持同步，早期的為民族革命和後期為無產階級革命尋找理想人性就是這一結論的客觀依據。

魯迅理想人性思想在魯迅思想體系中，在魯迅本人人格實踐的過程中，具有直接的指導規範和促進作用。它是改良國民性思想的指南，沒有理想人性，改良國民性就失去了方向、目標和質的規定性。它對魯迅本人人格的實踐的規範，促進意義就更為明顯，試看魯迅一生的偉大人格實踐，不正是與他追求的理想人性具有高度的一致性麼？！

時至今日，這一思想仍具有理論和實踐意義，生命力仍然是旺盛的。它有助於認識舊時代遺留下來的劣根性；對於培養社會主義新人，建設高度的社會主義精神文明，顯然有著積極的作用；尤其是在現代化的建設中，戰士的精神，無私的品性，自我批判的人格，開拓、創造、開放的意識，嚴格的現實主義精神，更是必不可少的精神條件。故實踐的價值仍存在於我們現實的根本要求之中。

魯迅這一思想的也有其歷史的局限。主要反映在早期和前期，那就是空想主義色彩和對精神作用的片面誇大。

三、怎樣才是理想的人性

　　理想人性的內容取決於一定時代的精神與理想。眞正的理想人性應當是在廣闊的文化背景之中形成的、代表時代人性發展方向的崇高目標。魯迅追求的中國理想人性，就是近代以來中國人民反帝反封建、爭取民族和人的解放這一崇高理想的典型反映。因此，在內容上，具有兩大特點：鮮明的歷史、現實針對性和時代的具體性。

　　所謂針對性，指的是提出理想人性的現實依據。一、它是反封建反帝的必然產物。理想人性的提出是爲了打破中國封建社會：「人惟求舊，器惟求新」的保守機制；抵禦帝國主義文化的奴役和腐蝕，打破它們企圖同化中華民族的狼子野心。二、它是反對民族劣根性的結晶，是爲治療民族痼疾所開的藥方，而劣根性的表現在魯迅的時代十分突出，因此，理想人性的提出具有直接的現實意義。清除舊賬，開闢新路，打碎一切違反現代人性發展的精神枷鎖，煥發國民、民族精神，這就是魯迅中國理想人性思想提出的歷史與現實之針對意義，也是基本目的。

　　鮮明的針對性必然導致內容的具體性。有的放矢而不是玄思冥想就成爲內容具體性的必然基礎。魯迅追求的理想人性內容不是人本性的抽象和超現實的理想化，而是具體的、在實踐中經過努力可以實現的人格理想，是人在現實具體實踐活動中言行、精神狀態、心理內容、個性氣質等方面的現實標準與尺度，即理想的人格。人格是人性的最具體層次，假如我們把人性分成五個層次（人類性、國民性、民族性、階級性、個人性），那麼，個人性的人性表現主要是通過具體人格行爲來展示的。因此，人格的特點是具體性、實踐性和鮮明的傾向性。從嚴格的意義上講，魯迅追求的理想人性應當是理想人格。實際上，人性和人格在魯迅的概念體系內，本沒有嚴格的界限。《文化偏至論》就是通用的。所以，魯迅正是以理想的人格爲出發點，從而以理想人格的追求來反映出他心目中的最理想的中國國民性、民族性以及人性。這就在主要方向上，使理想人性的內容獲得了具體性特徵。

　　茅盾曾經在《最理想的人性》一文中說過：「古往今來偉大的文化戰士，一定也是偉大的 humanist；換言之，即是『最理想人性』的追求者、陶冶者、頌揚者」，一句話就是要「拔出『人性』中的蕭艾，培養『人性』中的芝蘭。」現在我們就來探討一下魯迅追求的中國最理想人性中的芝蘭吧。

　　魯迅追求的中國理想人性，在魯迅整個思想系統中，它是一個子系統。

在內容上，這一子系統的內部結構又是多層次的有機整體。在主要方面，它以戰士人格作為主體，以無私品性為其思想基礎，以永不停息的理性自我批判精神作為必要前提，以開拓、創造、開放的動態發展精神作為人性發展的動力，以執著現實人生的現實主義為內在精神原則。其中無私是結構的核心。無私才能無畏，才能成為真正的為民族、為人民奮鬥的戰士；無私才能富有自我批判精神，避免自欺欺人，才能不斷開拓創造，走向開放；無私才能正視現實、勇於改變、發展現實，而不會為了個人內心平衡或暫時滿足走向逃避現實的消極道路。以無私為思想基礎的理想人性本質上與無產階級的人性理想是一致的。因此，在中國現代倫理思想史上，魯迅中國理想人性就佔有極為重要的地位。

（1）「要有這樣的一種戰士——」：理想人性的主體——戰士人格

魯迅在《野草·這樣的戰士》一開始就說道：「要有這樣的一種戰士——」：「他毫無乞靈於牛皮和廢鐵的甲冑；他只有自己，但拿著蠻人所用的，脫手一擲的投槍。」他面對一切虛飾的假面（一切的點頭，好名稱，好花樣）毫不留情；直到臨終，他仍然「舉起了投槍！」這是魯迅對戰士的生動描述，是他追求的理想戰士人格的藝術表現。這戰士，勇猛清醒、富有韌性的戰鬥精神；他嫉惡如仇，直面虛偽冷酷的人生，具有毫不妥協的鬥爭意志。所以魯迅大聲疾呼「要有這樣的一種戰士」，也即是要把這樣的戰士作為理想的戰士加以提倡並培養出大批這樣的戰士。因為這樣的精神「乃正是中國將來的脊樑」〔註4〕，也就是最理想的人性。

魯迅一生都在追求「這樣的戰士」，認為「我們應當造出大群的新戰士」，並「一向就注意新的戰士的養成的」〔註5〕。從早年開始，追求、培養「這樣的戰士」一直是他的主要目標。雖然前期和後期，戰士的內涵、性質有一定的區別，但反帝反封建的基本精神則貫穿始終。這是民主革命、民族解放的必然要求，是魯迅自覺意識到的歷史內容和理想人性的主體。

戰士人格與封建社會所培養、所需要的奴性人格針鋒相對。奴性人格是封建社會的特殊產物。它的出現，有著深遠的社會歷史原因。一、封建的生產資料所有制是產生奴性的經濟基礎，對生產資料的依附必然引出人身的依

〔註4〕《魯迅全集》（第3卷），北京：人民文學出版社，1981年版，第143頁。
〔註5〕《魯迅全集》（第4卷），北京：人民文學出版社，1981年版，第336頁。

附；二、森嚴的等級制度是養成奴性的政治條件，超經濟的強制迫使人們趨於服從；三、以上、以長者為本位的倫理原則是形成奴性道德的重要因由；由此派生出來的奴化教育形式，「溫柔敦厚」、「中庸」的行為規範是引導人們走向奴隸規則的罪惡淵藪；四、外民族的野蠻侵略，列強的殘酷壓迫以及人們反抗的失敗也會導致暫時的奴性心理。正由於內部外部各種力量的綜合，在中國，便培養起一種奴性的畸形人性。魯迅認為：「中國的文化，都是侍奉主子的文化。」〔註6〕而鄉下人挨了官老爺的打，反要磕頭道謝也就成為中國特有的怪現象。

在魯迅所處的時代，奴性表現十分突出，從整體上，有兩種主要傾向，一是全盤拜倒在西方腳下，企圖從列強那裏獲得生存的條件，因此，不惜出賣主權，從李鴻章到蔣介石全都奴性十足，有的簡直就是奴才。二是全盤復古，鼓吹國粹，以古人為標準，以祖先為準繩，如有違背，便是大逆不道，奴性心理分明起著作用。除此之外，在廣大的國民中間，此種奴性心理也嚴重存在。只不過他們和統治者的表現形式、程度是不同的。但奴性心理的存在則是客觀的，阿Q身上有，「狂人」周圍的群眾有，連具有一定反抗意識的愛姑也終因封建權力的威壓，顯示了軟弱者的奴性，她被迫接受了本不願接受的條件，還不得不說「謝慰老爺」，這就是奴性起了潛在作用。

奴性不除，人不能得到真正的解放，民族、祖國的解放也將會是紙上談兵。因此，消滅一切違反人性的各種生活條件，清除「因為自己各有奴使別人，吃掉別人的希望，便也就忘卻自己同有被奴使被吃掉的將來」〔註7〕的昏亂思想，就成為近代以來民族、民主革命的重要任務，除了戰鬥，便無別法，因此，就必須培養真正的為民族、為人民、為祖國而戰的戰士。

基於對歷史與現實的深刻認識，出於民族解放、人的解放、反帝反封建的歷史要求，魯迅執著地追求著戰士人格，並把它作為理想人性的主體。他提倡的戰士人格從性質上講，早期是激進的民主主義和民族主義戰士，前期是新民主主義戰士。這兩時期的代表，用魯迅自己的話說，「所謂戰士者，是指中山先生和民國元年前後殉國的」〔註8〕先烈，也就是革命民主主義和民族主義戰士。後期則是為無產階級事業奮鬥的共產主義戰士，其代表是中國共

〔註6〕《魯迅全集》（第7卷），北京：人民文學出版社，1981年版，第312頁。
〔註7〕《魯迅全集》（第1卷），北京：人民文學出版社，1981年版，第217頁。
〔註8〕《魯迅全集》（第7卷），北京：人民文學出版社，1981年版，第264頁。

產黨人以及他領導下的革命戰士。但在內在的精神上，前後期都是反帝反封建，爭取獨立民主自由的戰士。

「這樣的戰士」人格，總體上有三大鮮明特徵。一、反抗、叛逆精神的代表。他們具有強大的反抗力量，所謂「立意在反抗，指歸在動作」的摩羅精神，所謂「所遇常抗，所向必動」、「爭天拒俗」、「力抗強者」壓迫的拜倫式人格，皆是這一特徵的集中表述。他們不畏權威，不崇拜偶像，「貴力而尚強，尊己而好戰」、「多力善鬥」，富於創新意識，敢超古範，具有「起其國人之新生的」雄毅之力。魯迅認為，作為一種理想的人性，就應當是具備這些特徵的戰士。因為「人得是力，乃以發生，乃以曼衍，乃以上徵，乃至於人所能至之極點。」〔註9〕直到晚年，他仍把反抗、叛逆的內在精神作為理想人格加以肯定。他認為，無產者就是要用自己的力量去和舊世界、剝削階級抗爭，從而獲得「全般」的地位。應當指出，前期的這種精神帶有較強的個人性和主觀性，後期則是把個人、主觀的反抗精神匯入人民和階級的集體主義的大海中，使其發揮更大更有益的力量和作用。二、勇毅精神的代表，是「勇猛奮鬥之士」。魯迅認為，「此國與彼國為敵的時候，總得先用了手段，煽起國民的敵愾心來，使他們一同去捍御或攻擊。但有一個必要的條件，就是：國民是勇敢的。因為勇敢，這才能勇往直前，肉搏強敵，以報仇雪恨。」〔註10〕魯迅從帝國列強侵略、瓜分我國的嚴酷現實出發，充分認識到了「勇敢」在反侵略鬥爭中的地位。所以，作為民族解放任務壓肩的國度，理想人性的基本素質是「勇」。他要求人們應具有理性和勇氣，一個優秀的國民就應是勇毅精神的代表。在他看來，國民只有「氣」，而「沒有勇」，那是「非常危險的」〔註11〕。這就從根本上否定了當時的「民氣論」者，從而提倡勇猛無畏的品性。他要人們必須「勇猛」和「不惜犧牲」〔註12〕，號召國民「振勇毅之精神」〔註13〕，發揚「敢說，敢笑，敢哭，敢怒，敢罵，敢打」〔註14〕的戰鬥品質，去獲取獨立、自由、人道的權利。他還指出，面對兇猛的敵人，人在不得已的時候，與其做溫順任人宰割的羊，不如注進一點凶獸之勇猛。

〔註9〕《魯迅全集》（第1卷），北京：人民文學出版社，1981年版，第81、68頁。
〔註10〕《魯迅全集》（第1卷），北京：人民文學出版社，1981年版，第224頁。
〔註11〕《魯迅全集》（第1卷），北京：人民文學出版社，1981年版，第226頁。
〔註12〕《魯迅全集》（第11卷），北京：人民文學出版社，1981年版，第32頁。
〔註13〕《魯迅全集》（第8卷），北京：人民文學出版社，1981年版，第40頁。
〔註14〕《魯迅全集》（第3卷），北京：人民文學出版社，1981年版，第43頁。

總之，只有勇往直前的戰士品質深入了人心，成爲國人自覺的精神，才能有效地反抗帝國主義的侵略和眞正打碎封建社會的精神枷鎖以及形形色色反動派的壓迫與剝削；只有這樣才會「解放了社會」，「解放了自己」。這一戰士品性的提出，無論是對現實的民族解放，還是改良怯懦的國民的劣根性都具有深刻的現實意義。

　　對反抗精神、勇毅品質的追求還見於魯迅的藝術形象創造和對歷史人物的品評之中。這是理想人性的進一步具體化，是戰士人格在現實鬥爭中具體實踐的生動寫照。

　　「狂人」是魯迅創造的第一個戰士的藝術形象，其鮮明特徵是獨立的、反叛吃人世界的、具有勇猛無畏精神的反封建戰士。在他身上，凝聚著強大的衝擊力和爭取人的解放的戰鬥力。他以主體意志的堅定性，不爲一切虛僞臉譜而迷惑的獨異性，屹立在反封建戰場的前沿，體現了時代精神，表現出精神界戰士和革命民主主義激進啓蒙者的可貴品質。如果說，「狂人」還是精神界戰士，仍帶有精神獨戰的特點，那麼，晏之敖者就是進行實踐的勇士。他是魯迅追求戰士人格的重要轉折，反映了理想人性中戰士人格從獨戰到群體合戰的發展（與眉間尺合力致楚王於死地）和向爲大眾自覺而戰的演進。作爲戰士，晏勇猛無畏，不惜犧牲自，面對敵人，抽刃而起，以血還血。他是魯迅肯定的拿起了「火與劍」的向反動派復仇的猛士。他既有反抗專制的品質，又有不惜犧牲的勇猛精神，他無愧於魯迅追求理想人性進程中的重要代表。在其它作品中，也反映了魯迅對戰士人格的呼喚與追求。對少年閏土充滿敬意的回憶，對呂緯甫、子君早先反叛行爲的肯定，都可說明這一追求。

　　對歷史人物的評價，是魯迅表達自己追求理想人性的重要方面，對戰士的反抗和勇猛精神的讚揚、肯定，往往見諸於評價歷史人物之中。他熱情地讚揚斯巴達人爲民族生存而戰的勇武氣魄，並號召中國有誌之士，擲筆而起，效法斯巴達人之精神。他從獨特的國情出發，批判地吸收了尼採、叔本華、斯蒂納爾、易卜生、達爾文、赫胥黎等人的勇猛精神。雖然這中間有些並非眞正的合乎理想人性的戰士，但在反傳統和偶像方面，則是可以吸收的。他極力推崇拜倫爲代表的摩羅派，就在於他們有爲民族獨立、人道自由而戰的反抗強權的勇士品質。他高度評價孫中山是一個「偉大的戰士」。實事求是地肯定了太炎先生早年的爲民族而戰的業績，並視這種精神爲「後生的楷範」。對劉半農，也充分估計了劉在《新青年》期的戰鬥經歷，雖然劉顯得「淺」，

但作為戰士,「卻於中國更為有益」。反之,對缺乏反抗勇氣的歷史人物,他則給予中肯的批評。屈原是偉大的,但由於歷史和階級的局限,「而反抗挑戰,則終其篇未能見,感動後世,為力非強」。〔註15〕從魯迅的褒貶中,分明可以見出他對理想人性中戰士品性的追求。

戰士人格的第三個特徵,韌性和徹底的戰鬥精神。這是魯迅對作為理想人性的戰士人格的獨創性貢獻。魯迅認為,具有韌性精神和徹底鬥爭品質的競技者──也就是戰士,是中國將來的脊樑。他說:「多有『不恥最後』的人的民族,無論什麼事,怕總不會一下子就『土崩瓦解』的」,因此,「那雖然落後而仍非跑至終點不止的競技者,和見了這樣競技者而肅然不笑的看客,乃正是中國將來的脊樑。」〔註16〕把韌性作為戰士人格的內容並視為理想人性的重要內容是魯迅的獨特貢獻。因為提倡戰士人格的反抗、勇毅精神在中國近代史上,陳天華、鄒容、章太炎等人都極力提倡過。但就韌性和徹底性而言,魯迅則具有創造的意義。這是魯迅深入認識中國歷史和社會形勢的偉大思想結晶,是認真分析敵我力量狀況和群眾思想覺悟程度後的昇華。這是合乎客觀存在的人格要求,具有歷史和現實的意義。這是因為:一、革命對象的暫時強大性,決定了「韌」性戰鬥精神、方法的必然性。中國革命面臨的既有窮凶極惡的帝國主義列強,又有根深蒂固的封建主義,以及由它們結合起來的反動神聖同盟;而革命的力量相對而言則顯得較小。所以,無論是思想文化戰線,還是政治、經濟、軍事戰線上的鬥爭,革命的任務「就數倍於別國」〔註17〕。在這樣的條件下,要「脫離帝國主義的壓迫」摧毀「舊社會的根柢」,「非有更大的力」是不行的,而且「非韌不可」〔註18〕。這樣,才會「多留下幾個戰士,以得更多的戰績」〔註19〕。二、革命動力的思想狀況也決定了韌性的必要性。中國是小生產的海洋,作為革命基本動力的各階層因封建統治階級思想的長期統治,當革命到來之際,小生產觀念和各種封建意識便會以各種形式影響到各階層的覺悟,尤其是對農民的影響,相應於工人階級就要大得多,因而覺悟也要慢得多。在這樣的思想條件下,任何左傾的盲動,只會造成無益的損失。另外,農民階級和在小生產土地上成長起

〔註15〕《魯迅全集》(第1卷),北京:人民文學出版社,1981年版,第68頁。
〔註16〕《魯迅全集》(第3卷),北京:人民文學出版社,1981年版,第143頁。
〔註17〕《魯迅全集》(第3卷),北京:人民文學出版社,1981年版,第90頁。
〔註18〕《魯迅全集》(第4卷),北京:人民文學出版社,1981年版,第235頁。
〔註19〕《魯迅全集》(第11卷),北京:人民文學出版社,1981年版,第21頁。

來的中國小資產階級知識分子，往往缺乏「堅決的廣大的目的，要求很小，容易滿足」〔註20〕，這就很易造成革命的不徹底。魯迅所說的中國歷史上「少有韌性的反抗」，少有「不恥最後」的競技者，近現代所出現的革命的悲劇，諸如改良主義的破產，辛亥革命的失敗，還有像子君那樣的眾多小資產階級的悲劇，其思想根源皆出於此。正是在這樣的認識下，魯迅深刻地指出在中國的革命，與其採取「震駭一時的犧牲」的鬥爭形式，「不如深沉的韌性的戰鬥」〔註21〕。

從魯迅走上革命道路之時起，他就極力推崇拜倫「不克厥敵，戰則不止」、「剛健不撓」的韌性精神；斯巴達人雪恥的堅定氣魄，雪萊「求索無止期」的品格，19 世紀以來的「屢踣屢僵」而志不屈的歐洲人格理想，皆是他崇敬的楷模。「五四」以後，他從辛亥革命的教訓中，對韌性精神意義之認識更加清楚、明確。他號召打「塹壕戰」，要求人們在鬥爭時，「只有一法，就是『韌』，也就是『鍥而不捨』。逐漸的做一點，總不肯休，不至於比『踔厲風發，無效的』」〔註22〕。從這種目的出發，他肯定了天津青皮無賴的韌性要義是值得借鑒的形式。他告誡青年要養成韌性，即「不斷的（！）努力一些，切勿想從一年半載，幾篇文字和幾本期刊，便立了空前絕後的大勳業。」〔註23〕總之，作為革命戰士，作為改變中國的動力，不要憑一時的熱情和憤激，也不要只有五分鐘的熱度，而「必須堅決，持久不斷」地韌性戰鬥；為了改變社會，為了民族的生存、發展，人們應當持有「不要自餒，總是幹」〔註24〕的態度，「要永遠這樣幹下去」，「共同抗拒，改革，奮鬥三十年。不夠，就再一代，二代……」〔註25〕。這就是魯迅提倡韌性的基本內容和根本目的，其獨特地位是十分明顯的。

《野草》中的「過客」就是韌性人格的形象肯定和追求。他身負累累傷痕，也明知「前路是墳」，但他謝絕了別人勸他休息的建議，「偏要走」，並且認為「我只得走。我還是走好。」《這樣的戰士》中的戰士也是如此。而《鑄劍》中的晏之敖者更是韌性戰士的集中代表。他「執著如怨鬼，糾纏如毒蛇」，

〔註20〕《魯迅全集》（第 4 卷），北京：人民文學出版社，1981 年版，第 237 頁。
〔註21〕《魯迅全集》（第 1 卷），北京：人民文學出版社，1981 年版，第 164 頁。
〔註22〕《魯迅全集》（第 11 卷），北京：人民文學出版社，1981 年版，第 46 頁。
〔註23〕《魯迅全集》（第 4 卷），北京：人民文學出版社，1981 年版，第 185 頁。
〔註24〕《魯迅全集》（第 13 卷），北京：人民文學出版社，1981 年版，第 110 頁。
〔註25〕《魯迅全集》（第 3 卷），北京：人民文學出版社，1981 年版，第 90 頁。

充滿了不克楚王、戰鬥不止的品質。他與眉間尺一道,「一口咬住了王的鼻子」,「不但都不放,還用全力上下一撕」,只到王「只有出氣,沒有進氣」,才「離開王頭」,並進一步確證勝利是否眞正在握,直到弄清對手必死無疑,才「四目相視,微微一笑」,充分體現出了徹底的韌性戰鬥的精神。《理水》中的禹也富有韌性的品質。他在外治水九年,儘管困難重重,但他終於和群眾一道,完成了千古不朽的事業。應當說,他是眞正的和大自然鬥爭的韌性勇士。

韌性也是魯迅評價歷史人物的重要尺度。他讚揚越王句踐的「堅確慷慨之志」,「堅確」就是堅定與韌性的統一。孫中山先生從不滿足的「進向近於完全的革命的工作」,〔註26〕之精神,太炎先生「七被追捕,三入牢獄,而革命之志,終不屈撓」,〔註27〕的韌性品質,不僅是他崇敬的,而且也是他努力提倡的理想人格。總之,「無論愛什麼,——飯,異性,國,民族,人類等等,——只有糾纏如毒蛇,執著如怨鬼,二六時中,沒有已時者有望。」〔註 28〕這就是韌性,是中國人所應具有的理想品性。

與韌性相聯繫的是徹底戰鬥精神,即「打落水狗」和「永遠進擊」的精神。我國歷史上並不乏反抗之士和反抗之舉,但往往因時代歷史、階級的局限而不能貫徹始終。魯迅站在歷史和現實的高度,提出了「痛打落水狗」和「永遠進擊」的戰鬥理想,從而具有極其重要的價值。對中國革命,對革命者本人,都是及時而重要的號召。對於揭露當時紳士階級和資產階級虛僞的「公正」,警惕革命者心慈手軟的意志鬆懈,對於徹底推翻封建主義的精神統治大廈,趕走帝國主義,完全消滅反動階級,都是極爲深刻、極富遠見的革命主張。在這樣的前提下,他號召人們要起來掀掉吃人的筵席,毀壞製造吃人筵席的廚房,要人們發揚「全都踏倒他」的精神去對付各種敵人和各種有害革命、有害人性健康發展的反動思想。他要求中國的革命者、中國人應多有「永遠進擊的人們」,而歷史上的失敗之重要原因就在於「忽略了這一點」〔註29〕。他不主張寬容,對敵人寬容的人,告誡人們萬勿接近;寧讓敵人去怨恨,也不對他們施以寬恕,因爲對敵人的仁慈就是對革命和人民的殘忍。

〔註26〕《魯迅全集》(第 7 卷),北京:人民文學出版社,1981 年版,第 294 頁。

〔註27〕《魯迅全集》(第 6 卷),北京:人民文學出版社,1981 年版,第 547 頁。

〔註28〕《魯迅全集》(第 3 卷),北京:人民文學出版社,1981 年版,第 49 頁。

〔註29〕《魯迅全集》(第 8 卷),北京:人民文學出版社,1981 年版,第 161～162頁。

魯迅的追求顯然達到了時代和歷史的深度和高度，一切淺薄的人道主義在這裏已失去了全部光彩。

戰士人格，尤其是韌性戰士人格的意義是重大的。一方面它是現代中國革命的必然要求，是「殖民地半殖民地人民最可寶貴的性格」，在中國革命史、現代倫理思想史上都佔有極其重要的地位；另一方面，它符合 20 世紀社會革命這一偉大歷史潮流的客觀要求。20 世紀是世界社會革命的時代，離開了戰士的培養，尤其是韌性精神的培養，革命的勝利就不能實現。在中國，它在革命中的意義更爲突出。因此，戰士人格理想是與 20 世紀新潮相一致的。另外，它達到了新的境界。魯迅的戰士人格從根本上不是狹隘的爲個人利益或小集團而戰的戰士，它是爲民族、爲祖國、爲大眾而戰的戰士。在思想上，尤其是後期，達到了共產主義戰士的高度，從而境界就高出了其它從「五四」衝殺出來的民主主義戰士，至於改良派時期和早期民主主義戰士，就更不可同日而語了。

（2）做人首先要「不自私」：理想人性的思想基礎──無私品性

當劉和珍等人犧牲在反動派的屠刀下之後，魯迅寫下了著名的《紀念劉和珍君》。他高度頌贊了劉和珍等人的勇毅精神，並對她們在彈雨中相互救助，「雖殞身不恤」的崇高的無私無畏品質，更給予了極高的評價，認爲這種建立在無私基點上的勇毅是中國人之所以生存下來，「沒有消亡的明證」。在《中國人失掉自信力了嗎》一文裏，他又更進一步地指出：「我們從古以來，……有爲民請命的人，有捨身求法的人」，而這些爲大眾正義的無私的自我犧牲精神，「就是中國的脊樑」。顯然，魯迅是把無私品性作爲中國理想人性加以推崇、提倡的，因爲它是中國支持發展的內在脊樑精神的重要因素，是中國人不會被「消亡」的強大精神源泉。正是在這樣的意義上，我們認爲追求無私的理想人性在魯迅理想人性結構中具有極其重要的地位，是魯迅一生爲之追求的崇高人格的思想基礎。

追求無私的品性貫穿在魯迅一生之中。從早年對拜倫爲代表的摩羅派的崇敬和學習到晚年對中國共產黨人的爲中國人民解放事業無私無畏奮鬥精神的高度敬仰，顯示了魯迅追求無私的一貫性，體現了對爲著將來和大眾而犧牲的精神的始終如一的追求。拜倫等人爲民族和他民族的民主、自由、獨立而戰的不惜犧牲自己的崇高品質，「率真行誠」，悉蕩僞飾的「抱誠守眞」的高風亮節，

不僅是魯迅當時的楷範，而且是他呼籲中國人學習的對象，是他反對「假改革之名」，「陰以遂其私欲」，「挈維新之衣，用以蔽其自私之體」的思想武器。到了前期，他明確地號召人們要以民眾、國家為中心，要求人們拋棄自我為中心的自私、利己主義，從而為祖國和人民無私服務。他說：「一般以自己為中心的人們，卻決不肯以民眾為主體，而專圖自己的便利，總是三翻四復的唱不完。於是，自己的老調子固然唱不完，而國家卻已被唱完了。」〔註30〕這就鮮明地指出了自私的危害和無私人格培養的重大意義。到了後期，他經常提醒人們要「時常想到別人和將來」，不要「自私自利」〔註31〕，而認為做人的基本條件不僅要勇猛沉著，更重要的是「不自私」，要求人們隨時為大家著想，為大眾謀利益，「否則，人不能自成為新人」〔註32〕，更加明顯地指出了無私品性在理想人性中的意義，指出了無私在理想人性中的基礎性。

從無私的性質上講，魯迅追求的無私品性，在內容上經歷了從肯定自發的、本能的無私向半自覺的無私再向完全自覺的無私的發展這樣的三階段；從無私內容的範圍、程度、境界而言，則經過了從為個別的他人到為受苦難的階級弟兄再到為整個階級和全體人民的發展的三個過程。前後期在性質、範圍上是有差別的，但其內在的無私意義則是統一的，緊密相連的。

早期和前期（「五四」時期），魯迅對無私的肯定，內容上帶有樸素、自發和本能的特徵。就其愛國主義的無私精神來講，在當時的歷史條件下，也具有這種特徵。早期魯迅尊崇拜倫等人的無私品質，批判改良派中的自私利己主義，是植根在愛國主義和民族主義基礎上的。愛國主義和民族主義是種百年來所積澱起來的一種對祖國對民族的內在美好感情。它既然是文化心理的長期積澱，在所屬民族的每一個成員中，就帶有普遍性的特徵。但儘管如此，反映在不同的人，仍然有程度的區別和感情強度的不同。魯迅早年所提倡的理想人性中的愛國主義、民族主義感情，在當時，感情的深度、強度，無疑都達到了較高的境界。

這種對樸素、自發、本能無私的肯定還可以從另一方面得到佐證。《一件小事》、《社戲》就是典型例子。「車夫」無疑是魯迅讚揚的對象，是他對理想人性直接的藝術探索。「車夫」具有正直無私的品性，但他的行為，從

〔註30〕《魯迅全集》（第7卷），北京：人民文學出版社，1981年版，第309頁。
〔註31〕《魯迅全集》（第13卷），北京：人民文學出版社，1981年版，第196頁。
〔註32〕《魯迅全集》（第6卷），北京：人民文學出版社，1981年版，第40頁。

實質上講，仍是出於勞動人民樸素的良心、道德感。如茅盾所指出的那樣，他是憑「一顆質樸的心，熱而且跳的心」做出行動的。車夫的行為顯然不是無產階級的境界。他是以為別人的樸素意識為出發點的。《社戲》中的阿發也是這樣，當孩子們準備摘豆吃的時候，阿發主動喊大家摘他家的豆子，因為他家豆子比其他人家的要大要好。行為是無私的，可又是樸素的、自發的，是鄉村兒童純潔心靈的本能反映，決非自在自為的理性意識。因此，此前所追求的無私的理想人性從範圍上講，停留在為個別的他人的較小範圍的階段，境界仍處在第一級無私層次上。但是，它的意義是重大的。一、對於喚醒積澱在人民群眾中的樸素的愛國主義、民族主義意識，走上為祖國命運、為民族生存、為其他人解放而戰的道路，無疑具有積極的啟蒙意義。二、對於改變群眾中以自私為基礎的相互冷漠、隔絕、互不救助的麻木狀況，更有著深切的現實作用。三、無論在任何時候，人的思想境界總有高低之分，因此，具有第一級境界的無私仍是必不可少的值得肯定的層次。所以，我們應當充分估計它的歷史、現實價值。可以說，沒有這一級的無私，也就沒有更高一級的無私。

　　隨著實踐的深入，魯迅思想的不斷發展，魯迅對無私品性的追求也就進入了第二個時期，上升到了較高一級的範圍較大的境界。僅僅停留在第一階段的層次，對祖國和民族、對人民都是不夠的，因為祖國民族的解放、獨立與發展，人民的幸福與光明，必須要有大批自覺無私的奮鬥者、戰士為之浴血奮戰，才能取得。魯迅是深知這一點的。因此，到了「五卅」以後，魯迅對無私品性的要求就上升到了一個新的境界，其主要標誌是，由樸素、自發開始向自覺無私的發展，從為個別的他人開始向為天下受苦人的發展。這是一個過渡性的境界，但又是昇華了的境界。《鑄劍》中的晏之敖者是車夫、阿發無私品性的質的突破，是由自發向自覺轉變的開始。一方面，他仍然帶有俠義精神；另一方面，也是主要方面，他幫助的雖然是個別的人，但他眼睛裏已經看到了天下受苦人，他是把這個別人作為天下受苦人的代表來幫助的。他對眉間尺說道：「我一向認識你的父親，也如同一向認識你一樣。但我要報仇，卻並不為此。聰明的孩子，告訴你罷。……你的就是我的，他也就是我」。晏之敖者已經開始站在受壓迫人民的立場來向暴君討還血債了。但從嚴格的意義上講，由於他還沒完全自覺認識到，他、眉間尺和楚王的鬥爭是兩大階級的搏鬥，他的無私行為也就不是無產階級的人格境界，因此，他只

是屬於半自覺的，也可以說是自覺無私的開始。然而，他作爲魯迅所追求的理想人性代表，應當是無疑的，與魯迅當時的思想實際也相吻合。

後期，對無私品性的追求，魯迅完全達到了嶄新的境界。他完全揚棄了早期、前期的非自覺因素，提出了和無產階級相一致的無私理想。這時的無私品性，既不是爲個別的他人，也不是爲受苦大眾的個別代表，而是自覺爲整個無產階級和全體人民而戰的崇高品性。他把完全自覺無私的爲「中國人的生存而流血奮鬥者」作爲無私品性的最高典範，這種人是他引以爲光榮和自豪的理想人性的現實代表，是無產階級大公無私理想的反映。這時的具體追求就反映在他的歷史小說《理水》和《非攻》中的禹、墨身上。這是魯迅對中國脊樑精神理想的集中，是現實理想人性代表藝術折光。大禹是無私爲大眾、爲人民切實工作的理想人格。他娶了老婆，四天就走，外出治水，數過家門而不入，「生了阿啓，也不當他兒子看」。他本著完全徹底的無私精神，依靠民眾，克服種種困難，制服了洪水；他出於無私的目的，敢於蔑視「三年無改於父之道，可謂孝」的古訓，斷然否定了其父的治水方法，表現了打破祖宗法規，「無論如何，非『導』不可」的無私無畏之氣魄。可以設想，沒有完全自覺無私的精神，大禹所從事的工作就難以成功，而他也不會以民族脊樑代表永垂後世。墨子也是如此。面對侵略者的虎視眈眈，他敢於爲了宋國、人民的利益，捨身求法，爲民請命。這種義無反顧，爲正義、爲宋國人民的利益置生死於度外的品質不正是以自覺無私作爲動力的嗎？所以，我們說，禹、墨是魯迅追求的理想人性的具體人格化，是我們民族脊樑精神——中國理想人性的形象化，它們代表了魯迅對無私理想人性追求的最高境界，也是他對中國理想人性的最終結論。以無產階級大公無私的理想作爲基礎的理想人性，是最高級次，最大範圍的現實理想，魯迅終於找到了這一理想人性，達到了時代所能達到的高度。

與無私品性相關聯的是對愛的提倡。從早年起，魯迅認爲中國人缺乏愛，造成這種狀況的原因是深深中了歷史上封建社會的虛僞奸詐之毒；並且指出，等級制度造成的高牆，使人們相互孤立，漸漸冷淡起來，以至形成沒有愛的光焰的、麻木不仁、互不美心、互不救助、形同散沙的劣根性。提倡愛，就是改變植根於自私土壤上的劣根性，培養無私的理想人性。

魯迅提倡的愛，是建立在無私原則上的。雖然早年對愛的理解，有把愛作爲人的天性、本能的傾向，但總觀他一生所提倡的愛的內容，主要是以社

會歷史爲主要內容基礎的，具有鮮明的社會傾向性和質的規定性。「生命的愛在大眾——這個他自劃招供的辭句，表現了他畢生努力的精神。」即使早期、前期帶有博愛色彩，與資產階級人性中超階級、抽象的愛也有著質的不同。他是以對幼者、民族、國家、大眾的愛，以發展的、而非靜止的觀點來認識、提倡愛的。

魯迅提倡的愛的傾向性和質的規定性表現在兩方面。

一、愛的利他性，無私和自我犧牲精神。從早年開始，魯迅從民族發展和社會進步的立場出發，否定了封建時代以長者爲本位的利己的權力思想，提出了具有鮮明傾向的、進步的愛。他認爲，以幼者爲本位的無私的愛是民族發展、社會進步的必不可少的條件。他指出，「覺醒的人」，應該「用無我的愛，自己犧牲於後起新人」，愛「應該是義務的，利他的，犧牲的」，而不是相反。只有富於「肩住了黑暗的閘門」的自我犧牲精神，才能給後人帶來光明和生路，只有如此，才能「清結舊帳」，「開闢新路。」〔註33〕這就把愛立於無私的基石上，並放在歷史發展的過程中，賦予愛以歷史、社會的內容。空泛抽象的博愛就得到了一定程度的避免。《藥》所反映的思想也說明了這一特點。魯迅以批判的態度，否定了華老栓出於本性的、狹小自私的父愛。華老栓不惜（當然是非自覺的）以革命烈士的鮮血來滿足自己狹隘的愛子之心，從而表現出基於自私的麻木與冷漠——對革命者的麻木與冷漠。顯然，魯迅通過否定的形式，肯定了無私的愛在當時的重要性。沒有對革命者、革命、民族、國家、大眾的愛，就沒有內在的衝動力，也沒有無私獻身偉大的民族解放運動的實踐。因此，魯迅的愛，用他自己的話說，就是「革命的愛在大眾」。其鮮明的傾向性和質的規定性是不言而喻的。

二、愛是人民當中一種團結互助的精神。他認爲，愛應成爲團結群眾奮鬥的不可缺的內聚力。所以，他要求人們應「改良點自己，保全些別人；想些互助的方法，收了互害的局面。」〔註34〕就是讓人們多有一些互愛的無私，少一點害人的把戲。他極力反對「事不關己、高高掛起」的利己主義人生哲學，提倡管「閒事」，也就是對別人，對大眾，對祖國，要充滿責無旁貸的熱情和強烈的責任心、義務感。正是基於此，他高度肯定了楊德群等人在「三‧一八」慘案中，冒著槍林彈雨、不怕犧牲、相互救助的高尚品德，從而與他

〔註33〕《魯迅全集》（第1卷），北京：人民文學出版社，1981年版，第135、140頁。
〔註34〕《魯迅全集》（第1卷），北京：人民文學出版社，1981年版，第364頁。

所批判的遇敵而戰,「爲敵所乘」,同人不救,終至陣亡的利己主義形成尖銳對立,表現了魯迅追求理想人性的鮮明傾向。他還翻譯了雅各武萊夫的《窮苦的人們》,並指出其中闡發的是「互相救助愛撫的精神」。〔註35〕總之,在人民當中,只有以眞誠的愛相見,才會獲得團結的粘合劑,這就是魯迅提倡愛的基本目的。

無私品性在理論和實踐上都具有獨特的意義,尤其在中國思想史和中國現代革命史上,更有不可低估的價值。

理論上,無私品性打破了封建社會以「公」爲本位的道德理想的虛僞性。封建社會是私有制社會。它把天下當作皇帝一家的私產;它所宣揚的「立公棄私」的道德,就是要大家爲皇帝家天下效力賣命,因此,虛僞的「公」根本掩蓋不了它最大的私的實質。「立公棄私」只不過是統治階級的強制道德律。因爲封建社會私有制的社會形態以及小生產方式和自然經濟性質,必然要產生自私的心理,任何外在的強制都不可能培養出普遍無私的人性。另外,等級制度的殘酷壓迫也必然加深由經濟基礎決定的自私性,專制的統治必然會迫使人們爲保存自己而導致一些自私意識,從而「自然的都走到這條道路上去」〔註36〕,並陷入對外界世界的命運「完全漠不關心的」自我保存的利己圈子〔註37〕。魯迅正是抓住封建社會必然產生自私的客觀事實,不爲表面的現象所困惑,走上了反自私,追求無私人格的道路的。因此,在理論上具有戳穿封建理想神話的戰鬥意義。其次,他批判了改良派和早期把個性解放同利己主義相等同的錯誤,矯正了認識上的理論偏頗。魯迅所處的時代,個性解放是從近代開始的時髦浪潮。但有一些人,則把個性解放當成是自私、利己主義的同義語,得出了利己是萬物存在發展的源泉和動力的結論,肯定了自私是人的本性和本質。魯迅提倡無私,顯然在理論上有明顯的現實針對性。它是魯迅對利己主義與個性主義「深知明察」,「考夷其實」所得出的最佳答案。

在實踐上,無私人格也具有極其重要的作用和地位。第一,他是改良當時條件下自私思想的必要指導。自私的劣根性在當時表現是突出的,不僅像華老栓、阿 Q 這樣的人身上嚴重存在,即使像呂緯甫、涓生這樣的小資產階級知識分子也帶有較多的自私心理,至於反動派那就更不用說了。所以魯迅

〔註35〕《魯迅全集》(第 10 卷),北京:人民文學出版社,1981 年版,第 343 頁。
〔註36〕《魯迅全集》(第 4 卷),北京:人民文學出版社,1981 年版,第 540 頁。
〔註37〕《普列漢諾夫美學論文集》(1),北京:人民出版社,1983 年版,第 146 頁。

講，不僅上流社會諸如議員之流，就是當時的多數國民，也帶有「自私自利」的劣根性〔註38〕，這就是他認為「中國大概是變成個人主義者多」〔註39〕的客觀依據所在。很清楚，不改變自私的劣根性，培養無私的品性，一切個人的解放，民族國家的獨立，都將無從談起，辛亥革命的教訓實際上就得出了這樣的答案。魯迅提倡無私品性的指導意義也即在此。其次，對於引導人們走向無產階級的人格境界也具有催化和鞭策作用。因為無私品性的內容，在本質上不僅與整個民主革命要求相一致，與無產階級的理想也保持了同步。所以，對於一些當時的知識青年走上無產階級革命道路，無疑具有積極的影響。如柔石、殷夫等人顯然都受過影響。柔石的為魯迅所稱讚的「損己利人」的道德品質，也多少與魯迅影響有關。

　　總之，無私人性理想境界在最終的意義上，達到了歷史的高度，是 20 世紀無產階級人格的境界。不論在當時還是在現在，都具有深刻的意義。

四、魯迅中國理想人性思想的來源及其發展軌跡

（1）思想的來源

　　任何個人特定思想的形成都是主體與客體統一的理性結晶，魯迅的中國理想人性思想，從本質上講，乃是中國近現代客觀社會現實以及世界思潮在他頭腦中的反映，客觀的社會思潮刺激了幼年、青年時代所積澱起來的主觀心理內容，並與之發生了呼應和共振，結出了追求理想人性的果實。

　　主觀方面，幼年、青年時代積澱起來的積極性心理內容，諸如樸素的愛國主義、民族主義意識、反抗性的情感趨向、樸素的無私意識等，是形成魯迅追求理想人性思想的重要思想來源和內部心理動因。

　　樸素的愛國主義、民族主義感情是魯迅探索中國理想人性的主要心理來源和內在動力。它們導源於紹興文化背景的薰陶和現實民族、國家狀態的刺激。紹興地靈人傑，越中先賢輩出。越王句踐臥薪嚐膽、洗雪國恥的堅確之志，陸游為國為民前驅的愛國主義和民族主義意識，王思任的民族氣節，為紹興廣闊而深遠的文化背景塗上了燦爛奪目的愛國主義、民族主義的光和色。幼年的魯迅，從小就感受了先賢的精神，在心靈深處，種下了愛國主義

〔註38〕《魯迅全集》（第 3 卷），北京：人民文學出版社，1981 年版，第 22 頁。
〔註39〕《魯迅全集》（第 7 卷），北京：人民文學出版社，1981 年版，第 115 頁。

的種子。一旦外界現實與潛在著的愛國主義、民族主義心理意識發生共振，就會轉化爲直接的實踐行動。晚年的魯迅曾經說道：「『會稽乃報仇雪恥之鄉』，身爲越人，未忘斯義。」〔註40〕實際上，幼年、青年時代的魯迅，就已經萌發了愛國主義和民族主義意識。他曾對紹興人民反教會的鬥爭表示關注，對帝國主義侵佔，企圖瓜分我國的陰謀也很快作出反響。因此，「魯迅在進學堂前，就已經注意到國家所遭受的侵略和人民的反抗」，「表現了他爲祖國的存亡和故鄉的安危擔憂的心情」，而這一切「對他的思想成長有積極的影響。」〔註41〕隨著年齡的增長，愛國主義、民族主義思想也越爲明顯。在南京求學期間，他刻有「戎馬書生」的印章，體現了報效祖國、爲祖國而戰的愛國思想；他也曾常跑馬滿人駐兵之處，顯示出反對異族統治的民族主義意識。正是這些樸素的愛國主義和民族主義感情，促使他「要走異路，逃異地，去尋求別樣的人們」，從而把個人的出路同祖國、民族的命運不知不覺地聯繫起來了，到後來，就成爲他探索中國理想人性的重要心理來源和動力。

強烈的反抗性情感是魯迅追求理想人性的重要心理基礎。魯迅出生在小康之家，由於家庭的變故，家遭衰落，陷入困頓。他從小就承擔了長孫、長子的責任。入當鋪，進藥店，受人侮蔑；親戚的冷眼，同族本家的欺侮和凌辱，炎涼的世態，淡漠虛僞的人情，自私的利己主義，在幼年魯迅的心靈中，形成強烈的刺激。在這些親身體驗到的人生中，他逐漸認識了「世人的眞面目」和「上流社會的墮落」，正如周作人所指出，這一切便「造成他的反抗的感情。」〔註42〕

此外，幼時所受的教育也培養了他的反抗意識。他曾爲白蛇娘娘抱不平，在幼小心靈裏的「唯一的希望，就是這座鎮壓白蛇娘娘反抗的雷峰塔快些倒掉」。〔註43〕由於他讀過大量野史、筆記文作品，他不僅瞭解了統治階級的罪惡本質，而且也認識了舊時代人性的墮落。對人性墮落的物和事，對不合理的壓迫與專制，在青年時代以前就給予了反抗。看《二十四孝圖》，心靈刺激

〔註40〕《魯迅全集》（第 13 卷），北京：人民文學出版社，1981 年版，第 306 頁。
〔註41〕《魯迅生平史料彙編》（第 1 輯），天津：天津人民出版社，1981 年版，第 180～181 頁。
〔註42〕《魯迅生平史料彙編》（第 1 輯），天津：天津人民出版社，1981 年版，第 166 頁。
〔註43〕《魯迅生平史料彙編》（第 1 輯），天津：天津人民出版社，1981 年版，第 140 頁。

很大；在「三味書屋」讀書時，他積極發動參與了反抗另一私塾學校教師的專制管制的行動，把懲罰學生的「撒尿簽」「全都撅折」，以示對不合理的反抗。〔註 44〕顯然，沒有幼時，青年時期反抗心理和叛逆意識的積澱，在一定意義上講，就沒有了探索理想的內在動力和基礎。周作人認爲，魯迅幼年、青年時代的反抗的感情，「與日後離家出外求學的事情也是很有關連的」〔註 45〕。這一結論是合乎實際的。

樸素的無私意識是魯迅追求理想人性的潛在思想基礎。在幼年、青年的魯迅心裏，早已孕育著一種樸素的無私意識，正是這種樸素的無私意識，成爲他後來自覺無私地爲祖國和人民的解放探索道路的思想基礎。幼年的魯迅之所以憎恨「熟識的本階級」，就因爲這一階級充滿了虛僞、自私和冷酷的利己主義；相反，他爲什麼和鄉村兒童親密無間，就在於他們有著樸實純潔的心靈、明淨眞誠的情懷和樸素的無私意識。《社戲》中的小夥伴就可以說明這一點。因此，生活的正反經驗，給魯迅具備樸素的無私意識提供了客觀條件。這種思想在幼年的魯迅身上開始表現。他曾「路見不平，拔刀相助」，襲擊「王廣思的矮癩胡」，伸張正義，反對非人道的行爲；他也曾和同伴們一起，企圖懲罰「恐嚇通行的小學生」的武秀才，顯示出扶弱鋤強的品性。〔註 46〕所以，我們認爲，這種樸素的無私意識是魯迅後來追求中國理想人性的潛在思想基礎。從本質上講，追求中國理想人性就是以無私作爲起點和歸宿的。

辯證法認爲，內因是變化的根據，外因是變化的條件，因此，僅僅只具有內在的心理根據，還不可能轉化爲明確的、實際的思想和行爲；只有具備了外因條件，內因才會因外因的催化，從潛在的狀態中復活、昇華，使原先朦朧的、樸素的意識、思想、心理獲得進一步發展。我們認爲，外部客觀思想來源有兩個方面，即中國近代以來民主革命先驅改良人的思想和歐洲 19 世紀末的人性解放思想。

中國近代以來民主革命先驅改良人的思想是形成魯迅追求理想人性的現實思想前提。

〔註 44〕《魯迅生平史料彙編》（第 1 輯），天津：天津人民出版社，1981 年版，第 161 頁。

〔註 45〕《魯迅生平史料彙編》（第 1 輯），天津：天津人民出版社，1981 年版，第 166 頁。

〔註 46〕《魯迅生平史料彙編》（第 1 輯），天津：天津人民出版社，1981 年版，第 160 頁。

　　當帝國主義用鴉片和大炮敲開了中國的大門，中華民族便進入了半封建半殖民地的社會。面對民族、國家的深重危機，一批有識之士開始尋找救國救民的道路，提出了多種變法維新的改革方案。龔自珍、魏源、馮桂芬等人就提出了一些能啟迪後人的觀點。到了 19 世紀末葉，人的改良便提到了更明確更重要的地位。雖觀點有所差異，出發點也不盡相同，有的甚至未能跳出封建主義的樊籬，但激動種性，開發民智，振刷民心則是一致傾向。主要影響於魯迅的，當推嚴復、梁啟超和章太炎。

　　嚴復以譯介進化論而蜚聲思想界。依據進化論，他提出了「鼓民力、開民智、新民德」的思想，並把血氣體力之強，聰明智慮之強，德行仁義之強視為「生民之大要」的理想人性標準。魯迅早年也是依照進化論，提出「立人」，建立「人國」，要「啟人智而開發其性靈」《人之歷史》、《文化偏至論》等文，在思想上與嚴復的聯繫是明顯的，而《朝花夕拾》中《瑣記》一文更是直接證明著魯迅受嚴復影響的程度。正是嚴譯的《天演論》，使魯迅的眼前出現了一個新的天地，瞭解了物競天擇的進化思想，而追求中國理想人性思想，在一定的意義上說，就是這一思想的現實反映和結果。

　　梁啟超也具有鮮明的追求理想人性的思想。梁認為，改革應先從改良國民入手，喚醒國民之議論，振刷國民之精神是「革政」之先決條件。因此，他把「獨立之民」作為理想人性的主幹，並賦予若干理想之品格。「獨立與合群」，「自由與制裁」，「自信與虛心」，「利己與愛他」，「破壞與成立」等相反相成的十種美德便是他心目中理想人性的具體化。這些思想對魯迅產生了相當的影響。周作人講，魯迅留日時，梁啟超正亡命日本。因梁「筆鋒常帶情感」，故「很能打動一般青年人的心」，並說魯迅當時就是梁之作品的熱心讀者和推薦者。早在南京時，魯迅就喜歡讀《時務報》。至於梁的理想人性標準，在形式上，與魯迅所要求的獨立、愛己與愛他等，都有一定的聯繫。

　　章太炎強調種性改造，鼓吹激動種性。他要求理想的人性（種性）是「個人的自由」性和「勇猛大心之士」。魯迅追求的中國人的獨異性以及「立意在反抗」的勇毅的國民精神與此一脈相承。魯迅曾受業於太炎先生門下，目?了《民報》和《新民叢報》的論戰，感受了章先生的戰鬥精神。所以說，章的種性革命思想對魯迅追求中國理想人性起了直接而有力的推動作用。

　　可以說，嚴復傳播的進化論為魯迅探索理想人性提供了哲學基礎，梁啟超改良國民性的宣導激勵了魯迅探索的內在熱情，而太炎先生的戰鬥品質和他追

求的戰鬥人格則直接賦予魯迅以動力、勇氣以及提供了內容的借鑒。他們共同的追求中國理想人性的思想形成了一種合力，從而使魯迅明確認識到探索理想人性的意義，並爲他確定理想人性的內容提供了可資吸收、借鑒的前提。

歐洲 19 世紀末的人性理想是促成魯迅思想人性思想形成的間接客觀動因。

「要救國，只有維新，要維新，只有學外國」。這是近代我國文化、政治、思想界的一個顯著特徵。在理想人性的追求上，無疑也受到西方人性解放思想的影響。歐洲人性解放思潮開始於文芝復興，發展於啓蒙運動，到 19 世紀末則又形成高潮。縱觀這一過程，雖然他們沒有明確提出理想人性問題，但實質上卻包含著人的理想和發展的目標。追求人的解放、獨立、平等與自由，強調反傳統和偶像，成爲這一過程的基本內容。19 世紀末，不僅繼承了自文藝復興以來的人性解放的基本精神，而且又有它的新的特點，這就是魯迅指出的以反抗、改革爲基礎的反抗性理想人格。他認爲，「歐洲十九世紀之文明，其度越前古，凌駕亞東，誠不俟明察而見矣。然既以改革而胎，反抗爲本則偏於一極，固理勢所必然。」〔註 47〕整個社會思潮的改革浪潮和反抗精神，必然會影響到人的理想和發展方向。形成這種特徵的原因在於：一、19 世紀以來歐洲大陸風起雲湧的民族獨立、解放運動，從正面形成了對反封建、反侵略的反抗性人格的追求；二、壟斷資本主義的發展所形成的帝國主義，也必然出於掠奪霸佔別人的目的而宣揚強者人性理想。當然這是兩種不同質的理想。魯迅顯然接受了這兩種人性的理想。但他是依據中國反帝、反封建的現實迫切需要，而獨特地吸收了爲民族獨立、自由人道而戰的摩羅派人格，並摒棄了爲帝國主義侵略張目的尼採式人性理想中的弱肉強食，吸收了其反舊傳統、反偶像的強者反抗精神，化腐朽爲神奇，從而把不合理的東西，經改造後成爲可以借鑒、利用的東西。他說：「十九世紀末之重個人，則弔詭殊恒，尤不能與往者比論。試案爾時人性，莫不絕異其前。」（著重號爲引者所加，以下同）「顧至十九世紀垂終，則理想爲之一變。明哲之士，反省於內面者深，因以知古人所設具足調協之人，決不能得之今世；惟有意力軼眾，所當希求，能於情意一端，處現實之世，而有勇猛奮鬥之才，雖屢陪屢僵，終得現其理想：其爲人格，如是爲耳。」〔註 48〕顯然，魯迅一方面看到了歐洲

〔註47〕《魯迅全集》（第 1 卷），北京：人民文學出版社，1981 年版，第 55 頁。
〔註48〕《魯迅全集》（第 1 卷），北京：人民文學出版社，1981 年版，第 54 頁。

社會革命潮流所形成的反抗人格理想，另一方面，又比較瞭解 19 世紀之前的理想人性，從而認識到追求、培養理想人性的意義，也明確了理想人性的發展方向和內容特徵。他所說的歐美之強，根柢在人，就是對西方人性解放認識的結果。因此，歐洲追求人性解放所顯示的理想人性，客觀上爲魯迅提供了間接的外部推動力，並爲他在理想人性內容的選擇上，給了豐富而有益的啓示，以及可資比較借鑒的思想資料。

如魯迅所講，是外部的推動，喚醒了早年潛藏於心的主觀意識：「後來我看到一些外國小說，尤其是俄國，波蘭和巴爾幹諸小國的，才明白了世界上也有這許多和我們的勞苦大眾同一運命的人，而有些作家正在爲此而呼號，而戰鬥。而歷來所見的農村之類的景況，也更加分明地再現於我的眼前。偶然得到一個可寫文章的機會，我便將所謂上流社會的墮落和下層社會的不幸，陸續用短篇小說的形式發表出來了。」〔註 49〕這裏雖未明確提到理想人性的形成，但他推崇的爲勞苦大眾「呼號、戰鬥」，不正是與理想人性的目的一致麼？總之，是主體與客體的統一所形成的合力，使魯迅走上了爲民族呼號、戰鬥，爲人民和祖國的解放吶喊、鬥爭的道路，走上了探索中國理想人性的道路。這是主客體共振的基本結論。

（2）思想發展的軌跡

這裏探討的思想發展，主要是指魯迅對人性理解的發展以及對理想人性內容的認識過程。它表現爲兩條線索。即：1. 從抽象、籠統的人性觀到具體的人性思想的發展線索；2. 從精神界戰士、英哲（包括超人）向自覺的爲大眾服務、戰鬥的戰士之演進軌跡。前者屬方法論，後者則是對人性理想實質內容的認識。從方法論看，魯迅對人性的理解大致經歷了這樣的路線：早期以抽象、籠統的人性觀作爲探索理想人性的出發點和歸宿；前期則是具體與抽象方法交織的過渡時期，抽象的「人」，等級的「人」以及階級的「人」的出現，成爲這一時期方法論上的重要特徵；後期則成熟地運用了歷史唯物主義的辯證法，具體、鮮明的傾向成爲方法論的主體。

早期，「人」是魯迅追求的理想人性的基本概念和本體。他追求理想人性的目的是「立人」，並以此爲基礎，實現建立「人國」的總目標。這時的「人」，基本內涵是「內曜」閃爍，「主觀意力」強大，「心聲振響」，「獨具我見」，敢

〔註49〕《魯迅全集》（第 7 卷），北京：人民文學出版社，1981 年版，第 389 頁。

於堅持我見；他們應該是拋棄了「蛆蟲性」,「猿狙性」、「獸性」的人,是與「靈明虧蝕」、「旨趣平庸」的「林林眾生」相對立的、具有強大內部生活力量的人。誠然,魯迅所理解的理想的人,根本上是爲了尋找、培養能「角逐列國」的民族解放的戰士,帶有強烈的民族性特徵,但是,從「立人」到建立「人國」,仍是抽象的理想化,帶有較濃的抽象人性觀的色彩。

前期,魯迅的思想開始進入了複雜的過渡期。一方面,對理想人性的理解仍帶有早期的影響,「人」的概念仍佔有重要的位置。此時,他所追求的「人」,是所謂「眞的人」,「完全的人」,是「人之子」,「人之父」,「人樣的生活」。與此相應的還有「國民」,「中國人」,「老百姓」等概念。這裏與早期相比,在抽象的範圍、程度上有了一定的差異,但仍然失之寬泛、籠統。另一方面,也是很重要的方面,就是對理想人性中「人」理解的逐步具體化。這一時期,階級論開始萌芽,《一件小事》就是萌芽的標誌。此時階級分析的方法並未成爲方法論的主體,但與此相關的等級分析法佔據了主要地位。這是在早期方法論基礎上的一次飛躍。此時,他已漸漸地瞭解封建的等級制度和中國社會裏的層層壓榨的事實。因此,此一時期的「人」就具有某種程度和範圍的質的規定性。「上等人」與「下等人」,「窮人與闊人」,「聖人」同「百姓」,「聰明人」與「愚人」等對立概念大量出現,而且把探索理想人性的目光也集中到了「下等人」、「愚人」、「窮人」身上。

後期,在概念的形式上,魯迅也還保留了早期和前期使用過的概念。但實質上概念的內涵是確定的,傾向十分鮮明,根據概念出現的邏輯關係和內容聯繫,就能把握到魯迅追求的意向。在方法論上,最突出的特徵是階級論的掌握與運用。在理想人性的內容方面,魯迅旗幟鮮明地肯定了無產階級在理想人性中的地位,確立了無產階級及其領導下的人民大眾爲理想人性的物質載體和現實代表,「惟新興的無產者方有將來」,他們是新社會的「創造者」。

從理想人性的內容看,魯迅的認識經歷了這樣一個過程,即從對精神界戰士、英哲（包括超人）的頌揚追求到對人民大眾及其先進代表——中國共產黨人的肯定,也就是從個性主義爲核心內容的精神界戰士向自覺地爲人民大眾而戰的無產階級革命戰士演化的過程。

早期的魯迅,其理想人性的代表是精神界戰士和英哲。基點是個性主義。其特徵是：1. 鮮明的獨異性。也就是「不和眾囂、獨具我見」的品性,易卜

生式的「敢於獨戰多數」的理想人物，尼採式的「超人」為這一品性的代表；
2. 強烈的主觀性。要求人「入於自識，趣於我執，剛愎主己」，「驕蹇不遜」，
「以自有之主觀世界為至高之標準」，「獨往來於自心之天地」，叔本華的以「意
力為世界之本體」的「軼眾」之才，易卜生的「迕萬眾不懾之強者」，便是主
觀意力強大、「匡糾流俗」的理想人性代表，即「二十世紀之新精神」的人格
化。三、強烈的反抗性、鬥爭性。他們應是「立意在反抗，指歸在動作」的
「爭天拒俗」、「所遇常抗、所向必動」的戰士，身懷「不克厥敵，戰則不止」
的徹底精神，拜倫為代表的「摩羅派」是其現實代表和理想人性的典範。四、
創造性。這種人敢於反對舊的傳統，敢於破壞舊的偶像。所謂駕淩遠古，超
脫古範，「別立新宗」是其具體表現。魯迅認為，一切新的社會思潮皆出自他
們，他們是社會的楨幹。

　　把精神界戰士、英哲作為理想人物的代表有著積極的針對意義。首先，
它是投向中國封建社會大統一意志的鋒利匕首和投槍，是反抗封建社會扼殺
人的個性、窒息人的主觀能動性以及創創意識的罪惡的思想武器。其次，它
是喚醒中國人民自覺獨立意識，起來反帝反封建的戰鬥號角，是民族解放的
內在精神條件中不可缺少的條件。再次，它打破了資產階級近代民主理想的
神話，揭露了壟斷資本主義扼殺個性、抹殺主觀精神的實質。這對於盲目迷
信西方近代資產階級理想的中國改良派，無疑具有批判和敲響警鐘的作用。

　　把以個性解放為基礎的精神界戰士、英哲視為「社會的楨幹」，看成是推
動社會發展的動力之一，有合理性、甚至還帶有合理的必然性。但把他們當
作歷史發展的根本動力就失之片面了。魯迅認為，個性的張揚是「人生之第
一義」，意力可能「闢生路」，是「立人」之基本，也是建立「人國」的根本
動力和先決基礎。所謂「人立而後凡事舉」，所謂「國人之自覺至，個性張，
沙聚之邦，由是轉為人國」，就是個性創造歷史思想的反映。此外，客觀上魯
迅追求的精神界戰士、英哲帶有同人民大眾對立的傾向。應當說，魯迅本意
是為了喚醒在鐵屋子裏昏睡著的國民，是要以精神界戰士、英哲的啟蒙作用，
喚醒東方的睡獅。問題在於魯迅未能充分認識到群眾中蘊藏著的巨大的積極
性和能力，過分地低估了群眾覺醒的可能性。所以，「與其抑英哲以就凡庸，
曷若置眾人而希英哲」的思想出現了；「多數之說，謬不中經」，「惟超人出，
世乃太平」的觀點出來了。當然，魯迅的英哲和精神界戰士在本質上與尼採
的「超人」是不同的。「超人」的本質是對弱者的掠奪、傷害、吞併、壓迫，

是壓迫多數人的新的上帝；而魯迅所追求的英哲之類只是未能認識到群眾的力量，但本質上則是爲了啓迪、拯救群眾的領路人。

前期，魯迅追求的理想還保留著早期的痕跡，「五四」前表現尤爲明顯。他雖感尼探式「超人」的渺茫，又爲中國缺少這類人而遺憾；他也強調「個人的自大」和「獨異」，主張對「庸眾宣戰」；他仍在稱讚尼探、易卜生、斯蒂納爾、托爾斯泰，認爲他們是大呼猛進的舊軌道的「破壞者」。顯然，個人的「自大」與「獨異」，仍是這一時期理想人性的重要內容組成。「狂人」就帶有明顯的此類特徵。不過，由於這一時期是魯迅整個思想發展的過渡時期，在理想人性的內容方面，也就必然有新的昇華。因此，除上述一面外，前期的另一方面（從時間講，主要在「五四」以後），總體上卻在發生著質的變化。其標誌是逐步將精神界戰士從與大眾對立中擺脫出來，向自覺地爲大眾服務和自覺成爲大眾一員發展。這時，理想人性的主要特徵首先是和大眾息息相關的啓蒙者。他說：「更進一步而希望於點火的青年的，是對於群眾，在引起他們的公憤之餘，還須設法注入深沉的勇氣，當鼓舞他們的感情的時候，還須竭力啓發明白的理性；而且還得偏重於勇氣和理性。」〔註50〕這裏的啓蒙者就不是棄庸眾、向庸眾宣戰的獨異自大的英哲，而是激勵、動員群眾爲自己命運而戰的革命的先驅者，從思想上的隔膜、對立走向了思想與情感的聯繫和相通。「狂人」便能說明這一轉變期的特點。一方面，具有向庸眾宣戰的英哲的特點，帶著較爲明顯的「舉世皆濁我獨清，眾人皆醉我獨醒」的意識，表現了天才與庸眾對立的特徵；另一方面，形象的主體則是啓迪廣大群眾覺醒的反封建的戰士，他與拜倫相似，與群眾的關係是「哀其不幸，怒其不爭」的情感紐帶，而不是棄凡庸而希英哲的思想上的完全對立。因此，「狂人」作爲理想人性內容的過渡特徵，分明顯示著魯迅對理想人性內容追求的變化和發展。而寫於「五四」以後的作品，變化就十分明顯了。由此，這一時期理想人性內容的第二個特徵就是向大眾學習、爲大眾服務的自覺品性的開始。《一件小事》中的「我」就是這種轉變的真正開始。他比「狂人」更進一步的，不僅僅是情感上與群眾的聯繫和啓蒙與被啓蒙的關係，而且開始自覺向群眾學習，以群眾身上展現的理想人性來激勵自己，改變自己，使自己成爲正直、無私的人。《鑄劍》中的晏之敖者比起《一件小事》又深化了一步。晏之敖者作爲理想人性的代表之主要特徵在於他是自覺開始爲大眾而戰的猛

〔註50〕《魯迅全集》（第1卷），北京：人民文學出版社，1981年版，第225頁。

士,他超越了個人的獨戰,也超越了向大眾學習的《一件小事》中的「我」,他把自己的血肉之軀同人民大眾的利益緊緊融匯一起。因此,他是理想人性從個人主體向大眾主體轉化的真正自覺,是早期英哲、前期「狂人」、《一件小事》中的「我」在思想上新的飛躍,反映了魯迅追求理想人性思想的發展線索是從個人獨異自大向與群眾的情感聯繫再朝向大眾學習以至為大眾而戰的自覺的發展。

後期,魯迅徹底拋棄了個人自大、與群眾對立的內容,發展了早期萌發的、前期發展著的為大眾的思想,上升到完全自覺地為大眾、為無產階級革命事業服務的新的境界。這時期,理想人性的主要標準是要成為大眾的一員。他認為,在革命時代,「農工大眾日日顯得著重,倘要將自己從沒落救出,當然應該向他們去了。」〔註 51〕並指出,真正的改革的戰士,「只是大眾中的一個人」,「這方可以做大眾的事業」。〔註 52〕做大眾中的人,為大眾事業而奮鬥,就是後期魯迅理想人性的基本要求和標準。禹、墨這兩個藝術形象為這一要求提供了鮮明的答案。大禹的精神,集中到一點就是切切實實為人民大眾利益忘我工作的精神;而墨子則是為大眾捨身求法、為民請命的無私無畏的代表。這是真正的民族脊樑,是中國人民所需要的理想人性。禹、墨不僅是魯迅對理想人性認識的高度結晶,而且是對中國當時所表現出來的、也是亟需的理想人性的集中追求和肯定。「那切切實實、足踏在地上,為著現在中國人的生存而流血奮鬥者」,就是魯迅引以自豪,感到光榮的同志和戰友,是他追求的理想人性的現實真正代表,因為他們代表著「中國人現在為人的道德」。〔註 53〕

五、魯迅探索中國理想人性思想的歷史地位

魯迅和許壽裳在日本留學期間,經常探討「三個相聯的問題:一、怎樣才是理想的人性?二、中國國民性中最缺乏的是什麼?三、它的病根何在?」〔註 54〕這是一個有機的思想整體。其中第一點是核心,既是提出問題的目的,又是改良國民性的突破口。縱觀魯迅的一生,他把追求中國人的理想人性放

〔註 51〕《魯迅全集》(第 4 卷),北京:人民文學出版社,1981 年版,第 63 頁。

〔註 52〕《魯迅全集》(第 6 卷),北京:人民文學出版社,1981 年版,第 102 頁。

〔註 53〕《魯迅全集》(第 6 卷),北京:人民文學出版社,1981 年版第 588～589 頁。

〔註 54〕許壽裳:《我所認識的魯迅》,北京:人民文學出版社,1981 年版,第 7 頁。

在他思想體系的重要位置上，並與批判國民劣根性結合起來，使這一追求、探索與愛國主義、革命運動發生著最緊密的聯繫，從而賦予了他所追求的理想人性以鮮明的時代印記和歷史進步的突出特點。魯迅所追求的中國人的最理想的人性其主要內容有五個方面：無私品性、戰士人格、自我批判意識、動態精神爲本的開放意識和現實精神。

1941 年，爲紀念魯迅逝世五週年，茅盾寫了《最理想的人性》這篇文章，他敏銳而深刻地指出了魯迅追求理想人性的重大意義，他認爲：「魯迅先生三十年功夫的努力，在我看來，除了其它重大的意義外，尚有一同樣或許更重大的貢獻」，就是爲探索中國最理想人性「開創了光輝的道路」，認爲從這些問題入手，「也許比其它方面下手，更能把握到魯迅思想的中心。」正是基於此，本文將對魯迅探索中國理想人性的思想及其內容給予評價，從而顯現出這一思想的獨特價值。

第一，在中國思想史上，魯迅的獨特貢獻在於把人性問題從封建社會的純倫理道德善與惡等抽象的討論中解放出來，變成具體的實踐問題，並把人格與歷史發展、社會實踐結合起來，使倫理道德與歷史實踐，人格與人性的發展，在尋找民族、人民解放的革命動力中得到了統一。

中國封建社會十分重視人性問題，自孔子以來的思想家們都有不同程度的討論。在理論上，大都從人性善與惡的抽象意義出發來確定人的本質，因而帶有抽象的虛幻色彩。在實踐上，古代思想家從以血緣爲紐帶的宗法關係出發，強調理想人性的追求與培養，把抽象的善與惡又還原爲從屬政治倫理道德的實踐問題。但由於其目的、性質的局限性，往往與歷史發展、人民群眾的社會實踐相衝突，從而理想人性的內容就被規定在狹隘的爲封建統治階級培養忠實工具的範圍中。歷史發展要求人性應當是動態向上的，而古代則要求靜而無爲；社會實踐需要個人有創造性，而古代則抹殺個人的主動性，要求培養絕對服從的人格品性；歷史要求人性應面向未來，具有開放精神，而古人則面向過去，進入自我封閉的人生道路；歷史需要在社會的生活中完成個人品格的修養，古代則搞愼獨、閉門思過，用內省的方法，從聖賢遺訓的書本裏去實現道德自我的完善。這一切都源於禮教的基本要求。因此，在封建禮教的旗幟下所追求的理想人性必然是以三綱五常爲基本的人性理想，服從上與長者，靜本位，過去本位就成爲主要的理論和實踐標誌，也是維持統治利益永恆萬古的陪神源泉，其本質是爲家族、家天下、皇帝個人和封建

統治階級擗養馴良的奴才。陳獨秀在《一九一六年》這篇文章裏就深刻地坦示了這一實質，他說：「儒者三綱之說，爲一切道德政治之大哺……緣此而生金科玉律之道德名詞，日忠、日孝、日節，皆非推己及人之主人道德，而爲以己屬人之奴隸道德也。」李大釗在《由經濟上解釋中國近代思想變動的原因》一文中也認爲，「看那兩千餘年來支配中國人精神的孔門倫理，所謂綱常，所謂名教，所謂道德，所謂禮義，那一樣不是損卑下以奉尊長，那一樣不是犧牲被治者的個性以事治者？那一樣不是本著大家族制下子弟對於親長的精神？所以孔子的政治哲學，修身齊家治國平天下，『一以貫之』，全是『以修身爲本』；又是孔子所謂修身，不是使人完成他的個性，乃是使人犧牲他的個性」。結果，封建社會理想人性要求的只是服從一個實體的普遍意志，那就是皇帝，「在中國，那個『普遍的意志』，直接命令個人應該做些什麼，個人則敬謹服從。而正比例地放棄其反省與獨立」，因而「中國人的道德上的各種規律和自然法一則，都是外部的實證命令，強制權利與強制義務，或彼此之間的禮儀規律」。〔註55〕顯然，以奴性、以喪失個性爲特色的理想人性只能是封建社會強權統治下的道德，它不可能使人性與歷史發展，道德與社會實踐相統一；相反，卻是窒息這種統一的毒霧。

魯迅一開始就走著與封建社會相反的路。儘管他早年追求的「立人」帶有空想、抽象的色彩，但主要的動機是爲民族、國家和人的解放。魯迅把對人性的哲學思考與民族命運結合起來，而沒有陷入對人性善與惡的沉思，重要的是，他把以下等人和幼者、動態精神、將來爲本位的思想貫穿在理想人性的追求之中，表現了歷史唯物主義和革命的發展觀，並爲現實民族、民主革命所規定了的理想人性這一歷史任務尋找實踐的主體。他說：「歐美之強，莫不以是炫天下者，則根抵在人，……是故將生存兩間，角逐列國是務，其首在立人。」〔註56〕這就爲「立人」，追求理想人性定下了方向、目的、性質，與封建社會的人性理想具有實質上的鮮明差異。基於此，他才把個性解放，靈明張揚視爲「立人」之道術，只有這樣，中國人才會「披心而嗷，其聲昭明，精神發揚」，「咸入自覺之境」，「不爲強暴之力譎詐之術所剋制。」〔註57〕只有獲得了「相當的進步的智識、道德、品格、思想」，中國人才能同世界其

〔註55〕黑格爾：《歷史哲學》，上海：商務印書館，1936年版，第197頁。
〔註56〕《魯迅全集》（第1卷），北京：人民文學出版社，1981年版，第56～57頁。
〔註57〕《魯迅全集》（第8卷），北京：人民文學出版社，1981年版，第25頁。

他人種「協同生長，挣一地位」，不至於被消滅，被擠出「世界人」行列〔註58〕。這種思想到後期就更明確更具體。他之所以熱愛、擁護中國共產黨人，就因爲中國共產黨人是中華民族、中國人民的先進代表，是眞正爲民族、中國人民謀利益的現實代表。

和近代思想家相比較，也可看出魯迅理想人性的獨特性。追求人性的解放、改良國民性從近代就已開始。雖然近代以來的思想家的理想人性思想在客觀上是與民族解放的要求一致的，但思想的局限性，沖淡了理想人性與民族解放的關係，有的甚至做出了相反的結論。例如嚴復和章太炎，他們具有強烈的民族意識，追求的理想人性在主觀上是爲民族振興和民族精神的煥發；但弱點在於，沒有弄清和完全認識到實現民族解放振刷民族精神還應取決於反對封建精神，因此他們不自覺地又陷入了矛盾的困境。嚴復認爲，中國人覺悟程度不高，所以改變目前的人心之非，還應以封建先王教化之道來維繫現實人性；章太炎則鼓吹用宗教發起信心，增進國民的道德，用國粹激動種性，增進愛國的熱腸。帶有這種目的追求理想人性就不可能眞正完全適應近代以來的反帝反封建的民主革命要求，缺乏徹底的反封建精神的理想人性也不可能成爲眞正意義上的革命動力。魯迅的獨特之處在於，一開始追求理想人性就把它和封建精神對立起來，他以新的理想否定、替代封建的「國粹」，爲民族和人民的解放找到眞正的具有動力作用的理想人性，表現出了徹底的而不是妥協的反封建的新思想。

與章太炎、嚴復不同，還有一些人追求的理想人性則帶有濃厚的抽象人性的色彩，自覺與不自覺地陷入了唯心主義的泥坑，從而使理想人性與民族革命的實踐相分離，甚至走向了有害於革命的反面。大家知道，個性解放與利己主義的界限在開始時並不是所有的人都清楚，將兩者混爲一談恰是主要的通病。因此，本來應當成爲民族解放、民主革命動力之一的個性解放經過曲解，就發生了消極效果。當時有些人認爲，社會、國家、宗教、學術的起源和發展，皆出於人類利己之心，這也是爭自由、求解放的唯一根本動力。梁啓超在《十種德性相反相成議》一文裏，公開宣稱「天下之道德法律，未有不自利己而立者也。……而人類之所以能主宰世界者賴是焉……其能利己者必優而勝，其不能利己者必劣而敗，此實有生之公例矣」。顯然，他們認爲利己不僅是理想人性的基礎，也是歷史發展、民族解放的原動力。這表面上看來是從民族、國家的

〔註58〕《魯迅全集》（第 1 卷），北京：人民文學出版社，1981 年版，第 307 頁。

利益出發的，實質上，在理論上是混亂的，實踐上也是有害的。利己不僅不能成為革命的動力和理想人性的基礎，反而是抵消革命動力，破壞真正理想人性的消極力量。魯迅的深刻性就在於把個性解放與利己主義嚴格區分開來，前者才是可以成為民族解放，反對封建的理想人性，真正的個性解放並不是損人利己，它是主觀能動性、獨創性、自主性、抗俗性的同義語。而這一切是適宜於反封建精神的。所以魯迅認為，個性張揚了，國人就會取代沙聚之邦，可以雄立天下。這就把以個性解放為基礎的理想人性同民族解放，國家獨立的內在精神條件結合了起來。在他看來，個性解放是無私的，利己主義是自私的，前者有益於國家和民族，而後者則相反。總之，尋找民族的進步，社會的改造和人民的解放道路，為著民族和社會的真正進步和真正解放而鬥爭——這是魯迅的思想、創作和一切活動的總主題。正是在這樣的意義上，我們認為魯迅理想人性思想在中國思想史上佔有獨特的地位。

第二，在中國現代思想革命運動中，魯迅理想人性思想具有深刻而獨特的意義。一、這一思想所反映出的內容與革命目的相一致；二、它適應了現代革命的重要內容——思想革命的基本要求。

現代革命的基本任務是反帝反封建，建立人民當家作主的新中國。因此，沒有一支具有高度自覺而積極的革命隊伍和造就適應這一革命要求的大批戰士，革命的勝利就難以實現。從內容而言，魯迅理想人性就是這一要求的集中反映。無論是徹底而富有韌性的戰士，還是無私的品性；不管是自我批判的精神，還是開拓、創造、開放的動態革命意識，以及切切實實的、徹底的現實主義精神，都是革命所急需的優良素質，是革命戰士應具的崇高品格，只有具有這些理想人性的精神，革命隊伍的素質才會有新的改變，革命的勝利才會具有精神的條件；而且，革命不僅要改造社會，也要改變人。因此，這些內容對革命情操、品質的培養、陶冶無疑提供了直接和明確的要求。所以，這一思想的內容與中國現代革命的目的、要求是一致的。

魯迅對中國理想人性的探索，並以此改良國民性，與現代革命的重要內容——思想革命的要求相統一。探索理想人性的重要目的之一，是要從思想觀念、心理思維形式、精神狀態等方面改良國民性、民族性，以新的理想人性武裝中國人，拋棄、根治舊社會造成的劣根性。在本質上，它是屬於思想革命的範疇。

思想革命在任何時代、任何國家、任何民族的革命過程中都具有重要地

位，它是政治、社會革命的前導，是武裝革命的先決思想條件，因而，它具
有普遍的意義。由於中國革命本身的特殊性、複雜性，其地位就更加突出。
封建思想的長期統治，自鴉片戰爭以來的帝國主義文化的侵襲、腐蝕，在中
國的文化思想界，在中國人的心理、觀念、思維等方面，造成了一種根深蒂
固的消極後果，形成了一些積重難返的民族痼疾。反動派自覺利用這些東西
繼續奴役著現代中國人的精神，破壞著反帝反封建的民主革命；而多數民眾
則不自覺地表露出這些痼疾，對革命發生著？消極的影響。辛亥革命的失敗，
證明著這兩種狀態所形成的危害革命的客觀社會力量的強大。因此，中國革
命就應以兩種革命形式的統一為其基本途徑。一方面，要以暴力革命形式打
碎舊的國家機器，為建立新的生產關係，發展新的生產力開闢道路，為改造
傳統思想、習慣創造物質基礎；另一方面，又必須進行思想革命，為暴力革
命創造思想條件和精神氛圍，為革命戰士提供精神的力量。在一定意義上講，
沒有這樣的革命，武裝革命的基礎不能保證，勝利也難以實現；即使勝利了，
也難以鞏固。辛亥革命的失敗就是明證。所以，必須清除昏亂的思想，打掉
製造昏迷強暴的蟻冢，開展思想革命，掌握批判的武器，「否則，無論是專制，
是共和，是什麼什麼，招牌雖換，貨色照舊，全不行的。」〔註 59〕這批判的
武器其一就是理想的人性。只有用理想的人性去改造國民的劣根性，阿 Q 式
的精神勝利法，「沉默的國民的靈魂」才會改變和蘇醒，《藥》中的華老栓式
的麻木才會避免，《在酒樓上》中的呂緯甫式的退縮與落伍才會消除，《孤獨
者》中的魏連殳式的「獨頭繭」才會衝破；只有這樣，才會產生戰鬥的精神
動力，創造革命的社會思想條件。因此，思想革命是現代中國革命的必然內
容，由此出發的追求理想人性，就是這一內容的自然結論。它適應了革命的
要求，為的是給革命的動力插上新精神的翅膀。如果說，毛澤東主要是以政
治家、革命家的眼光，找到了現代革命的基本動力，那麼，魯迅就主要是以
思想家的敏銳和卓識，為革命動力尋找理想人性，賦予他們以精神、思想的
內部力量。殊途同歸，總目標達到了根本的一致。這充分顯示了魯迅的深刻
與獨特，表現了他思想的高度，在現代革命史上，他理應佔有重要的地位。

　　總之，魯迅理想人性的內容，性質與現代中國革命的步調，要求相一致，
是自覺意識到的革命歷史內容。從早年對精神戰士的追求到後期對無產階級
的擁戴，其發展的軌跡與中國革命是同步的、統一的。

〔註 59〕《魯迅全集》（第 11 卷），北京：人民文學出版社，1981 年版，第 31 頁。

　　第三，在魯迅思想的總體系中，關於理想人性的思想也有重要的意義，對魯迅本人的人格實踐和發展，更具有直接的規範和促進作用。

　　改良國民性在魯迅思想體系中地位十分重要，在一定意義上，沒有這一思想，魯迅作為思想家的獨特性及其巨大貢獻就將遜色。理想人性之所以在魯迅思想體系中具有重要作用，就在於它是改良國民性，引導人性走向新的境界的指南。可以設想，沒有理想人性，改良國民性就是沙上建塔。魯迅自己就非常強調理想的指導作用。他說：「新的建設的理想，是一切言動的南針，倘沒有這而言破壞，便如未來派，不過是破壞的同路人，而言保存，則全然是舊社會的維持者。」〔註60〕沒有立，也無法破，沒有新的理想，就只能是維持過去的理想。因此，離開了理想人性，改良國民性將是無的放矢，質的規定性也不復存在了。要全面認識魯迅堅持畢生的改良國民性思想，理想人性無疑是極重要的內容，二者互為聯繫，不可分割；而且通過這一思想的研究，對魯迅思想的發展也會有更深入的認識。事實上，魯迅在人格發展的過程中，理想人性就起著直接的規範和促進作用；甚至可以說，他的人格實踐乃是他追求的理想人性的具體實踐，從而為我們留下了偉大人格的典範。他是偉大的韌性戰鬥的戰士；他是為祖國人民無私奮鬥的孺子牛；他是自我批判人格的楷模，敢於正視自己，嚴於解剖自己；他是新文化運動的開拓者，中國新文化的建設者、創造者；同時，他具有廣闊的容納新潮的開放胸懷，這從他翻譯數百萬字的外國文藝作品和一生與社會實踐相聯繫而不是封閉在書齋裏可以見出；他是清醒、嚴峻、深刻、徹底的現實主義精神的代表，執著人生和現實、埋頭苦幹、拼命硬幹，為中國人民的「現在」和「將來」貢獻了全部心血。所以，我們認為，理想人性對魯迅本人思想、人格的發展，具有直接的規範和促進作用。

　　第四，理想人性內容在今天仍具有重要的認識、實踐價值。歷史發展的連續性，決定了民族性、國民性的相對連續性和穩定性。一方面，優良的傳統精神將在文化心理結構上打下世代相傳的、永不褪色的烙印，以顯示出民族的特殊性；另一方面，其缺陷、痼疾也將投影在廣闊的文化背景上，通過自覺與不自覺的積澱，並以其內部固有的惰性力的推動，將不時表露、滋生、蔓延、以至惡性膨脹。建國以來，我們把批判資產階級思想作為重點，對封建思想及其產生的劣根性批判則相對忽視，結果，產生的惡果是人所皆知的。

〔註60〕《魯迅全集》（第7卷），北京：人民文學出版社，1981年版，第356頁。

重新認識魯迅批判劣根性基礎上所產生的理想人性，對照現存的劣根性，從而給予相應的改造，無疑具有積極的認識價值。

　　理想人性的內容至今仍具有實踐的意義。魯迅的理想人性，在其根本精神方面，仍是當今中國人和現代化建設所需要的。我們仍需大公無私的崇高品質；而且無私方能無畏，才能敢於和不正之風鬥爭，才能全心全意爲祖國、爲人民、爲現代化服務。我們仍需要自我批判意識，正視弱點，避免自欺欺人的假大空，乃是產生自強不息的精神動力。我們更需要開拓者、創業者和開放精神，需要不斷超越過去的內在動態發展精神。我們仍應是徹底的現實主義的代表，永遠執著現實人生，埋頭苦幹，拼命硬幹的實幹家。切實的態度和方法，是我們事業成功的重要保證。總之，魯迅理想人性內容沒有過時，具有較強的生命力。王瑤先生指出：「魯迅的『立人』思想，他所期待的『理想的人性』；無論在今天或未來，都有重要的現實意義和深刻的理論意義。我們應該很好地學習和研究魯迅這一光輝的思想，根本改變我們民族近百年來在意識形態方面存在的種種弱點，徹底根除阿 Q 精神，極大地提高我們全民族的科學文化水準，建立高度的精神文明，這是我們在思想文化戰線上面臨的一項光榮任務。」〔註61〕

六、「欲揚宗邦之眞大，首在審己」

　　魯迅曾經嚴肅地告訴國民：「意者欲揚宗邦之眞大，首在審己，亦必知人，比較既周，爰生自覺。……故曰國民精神之發揚，與世界識見之廣博有屬」〔註62〕。這就從世界發展的角度和世界範圍的比較，確定了要振興宗邦，振興民族，必須培養起「審己」的自我批判的理想的人性；這樣才能充分認識到自己民族的優勢、劣勢，從而找到正確的發展道路。因此，一個優秀民族的性格應以自我批判精神作爲他的前導，並以此作爲培養理想的民族性、國民性、人性的前提和必要條件。對於個人來講，也是如此。魯迅認爲，一個眞正的革命者應當具備「決不怕批判自己」〔註63〕的理性精神；應該隨時隨地嚴於解剖自己；爲使自己的思想行爲符合社會、民族、國家、革命事業的基本要求，就要不斷地改正自己的弱點、錯誤，不斷超越自身的舊我，變成符合「大我」的新我。因

〔註61〕王瑤：《魯迅作品論集》，北京：人民文學出版社，1984年版，第343頁。
〔註62〕《魯迅全集》（第1卷），北京：人民文學出版社，1981年版，第65頁。
〔註63〕《魯迅全集》（第4卷），北京：人民文學出版社，1981年版，第62頁。

此,個人的自我批判精神不僅是自我人格鍛鍊、思想修養的前提,也是煥發國民精神,改變民族精神面貌的重要條件。顯然,魯迅追求的中國理想人性中的自我批判精神包括兩個層次。一、民族的自我批判性格,即民族性中的自我批判精神。這是理想人性中自我批判精神在民族性中的表現。二、個人自我批判精神。這是民族自我批判精神的個性化、人格化,是人性自我批判精神的進一步具體化,人格化。人性的自我批判意識只有通過民族性得到第一層次的具體化,而又通過個人人格使之獲得更高層次的具體化。

魯迅認為,一個優秀的民族應該具備自我批判的強烈意識,只有使民族永遠處在不自滿的嚴格自我反省之中,永遠處在「不滿」的向上衝動之中,才能進步,才能發展,才能走向繁榮。這就是魯迅中國理想人性中自我批判精神的第一層次,即民族的自我批判精神。它本身又包含兩個層次。一、「首在審己,亦必知人」。也就是把民族放在廣闊的世界歷史發展的過程中,正視自己,瞭解自己的缺陷;並以此瞭解別人,認識它民族的優與劣,在比較的基礎上,決定自己民族發展的方向、道路;決定取捨,拋棄自己的不符合歷史發展的「粹」,吸收有利於民族發展的新鮮養料,從而使民族、國民精神得到新的振刷和張揚。因此,中華民族必須有嚴於審己的能力。他要求我們的民族敢於「將先前一切自欺欺人的希望之談全都掃除,將無論是誰的自欺欺人的假面全都撕掉,將無論是誰的自欺欺人的手段全都排斥,總而言之,就是將華夏傳統的所有小巧的玩藝兒全都放掉」〔註64〕,「由此開出反省的道路。」〔註65〕反之,如果「只知責人不知反省的人的種族」,那就非常危險,所謂「禍哉禍哉」就是其悲慘的下場。〔註66〕這就把自我批判精神放在民族發展的過程中,使這一理想的精神獲得了新的意義。二、「不滿」是民族發展的動力。所謂「不滿」,就是在「審己」基礎上所產生出來的對本民族弱點批判的態度。魯迅認為,通過「不滿」,使民族永遠具備蓬勃向上的活力,獲得「永遠前進」的內在動力,這樣的民族就會「永遠有希望」。他說,「不滿是向上的車輪,能夠載著不自滿的人類,向人道前進」。〔註67〕魯迅的命題無疑具有真理的意義。民族的生存和發展,不是靠自欺欺人的瞞和騙,而是依靠內在的創造力,向上力,而這些內部力量產生

〔註64〕《魯迅全集》(第3卷),北京:人民文學出版社,1981年版,第96頁。
〔註65〕《魯迅全集》(第6卷),北京:人民文學出版社,1981年版,第146頁。
〔註66〕《魯迅全集》(第1卷),北京:人民文學出版社,1981年版,第359頁。
〔註67〕《魯迅全集》(第1卷),北京:人民文學出版社,1981年版,第359頁。

的精神源泉，自我批判的「審己」與「不滿」無疑是重要的源頭和必要前提。

　　對民族自我批判精神的追求始終如一，從未放鬆，這是魯迅清醒的、睜開慧眼認識民族的結晶。直到晚年，他一方面極力從正面挖掘民族的優良的脊樑精神；另一方面仍在提倡自我批判精神。他說：「我們生於大陸，早營農業，遂歷受游牧民族之害，歷史上滿是血痕，卻竟支撐以至今日，其實是偉大的。但我們還要揭發自己的缺點，這是意在復興，在改善」。〔註68〕因之，他希望我們的民族能夠冷靜客觀地「自審」、「分析」，從而「變革、掙扎、自做工夫」，以此來「證明究竟怎樣的是中國人」〔註69〕。這就高度肯定了自我批判精神的理想人性意義。並把這一理想人性的培養提倡，與民族、祖國的變革有機統一一起，使之獲得了更深刻的歷史內容。

　　如果說，民族的自我批判精神是從整體上提倡的話，那麼，個人自我批判精神則是從特殊的、具體的角度，使民族這一理想精神得到人格化的實現。這是魯迅的深刻過人之處。民族性是共性，共性通過個性才能存在。否則，民族的自我批判精神就會落空，流於抽象化，止於觀念中。而這一點魯迅恰好彌補了近代以來其他人的不足。作為理想人性的自我批判精神的第二個層次，就是個人的自我批判精神。它也包含兩個層次。一、敢於正視自己，解剖自己。魯迅指出：「我們仔細查察自己，不再說誑的時候應該到來了，一到不再自欺欺人的時候，也就是到了看見希望的萌芽的時候」〔註70〕出於民族、祖國生存、發展的需要，出於個人發展的必然要求，魯迅極力提倡正視自我，解剖自我的理想人格。他要求人們應「先將自己的精神來解剖裁判一會，看本身有無淺薄卑劣荒謬之處」〔註71〕。即通過「審己」、「裁判」，經過自我反省，自我評價，找出不合乎社會發展和革命事業要求的缺陷，達到「清結舊帳」，「開闢新路」的目的。他呼籲人們應「先行反省」，主張「自己打自己的嘴巴」。一個真正的革命者必然要求具備自我批判的精神，樹立「決不怕批評自己」的氣魄，只要是對革命、大眾有益的，即使首先拿自己開刀，也「敢於咬著牙關忍受」〔註72〕。

　　在《狂人日記》和《一件小事》兩篇小說中，魯迅就鮮明地表現了自我批判的主題。「狂人」一開始就進入了自我反省的境地。他認為幾十年來，過的

〔註68〕 《魯迅全集》（第13卷），北京：人民文學出版社，1981年版，第683頁。
〔註69〕 《魯迅全集》（第6卷），北京：人民文學出版社，1981年版，第626頁。
〔註70〕 《魯迅全集》（第3卷），北京：人民文學出版社，1981年版，第101頁。
〔註71〕 《魯迅全集》（第1卷），北京：人民文學出版社，1981年版，第401頁。
〔註72〕 《魯迅全集》（第4卷），北京：人民文學出版社，1981年版，第628頁。

是「發昏」的生活，十分明白地暴露了自己覺醒之前的思想認識的糊塗與昏瞶；「狂人」也正是通過對歷史的考察以及對自己覺醒前生活的自我反省，使自己廓清了歷史的迷霧，找到了自己以前生活之所以「昏」的根據和社會條件，從而開始了反省的路，走上了反封建的戰場。他還大膽披露了自己幾十年來不自覺地參與了禮教「吃人」的思想，從而在更深的意義上認識了禮教和家族制度的殘忍、遺毒的廣泛與深厚；也更明確了他今天的歷史使命。禮教的統治，殘酷的吃人思想已不自覺地滲透在人們的心理之中，這是何等驚人的控訴！推翻禮教的精神統治，清除人們身上自覺與非自覺的「吃人」心理，又是何等急迫！由此，自我意識的理性自我批判精神又是多麼急需！《一件小事》中的「我」更具有自我批判意識。作者把「我」的思想、心理的變化置於兩種思想、行為的對立之中，從而無情地將「我」內心的卑劣與荒謬置於光天化日之下，讓它們受到批判、譴責，讓心靈在痛苦的撕咬中，獲得新的昇華，讓「我」的「小」在自我批判的過程中，消失、轉化、自新。這種敢於正視，批判自己的精神不正是魯迅追求的理想人性嗎？因為它是認識歷史與社會，使自己自新的、奮發向上的內在動力和必要條件。「狂人」和《一件小事》中「我」的塑造，就形象地作出了結論。二、改造自己，改造社會是個人自我批判精神的起點和歸宿。正視、解剖自己不是為滿足自己暴露的癖好，而是為了改造自己和改造社會。只有革命者改造好自己，才能有正確的目的，才能找到正確的方法去改造社會，才會對社會做出更有益的貢獻。因此，魯迅認為，為了改造社會和現實世界，「必須先改造了自己」﹝註73﹞，而一切個人的「審己」和自我反省，都從屬於這一目的。個人的改變會促進社會改變的速度。所以，個人應為社會的改變作出犧牲，即在嚴格的意義上，正視、解剖自己，從而更好地改變自己，為社會貢獻自己。魯迅指出，即使從別國裏竊得火來，「本意卻在煮自己的肉的，以為倘能味道較好，庶幾在咬嚼者那一面也得到較多的好處，我也不枉費了身軀」﹝註74﹞。雖然這是講的他自己，但從中完全可見出其追求的意向。所謂「那一面也得到較多的好處」，就是通過解剖自己，影響別人和社會，最終實現個人自我、他人、社會的改造。「狂人」的自我批判是這樣，他對自我的批判，正是為了使自己覺醒，走上影響社會、改造社會的道路，而自己也獲得了思想的新生。《一件小事》的「我」批判自己的目的，也是這樣。他要通過這一途

﹝註73﹞《魯迅全集》（第1卷），北京：人民文學出版社，1981年版，第360頁。
﹝註74﹞《魯迅全集》（第4卷），北京：人民文學出版社，1981年版，第209頁。

徑，使自己自新，奮發向上。而《傷逝》中的涓生對自我心靈的懺悔，也是爲了走上新生活的第一步。總之，把解剖自己、改造自己與改變社會有機統一起來，就是魯迅個人自我批判精神的內在眞諦。

自我批判精神在理論和實踐上都具有鮮明的現實針對意義。它是反對封建社會夜郎自大自欺欺人劣根性的產物，是對歷史與現實深刻認識的結果。把它作爲理想人性的前提是有充分根據的創新。

中華民族是偉大聰慧的民族。她曾以光輝燦爛的文化豐富、滋潤了人類文化，不愧爲「世界之天府，文明之鼻祖」〔註75〕。但由於經濟、政治、文化和地理環境等原因，在歷史發展的過程中，卻無形或有形、自覺或不自覺地滋生、蔓延起夜郎自大、自欺欺人、不敢正視自己弱點的瞞和騙的劣根性。自然經濟是自我滿足思想產生的經濟基礎，高度專制的壓迫是產生敷衍、偷生、瞞和騙的政治溫床，「天不變，遭亦不變」的永恆統治思想是從自信滑向自欺的思想根源，而地大物博的自然條件，與外部世界隔絕所造成的缺乏對比，是唯我獨尊、夜郎自大形成的自然基礎。種種影響，逐漸積澱爲一種習慣的心理、思維方式，彌漫著自欺欺人、不敢正視解剖自己的劣根性。歷史上此類思想司空見慣；近代以來，更是有增無減。阿 Q 式的精神勝利法像毒蛇一樣，纏住人的心靈與思維。面對山河破碎，仍做著天朝上國的美夢；物質貧窮，民不聊生，反在鼓吹中國精神文明世界第一；無名腫毒，倘若生在中國人身上，也便『紅腫之處，豔若桃花；潰爛之時，美若乳酪』。國粹所在，妙不可言」〔註76〕。古人以「女人作爲苟安的城堡」的「和親」與今人用「子女玉帛爲作覺的贄敬」的「同化」〔註77〕之說，便是這種劣根性相沿不息的最好證據。所以，提出自我批判精神在理論上、實踐上，都毒打破自欺欺人謬論的有力武器，是改變劣根性，引導人們走上清醒客觀現實精神道路的燈塔。魯迅一針見血地指出：「蓋中國今日，亦頗思歷舉前有之耿光，特未能言，則姑曰左鄰已奴，右鄰且死，擇亡國而較量之，冀自顯其佳勝」〔註78〕。眞是「舊國篤古之餘，每至不惜於自欺如是」〔註79〕；並認爲，如繼續「漫誇

〔註75〕《魯迅全集》（第8卷），北京：人民文學出版社，1981年版，第3頁。
〔註76〕《魯迅全集》（第1卷），北京：人民文學出版社，1981年版，第318頁。
〔註77〕《魯迅全集》（第1卷），北京：人民文學出版社，1981年版，第215頁。
〔註78〕《魯迅全集》（第1卷），北京：人民文學出版社，1981年版，第65頁。
〔註79〕《魯迅全集》（第1卷），北京：人民文學出版社，1981年版，第26頁。

耀以自悅，則長夜之始，即在斯時」〔註80〕。魯迅正是從歷史與現實的深刻聯繫，站在民族解放、生存、發展的高度，批判了自欺的劣根性，提出了培養自我評判精神並以此作為理想的民族性、人性的。

其次，提倡自我批判精神改造了封建社會重「內省」的人格培養方式，把純孤立的「內省」變成了與社會歷史實踐相統一的自我批判精神。這是創新，具有理論的重要價值，實踐上也具有鮮明的積極作用。

從孔子到宋明理學，都貫穿著「內省」的思想修養和道德培養方法。孔子要求人們「內省」、「自訟」，認為「內省不疚，夫何憂研懼」〔註81〕。他還號召人們「見賢思齊」，「見不賢而自省」〔註82〕。孟子更重「內省」。所謂「存心」，所謂「善養吾浩然之氣」，便是「內省」的垂求，並視為是到達最高道德境界的途徑，「儘其心者，知其性柏。知其性，則知天矣，存其心，養其性，所以事天下也」〔註83〕。到了宗明理學，此風與日俱增，「內省」之法得到了進一步地發揮從一定意義上講，「內省」的方法帶有自我評價，自我認識，自我批判的思想，但其根本目的則是要求人們用這套道德修養方法來反省、檢查、克服一切不符合統治階級道德要求的各種思想和行為，是為培養忠實工具所定的規則。再則，它要求的是脫離廣大人民群眾和社會歷史實踐的消極自我道德完善，而不是通過自省進入歷史實踐；它要求的是「私德」的培養，是「獨善其身」的修身之道，不僅在實踐方面嚴重脫節，在理論上，也有神秘的唯心主義錯誤。魯迅的獨特貢獻在於，他吸收了古代「內省」方法中視主觀能動性的合理內核，把「內省」的形式改造為自我批判意識；重要的是，他拋棄了脫離實踐的「內省」，把自我批判意識的培養同民族、國家的根本命運以及與大眾的社會實踐、社會鬥爭結合起來，使道德與歷史得到了有機的統一。總之，他是在廣闊的社會歷史活動中，從民族生存發展的歷史過程，來宣導自我批判精神的，而不是封建社會「內省」所規定的狹隘的道德內容。

第三，提倡自我批判精神對於革命隊伍的思想改變，對於革命隊伍的思想建設，都有深刻的理論和實踐意義。如果說，魯迅早期和前期提倡的自我批評精神主要是指的民族性、國民性的話，那麼後期的提倡不僅包括上述兩

〔註80〕 《魯迅全集》（第1卷），北京：人民文學出版社，1981年版，第65頁。

〔註81〕 《論語·顏淵》。

〔註82〕 《論語·里仁》。

〔註83〕 《孟子·盡心下》。

方面的意義，而且具有新的內容，那就是改造當時革命隊伍中知識分子的一切不利於革命的思想和行為，即號召他們勇於正視自己的缺陷，改變這些缺陷，使自己成為眞正的革命人。因此，魯迅提倡的自我批判的理想人性在思想實質上代表了新的境界，其意義至今猶在，光輝奪目。他正是本著這樣的思想：「爲了激起人民的勇氣，必須使他們對自己大吃一驚」〔註84〕的思想，來追求理想人性中的自我批判精神並以此作爲理想人性培養的必要前提的。

〔註84〕《馬克思恩格斯選集》（第1卷），北京：人民出版社，1972年版，第4頁。

第二章　魯迅文學活動的價值指向

一、魯迅的文學創作與自然科學

　　魯迅喜歡、熱愛自然科學，也有過實踐，但他並非自然科學家，在自然科學領域也沒有什麼貢獻。他的貢獻是在宣傳自然科學的思想，引導別人走向科學的道路，讓人們掌握科學的思想與方法，使人們睜開眼睛去認識人自身及身外的世界，總之，著重點在科學的啓蒙價值。

　　魯迅是接受科學精神薰陶的受益者，他的思想成就得益於科學的訓練已不待言，就文學創作來講，他也深受其惠。周建人在講到魯迅與自然科學的關係時，曾指出了魯迅作爲文學家對科學的重視。他說：「就一般的知識分子來說，學習科學實能給予一種思想知識上的幫助。學習科學不僅給人們以知識，還給他鍛鍊求知的力量，和怎樣正確地去要求知識，怎樣明晰地觀察、探究，使他所知道的事情更眞實。即使愛好文藝之類的人，我想，有了科學的底子，再寫小說、雜文或批評之類的文字時，也許能寫得更好些。這就得到了學習科學的幫助。魯迅先生時常說：「學習科學或工業的人常有輕視文藝的錯誤，他們常這樣說：文藝有什麼用處呢？大可以不必去學它。魯迅先生遇到這種時候，就告訴他們說學文藝的人卻一點也不看輕科學和工業，反而竭力主張學文藝及別項東西的人，還應該學科學的。」〔註1〕魯迅提倡讀科學書的文字，在筆下是經常出現的。他爲什麼主張從事文藝的人要學科學呢？

〔註1〕 喬峰：《略講關於魯迅的事情》，北京：人民文學出版社，1954 年版，第 39 頁。

因為科學誠如周建人所說，對文學創作大有裨益。魯迅的文學成就，是與自然科學的訓練分不開的。科學的思想、精神和方法，已深深地溶解在他的思想情感之中，內化在思維、認知結構裏。

從整體上講，魯迅的小說、雜文充滿了對歷史和現實的批判意識。就一般意義上看，魯迅是一位批判型的思想家；他作為思想家，其價值就在於超越了同時代及其以前中國歷代思想家，比他們更具有批判精神，更具有思想的穿透力，其批判的廣度、強度、深度都達到前所未有的高度，為中國人批判意識的真正建立，為現代中國批判價值觀的確立，作出了偉大貢獻。魯迅批判意識的產生，既來自西方思想家如尼采等人的影響，又來自自然科學家在追求物質世界真理過程中所體現出來的理性精神，而理性精神的重要組成就是批判精神。歷史上的一切科學的重大發現，一切重要的思想成果，既是對前人的繼承之結果，又是對過去陳說批判的產物。魯迅作為思想家、文學家的重要特點，就是對歷史和現實中的種種謬誤，形形色色的舊思想，影響腐蝕民族性、國民性格的封建痼疾，給予了全方位而又具有歷史深度的批判，一切阻礙歷史和社會、人自身進步的舊有之物，統統都遭到了他無情的鞭撻與嚴峻的掃蕩。他的雜文，被人們視為匕首，視為投槍，恰恰就是戰鬥批判性的證明。他的小說也是如此。如果說，魯迅的雜文是以嚴密的邏輯、無可辯駁的事實、對文明病和社會病的無情揭露、高度凝煉意味無窮的藝術意象、犀利而形象的語言文字、不拘一格富於創新的表現手段，顯現出批判的全部力量的話，那麼，他的小說則是以充沛而冷峻的情感、客觀而富有激情的態度、高度概括而又高度個性化的典型人物、極富張力與彈性的藝術語言，憂憤深廣的歷史內容、鮮明而又含蓄的價值取向，表現出批判的意義的。因此在他主要的小說中，始終洋溢著批判的理性精神。這種批判精神始終支配著他的情感傾向和內容表現的客觀合理性。在同情弱者不幸命運的時候，他始終也在解剖著他們自身的弱點；在把筆鋒指向舊有的制度時，槍刺也挑開了人靈魂中的陰暗。《狂人日記》對家族禮教制度「吃人」的暴露，以及對「被吃者」不自覺地參與「吃人」的深刻揭示，顯示了魯迅小說強烈的批判特質。《孔乙己》中的孔乙己是不幸的，但他的喪失自立能力和迂腐的舊知識分子的酸氣，在魯迅筆下，也得到了毫不客氣的描寫，而對產生孔乙己這類人的千百年來的科舉制度的弊端的批判，也始終貫穿在不動聲色的敘事描寫之中，入木三分，具有令人驚歎的批判力量。《藥》，雖然作者在描寫時是冷靜

的，給人的感覺也有一種陰冷之氣，可給讀者最終的效果是驚心動魄的，令人深思的。血腥的反動派的屠殺，在不經意中得到控訴；而華老栓的愚昧與麻木，則是一種精神上的墮落。魯迅著力批判的既是反動派的殘酷與專制，又是華老栓這一類人的精神痼疾。所謂「藥」，正是爲治精神愚昧和心靈麻木而設下的意味深長的象徵。這是非常深刻的，其批判深度在古代中國的小說中是罕見的。《一件小事》，對坐車的「我」的自私的批判，令人難忘。《故鄉》中對造成閏土命運變化的外部環境的揭露，對小市民的描寫，亦含有批判的意義。《阿Q正傳》是現代小說的經典之作，魯迅的創作意圖旨在描寫沉默的國民的魂靈。對阿Q，他當然哀其不幸，但對他的自欺、健忘、怯卑、自尊自大而又自輕自賤，以精神勝利來消解別人加之於己的屈辱等等弱點，又是怒其不爭的，批判的傾向是鮮明的。即使在近於散文的小說《兔和貓》中，對小兔的關心體現了作者對弱者的愛與同情，可對黑貓——害小兔者，他卻表現出極大的憤怒。貓在這裏，和小兔一樣，與其說是兩種動物，不如說是兩種不同命運者的象徵；貓，代表的是濫毀生命的元兇，是殘暴的代名詞，而小兔自然就是被迫害者的代表，是弱者的同義語。字裏行間，批判激情回蕩。《祝福》通過祥林嫂的命運，將鋒芒直指封建時代的夫權、神權和族權，把籠罩在祥林嫂周圍的、并最終摧毀了祥林嫂精神支柱的禮教、迷信及冷漠的氛圍，深刻而生動地展示出來；作者對那些以咀嚼祥林嫂之痛苦而感到快意的、愚昧而少同情心的魯鎮人，既感到悲哀與痛心，又在行筆之中予以了不動聲色的譴責。《在酒樓上》、《孤獨者》這兩篇小說，對曾經在反封建鬥爭中衝鋒陷陣，而後卻退縮落伍的知識分子進行了分析和解剖。一方面，人們可以看到現實的負面力量是那樣強大和沉重，似乎使革命者們難以抵制；一方面，早先民主戰士自身的弱點也是「落伍者」們致命的原因。魯迅既對黑暗現實給予了無情揭露，對「落伍者」本身，也進行了深刻反省和適度批判。再如《肥皂》對僞道學家四銘的入木三分的刻畫，《弟兄》中對潛意識中自私利己的剖析，《傷逝》中對涓生與子君的婚姻的破裂原因之探討，都在不同的角度，以不同的內容，顯現了作者對現實和人物自身局限的批判意識《離婚》中對代表權力的七大人的嘲諷，批判鋒芒是那樣鮮明，而對愛姑從鬥爭到妥協的歷程，作者既看到了那時女性的朦朧覺醒，同時也在客觀上批判了她自身不可避免的缺陷，並通過愛姑的命運，向強大的封建勢力射出了有力的一槍。即使在《故事新編》那些歷史小說中，在歷史與現實交織的描寫中，種

種臉譜和人生世相，五花八門的陳舊的思想，在魯迅筆下也得到了眞實反映，批判意圖是清清楚楚的。

早在日本留學時期，魯迅就接受了科學批判精神的洗禮。他在《科學史教篇》中，對英國哲學家、實驗科學的先驅者羅吉爾‧培根提出的造成人類無知的幾個原因十分贊同。羅吉爾‧培根認爲崇拜權威、因循舊習、固執偏見、狂妄自負，是科學落後的重要的思想基礎〔註2〕。這本身就含有兩層意義：一是對固有的阻礙科學發展的思想提出了批判；一是人們必須敢於向權威挑戰，敢於向各種偏見和舊習慣挑戰，也就是說要養成批判的、獨立思索的能力和精神。

批判本身不是目的，目的在於創新。魯迅對國民劣根性的批判，對封建社會的暴露，對各種反動勢力的不懈鬥爭，是爲了追求中國的理想人性，建設沒有「吃人」的「第三樣的時代」，是爲了一個具有健康機體，使人們眞正全面發展的社會，這同科學家的創新，具體結果雖然不同，但總目標和根本性質卻是一致的。

魯迅提倡批判精神，並且勇於實踐，絕非爲批判而批判，而是爲了超越古范、別立新宗，激發人的創造能力。他自己就是在批判基礎上大膽創造的典範，他以藝術的創新彪炳中國現代文壇。他是中國現代小說的奠基者，這是舉世公認的事實；他爲現代小說提供了新的主題，尤其是他在農民、知識分子題材方面的開拓，是前無古人的；他一改傳統小說帝王將相才子佳人佔據主角的情況，第一次眞正將普通的農民，生活在底層的不幸人們推到了作品主人公的地位；他吸收了古今中外藝術之長，在揭示人物精神和心理方面，達到了中國古代從未達到過的高度和深度，像對阿 Q 的「精神勝利法」的概括與揭示，就是空前的創造。在藝術表現方面，也顯現出了他的巨大的創造力。他的小說之所以新，在於他以全新的語言——白話，來寫小說，在語言上是一次眞正的革命；他的小說格式特別，既有傳統小說的優秀手法，又不同於傳統；既有西方小說的技巧，又不等同。他使用的現實主世例作方法，一方面是嚴格的客觀性和眞實性，具有現實主義創作方法的基本特徵；一方面他吸收了浪漫主義、象徵主義等創作肯法，從而形成了一個開放的現實主義體系。就他的每篇小說來看，各篇在寫法上都很有些不同，《狂人日記》和《阿 Q 正傳》即是明證。他的小說，有以寫心理見長的，也有以人物行爲爲

〔註 2〕 參閱《魯迅全集》（第 1 卷），北京：人民文學出版社，1981 年版，第 29 頁。

主的；有偏於主觀抒情的，也有冷靜客觀描寫的；有情節的，也有近似隨筆的；敘述角度也時有變化，人稱常各有不同。他將歷史與現實混為一體，在深遠的歷史背景上，又塗上現代生活的油彩，其歷史小說的創新意義大抵在此。所以，魯迅的小說，是將思想家深邃的歷史批判的目光，小說家特殊的觀察力、表現力，詩人的熱情與奔放的想像，學問家的膽識與學識結合在一起的嶄新的藝術世界；是將各種體裁，如雜文、詩、散文，甚至戲劇等手法融匯一體的創造性的形式。所謂奠基者，自然不是人們隨便亂封的，實在是鑒於他創造性的必然結論。

　　科學的另一重要特質是客觀求實。尊重事實，以客觀的態度對待事物，是科學精神的體現，也是科學研究的主要態度和方法。魯迅是一位嚴峻而清醒的現實主義大師，他雖然不乏激情，也有豐富的想像力，但他在創作小說和寫散文時，他筆下的一切，都經得起歷史和現實的檢驗。小說是建立在虛構基礎上的，一切偉大的優秀的小說，都不可能是生活的原封不動的再現；但小說的虛構又是建立在本質真實之上的。魯迅的小說，就是緊緊抓住本質真實這一要素的。生活中並不一定有阿Q這個人，然而似乎他又無處不在；「狂人」所感到的「吃人」的氛圍和恐怖，那也是對封建社會本質的真實把握。魯迅正是以客觀的事實和歷史、現實為基礎，創造出他筆下的人物，建構小說內容的。這已經是一個客觀的共識。他的雜文，有的本身就是從事實立論的，有竺號翌羅史和現實中的各種事實加以概括而成的。像「媚態的貓」、「叭兒狗」、「嗡嗡叫的蚊子」、「掛著鈴鐺的頭羊」、「洋場西崽」……等等，都是對某一類人的形象概括，具有生活中某一層面的本質真實。尊重客觀事實，避免主觀妄斷，是魯迅堅持的態度。這一點也是與他接受自然科學訓練分不開的。他曾介茹英國哲學家、科學史家華惠爾的思想，華惠爾認為學術衰落的重要原因之一是「熱中之性」──即單憑熱情而不憑理智的主觀武斷。〔註3〕魯迅非常熟悉科學史，對科學研究的尊重客觀事實和規律的態度與方法，有深刻的認識，因而在他創作時，總是實事求是的，追求著客觀的目標。有時寫文章也有失誤和不准確處，但他很快就會予以更正，如傷害了無辜，他也會予以道歉的。如魯迅處理有關「楊樹達」惹事生非一事的態度，就是生動的例證。1924年11月13日早晨，一位自稱叫「楊樹達」的學生找上門來，極盡無賴之能事。魯迅後來便懷疑是學界或文界的對立人物，故意讓他來找

〔註3〕《魯迅全集》（第1卷），北京：人民文學出版社，1981年版第29頁。

岔的，所以就寫了《記「楊樹達」君的襲來》一文，交給了一編輯部。後來經過證實，並非是後來成為語言文字學家的那個「楊樹達」，而是一個神經失常、本名叫楊鄂生的人。於是魯迅又寫了《關於楊君襲來事件的辯正》，檢討了自己「太易於猜疑，太易於憤怒」的不妥，以致造成了對真楊樹達的傷害，並明確表示出「由我造出來的酸酒，當然應該由我自己來喝乾」的態度。這種勇於改過、承擔責任的氣魄，不僅顯示出了魯迅對己嚴的準則，又體現出了他尊重事實的客觀的求真思想。

思想、精神、方法的影響已如上述，這當然是從主要方面而言的，其它諸如科學的探索精神等，對魯迅影響亦深。此外，在知識性方面，魯迅從自然科學中，獲得的東西對創作幫助亦不小。

《狂人日記》是大家熟知的名篇。小說塑造了一個迫害狂患者的形象。這一形象所涉及到的就有心理學、神經病學方面的知識，沒有這方面的修養，「狂人」的瘋狂、混亂與恐懼，就不可能寫得那麼真實生動。再如《「蜜蜂」與「蜜」》一文，就是運用他學過的生物學知識，來解釋有關現象，並對一些人的不正確的意見，提出自己的看法的。事情的起因是：作者張天翼寫了短篇小說《蜜蜂》，小說講的是一個養蜂場因蜂多花少，致使蜂群傷害了農民的莊稼，農民群起反抗，火燒蜂群的故事。小說發表後，陳思（曹聚仁）寫了《「蜜蜂」》一文，在文中，有這樣一段話：「張天翼先生寫《蜜蜂》的原起，也許由於聽到無錫鄉村人火燒華繹之蜂群的故事。那是土豪劣紳地痞流氓敲詐不遂的報復舉動，和無錫農民全無關係；並且那一回正當苜蓿花開，蜂群採蜜，更有利於農事，農民決不反對的。鄉村間的鬥爭，決不是單純的勞資鬥爭，若不存細分析鬥爭的成分，也要陷於錯誤的。希望張天翼先生看了我的話，實際去研究調查一下。」〔註4〕魯迅看了這篇文章後，便針對文中蜂群採蜜有利農事的不全面的觀點，用生物學知識予以了批評。他說：「昆蟲有助於蟲媒花的受精，非徒無害，而且有益，就是極簡略的生物學上也都這樣說，確是不錯的，但這是在常態時候的事。假使蜂多花少，情形可就不同了。蜜蜂為了採粉或者求饑，在一花上，可以有數匹甚至十餘匹一湧而入，因為爭，將花瓣弄傷，因為餓，將花心咬掉，聽說日本的果園，就有遭了這種傷害的。它的到風媒花上去，也還是因為飢餓的緣故。這時釀蜜已成次要，它們是吃

〔註4〕曹的話引自《魯迅全集》（第4卷），北京：人民文學出版社，1981年版，第538頁注（2）。

花粉去了。」〔註5〕像這種以科學知識爲基礎的批評，是有說服力的。

在翻譯方面，自然科學給魯迅的益處也很多。魯迅一生翻譯的文學作品，數量相當多，由於文學作品是對生活的反映，故作品中的內容往往涉及到多方面的知識，缺少自然科學修養者，常常感到難度很大，科學的名詞術語不用說有困難，許多動物、植物名的出現，因各國叫法不一，難度就更大。可這些對魯迅來說，都能加以解決。如魯迅曾翻譯過荷蘭作家望‧藹覃的長篇童話《小約翰》，書中涉及到很多植物、動物。爲了使讀者瞭解這些植物和動物，他寫了《動植物譯名小記》，從《小記》中，可以看到翻譯的難度，如沒有生物學的豐富知識，往往會一籌莫展，連魯迅有時也頗費力氣，遑論其他！現抄幾則如下：

一：「約翰看見一個藍色的水蜻蜓（Libelle），想道：『這是一個蛾兒罷。』蛾兒原文是 Feuerschmetterling，意云火蝴蝶。中國名無可查考，但恐非蝴蝶；我初疑是紅蜻蜓，而上文明明云藍色，則又不然。現在姑且譯作蛾兒，以待識者指教。」

二：「旋花（Winde）一名鼓子花，中國也到處都有的。自生原野上，葉作戟形或箭鏃形，花如牽牛花，色淡紅或白，午前開，午後萎，所以日本謂之晝顏。」

三：「Pirol。日本人說中國叫『剖葦』，他們叫『葦切』。形似鶯，腹白，尾長，夏天居葦叢中，善鳴噪。我現在譯作鷦鷯，不知對否。」

四：「第八章開首的春天的先驅是松雪草（Schneeglockchen），德國叫它雪鍾兒。接著開化的是紫花地丁（Veilchen），其實並不一定是紫色的，也有人譯作菫草。最後才開蓮馨花（Primelod‧schiiusselblume），日本叫櫻草，《辭林》云：「屬櫻草科，自生山野間。葉作卵狀心形。花莖長，頂生傘狀的花序。花紅紫色，或白色；狀似櫻花，故有此名。」

上面僅舉了幾個例，《小記》裏所釋動植物名尚多。假使一般讀者讀書，遇到大量的此類的物種，不看譯者注釋，自然不甚了了的。有的作品，像動物、植物類的物種，並不是單純爲了寫物而出現作品中，往往與內容相關，因此瞭解它們，是有價值的，對理解作品是有用的。魯迅所譯的《小約翰》，象徵性本來就強，作出解釋尤有必要。我們舉這些例子，是爲了說明魯迅喜歡生物學，在這裏就派上了用場，而且從他的釋名，更看出了他的實事求是

〔註 5〕《魯迅全集》（第 4 卷），北京：人民文學出版社，1981 年版，第 537 頁。

的治學態度，對無把握的一一加以說明，並不似有些人，或放過，或將不知當已知，糊弄讀者。這就是魯迅，這就是受過科學訓練的文學家魯迅。

魯迅與自然科學的關係，是魯迅研究的重要內容。本文僅涉及了部分內容，目的在於拋磚引玉。在科學與人文呼喚融匯的時代，研究魯迅與自然科學的關係，意義就更爲明顯。

二、《阿 Q 正傳》的創作及其價值

《阿 Q 正傳》是中國現代文學史上一篇經典性的小說，也是中外文苑中一株令人賞心悅目魅力悠遠的藝術奇葩。

作者魯迅，原名周樹人，1881 年出生在浙江紹興，1936 年病逝於上海。他一生著譯近千萬字。他以其無可置疑的文學成就，成爲中國現代文學的奠基人；又以其深刻的思想和熱情的革命精神，贏得了當之無愧的思想家、革命家的偉大稱號。他的作品，眞實地記錄了近代以來中國社會的風雲變化，準確地描述了兩千多年來中國歷史的斑斑血痕，勾畫了中國人精神世界中的悲喜劇交織的心路歷程；他的作品成爲中國人民反封建的思想革命的一面巨大的歷史透鏡，成爲中國人民鬥爭生活的百科全書，是中國人民走向近代化、現代化的一座珍貴的思想寶庫。因此，魯迅的作品從 20 年代開始，就受到了世界上的注意，迄今爲止，他的作品已被譯成 50 多種文字，在世界上流傳，並獲得了廣泛的國際聲譽。

《阿 Q 正傳》是魯迅眾多作品中影響最大最有代表性的一篇。作品寫於1921 年底至 1922 年初。當時在北京《晨報副刊》任編輯的孫伏園，約請魯迅爲副刊「開心話」欄寫稿，魯迅便動筆寫下了不朽的《阿 Q 正傳》。小說最初發表在北京《晨報副刊》，每一周或兩周刊登一次，自 1921 年 12 月 4 日到 1922年 2 月 12 日連載完畢。第一章《序》在「開心話」欄內發表，從第二章開始便移到「新文藝」欄中，署名巴人，用魯迅自己的話說，「取『下里巴人』，並不高雅的意思。」後收入小說集《吶喊》，1923 年 8 月由北京新潮社初版。《阿 Q 正傳》自初版後，中外版本甚多，流傳極其廣泛。在亞、非、歐、美等幾大洲的主要國家中，幾乎都有譯本，有的甚至有數種版本；30 年代的蘇聯、50 年代的日本、70 年代的法國，還將小說改編爲劇本正式演出；在意大利出版的《蓬皮亞尼作品及人物文學辭典》裏，甚至可查到《阿 Q 正傳》和「阿 Q」的辭條，可見《阿 Q 正傳》在海外流傳的範圍十分廣泛，作品影響

也相當深遠（參閱戈寶權《魯迅與世界文學》）。至於國內的版本，那就更難計數了。

　　《阿Q正傳》以辛亥革命前後十年間的中國社會生活為宏觀的歷史背景，以「阿Q」的「行狀」為基本的情節線索，在宏觀與微觀，歷史與現實的交叉點上，揭示出了一幅幅真實而生動的生活圖畫，展現了憂憤深廣的歷史內容。

　　小說全篇共分九章。第一章「序」，通過對阿Q的姓氏、籍貫的考察，為阿Q形象塑造作了背景式的勾勒，在順理成章的行文中，恰到好處地諷刺了文壇上種種人物的奇談怪論，並著重揭示了阿Q賴以生活的具體環境——未莊的社會本質屬性，從而將半封建半殖民地的中國農村及其整個社會本質，濃縮在既具體又富有極強張力的空間之中。第二章「優勝記略」和第三章「續優勝記略」，重點突出了阿Q的處境和作為他性格核心的精神勝利法的種種表現，入木三分地刻畫了既妄自尊大又自輕自賤，既受盡了壓迫和侮辱，又要以忘卻、瞞騙的手法，製造奇妙的逃路來掩飾苦難與不幸的阿Q的心靈世界。第四章「戀愛的悲劇」，第五章「生計問題」，第六章「從中興到末路」，這三章寫阿Q試圖改變自己卻一無所獲的種種遭遇及其內心的種種欲望。向吳媽求愛的悲劇迫使他離開未莊去尋找新的生活之地。於是他進了城，做了小偷，回到未莊時，人們便刮目相看了；但「新的敬畏，因自己洩漏了做小偷的天機而一去不返，阿Q又成了無人敢惹的路人，不久便窮得不名一文，走上了末路。第七章「革命」和第八章「不准革命」。辛亥革命的爆發，使靜如古井的未莊終於有了波動，而麻木渾噩的阿Q也因革命的造反消息，在內心萌發了造反的騷動和欲念，並且幻想著造反成功後的喜悅——「我要什麼就是什麼，我歡喜誰就是誰」所形成的一種快意。然而，權力夢、金錢夢、女人夢很快便幻化成「不准革命」的當頭棒喝，假洋鬼子和趙白眼等人的聯合，使阿Q的造反要求遭到了拒絕與否定，剛剛開始的興奮與熱情頓時降到冰點，一切希望「全被一筆勾銷」了。第九章「大團圓」。趙太爺家遭搶，阿Q被作為替罪羊，在睡夢中被抓走，最後被槍斃，完成了從生到死的最後圓圈，可憐的阿Q終於以糊塗死的形式，實現了生命的大團圓。

　　阿Q的肉體雖然消失了，但作為藝術品的《阿Q正傳》和典型形象的阿Q卻仍然活著。自小說發表以來的60多年間，圍繞著小說和阿Q這一典型的藝術形象展開了持久不衰的爭鳴，至今仍是注家?起，眾說紛紜。其因蓋出於

作品所提供的內容的深廣性和阿 Q 典型巨大的概括性。魯迅以其清醒而嚴峻的現實主義精神，和巨大的思想穿透力，在作品和阿 Q 這一形象中，賦予了極其巨大的思想歷史內涵，從而使作品和阿 Q 形象本身給人們留下了廣闊的研究思考的空間。完全可以說，在「五四」以來的文學作品中，還沒有哪部作品像《阿 Q 正傳》一樣，對中國現代生活產生如此大的影響；也沒有哪個藝術形象，能與阿 Q 形象媲美，深入在人們的心靈之中。

《阿 Q 正傳》問世以來，在阿 Q 的典型屬性、阿 Q 精神勝利法的實質及其根源、阿 Q 的革命問題、作品的主題等方面，進行了廣泛的討論和研究。由於多年來的研究思想和方法上的局限，許多研究者圍於簡單的階級方法和政治學的領域，使《阿 Q 正傳》的真實命意以及它為什麼能產生重大影響的實質，沒能得到深入的討論。我們認為，《阿 Q 正傳》之所以得以廣泛流傳，阿 Q 形象之所以家喻戶曉，主要在於魯迅抓住了一個與每一個人都有關係但並非每一個人都十分清楚的國民性問題。從最根本的意義上看，《阿 Q 正傳》的創作從屬於魯迅一生致力的改造國民性的巨大歷史主題，而阿 Q 形象正是不覺悟的落後的國民性的典型，簡言之，他是一個思想型的藝術典型，是國民精神落後面的典型。

魯迅說過，他寫《阿 Q 正傳》的目的，是要「寫出一個現代的我們國人的魂靈來」，「要畫出這樣沉默的國民的魂靈來」；他明白地告訴人們，他「依了自己的覺察，孤寂地姑且將這些寫出，作為在我的眼裏所經過的中國的人生。」〔註6〕顯然，描繪「沉默的國民的魂靈」和「中國的人生」才是魯迅寫作的基本動機，而阿 Q 正是「沉默的國民的魂靈」的形象化，是「中國的人生」的藝術對象化物態化擬人化。

從鴉片戰爭以來，中國人民通過火炮的硝煙和鴉片的燈火，逐漸映照出自己的面目，開始探討中國人在近代以來為什麼總是處於挨打地位和中國之所以逐漸衰退的根由。一批有識之士經過種種對比後，毅然提出了國民性的問題，企圖從人的素質方面找到落後和失敗的人性根據。於是改良國民性，刷新國民精神，改造民族中的劣根性，成為近代以來的思想革命的重要價值取向。辛亥革命以後，此風益漲，立人與立國，追求中國人的理想人性與探索國民性中的弱點及其病根，便構成重要的社會思潮，而魯迅正是這一大潮中的最勇敢最堅決的弄潮兒。《阿 Q 正傳》不過是魯迅探索思考的一個總結性

〔註6〕《魯迅全集》(第7卷)，北京：人民文學出版社，1981年版，第81~82頁。

認識。因此，抓住「沉默的國民的魂靈」，和「中國的人生」這一關鍵，作品的魅力之所以如此強大，也就獲得了可信的基礎。

小說以阿 Q 的形象，令人信服地畫出了沉默的國民魂靈和中國的舊人生。阿 Q 是一個赤貧者，靠出賣勞動力維持基本的口腹之欲，他上無存身之瓦，下無立錐之地，身受著經濟上的剝削和超經濟的政治強制，不僅沒有能力娶妻生子，而且連姓的權利也被剝奪了。但是，這樣一個受壓迫受屈辱的下層人，對自己的處境沒有感到絲毫的痛苦，沒有不平，沒有反抗，沒有開闢新生活的欲念，有的是安貧守賤，樂天知命，麻木不仁，健忘卑怯，成了一個安於奴隸地位的苟活者。這一切與儒道兩家所鼓吹的道德如出一轍，儒道兩家提倡的人生哲學在這裏獲得了具體實在的顯現。

更可怕的「沉默」是阿 Q 性格的主體——精神勝利法。阿 Q 處於受奴役受欺侮受淩辱的卑賤地位。但是他不僅自甘接受這些非人道的折磨，而且還要以一種想像中的優勝來爲自己的不公平的待遇尋找解脫的麻醉劑，以一種脫離實際處境的虛妄精神的超然，來取得心理上的自慰和精神的勝利。他對自己的身世一片茫然，但與別人口角時，卻說：「我們先前——比你闊多啦！你算是什麼東西！」他大言不慚、莫名其妙地暢想「我的兒子闊多啦」，其實他連老婆都沒有；他頭上長滿了癩瘡疤，十分忌諱，但當人們以此取笑開心時，卻以醜爲美，認爲別人還不配，自己陶醉在「一種高尚的光榮的癩頭瘡」的洋洋自得中；當他被人打了之後，一句「我總算被兒子打了」便將肉體的痛楚拋之九霄，儼然以老子自居起來而忘卻了屈辱；他善於自輕自賤，無是無非，自認爲是自輕自賤天下第一，甚至恬不知恥地將這種「第一」與狀元的天下第一隨意比附；他還在挨打之後，以自己打自己來實施幻想中的報復，達到轉敗爲勝，補償皮肉和心理上的損失；當精神勝利無法掩蓋事實上的屈辱和失敗時，就得用祖傳的法寶到臨死之際，在死亡判決書上畫押時，一方面他費力地畫了圓圈，但畫得不圓，感到這是自己「行狀」上的一個污點，另一方在又以「孫子才畫得很圓的圓圈」爲自己開脫，從而釋然，然後昏昏然地睡去。凡此種種，足見其麻木的程度是何等怵目驚心。這種貌似勝利與精神超然的勝利法寶，本質上是奴隸的一種無可奈何的消極適應和消極保護的思想行爲方式，是一切受壓迫者在未覺悟和未有能力反抗壓迫與淩辱前時的不得已的一種心理選擇。然而，這是更深刻的「沉默的靈魂」，是完全喪失做人資格和地位的被扭曲了的靈魂的表徵，是人被異化的變態反映。這種自

尊自傲而又自卑自賤，以主觀的虛假的優勝來欺騙現實自我的劣勢與屈辱、以健忘和不肯正視現實來實現物質生活精神生活所造成的痛苦的內心平衡形式，表現出了病態劣根性的荒謬，從深層意義上看，乃是主觀與客觀、物質與精神、現實與理想嚴重分裂失調的人格精神的表現，是民族長期在封建專制土壤上、在封閉的文化模式中、在農業自然經濟條件下生長起來的一種性格上的痼疾，一言之，乃是沉默的中國人生和國民魂靈的典型化。

「沉默的國民的魂靈」和「中國的人生」還表現在阿 Q 保守、盲目、排斥異端、諱疾忌醫等性格缺陷上。阿 Q 的價值判斷標準，一切以狹隘的個人經驗生活為轉移，一切以傳統的標準作為衡定事物的尺度，凡是背離了這兩條原則標準的，皆是離經叛道。無論是對未莊人的嘲笑，還是對城里人生活方式的不理解；無論是對「造反」的認識，還是對「男女之大防」心的頂禮膜拜，無不反映出阿 Q 的盲目與愚昧以及他對異端的排擠，無不說明阿 Q 頭腦中根深蒂固的以經驗自我人格為出發點的傳統價值取向。這些都不過是「沉默的魂靈」的曲折表現，社會和人格中的保守、盲目排異思想，根本上講與動態的發展意識背道而馳，而不過是靜態的停滯與沉默的表徵。然而，這種意識又正是整個傳統支化局限的反映，與整個國民心態中的心理價值結構互為因果。

歷史是一種無情的客觀實在，舊時代國民性格中的缺陷和傳統文化思想中的局限也是不容否定的事實當然，產生阿 Q 精神的條件固然很多，但阿 Q 式的人格在中國民族性、國民性中確有相當的比重，也是頭腦清醒者的一種共同認識。當這一切被蒙蔽在一片自尊和封閉的心靈世界時，人們並不感到驚訝；當一旦被揭示出來之後，自然就會產生巨大的反響，猶如千年無波的古井投入了巨石，掀起了千重浪。在這個意義上，《阿 Q 正傳》能對中國人產生心靈的震動，阿 Q 形象能夠成為一種生活中的共名，成為人們的「口頭禪」，吸引著千萬讀者，應當說是邏輯的必然。另外，魯迅以嚴格的理性精神審視國民性格，以批判的眼光和深遠的歷史與現實的精神，無情解剖自己的民族，從而樹起了一位批判型的思想家、文學家的崇高形象，也是《阿 Q 正傳》有著深刻影響的原因所在。魯迅用他的懷疑、批判的實踐，尤其是自我批判的意識，為中國人建立健康的批判理性開闢了道路，為把中國人從固步自封、夜郎自大的封閉性中解放出來，立不朽的功績。中國人不僅需要根治阿 Q 式的精神痼疾，更需要的是建構「批判—創造」相結合的理性結構，這是中國走向近代化、現代化的不可缺少的思想動力。正是在這個意義上，《阿 Q 正傳》

的問世，一方面它深深地觸及了國民的弱點，使一些人惶惶然，覺得阿 Q 就
像是自己一樣；另一方面它又激發了人們反思自己，反思整個民族性格的歷
史發展、審視民族的現在並且展望民族性格未來的走向這樣的激情與壯志。
如果不徹底根除產生阿 Q 式人物的社會和思想基礎，阿 Q 的子孫們就會繁衍
下去，那麼，我們的人的現代化最終將成為空話。

　　阿 Q 作為藝術形象將永遠流傳青史，《阿 Q 正傳》也將因其藝術的成就
而載入不朽的時間史冊；阿 Q 的精神卻會隨著社會的發展，應當而且必然會
被埋葬，死於人的靈魂之中。

三、魯迅論文藝批評的整體性

　　別林斯基認為：「批評應該只有一個，它的多方面的看法應該淵源於同一
個源泉，同一個體系，同一個對藝術的觀照。這將正是我們時代的批評，在
我們時代裏，紛繁複雜的因素不會像從前似的導致細碎性和局部性，卻只會
導致統一性和共同性。」〔註7〕因此，系統性、整體性作為現代文藝批評的主
要原則，正在逐步為人們所接受。但是，正如恩格斯所指出的那樣：「把自然
界的事物和過程孤立起來，撇開廣泛的總的聯繫去進行考察，就造成了最近
幾個世紀所特有的局限性，即形而上學的思維方法。」〔註8〕這種思維方式在
我國當代文藝批評的危害就是拋棄了批評的整體性，助長了主觀主義、教條
主義的片面性。它們在文壇上「高視闊步，四處衝擊。……有的咬文嚼字，
尋章摘句，用一種新評點派的方法去割裂作品；有的是根據幾句想當然的政
治條文，用按語式的方法去評斷作品」，「不是把作品中所描寫的生活整體和
構成這整體的各種情節統一起來去考察，而是反其道而行。拋開作品的整體，
拋開作者給作品規定的創造任務，把作品、人物都割成若干片斷，然後孤立
地、一段一段地去推敲、挑剔和指責。」〔註9〕此種惡劣的文風和批評方法至
今陰魂不散。前段時間有個別人對電影《人到中年》的批評便說明了問題。
因此，繼續學習和深入理解魯迅關於文藝批評的整體性思想的論述，對於提
高我國當代文藝批評水準，有著積極的意義。

〔註 7〕　《別林斯基選集》(第 3 卷)，上海：上海譯文出版社，1982 年版，第 595 頁。

〔註 8〕　《馬克思恩格斯選集》(第 3 卷)，北京：人民出版社，1972 年版，第 60～61
　　　　頁。

〔註 9〕　侯金鏡：《侯金鏡文藝評論選集》，北京：人民文學出版社，1979 年版，第 287
　　　　頁。

（一）

　　整體把握批評對象是魯迅文藝批評整體性思想的顯著特徵。文藝作品作為社會生活在作家頭腦中反映的產物，它必須真實、完整、準確地去表現社會的總體本質或者某一方面的總體本質，這才是無愧於時代的傑作。因此，文藝作品必然構成自身的系統性和整體性，藝術家應該通過整體來向世界說話，藝術品必須是由許多互相聯繫的部分組成的一個總體，藝術作品應該是一個完整特殊的、整個的、自成一體的世界，藝術作品是根據一定的原理所謂立體性地統一起來的一個整體的思想，就成為 19 世紀以來藝術家的共同追求。這就說明，文藝作品的整體性是客觀的。客觀決定主觀。文藝作品的這種整體性必然導致批評的整體性。魯迅正是從唯物主義的基本原則出發，總結了歷史的經驗和教訓，闡述了整體把握批評對象的重要性，奠定了這一思想在我國文藝批評實踐的基礎。這一思想的基本內容是：「倘要論文，最好是顧及全篇，並且顧及作者的全人，以及他所處的社會狀態，這才較為確鑿。要不然，是很容易近乎說夢的。」〔註 10〕這一基本原則涉及到了一部作品的整體性、作家全部創作的整體性、作家和創作的關係、作家與自己作品的內部聯繫、作家和他的作品與所處時代社會的關係。這諸方面，就構成了一個較為完整的系統，為批評確立了整體和系統方法。在中國文學批評史上，魯迅這一思想的提出應當佔有重要的地位。大家知道，在中國文學批評史上，評點式、主觀印象式的方法極為流行，幾乎可以說是氾濫成災。尋章摘句、掐頭去尾、以偏概全、割裂一部作品，把一個作家的全部創作同他的局部對立起來，不是整體地、理性地全面把握而是片面地、形而上學地認識與理解。無可否認，這種批評方法在藝術欣賞和對作家作品局部的思想、藝術特點的把握上，還是有一定的可取之處的，有它存在的合理性。不過，類似這樣的批評，只有在文體論時代，當人們只從語言和文體上面去觀察作品，讚歎於佳句，精彩的詩行和巧妙的形聲等等的時候才存在。造成這種批評方法的另一重要原因是當時人們認識能力的相對低下和歷史所造成的思維的局限性，即形而上學的局限性。隨著時代和社會的發展、人類的進化，一方面，文藝在自己的發展過程中不斷擴大自己的疆域，同人類的整體生活發生越來越深刻的有機聯繫，藝術的內容和形式日趨多樣化、立體化，整體性愈來愈強；另一方面，人們隨著科學的發展，認識能力也隨之提高，對社會、對各種事

〔註10〕《魯迅全集》（第 6 卷），北京：人民文學出版社，1981 年版，第 430 頁。

物、對待人本身，都有了新的認識方法，都力圖從整體上，從事物的有機聯繫上，從主體和客體的關係上去把握。因此，非理性的，非系統的批評方法也就顯示出了它的極大的局限性，不可能真正完整準確地評價批評客體。所以，我們認為，魯迅在中國文學批評史上，提出的整體性思想意義非常重大，不僅是科學的方法，而且也反映出魯迅作為文藝時代旗手的偉大。

魯迅整體把握批評對象的思想具有三個方面的內容。首先是完整地認識、理解和評價一個作家，反對割裂全人的做法。魯迅認為，歷史上有些人「大抵眼光如豆，抹殺了真相的居多」。因此，評價作家，不能只憑他的一時一事和一篇作品，更不能以片言隻語作為評價的根據；不能憑主觀的好惡而任加取捨，把一個作家作品搞得支離破碎。他嚴肅地指出割裂全人的方法是一場「文人浩劫」。他以蔡邕和陶淵明兩人的遭遇為例，批評了這種方法，指出了危害。魯迅以辯證和整體把握的方法，既指出了蔡邕作為「典重文章的作手」的特點，而且通過一些具體作品的分析，肯定了他「也是一個有血性的人」「並非單單的老學究」的另一面。對陶淵明也應作如是觀。歷代一些批評家總是把陶潛先生描繪成為「採菊東籬下，悠然見南山」的「飄逸之士」，魯迅對此大有異議。他認為，「但在全集裏，他卻有時很摩登，『願在絲而為履，附素足以周旋，悲行止之有節，空委棄於床前』，竟想搖身一變，化為『啊呀呀，我的愛人呀』的鞋子，雖然後來自說因為『止乎禮義』，未能進攻到底，但那些胡思亂想的自白，究竟是大膽的。」〔註 11〕魯迅從時代和陶淵明的個人際遇，準確地解剖了陶淵明思想上的二重性：隱逸情調中的不滿現實情緒。他還進一步指出了陶淵明「金剛怒目式」的反抗意志，從而把陶淵明的形象從單純的飄逸中解放了出來，富有更為豐富的內容和形式。從歷史的教訓中，魯迅深深體會到完整地理解作家的重要性。他語重心長而又嚴肅地指出：「倘要取捨，即非全人，更加抑揚，更離真實。譬如勇士，也戰鬥，也休息，也飲食，自然也性交；如果只取他末一點，畫起像來，掛在妓院裏，尊為性交大師，那當然也不能說是毫無根據，然而豈不冤哉！」〔註 12〕這些精闢的論述至今仍是我們評論作家的基本原則，是值得認真學習的。其次是提倡「顧及全篇」的方法，反對「摘句」式，一部作品，或者一首小詩，其中的一部分或者細小的片斷是具有相對的獨立性的，但是，它們不是脫離整個作品的

〔註11〕《魯迅全集》（第6卷），北京：人民文學出版社，1981年版，第422頁。
〔註12〕《魯迅全集》（第6卷），北京：人民文學出版社，1981年版，第422頁。

獨立，而恰是在整體中方能見出自身的特殊作用的那種獨立，它們是整體的有機構成部分。其中一切都適合整體，而每個獨立自在的部分一方面是自成一體的形象，一方面還爲了整體，當作整體的必要部分而存在，助成了整體的印象。部分構成整體，整體有賴於部分，它們之間的關係是血和肉，魚與水的關係。然而，由部分構成的整體的意義並不是部分意義簡單相加的累計數，它還具有除各部分的意義之外的集中起來而產生的新的派生意義。強調「顧及全篇」的意義也即在此。如溫庭筠的《商山早行》，如果我們只是沉溺在對「雞聲茅店月，人跡板橋霜」的欣賞之中，所得到的僅是一幅形象凝煉，動靜結合的景物畫面，固然可以獲得一定的美的享受，但就很難體會出全篇所表現的羈愁野況的情緒，就難以把握作者所創造的意境。所以，離開了整體，部分的意義相反會相對地縮小，只有在整體中，獨立的片斷才會獲得新的意義。魯迅正是從這樣的意義上，嚴肅地批評了「摘句」方法的危害性，它不僅會破壞作品本身的完整，也會凌遲和縮小作家的整個面貌。魯迅認爲，這是一種「最能引讀者入於迷途的」方法，「它往往是衣裳上撕下來的一塊繡花，經摘取者一吹噓或附會，說是怎樣超然物外，與塵濁無干，讀者沒有見過全體，便也被他弄得迷離恍惚。」〔註 13〕照這種方法，嵇康只是一個「憤世嫉俗，好像無端活得不快活的怪人」，〔註 14〕陶淵明也就成了飄逸的迂士了。一部作品和一個人的形象及意義的完整性皆被破壞了。這種斷章取義，剪頭去尾，以局部代替整體的方法是十分有害的。「批評家把某一部作品從整個文學中割裂和截斷的時候，他就會對作者孤立地進行批評，並把主題——這個作者和許多別的作者共同的主題縮小了。」〔註 15〕這是一方面。更有甚者，它爲文字獄的製造者們提供了最廉價的、最省事的武器，只要回憶一下「四人幫」橫行的時代，就再清楚不過了。早在 30 年代，巴金就反對過那種「摘出小說裏面的一段事實的敘述或者一個人物說的話就當作我的思想來分析、批判。他們從不想把我的小說當作一個整塊的東西來觀察、研究」〔註 16〕的方法。因此，文藝批評的原則就是不要陶醉於局部，應該對藝術作品整體進行評價，這也就是魯迅的「倘要論文，最好是顧及全篇」的方法。只有這

〔註 13〕《魯迅全集》（第 6 卷），北京：人民文學出版社，1981 年版，第 425 頁。

〔註 14〕《魯迅全集》（第 7 卷），北京：人民文學出版社，1981 年版，第 137 頁。

〔註 15〕《高爾基論文學》，北京：人民文學出版社，1978 年版，第 19 頁。

〔註 16〕巴金：《〈萌芽〉序》，見《巴金選集》第 4 卷，成都：四川人民出版社，1982 年版，第 473～474 頁。

樣，我們才能感受到美，認識客觀的真實；否則就會像螞蟻一樣，只見到石像的部分併以為這是平常的石頭。

再次是完整地認識文藝風格的多樣性，反對「立極境」的片面性。從文藝發展的實踐來看，藝術風格的多樣化是風格發展的主體，正是多樣的風格構成了姿態萬千的總體風格世界。豪放與婉約共生，偉大與靜穆並存，陽剛與陰柔齊飛，崇高和滑稽共域。這就是風格發展的主體和完整的風貌。優秀的作家，其風格不僅具有主導性，更具有多樣性。但是，在魯迅所處的時代，卻有一些人排斥其它風格，貶低其它風格，立「靜穆」作為詩的極境，這種「縮小了眼界」的武斷觀點，既不利於藝術的發展和繁榮，且與文藝發展的實際相牴觸。魯迅從實際出發，以事實為依據，對此作了有意義的批評，鮮明地表達了從整體上把握風格的可貴見解。他指出：「凡論文藝，虛懸了一個『極境』，是要陷入『絕境』的，在藝術，會迷惘於土花，在文學，則被拘迫而『摘句』。但『摘句』又大足以困人」〔註17〕，直截了當地指出了這種片面觀點的危害是將導致對文藝整體性的破壞，就會出現為「靜穆」面閹割肢解作品，凌遲和縮小作家的完整風貌和客觀價值。因此，魯迅深刻地指出立『靜穆』為詩的極境，而此境不見於詩，也許和立蛋形為人體的最高形式，而此形終不見於人一樣。」〔註18〕這似乎有點過分，可事實上也。正是這樣。風格是多樣性的，只有在多樣性的統一這一總體規律上，才能完整地說明風格，懸立一個極境不僅行不通，而且也很難找到「渾身是靜穆」的作家。每一個偉大作家的風格都是主導性與多樣性的統一，絕非單一風格的載體。

（二）

把作家的創作置於兩部系統中考察是魯迅文藝批評整體性思想的又一重要內容。所謂兩部系統，是指作家作為創作主體的內部主觀系統和決定影響創作的客觀外部系統，即孟子所提出，尤為魯迅推崇的「知人論世」的批評方法。

文藝創作活動是一個有機的過程，是社會思潮和心理，時代精神和生活通過作者個人的情感藝術形式得到感性顯現的複雜的精神活動，是社會時代諸方面（客觀外部）和個人心理、思想感情、審美理想（主觀內部）相互綜合統一的有機整體系統。「是故每一件創造的作品都是一種特具性質的活的有

〔註17〕《魯迅全集》（第6卷），北京：人民文學出版社，1981年版，第427頁。
〔註18〕《魯迅全集》（第6卷），北京：人民文學出版社，1981年版，第428頁。

機體。我們若是能夠對於一個詩人研究他的特殊經驗和他所以確定創作的活動的洞見，而尋出他當時所處的狀況的內在性質，又若再進而能精密地尋出他的中心的動機，寓言人物、表現的工具等等如何與他那特殊的經驗同時產生，那末我們對於這個詩人就算是給他以一種最高的瞭解和批評了。」〔註19〕顯然，知人論世的兩部系統的考察方法是文藝批評的又一重要途徑。它著重要解決作家作品產生的主客觀根由，瞭解作品的主客觀方面的有機構成。這是一個更深入，層次較高的整體批評方法。

從內部瞭解創作主體是「知人」的方法，就是瞭解作家的個人經歷、家庭環境、階級地位、文化教養和政治經濟情況；瞭解由此形成的獨特的個性心理形式和他的生活態度、生活方式、生活道路；瞭解作家的思想體系及其審美理想和創作道路；瞭解他的情感傾向和表達的形式以及個人的興趣愛好等等。一言以蔽之就是從內部方面把握創作者的各種要素在創作過程中的有機聯繫和影響。這是瞭解作者獨特性的重要手段。這種批評方法可謂源遠流長。古今中外皆有跡可尋。孟子曰：「頌其詩，讀其書，不知其人，可乎？」〔註20〕要準確完整地理解和評論作品就必須研究作家本人。刻耳說：「批評家之研究詩人，就如詩人之研究人們。……批評家做的是一部偉大作品，其中的主人翁統統都是詩人。」〔註21〕19世紀法國著名批評家聖·佩韋更加強調研究作者本人的重要性：「不去考察人，便很難評價作品，……總之……每一答案都和評價一本書或它的作者分不開。」〔註22〕魯迅由於自身的文學創作的偉大實踐，可以說是深得此三昧的。他十分強調主體在作品中的表現：「世間本沒有別的言說，能比詩人以語言文字畫出自己的心和夢，更為明白曉暢的了。」〔註23〕又認為，即使「表面上是一張畫或一個雕像，其實是他的思想和人格的表現。」〔註24〕基於此，他充分認識到了作品與作家不可分的聯繫。所以強調批評家「倘要論文……顧及作者的全人」的重要性，「我們想要

〔註19〕（德）底爾琪語，轉引自傅東華譯《近代文學批評》，上海：商務印書館，1928年版，第98頁。

〔註20〕《孟子·萬章下》。

〔註21〕轉引自傅東華譯《近代文學批評》，第145頁。

〔註22〕伍蠡甫等編《西方文論選》（下），上海：上海譯文出版社，1991年版，第195頁。

〔註23〕《魯迅全集》（第1卷），北京：人民文學出版社，1981年版，第209頁。

〔註24〕《魯迅全集》（第3卷），北京：人民文學出版社，1981年版，第501頁。

研究某一時代的文學，至少要知道作者的環境，經歷和著作。」〔註 25〕他提出「在一本書前，有一篇序文，略述作者的生涯，思想，主張，……一定於讀者便益得多」〔註 26〕的建議，以此作爲評論的重要參考；他注重第一手資料，即如作者的自傳，或照片之類，或書信、或日記等，認爲這是瞭解作者思想和情感的依據，「作者可靠的自敘和比較明白的畫家和漫畫家所作的肖像，是幫助讀者想知道一個作家的大略的利器。」〔註 27〕又指出：「從作家的日記或尺牘上，往往能得到比看他的作品更其明晰的意見，也就是他自己的簡潔的注釋。」〔註 28〕很清楚，魯迅是從全面眞實瞭解和評論作者的角度提出問題的。自傳可以使人瞭解作者的生平和某種思想情感上的眞實，書信又往往是作者內心的披露，即使是一幅肖像優秀的畫家往往能捕捉住作者形神兼備而又富有個性特徵的一刹那，讓人們在一定程度上把握人物的氣質和情感態度。因此，魯迅的有關論述明確提出了研究作者本人在創作中作用的重要性和必要性。假如我們反其道而行之，把作者的主觀諸要素從創作的整體過程中拋開，是不可能眞正準確地瞭解一個作者的。就魯迅而言，如果我們不瞭解他從小康之家到寄人籬下的生活經歷，不知道他小時在農村的生活感受，就難以全面理解他對黑暗社會的終生反抗和鬥爭以及對農民的眞摯同情和深沉的愛，也就很難準確地認識魯迅有關思想的價值，至少會流於一種簡單、現象的評判，或者說，只能就作品而作品的評論。

　　「論世」，就是深刻地認識作家所處的時代社會歷史狀態，瞭解這個時代的具體的政治、經濟、文化發展的狀況及水準，瞭解階級的狀況和各階級力量的對比及其鬥爭狀況，總之，就是從外部客觀系統考察對創作的綜合影響和作用，以此認識作者的思想與時代精神是否相一致或基本一致，他所反映的生活其眞實性究竟達到了什麼樣的程度，他所創造的藝術形式和時代的審美理想、傾向和要求具有什麼樣的聯繫等等。我們承認文藝創作有較強的主觀性；但人是社會關係的總和，作者絕不能脫離時代和現實而存在，主觀的表現或多或少要打上時代和社會的烙印，「小我」反映著「大我」，而客觀性較強的如現實主義的作品更是離不開生活的現實。因此，眞正優秀的作者，

〔註 25〕伍蠡甫等編《西方文論選》（下），上海：上海譯文出版社，1979 年版，第 195 頁。
〔註 26〕《魯迅全集》（第 1 卷），北京：人民文學出版社，1981 年版，第 298 頁。
〔註 27〕《魯迅全集》（第 6 卷），北京：人民文學出版社，1981 年版，第 415 頁。
〔註 28〕《魯迅全集》（第 1 卷），北京：人民文學出版社，1981 年版，第 454 頁。

無論偏重於主觀表現或偏重於客觀再現的，都會直接或間接從社會吸取素材，並反映出所處時代的社會生活的幾個或某一方面，揭示出那個時代的矛盾和社會衝突，或表達社會心理情緒，多數人的願望要求與愛僧，所以，我們常說，作者所創作的作品是作者心靈化、情感化了，的社會現實，社會生活的各個方面（精神的、物質的）的客觀存在和具體的歷史狀態成為創作有機整體的至為重要的構成，要批評一個作者的思想意識、創作動機，審美理想和他所創造的思想，藝術的價值，就不能忽視對他所處時代社會的研究。盧卡契說過：「在所有偉大的作品中，它的人物，必須在他們彼此之間，與他們的社會的存在之間，與這存在的重大問題之間的多方面的相互依賴上被描寫出來」。〔註29〕他曾高度讚揚馬克思和恩格斯在文藝批評中所運用的「始終在這個龐大而統一的、系統的歷史聯繫中處理文學問題」的方法，〔註30〕即恩格斯自己所講過的歷史的方法，歷史的方法其基本特點也就是整體的方法。魯迅先生非常重視這種方法。他說：「倘要研究文學或某一個作家，所謂『知人論世』……」〔註31〕就是要瞭解「他所處的社會狀態」〔註32〕「必須兼想到周圍的情形，」〔註33〕「至少要知道作者的環境。」〔註34〕在實踐上，魯迅也身體力行，在對具體作家的批評方面，或是對中國文學史的研究，都為我們作出了光輝的榜樣。他分析建安文學之所以產生出「清峻通脫，華麗壯大」的風格，就不僅是著眼於作者本人的條件，而是抓住了時代所提供產生這種風格的土壤和基礎。他認為，無論是晉代的《世說》之類的小說，還是金聖歎腰斬的《水滸》，都是「社會底情狀」〔註35〕和「受了當時的社會環境底影響」〔註36〕所致；又如對唐代小說興起原因的考察，他說：「唐至開元，天寶以後，作者蔚起，和以前大不同了。從前看不起小說的，此時也來做小

〔註29〕《盧卡契文學論文集》（一），北京：中國社會科學出版社，1981年版，第174頁。

〔註30〕《盧卡契文學論文集》（一），北京：中國社會科學出版社，1981年版，第1頁。

〔註31〕《魯迅全集》（第6卷），北京：人民文學出版社，1981年版，第421頁。

〔註32〕《魯迅全集》（第6卷），北京：人民文學出版社，1981年版，第430頁。

〔註33〕《魯迅全集》（第 6 卷），北京：人民文學出版社，1981 年版，第 451～452頁。

〔註34〕《魯迅全集》（第3卷），北京：人民文學出版社，1981年版，第501頁。

〔註35〕《魯迅全集》（第9卷），北京：人民文學出版社，1981年版，第311頁。

〔註36〕《魯迅全集》（第9卷），北京：人民文學出版社，1981年版，第325頁。

說了，這是和當時環境有關係的，因爲唐時考試的時候，甚重所謂『行卷』；就是舉子初到京，先把自己得意的詩抄成卷子，拿出拜謁當時的名人，若得稱讚，則『聲價十倍』，後來便有及第的希望，所以行卷在當時看得很重要。到開元天寶以後，漸漸對於詩，有些厭氣了，於是就有人把小說也放在行卷裏去，而且竟可以得名。所以從前不滿意小說的，到此時也多做起小說來，因之傳奇小說，就盛極一時了。」〔註37〕現在看來，魯迅的結論是不全面的，把傳奇小說的興起僅僅歸爲科舉的推動也是欠妥的。但在 20 年代，魯迅就大膽嘗試用歷史的方法去研究文學史，力圖把文學的發展同社會的需要聯繫起來的方法是難能可貴的。魯迅正是充分重視作者，作品以及文學發展的社會歷史條件，故得出了常人所不能達到的見解。把時代社會納入文藝創作和文藝現象的發生發展的整體系統中來考察的方法至今仍是有效的，值得我們重視和學習。

（三）

從比較的角度，站在全域的整體上把握對象是魯迅文藝批評整體性思想的另一重要特點，也就是從一個民族，一個國家，全世界的角度來準確、完整評論作家作品的更大範圍的系統方法。

馬克思、恩格斯指出：「資產階級，由於開拓了世界市場，使一切國家的生產和消費都成爲世界的了。……精神的生產也是如此，各民族的精神產品成了公共的財產。民族的片面性和局限性日益成爲不可能，於是由許多種民族的和地方的文學形成了一種世界文學。」〔註38〕事實正是這樣。文藝創作絕非孤立封閉的系統，它應是開放的體系。創作不僅受自己民族傳統和同時代其它作者的影響，也受外來文化，尤其是外來文藝思潮的影響。就我國現代文學而言，西方文藝思潮中的浪漫主義，現實主義以及各節現代派的影響是不可低估的，其中有積極的，也有消極的；而哲學思想中的個性主義，人道主義在「五四」時期影響更是有目其？因此，文學批評者必須具有廣闊的視野，既要從自己民族傳統的影響入手，又要深刻認識外來的影響，給予全域的總把握，把這一方面的研究納入整體批評的系統方法之中。只有從作家與作家之間，民族與民族之間，國家與國家之間的相互聯繫和相互影響的整

〔註37〕《魯迅全集》（第 9 卷），北京：人民文學出版社，1981 年版，第 314 頁。
〔註38〕《馬克思恩格斯選集》（第 1 卷），第 254～255 頁。

體把握中，才能更深入地認識和瞭解一個作家或一個作家群或一個民族，一個國家的文藝創作的完整風貌。故艾略特講，文藝批評不應把世界或某一國家的文學「當作某些個人的作品的總和來看」，「而是把它當作『有機的整體』，當作個別文學作品、個別作家的作品與之緊密聯繫，而且必須發生聯繫才有意義的那種體系來看。」〔註39〕要做到這一點的最好辦法也就是整體的系統的方法，比較和聯繫的方法，就是如美國的亨利.雷馬克所講的那樣，不僅把幾種文學互相聯繫起來，而且把文學與人類知識與活動的其它領域聯繫起來，特別是藝術和思想領域，也就是說，不僅從地理方面，而且從不同領域的方面擴大文學研究的範圍。宏觀把握，縱橫交錯和時空廣域的整體聯繫就是這一問題的核心。魯迅對此是有深刻而精當的認識的。所謂「大處落墨」就是魯迅關於批評的全域性思想的體現。他認為真正的文學批評家視野應開闊，從世界性的角度去把握批評對象的整體性是他的一大具體要求。他批評眼界狹小「不能在大處落墨」〔註40〕的短視眼，要求把目光移到世界範圍內的影響上來。他認為，「一切事物，雖說以獨創為貴，但中國既然是世界上的一國，則受點別國的影響，即自然難免。」〔註41〕他明確指出外國文藝在中國的影響和作用：「中國的新文藝的一時的轉變和流行，有時那主權簡直大半操於外國書籍販賣者之手的」，「如中國，那鋒利的刺戟力，就激動了多年沉靜的神經，於是是有了許多表面的摹仿」。〔註42〕鑒於這種情況，他指出，如果以老式的，狹隘的批評眼光去評品現代作品必然會失之偏頗，難以從整體上把握對象，「因為用的是新的形和新的色；而又不是『yes』『No』因為他究竟是中國人。所以，用密達尺來量，是不對的，但也不能用什麼漢朝的慮倘尺或清朝的營造尺，因為他又已經是現今的人。我想，必須用存在於現今想要參與世界上的事業的中國人的心裏的尺來量，這才懂得他的藝術。」〔註43〕試想如果不從世界的整體來考慮文藝創作，只局限井底之蛙的範圍，能夠發現適於現代中國藝術的批評標準，能理解諸如陶元慶等所創造的藝術嗎？你不瞭解安特萊夫，你怎能理解魯迅自己所講的他小說中某些地方的「陰冷」

〔註39〕伍蠡甫主編：《現代西方文論選》，上海：上海譯文出版社，1984年版，第278頁。

〔註40〕《魯迅全集》（第12卷），北京：人民文學出版社，1981年版，第463頁。

〔註41〕《魯迅全集》（第7卷），北京：人民文學出版社，1981年版，第162頁。

〔註42〕《魯迅全集》（第7卷），北京：人民文學出版社，1981年版，第325頁。

〔註43〕《魯迅全集》（第3卷），北京：人民文學出版社，1981年版，第550頁。

呢？這也正如不瞭解拜倫、雪萊、裴多菲、尼採，也就不能準確理解魯迅早期的浪漫主義和個性主義思想一樣。可見，從世界整體考察文藝創作和作家思想是多麼重要！

　　除了上面的方法外，再就是同時代、同民族、同國度作家之間的整體比較的批評方法，從他們之間的有機聯繫上來評品作家、作品，研究文學現象。有比較才有鑒別，才能確定作家作品的客觀歷史地位，才能認識文藝諸現象的各自特點。「任何詩人，任何藝術家，都不能單獨地有他自己的完整的意義」〔註44〕，魯迅對此有過十分有益的論述和實踐。為了瞭解茅盾的創作，託胡風瞭解茅盾，其要求是：「一、其地位，二、其作風，作風（style）和形式（form）與別的作家之區別。三、影響──對於青年作家之影響，布爾喬亞作家對於他的態度。」〔註45〕這實際上就是力圖把作家置於一個較大範圍的有機整體中，通過比較，確定差異，明確地位，否則，就難以作出定性定量的評論。他曾通過歷史的比較方法，評論過《施公案》、《彭公案》和《水滸》的淵源關係及其差異.他認為前兩者「所敘的俠客，大半粗豪，很像《水滸》中底人物，故其事實雖然來自《龍圖公案》，而源流則仍出於《水滸》。不過《水滸》中人物在反抗政府；而這一類書中底人物，則幫助政府，這是作者的思想的大不同處，大概也因為社會背景不同之故吧。」〔註46〕這就通過歷史的分析，不僅探討了它們之間的關係，而且比較出了思想的差異，並指出了產生這種差異的主客觀根源。這種縱橫相交的歷史的整體評論法是值得提倡的。

　　魯迅在《三閒集・扁》這篇文章中曾講過一個有趣但又令人深思的故事。他講，有兩個近視眼想比眼力，但他們並沒有看到扁額，而只是間接地從漆匠那裏獲得扁額的題字，然而他們又並非全部獲得，只不過各獲得了一部分題字，因而相互爭執不休。這個故事啟迪我們。要全面掌握情況，才能避免片面。它要求批評者應具有整體把握、全面觀察的能力，否則就會貽笑大方，甚至鑄成大錯。

　　從作品的整體，到創作的兩部系統的整體再到全域範圍內的、大系統的整體把握，是魯迅關於文藝批評整體思想的基本內容，它構成了一個完整的批評方法的系統，努力學習，認真實踐，對於糾正文藝批評中的形而上學，

〔註44〕轉引自宋耀良《談批評的有機性思想》，見《上海文學》1983年第6期。
〔註45〕《魯迅全集》（第13卷），北京：人民文學出版社，1981年版，第284頁。
〔註46〕《魯迅全集》（第9卷），北京：人民文學出版社，1981年版，第340頁。

繁榮和發展文藝批評、從理論和實踐上的提高都是有著深刻的現實意義的。

四、現實執著與自由超越——魯迅與儒道文化關係論要

魯迅與儒道文化關係的一般描述

中國傳統文化是一個極其複雜的構成系統，在其形成的歷史過程中，融匯了多種文化因素。但是，以儒家為主道家為輔的基本格局，始終是中國傳統文化建構的主要動力，文化的主要形貌及其內在品格也就在主要層面與儒道文化密切相關，而中國傳統文化模式的形成自然就與儒道文化具有不可分性。這已是被普遍接受的文化常識。

美國人類學家本尼迪克特在《文化模式》一書中指出：「一種文化，就像一個人，或多或少有一種思想與行為的一致模式。每一文化之內，總有一些特別的，沒必要為其它類型的社會分享的目的。在對這些目的的服從過程中，每一民族越來越深入地強化著它的經驗，並與這些內驅力的緊迫感相適應，行為的異質項就會採取愈來愈一致的形式。」〔註47〕文化模式一旦形成，對所屬文化的生命個體具有強大的塑造功能，「個體生活歷史首先是適應由他的社區代代相傳下來的生活模式和標準。從他出生之時起，他生於其中的風俗就在塑造著他的經驗與行為。到他能說話時，他就成了自己文化的小小的創造物，而當他長大成人並能參與這種文化的活動時，其文化的習慣就是他的習慣，其文化的信仰就是他的信仰，其文化的不可能性亦就是他的不可能性」。〔註48〕事實上也是如此，生活在特定文化模式並在其間成長起來的個體，在精神氣質、行為模式、思維方法、價值呈現等方面，與母體文化具有內在的深層次的一致性，文化的選擇決定著個體的選擇，文化的限制也意味著個體發展的限制。這對絕大多數人而言，是一種無法沖決的定數，一種文化的宿命。就魯迅來講，他是一個特殊的「異類」。他力圖打破定數，拆卸文化宿命對個體生命設定的種種樊籬，做一個命運自決的新人。在一定的意義上看，魯迅實現了自己的努力，如堅定的獨立性人格對傳統依附性奴性人格的突破，自由的批判與懷疑求真的精神對盲從迷信意識的解構，理性精神的張揚對經驗定勢的反撥，個性的肯定對強大的群體本位的挑戰，等等。但是，

〔註47〕何錫章、黃歡譯。《文化模式》，華夏出版社，1987年版，第36頁。
〔註48〕何錫章、黃歡譯，《文化模式》，華夏出版社，1987年版，第2頁。

魯迅也沒有也不可能真正完全徹底克服文化的影響與限制，在他的身上，仍然保留著與中國傳統文化諸多的聯繫，比如他不著意追求建構思想的體系，表達方式的評點特色（自然不是傳統的純直覺感悟，融入了邏輯），在思維深處，顯然未脫傳統經驗思維的影響；再如他對物質生活簡單節儉的追求，與傳統的物質生活觀，有著明顯的聯繫。從根本上講，不脫母體文化的影響，這不是個人的能力問題，而是文化自身設定的無法超越的限度。進一步講，即使個人具有徹底擺脫母體文化影響的能力和主觀意願，在實踐領域也無法真正實現。因此，在魯迅的思想、精神、行爲以及思維深處，中國傳統文化的影響非常深刻，尤其是儒道文化的影響更爲明顯。他自己說過，身上中有莊子韓非的毒，時而「隨意」，時而「峻激」，「隨意」來自莊子，「峻激」來於韓非。雖然他也講過讀孔孟的書最早最熟，可與他似乎不大相干，從顯在層面看，儒家對魯迅的影響並不大，好像真的不相干。問題絕不這樣簡單，魯迅只是從自覺的現象層面談與孔孟關係的。從一般意義看，魯迅是徹底的反中國封建傳統文化的戰士，在自覺層次，受儒道影響確實不顯著；但在非自覺層面，或潛意識領域，儒家文化心理的積澱則是相干的，甚至是深入骨髓的關係。道家文化與魯迅的關係也應作如是觀。儒家以天下爲己任的入世胸襟與情懷，注重現實事功的價值選擇，與「我與我血薦軒轅」和一直爲現實而戰的魯迅有著精神、路徑的內在同構性；道家對現實的否定以及企圖超越現實的意識爲魯迅超越現實提供了深刻的精神資源，前面提到的魯迅自評的莊子式的「隨意」，就是一種不爲利害、利益左右的超然的人生態度，是超越現實的重要的精神形式和精神動力。可以說，魯迅承繼了儒家積極入世治國平天下的合理內核以及執著現實的實踐理性的有價值的內容，又接受了道家對現實否定的超越性立場，形成了一種吸收儒道文化各自優勢的張力場，確立了一種進出自由的「現實——超越」的姿態，使自己始終既在儒道文化的影響之中，又能不受二者的限制與束縛，爲「內之仍弗失固有之血脈」「外之既不後於世界之潮流」開闢了合理繼承借鑒的自由空間，形成了獨立的文化姿態。

瞿秋白在《魯迅雜感選集・序言》中講了一個西方萊謨斯的神話故事，以此來喻說魯迅，他認爲：「魯迅是萊謨斯，是野獸的奶汁所餵養大的，是封建宗法社會的逆子，是紳士階級的貳臣，而同時也是一些浪漫諦克的革命家的諍友！他從他自己的道路回到了狼的懷抱。」接著他又引用了赫爾岑的一

段話，解釋了「狼奶」「狼」的所指：「這是英雄的隊伍，他們像羅謨魯斯和萊謨斯似的，是野獸的奶汁所餵養大的。這是些勇將，從頭到腳都是純鋼打成的，他們是活潑的戰士，自覺地走上明顯的滅亡的道路，爲的是要驚醒下一輩的青年去取得新的生活，爲的要洗清那些生長在劊子手主義和奴才主義環境裏的孩子們。」〔註49〕瞿秋白筆下的「狼奶」「狼」，都是隱喻，意指魯迅是喝西方文化之「狼奶」長大，並已成爲撲向封建階級封建文化的勇猛的英雄之「狼」。這從特定的角度講，對魯迅而言是眞實的，概括是準確的。魯迅所展現出的勇猛無畏的品格，他所呼喚的「猛獸性」的人格精神，與中國傳統文化主要用「羊奶」餵養人把人培養成溫順之「羊」的目標，是完全不同的。吸收西方猛獸式的動物性生存文化的優秀因素，爲改良中國傳統偏重植物性生存文化而塑造出的柔弱型的人格，對魯迅來說，具有強烈的緊迫感，由此可見魯迅受西方文化影響至深。但是，西方文化僅僅是魯迅精神結構中的重要組成部分，而非全部；完整的魯迅應當是中西一切合理文化養料的吸收者實踐者，本文討論的魯迅與儒道文化的關係，正是爲了證明這樣的事實。

「入世」與「出世」的合理揚棄

儒家是入世的，現實的功利追求和人在現世的實踐構成儒家實用理性的文化特質。儒家思想之所以能在兩千多年的歷史中，被選擇爲中國的統治思想，核心就在於它的現實品格。現實是人類存在的證明，是人實現自身價值的基礎。人類生命存在的現實實在性是入世觀念與實用理性出現的合理前提，因此，儒家強烈的入世精神本身就是合人性的選擇。儒家能在世世代代的延遞中，保持對中國人的不衰減的魅力，在於儒家不作虛妄高蹈式的幻想，而是腳踏現實大地進行頑強的生存實踐。然而，儒家的根本缺陷也在這裏。人類必須首先擁有現實，但絕不僅止於現實；人類應當佔有、享受現實，在現實中呈現生命的意義，但不能成爲現實的簡單依附的奴僕，更不應成爲與現實渾然一體的存在物。人類應該在積極進入、佔有、享受現實的同時，保持對現實的相蒔距離，培養相對獨立的人的自我意識，使人獲得認識、反省現實並改變現實的意識與能力。於是，人類在積極入世的基礎上又產生了發展與超越現實的思想。眞正健全的人類是現實和超越現實意識兼備，缺一不可。以此出發，我們不得不承認，儒家是缺少超越意識的，實用理性遮蔽了

〔註49〕《瞿秋白詩文選》，北京：人民文學出版社，1982年版，第464頁。

超驗理性的培育。它強調的是人對現實一切的認同、接受與服從，現實的所有皆是合理存在，任何懷疑、批判、否定現實的思想都是大逆不道，對覺的依賴服從是人的最高義務。誠然，儒家也意識到現實不可能完美，但它不是以未來的理想實現對現實的改造與超越，而是用過去的理想來矯正現實保證現實存在的穩定甚至恒久。所謂「克己復禮」，所謂「三代理想」就是儒家解決現實問題的不二法門。中國幾千年發展緩慢，變化不大，與儒家的過分拘泥現實的品格以及用「死人拖住活人」「過去壓住現在」的認識路徑有著難以否定的內在聯繫。入世意味著對現實生活和世俗世界的肯定，意味著對生命在現實中展開並呈現意義的認同，但如果不能在入世精神之上培養超越現實的精神，現實此岸與理想彼岸的界限意識也就難以產生，從經驗世界走向超驗世界的觀念及能力必然弱小，發展的思想就會缺少萌生成長生根的土壤。

　　魯迅繼承了儒家積極入世的優秀精神，又超越了儒家。魯迅認為「執著現在，執著地上」是人之為人的思想和精神前提，一切厭世的虛無主義都不過是「現世的仇仇」，「他們一日存在，現世即一日不能得救」。〔註50〕這種執著現實的精神與儒家的入世性具有文化的血緣關係是非常明白的。與儒家不同並超越了儒家的，是魯迅正視現實超越現實將現實推向未來的思想。他強調現實對人的存在的巨大意義，認識到現實是通向未來和完美的中介。但他沒有美化現實，無條件地服從現實，向現實妥協，而是深刻認識到現實的苦痛。於是，他呼籲人們直面慘澹的人生，敢於正視淋漓的鮮血，衝破瞞與騙的迷霧，「洞見一切已改和現實的廢墟和荒墳，記得一切深廣和久遠的苦痛，視一切重疊淤積的凝血，深知一切已死，方生，將生和未生」。〔註51〕立足執著現實，正視現實，不僅是為了現實中人自身，更是為了「方生，將生和未生」；他呼籲人們「超越過去」，也要「超越自己」，目的就是為了將來，他曾明確說過，本位在將來。執著現實又能獨立於現實，對現實始終保持清醒的批判態度並能努力超越現實，就是魯迅對儒家現實思想的繼承和發展。

　　對現實的獨立清醒的認識態度與批判立場，一方面是魯迅吸收西方理性精神和批判現實傳統的結晶，一方面也可以說是受到道家文化精神的影響所致，其強烈的超越意識是中西文化交融的產物。在《魯迅全集》裏，難以找到魯迅正面吸收道家積極性精神的文字，但這並不能說明魯迅沒有受到道家

〔註50〕《魯迅全集》（第3卷），北京：人民文學出版社，1981年版，第49頁。
〔註51〕《魯迅全集》（第2卷），北京：人民文學出版社，1981年版，第221～222頁。

的影響。前面提到的他中莊子「隨意」之毒，就可證明道家對魯迅的影響。正是這種「隨意」的人生態度，才能派生出超越的觀念。王乾坤通過深入研究認爲，魯迅與道家有諸多的聯繫，魯迅的生命哲學與道家深刻相關。他指出：「『道』同時內涵著超越性或終極性維度，這一維度便是道的形上視域」，而「這一維度正是魯迅由《文化偏至論》所開啓的生命哲學主線之一。」〔註52〕通過比較可以發現，道家和魯迅對現實都持有獨立而非依附的立場，他們都對現實文明世界中的秩序、制度、支配人的種種觀念的合理性，具有懷疑、批判與否定的態度，他們都追求人的內在自由竭力擺脫外在對人的強制，都有改變、超越現實的願望以現實作爲參照來展示自己拯救現實的藥方。

與魯迅聯繫更緊密的是道家超越現實這一精神形式。對現實的超越是道家有別於儒家的獨特所在，老莊精神中的獨立與自由的人性意義主要由此體現。一定程度和範圍的對現實世俗世界的批判與否定使道家獲得了超越的可能，擯棄五音五色斬斷人在現實世界中的物欲之鏈也具有片面的眞理性，「絕聖棄智」在反叛道德偶像與知識權威的意義上同樣具有合理內核，而獨與天地精神往來的超越外在「物役」的絕對生命自由的追求，更使道家的意義得到突顯。這一切在魯迅身上都可找到印記，有的甚至相當鮮明。但是，應當認識到，老莊爲代表的這種獨立自由與超越，是以放棄人在現實世界中的全面展開爲基礎的，是對現實妥協的消極性的反抗，其獨立與自由缺乏現實之根，帶有極大的幻想性。他們既否定了人在現實經驗世界中的佔有享受、發展自己的一切合理性，又在深層次上否定了個體生命開掘提升自我內在潛力和智慧的可能性。由於沒有現實之根，注定了老莊式的自由超越只能是與人生現實相分離的虛妄的「逍遙遊」，「無爲」是其必然的追求也是必然的結局。正因爲老莊對現實採取了決然否定的方式，不願在現實中進行積極的抗爭，他們根本沒有可能從現實中獲取將現實推向未來的超越目標，只能從歷史中，從更古老的時代去尋找資源，也就是遠追義農回到小國寡民的原始時代。

魯迅繼承了老莊思想中的有價值的能爲他在現實奮鬥中提供精神資源的成分，又能獨立超越老莊的影響。他始終堅持在現實中展開自己的一切欲望與理想，堅持在現實中無畏有爲的抗爭立場，不斷以現實作爲認識的對象，爲自己的批判、抗爭獲取直接的現實材料，他堅信未來一定勝於現在，現在是通向將來的不可或缺的橋樑。他一生都在爲現實與將來而戰，即使大悲大

〔註52〕王乾坤：《魯迅的生命哲學》，北京：人民文學出版社，1999年版，第64頁。

苦，甚或絕望，也沒放棄現實陣地陷入虛妄，總希望經過若干人和數代人的努力，把現實超越到「眞的人」、「人國」、「沒有人吃人」的社會、或中國歷史上從未出現過的「第三樣時代」去。顯然，這一切標示著他與道家的分野，表現出他對道家的超越。

「中間物」的自我命名與儒道的深層聯繫

魯迅在《寫在〈墳〉後面》中講過一段大家耳熟能詳的話：「自己卻苦於背了這些古老的鬼魂，擺脫不開，時常感到一種使人氣悶的沉重。就是思想上，也何嘗不中些莊周韓非的毒，時而隨便，時而峻激。孔孟的書我讀得最早，最熟，然而倒似乎和我不相干。大半也因為懶惰罷，往往為自己寬解，以為一切事物，在轉變中，是總有多少中間物的。動植之間，無脊椎和脊椎動物之間，都有現實執著與自由超越中間物；或者簡直可以說，在進化的鏈子上，一切都是中間物。」〔註53〕對於這一命名的複雜內涵，已有不少學者進行了深入且取得了重要成果的研究，其中汪暉與王乾坤的研究最引人注目，啟發甚多。汪暉認為，「中間物」作為一種借代，標示的是「魯迅個人的客觀的歷史地位」和「深刻的自我意識」，用以概括魯迅的「一種把握世界的具體感受世界觀」。〔註54〕王乾坤則認為，僅僅從歷史地位和世界觀的角度來解釋「中間物」的所指有相當大的學術價值，但是有缺陷。他說：「『歷史中間物』的提法並沒有錯，而且它把『歷史』與『中間物』連在一起，是一個很重要的理論生長點。問題是『誰的歷史』。……魯迅關心的首先是生命之歷史，是人生在時間中『由此到彼（墳）的道路』，而不是社會歷史或其它什麼史。後者在魯迅思想中當然有回答，然而是前者的投射，處於從屬、派生的位置。比如他對中國社會兩種時代的分類，即是以人的奴隸性存在狀況來劃分的。所以中間物主要是人的中間物，生命中間物。」〔註55〕兩位先生的理解各具特色，言之成理，從不同的視域對「中間物」的意義作出了自己的界定。其實，歷史中間物與生命中間物是可以放在一道討論的，生命就是歷史，歷史離不開生命。馬克思講過，任何人類歷史的第一個前提是有生命的個人的存在，人們的社會歷史始終只是他們的個體發展的歷史。

〔註53〕《魯迅全集》（第 1 卷），北京：人民文學出版社，1981 年版，第 285～286 頁。

〔註54〕汪暉：《反抗絕望》，上海：上海人民出版社，1991 年版，第 3 頁。

〔註55〕王乾坤：《魯迅的生命哲學》，上海：人民文學出版社，1999 年版，第 18 頁。

　　除了上面兩種理解的維度外，我以爲還可從自由的維度來解釋魯迅的「中間物」的實質。「中間物」既是個體生命在人類歷史之鏈上的地位，也是在時間環節中的位置，它把前之過去與後之將來與當下現實之中間連接爲永不中斷的生命歷史之流；它是生命存在狀態的描述，也是對生命意義的一種自我認識和估價，還是對個體生命在人類歷史中作用地位的清醒定位。如果進一步打開，聯繫魯迅一生始終追求並奮力實踐的目標，「中間物」是魯迅精神思想存在的一種姿態，即自由獨立的姿態。在時間上，「中間物」處於過去與未來的結點——現實之「在」，形成既可回溯歷史又能通向將來的可自由展開的狀態；從空間看，它與前後左右上下都有緊密聯繫但又不依附從屬任何一維，處在可以四面伸延的自由之維。因此，「中間物」是一個極具張力和彈性的存在。在這種狀態下，人的自由度相對較大。這與魯迅一生不依附任何權力、任何權威、任何政黨、任何組織的態度具有精神的同構；與魯迅不迷信歷史也不美化將來的思想具有一致性。

　　然而，既然是「中間物」，就必定要承擔相應的責任和人的使命。我們必須注意魯迅講「中間物」時的重要前提，即「進化的鏈子」。聯繫起來看，有兩種意義必須提出，一是萬物皆變都要進化的事實和事物存在的歷史連續性，而隱含的另一意義則是萬物都沒有圓滿的終極。於是，作爲位於現實「中間物」之維的魯迅，一方面無法擺脫歷史的「鬼魂」，必須肩負著黑暗的閘門，一方面又必須將現實推向將來，儘管將來渺不可定（希望本無所謂有，也無所謂無的，甚至是墳）。面對這樣的生存困境，惟有抓住現實，爲未來的世界和後代作一些鋪墊。但是現實是污濁的，淤血凝積，而人又無法離開現實，「中間物」的悲劇性宿命正在於此。於是，魯迅從孔子「知其不可爲而爲之」的精神中獲得了在現實中掙扎奮鬥的力量，魯迅指出：「『不可與言而與之言』，即是『知其不可爲而爲之』，一定要有這種人，世界才不會寂寞。這一點，我是佩服的。〔註 56〕」所以，魯迅能不斷反抗絕望，沿著精神三角形的斜邊不停地走，走向不定的將來，即使前面是墳，也要走，因爲不定的將來畢竟是將來。走，不斷地走向將來，這是人的宿命，是魯迅這個「中間物」的宿命。

　　在自由的意義上，「中間物」與道家精神也有著深刻的關聯。王乾坤指出：道「與以不斷地否定來消解並同時內涵形上終極的『中間物』概念，是同一條哲學路線」，並認爲道所具有的「自然」終極性與「行」的品質，與魯迅極

─────────────────────────────

〔註 56〕《魯迅全集》（第 3 卷），北京：人民文學出版社，1981 年版，第 464 頁。

力讚賞的「天馬行空」,「思慮動作,成離萬物,獨往來於自心之天地」的精神,有深刻的默契。〔註57〕這是極深刻的意見。具體來說,道家提倡的「自然」的生命形態,是反撥外在支配,擺脫「它然」的一種獨立的生命形態,「自然」就是自然而然,就是魯迅說的「隨意」,也就是自由的存在。用莊子的話說,就是「自本自根」,「自古以固存」,「獨與天地精神往來」。(《莊子‧大宗師》、《莊子‧天下》)魯迅在《文化偏至論》中表達了類似的思想,他說,「思想行為,必以己為中樞,亦以己為終極:即立我性為絕對之自由者也。」又說,「惟此自性,即造物主。」顯然,在追求內心自由與意志自決,追求不受外物控制的人性目標上,魯迅與道家有精神形式的一致性。但是,「中間物」的魯迅最終選擇了在現實中展開爭自由並實踐自由的道路,而道家則放棄了「中間物」的責任與使命,走上了純粹的所謂絕對的精神性漫遊,使自由變成了「心造的幻影」。從哲學認識論講,自由是對必然的認識,這意味著,在認識必然把握必然的過程中,只有自由的狀態才有認識把握必然的可能性。然而,離開現實之根這一認識必然的基礎,不僅必然得不到認識與把握,自由也不復存在。魯迅之所以能認識把握中國那麼多的必然,恰恰在於他能在現實大地上展開自己自由精神的意義指向:在現實中超越。

五、自覺面對人之道義

人是萬物之靈,宇宙之主宰,社會之中心。對這一問題的認識,如果不是從傳統的心學體認而是從「人是目的」這一近代價值理性上看,對中國人而言,是在上一個世紀才基本清楚的。在獲得對人的這一認識的過程中,20世紀中國的思想家和學者付出了艱巨的勞動,而魯迅在其間扮演的角色是十分重要的。當我們跨入新世紀大門的時候,重溫魯迅應當是必要的,重申學者的對人的終極關懷亦是必要的。

剛剛過去的世紀,對中國來說,變化確實巨大,一切似乎都翻了個「個」;但有時深入思索,尤其是我們在現實語境中的種種遭遇,又覺得有許多東西依然如故,魯迅所希望的人的時代和社會,似乎並沒有完全建成和實現。這種語境,這種歷史情形在新的世紀仍會存在。這就是我們重溫學者魯迅的價值立場的根據。

〔註57〕王乾坤:《魯迅的生命哲學》,北京:人民文學出版社,1999年版,第63、65頁。

　　人類的一切活動都是爲了人自身，學術也是這樣，尤其是在人文領域，離開了人的學術，其價值是大可懷疑的。這本來不是一個問題，可是，在「當下」的一些學者眼中，「學術」就是「學術」，而不應涉及其它價值。這顯然是一種矯枉過正的反映，對一些人而言，簡直可以說是一種「糊塗」。

　　問題是在對近現代學術界的反省過程中開始出現的。近現代以來的中國學術界，成果顯著，舉世公認，價值理性的確立，批判與懷疑精神及其求眞意識的紮根，標誌著與古代學術不同的理路的建構；科學精神影響下的學術格局基本形成，出現了一批影響著學術和文化思想發展進程的大師。但問題同樣存在，尤其是在實用理性傳統的內在制約之下，「現時」和「當下」的生存環境的直接影響，學術的工具化、政治化以及泛意識形態化現象也甚爲嚴重。因此，「僞知識」、「僞學術」的出現也就不足爲怪，依附於派系政治力量和黨團利益的學者個體，往往不得不犧牲學術的立場和學者的良知，從片面的狹隘的利益立場，發出過於「情緒化」和「主觀化」的「學術」之聲。這對學術自身顯然是一種威脅，對人類知識自然也是一種褻瀆，其表現出的「價值關懷」和「情感介入」，表面看是多麼深切，一細審卻破綻百出，因爲他們所遵奉的「價值」，他們所投入的「情感」，從根本上講，缺乏對人類自身的終極關懷。

　　於是，反省近現代以來的學術歷史，便成爲近十年來許多學者的共識，企圖通過學術史的反省和對學術大師個體學術理路的清理，總結經驗和教訓，並以此爲前提，重建符合學術研究自身規律的規範——外部形式和內在價值規範。於是，冷靜的研究態度，客觀的研究立場，保持情感和價值中立，似乎正在或將要成爲學術研究和學者應遵循的普適性原則。從一般或從原則上講，這無疑是正確的，理應如此。

　　但問題也出來了，而且是「眞問題」。從已現端倪來看，所謂「價值中立」，實際上在一些人那裏就成了價值的「迷失」與「混亂」；所謂「冷靜」，其實不過是爲一些人製造「學術熱點」甚至「商業炒作」提供了冠冕堂皇的藉口；所謂「爲學術而學術」，也不過是一些人逃避人類和當下社會責任的一種「託辭」。這類「學術立場」和「姿態」，以及一些人所崇奉的「學術偶像」，他們既沒有「工具化」時期的現時功利價值，更無對人類生存和命運的大關懷，剩下的往往是「知識」的簡單累加，技術性的「炫耀」，概念名詞的花樣翻新，乃至消解一切價值的「非理性」……。學術正在失去它賴以存在的——爲了人——的價值基礎，從另一條路向異化爲非人的東西。

「爲學術而學術」或「價值中立」，對學者而言，本應是最基本的價值立場，在西方，可以說從古希臘到現代，大多數學者都是堅持這一立場的。這是西方學術的傳統，也是西方學術發展巨大的內在動力，因而出現了一批獻身眞理，探索宇宙之「眞」和人類之「眞」的學術聖徒。這種學術的原動力與結果從根本上講，從來也沒有離開過人自身，從沒有喪失爲人類尋找精神家園和幸福的主要價值。這才是眞正意義上的「爲學術而學術」和「價值中立」，因爲學者除了屈服於眞理，不屈從於任何勢力。在中國的學術傳統裏面，缺少的恰恰就是這樣的學者立場。中國的學者要麼是爲聖人和天子「立言」，如傳統儒學中的「理學」等；要麼走考據實證之路，僅僅局限在知識學領域裏面，如乾嘉學派。這兩種學術傳統，缺乏的是對人之眞理的探求，前者被「工具化」和「御用化」，其價值立場是狹隘的；後者寄生性太強，「我注六經」使學者缺少思想的原創性。這兩種傳統很難造就眞正的學術聖徒，其學術品格乃是精神的萎縮與責任之逃避，在歷史上更多地反映出在文化高壓下的知識分子的不幸與屈辱。中國當下一些人借用「爲學術而學術」和「價值中立」的口號，表面看很時髦，細分析一下，不過是舊式學問傳統的翻版，喪失的正是學者追求眞理的精神和應有的社會與人類良知。

在這種學術情勢下，人們重提回到魯迅那裏去，便是一種自覺面對人之道義的呼聲。

關注人的命運是魯迅思想的核心，也是作爲學者魯迅的眞正價值所在。魯迅的學術生涯開始於留學日本時期。1902 年，他在與許壽裳談話中，便表明了他的追尋，他思考的中心是「理想人性」問題。這一思想奠定了魯迅作爲文學家、思想家的價值基礎，也確立了他的學者立場。

值得討論的問題很多，這篇短文不便展開，不過是從魯迅早期學術性著述出發，對學者魯迅的價值立場作一強調，對這種呼聲作一回應。

從現時的「標準」來看，魯迅那時的「論文」恐怕很難入「方家」之「法眼」，也很難符合現時「論文」的「學術規範」，但其學術精神和學術的含量，那也是無法抹殺的，回蕩在文章中的是令人激動的情懷和滲透在字裏行間的對人和中國人命運關注的鮮明價值立場。

《說鐳》是魯迅的學術處女作，發表於 1903 年。這是一篇客觀介紹居里夫人發現的「鐳」的文章，從科學上講，沒有多大的理論意義。我們所關注的是魯迅介紹的目的及其潛在的價值取向，即科學發現將帶來的思想的革

命,「由是而思想界大革命之風潮,得日益磅礴」的意義,以及他所追尋的人類不斷發現,破除舊說,懷疑「成說」,「吐故納新,敗果既落,新葩欲吐」的進化規律。顯然,魯迅介紹科學的發現,不在於知識,著眼點在科學對於人類思想和精神的價值。《科學史教篇》尤為明顯,看下面幾段文字:

> 蓋科學者,以其知識,歷探自然現象之深微,久而得效,改革遂及於社會,……
>
> 故科學者,神聖之光,照世界者也,可以過末流而生感動。時秦,則為人性之光;時危,則由其靈感,生整理者如加爾諾,生強者強於拿破崙之戰將云。……幾此者,皆所以致人性於全,不使之偏倚,因以見今日之文明者也。

正是科學的懷疑、批判、發現、創造,崇尚真理,造福人類的內在價值吸引了魯迅的熱情,其「學問」之價值指向,不是明明白白的嗎?魯迅為什麼寫《人之歷史》這樣的文章,無非是要說明人類要不斷發展和進化的道理,以警醒國人對人自身要有一個清楚的認識,從而為人自身的發展確定有意義的價值起點和歸宿。

《文化偏至論》和《摩羅詩力說》是魯迅早期兩篇重要論文,它們是魯迅早期思想的重要記錄,更是魯迅通過對對象的介紹和評述,顯示其學者立場的重要文獻。前者提出的是「立人」這樣的大問題,後者則是對「精神界戰士」的渴求,追求的是具有「至誠之聲」「善美剛健」的人格。這是對「非人化」歷史的反撥,是對封建時代人的奴性化的挑戰,價值選擇明確而又堅定,沒有絲毫的吞吞吐吐,一切都無須用「言詞」來遮蔽。

如果說,以上面幾篇不大為一些學者認可的「論文」來證明魯迅的價值立場還不足為信的話,那麼,魯迅有關中國小說的研究,應當是可信的有力根據。

研究中國小說的歷史,魯迅是現代中國第一人,其成就,即使是最挑剔的學者,恐怕也難以否認。魯迅研究中國的小說,是「客觀」的,「冷靜」的,但又是充滿了價值關懷的。凡認真讀過魯迅的《中國小說史略》和《中國小說的歷史的變遷》者,應當對魯迅寫作的動機和姿態有一個基本的認識,那就是他的消解正統的價值立場。魯迅在《中國小說史略》中,開宗明義指出了「中國之小說自來無史」的事實,為什麼?因為歷來小說「不本經傳,背於儒術者矣」。而《三國》、《水滸》,在嘉靖時期曾有都察院刻本,其因便在

於「世人視若官書，故得見收」。因此，他的目的，即要通過《史略》，來否定「自漢迄今」的「史家成見」，爲小說正名。這裏既顯示出了魯迅勇於向正統挑戰的勇氣，又表達了魯迅通過小說的研究來發現小說裏所隱含的與正統價值相背的民間價值，同時又暗示出學者應具備的「標新立異」的品質，這些便構成了作爲學者的潛在寫作立場和姿態。

魯迅小說史的研究，說明了兩個問題：學者「做什麼」「說什麼」和「怎樣做」「怎樣說」的問題。前者通過學者研究領域的選擇，暗示著學者自身的價值選擇。魯迅選擇中國小說史，作爲自己的研究題材和領域，就是以一種「民間立場」來反叛和挑戰「官方正統」的價值偏見，以此尋求一種新的研究領域，並確立價值立場。同時魯迅不是以一種「戰士」的身份，或者說是站在非學者的立場上來消解學術正統的，而是以一種真正學者的姿態，以學術的語言來進行研究，展開小說史的敘述的，因此，它是以學術的姿態來「做」和「說」的。但在「做」和「說」的過程中，他始終沒有忘記對人的關懷和對中國人的一種深厚的歷史責任感。

對人的關注，是與對中國人命運的關注緊緊聯繫在一起的，把對人的終極關懷與對中國人在「當下」的生存關注結合起來，是魯迅及其同時代的啓蒙思想家和現代學者的共有特色。談人的歷史，講科學的發現，探討人的精神世界及其內部力量之構成，他都是以普遍的價值來對照人類之一部分的中國人這個「個體」，並爲中國人尋找相適應的價值法則。《中國地質略論》是有感於中國科學落後而飽受列強凌辱的現實而寫的，其意在通過世界強國皆依科學發達這一普遍規律激發國人的科學意識，目的和出發點是「科學救國」，並養成新的文明素質。他在文末就旗幟鮮明地道出了寫文章的這一動機：

> 夫中國雖以弱著，吾儕固猶是中國之主人，結合大群而興業，群兒雖狨，孰敢沮者，則要索之機絕。……況工業復興，機械爲用，文明之影，日印於腦，塵塵相續，遂孕良果，吾知豪俠之士，必有以思，奮袂而起者矣。不然，則吾將憂服箱受策之不暇，寧有如許閒情，喋喋以言地質哉。

在《文化偏至論》中又如是說：

> 是故將生存兩間，角逐列國是務，其首在立人，人立而後凡事舉……夫中國在昔，本尚物質而疾天才矣，先王之澤，日以殄絕，逮蒙外力，乃退然而不可自存。而輊才小慧之徒，則又號召張惶，重殺之

> 以物質而圈之以多數，個人之性，剝奪無餘。往者爲本體自發之偏
> 枯，今則獲以交通傳來之新疫，二患交伐，而中國之沉淪遂以益速
> 矣。嗚呼，眷念方來，亦已焉哉！

再看《摩羅詩力說》：

> 今索諸中國，爲精神界之戰士者安在？有作至誠之聲，致吾人於善
> 美剛健者乎？有作溫煦之聲，援吾人之出於荒寒者乎？

這是對中國人命運的眞正價值關懷，是大悲憫，也是對新的價值的呼喚。這
就是魯迅作爲學者的大情懷！

我常常想一個問題，魯迅爲什麼對嵇康情有獨鍾，十數年對其詩文集精
心校注？仔細想來，正是這種「校注」內含了作者的價值的選擇，是嵇康所
代表的魏晉文人的風度及其蘊藏的人的價值吸引了他。這就說明了一個簡單
而又深刻的道理：絕對「冷靜」和「客觀」的研究，沒有作者的內在的對人
自身關懷的情感介入，就無法爲學者提供研究的動力，其做出來的學問恐怕
也缺乏永恆的意義。

學者的價值只能相對中立，這其實也只是從一種學術態度而言的，從更
深層看，學者必然具有自己的價值立場。因爲作爲人的學者或作爲學者的人，
都無法擺脫人類自身的價值規定性，學者在研究中，無論如何「中立」，有兩
種人類的價值是潛在地制約著學者的，古今中外的學者概莫能外，這就是人
類永恆的價值和作爲現時人類的「當下」價值。一般講，學者要麼以永恆的
人類價值之光來燭照「當下」的研究，使之作出直接或間接、顯與隱的價值
選擇，要麼就是通過研究中的「當下」價值的滲透來體現人類永恆之價值。
因此，無論是「永恆」，還是「當下」之價值，都是人自身的價值，任何學者
都不可能抽身而去，逍遙在人的價值之外。

第三章　魯迅抒情小說的思想與藝術特質

一、中國人民理想人格的藝術探索

　　怎樣才是最理想的人性？中國國民性中最缺乏的是什麼？這些是魯迅早年留學日本時所提出的富有深刻意義的問題，並爲魯迅一生所堅持，在實踐中不斷探索，作出了在那個時代所能作出的最高水準的回答。《吶喊》、《彷徨》中的抒情小說就是這種理性思考的藝術結晶，它從一個側面反映了魯迅前期對理想人性探索的重要思想。但是，多年來，人們總是從魯迅批判國民劣根性的角度去研究魯迅的作品，去挖掘小說人物形象的內涵，而忽視了魯迅在人物身上所寄託的理想和希望，因此，研究魯迅前期小說，尋找魯迅筆下的理想人格，對於魯迅思想的完整把握就具有積極的意義。如果說，魯迅是在中國封建社會幾千年歷史的回音壁上，確定了探索中國人民理想人性的道路，發出了「求新聲」的吶喊。那麼，今天我們也將會在魯迅這位歷史巨人的探索和吶喊中，獲得巨大的現實價值。它對於培養社會主義新人，對於塑造改革者的形象，都富有深刻的啓迪意義。

　　現實的理想往往是對傳統的背叛和否定。它必須與我們自己的歷史和現實相適應。魯迅抒情小說給我們留下的理想人格與中國封建社會的人格理想針鋒相對，它吸收了上升時期西方資產階級人格的合理內核，但它主要是民族的，是更適合我國從鴉片戰爭以來所形成的民族獨立解放運動的理想形態。

　　魯迅抒情小說的理想人格具有豐富的內涵，但我們大致可以找到一種主

要的品質，即戰鬥、無私、具有自我批判精神、敢於探索眞理、充滿生命的活力、朝氣蓬勃等特點，而戰鬥的人格則是最基本的內容。這些理想的人格是「指導人們趨向於高尙的生活概念和情感的高貴形象」〔註1〕，不僅能使人們「瞭解他自己，提高他的自信心，並且發展他追求眞理的意向，和人們身上的庸俗習氣作鬥爭，發現他們身上好的品質，在他們心靈中激發起羞恥、憤怒、勇氣，竭力使人們變爲強有力的、高尙的、並且使人們能夠用美的神聖的精神鼓舞自己的生活。」〔註2〕

（一）

　　戰鬥人格是《吶喊》、《彷徨》中抒情小說理想人格的主要內容，它是魯迅徹底的反封建和提倡思想革命的重要反映。

　　中國封建社會數千年正統的社會理想是以家庭、家族、社會爲本位的，而最終則具體化爲以君、以聖人、以上爲本位。因此，它要求的是對王權政治和以此派生出來的道德倫理原則的絕對服從，並且相應地制訂了一系列以禮教、等級爲核心的政治、倫理、道德制度，成爲一種強制的外在力量約束著人的地位、人的創造性、個性和尊嚴；人的獨立性被取消了，能動性、主觀意志的發揮被泯滅了。從而，一種與王權政治、家族禮教制度、專制體系相適應的人格就產生出來了。世代相沿，便積澱爲一種難以自覺擺脫的心理意識形式、行爲方式、意志表現形態，這就是唯服從爲是的品格；同時，正如魯迅所指出的，中華民族的主體漢族曾兩次異奴於人，加上後來帝國主義的殖民統治，這就更加深了服從品性的內容，從而漸漸演變爲一種奴性、怯卑性。魯迅認爲：「中國人向來就沒有爭到過『人』的價格，至多不過是奴隸，到現在還如此，然而下於奴隸的時候，卻是屢見不鮮的。」〔註3〕他認爲，在中國封建社會，難見「眞的人」。正是在對歷史的深入思考後，他提出了培養戰鬥人格的理想要求，這是和封建傳統人格相對立的理想人格形態，既是對封建社會專制制度的必然反動，也是近代以來民族解放運動的必然要求，是一種自覺意識到的歷史內容。這一理想人格否定了改良主義跪著造反的奴性造反哲學，拋棄了空洞軟弱的人道主義。它是時代的強音，是時代精神的表

〔註1〕車爾尼雪夫斯基語，轉引自錢穀融《論「文學是人學」》，北京：人民文學出版社，1981年版，第4頁。
〔註2〕高爾基語，轉引自錢穀融《論「文學是人學」》，第5頁。
〔註3〕《魯迅全集）（第1卷），北京：人民文學出版社，1981年版，第212頁。

現，它和「五四」時期的許多作家以「愛和美」作爲人生的理想形成了鮮明對比，具有極大的、獨特的認識意義和審美價值。

　　魯迅認爲：「世界上如果還有眞要活下去的人們，就先該敢說，敢笑，敢哭，敢怒，敢罵，敢打，在這可詛咒的地方擊退了可詛咒的時代！」〔註4〕《狂人日記》中的「狂人」就是魯迅塑造出來的我國現代文學史上第一個戰士的形象，他敢想，敢說，敢於向幾千年的封建社會發出挑戰的吶喊，敢於作出多數人們連想都不敢想的大膽結論——封建社會的歷史是吃人的歷史，他「詛咒吃人的人」，他大聲疾呼：「救救孩子」，他敢於把社會上的種種人物，種種行爲都以主觀的意志，統一在「吃人」的動機之下，加以揭露和詛咒，從而在本質上揭示吃人社會對每一個人的毒害，尤其是對孩子的毒害。他是從思想上、精神上第一個站出來實踐「打掉毒害小兒的藥餌，打掉陷沒將來的陰謀」〔註5〕的戰士。這一形象從本質上代表了歷史發展的必然要求，是激勵中國人民反封建的啓蒙的戰鬥者形象，它不僅與民主主義革命的任務有著天然的聯繫，而且與新民主主義革命的基本任務和目的也有著不可分割的聯繫。我們說，《狂人日記》能顯示文學革命的實績，正是建立在這樣的基礎上的。

　　魯迅爲什麼對少年閏土抱有一種親切的回憶和敬佩，不正是那位「十一二歲的少年，項帶銀圈，手捏一柄鋼叉，向一匹猹盡力的刺去」的行動，具有生機勃勃、勇敢無畏的品格麼？相反，中年的閏土爲什麼顯得那樣麻木、冷漠、自卑，不正是在社會各種力量的集中壓迫下，喪失了少年時的勇敢、無畏、熱情、生機勃發的性格麼？呂緯甫之所以陷入無聊的瑣事之中，過著苟且偷生的日子，固然有著時代的因素，但重要的則是他的戰鬥熱情、反抗意志的衰退，早年拔神像鬍子的戰鬥精神喪失了。作者以「我」對見到的酒樓下廢園景色的抒情，就抒發了作者對怒放的梅花和紅如火的山茶的熱情，這既是對戰鬥者人格的象徵性肯定與追求，也是對呂緯甫激流勇退、離開現實鬥爭的一種反襯和否定。《孤獨者》的結尾，一方面充分表現了一個戰敗者的內心痛苦與悲哀、悔恨與絕望；另一方面，在這絕望和悲哀中，又看到了主人公對現實的反抗和復仇的內心。魏連殳雖然死了，卻留下了一種思想的啓示：否定、拋棄病態的個人反抗方式，以新的戰鬥姿態，投身於社會的鬥爭洪流，才能致敵於死命，才能眞正顯示出人的戰鬥品格。

〔註4〕《魯迅全集》（第3卷），北京：人民文學出版社，1981年版，第43頁。
〔註5〕《魯迅全集》（第5卷），北京：人民文學出版社，1981年版，第270頁。

　　《傷逝》是魯迅抒情小說之力作。它是對戰鬥人格的最鮮明肯定和繼續戰鬥的召喚，也是對放棄戰鬥的否定。這裏首先要弄清楚戰鬥品質和個性主義在魯迅那裏的關係，才能看出魯迅對戰鬥人格追求的思想深度及他提倡個性主義的獨特內容。

　　多年來，人們普遍認為，《傷逝》是對個性主義的否定，也有人認為魯迅對個性主義的否定是犯了簡單化的毛病。我認為，前一種意見與魯迅的創作意圖相去甚遠，而後者雖然認識到了個性主義的歷史作用，但也有片面性。

　　《傷逝》寫成於 1925 年，由於「五卅」運動的出現，新民主主義革命進入了新的歷史時期。大規模群眾運動的興起，廣大人民終於覺醒或正在覺醒。但是，封建勢力仍有雄厚的政治、經濟和社會基礎；在意識形態方面，「甲寅派」捲土重來，復古之風盛行；同時，封建的法西斯主義也開始露頭，所以反封建的任務在當時仍然具有極大的現實性和必要性。另外，「五四」運動退潮後，知識分子也開始了分化。正是在這樣的歷史條件下，魯迅通過對知識分子前途和命運的思考，並通過這一視窗，達到對革命的途徑、手段的認識，對個性主義和革命前途的再認識。所以，《傷逝》對個性主義所取的態度是從具體的歷史條件和現實鬥爭出發，採取了辯證的態度，賦予個性主義以新的內容，這就是突出強調了個性主義的反抗性、戰鬥性。

　　首先，他熱情肯定了子君早先的「我是我自己的，他們誰也沒有干涉我的權利」的勇敢無畏、追求個性解放的精神。「這幾句話震動了我的靈魂，此後許多天還在耳邊發響；而且說不出的狂喜，知道中國女性，並非如厭世家所說的那樣無法可施，在不久的將來，便要看見輝煌的曙色的。」這一段抒情文字與作者在《紀念劉和珍君》中對中國女性的讚揚是一致的，而其讚揚的重心則是對戰鬥者精神的肯定，是對個性解放的反抗內涵予以藝術的說明。但是，子君沒能把反抗的精神貫徹到底，沒有在實踐中更新、發展，在外來的經濟壓力下，勇氣終於被壓抑窒息了。她沉浸到狹小的生活情感的圈子裏，最終成了悲劇的主角。子君的死，一方面充分反映了作者對客觀社會現實的深入認識，控訴了社會對個性主義的扼殺；另一方面，也明顯地批評了子君這一類人放棄自己的反抗意志，走上妥協、退讓的道路，也就是說，放棄了個性主義的反抗內涵，拋掉了個性主義中的戰鬥精神。只有這樣理解，才能真正說明魯迅當時的思想狀況。

　　魯迅早年提倡並強調的個性主義，其核心就是以反抗的形式同封建社會

扼殺個性、培養奴性人格針鋒相對的。他認爲「非物質主義者，猶個人主義然，亦興起於抗俗。」顯然，他正是以個性主義的武器來反抗由封建精神所形成的一種庸俗的社會整體力量。子君的行爲，恰恰丟掉了「抗俗」的力量，陷入了庸俗的生活。因此，魯迅沒有簡單否定個性主義，而是否定丟掉個性主義反抗精神的消極傾向。這一解釋與魯迅當時對個性主義的理解和認識是一致的。1925 年 3 月 18 日在給許廣平的信中，他指出「要適如其分，發展各各的個性。」同年 6 月 2 日在給許廣平的信中，又指出他自己「或者是人道主義與個人主義這兩種思想的消長起伏罷。」直到 1926 年 12 月 16 日，在給許廣平的信中，仍然講他「近來的漸漸傾向於個人主義」。這說明，魯迅在寫作《傷逝》時，並沒有完全否定個性主義的合理內核。

魯迅的深刻之處，不僅在於他看到了個性主義與戰鬥人格的相協調相統一的一面，而且在於他依據對歷史進程的深刻理解，認識到了個性主義與戰鬥方式的相分離以及不相適應的情況，這是他要加以解決的問題，也就是個性主義以個人方式鬥爭的局限性。

由於時代的新情況，早先的個性主義的孤軍作戰方式已經不適應鬥爭的新形勢了。魯迅正是依據時代的內容，不斷修正自己的戰鬥方式，逐步認識到早年的以純個人反抗方式爲核心的「獨異」精神的局限性，一方面，他深深認識到放棄個性主義的鬥爭是不行的；另一方面，又發現死抱最強大的人就是孤立的人的思想更是可怕的、危險的。《傷逝》從某種意義上講，確係魯迅思想上對個性主義認識的一個轉捩點。在早幾天完成於《傷逝》之前的《孤獨者》中，作者就批判了個人鬥爭方式的悲劇道路。繼續堅持早年的反抗形式，就必然會走向反面，其個性主義的發展就會出現極端的個人主義。如果說，在「五四」初期，在封建社會政權已經在外部上被摧毀，而精神意識形態不是以一種權力的整體力量，而是以一種分散的力量統治著人的情況下，在廣大群眾還未有充分覺醒、未能完全意識到聯合鬥爭的重要性之日，停留在個人的反抗是必然的，也是合理的；那麼，在封建復古勢力、封建軍閥與帝國主義相聯成爲一個反動的集體時的「五卅」以後，在人民群眾正在覺醒，或已經覺醒的革命高潮時刻，仍然奉行個人的鬥爭方式，其存在的根據和合理性就消失了。只有吸收個人反抗鬥爭的積極內容，並聯合成爲一股，成爲浩大的群眾運動，社會鬥爭中其個人的反抗力量、戰鬥精神才具有眞正的意義。可以說《傷逝》正是這一新的歷史要求的藝術思考和回答。這是魯迅總

結了「五四」以後的鬥爭情況的深刻經驗和教訓的必然結晶。放棄鬥爭和個人的孤軍奮鬥都將會導致悲劇。這是魯迅對個性主義理解的新的高度:個性主義的自由發展與鬥爭的能動性只有同社會鬥爭、群眾運動結合起來,才是正確的道路。所以涓生形象的意義就在於滲透著恢復戰鬥意志、繼續前進的歷史內容,是一個擺脫狹隘的個人生活,走向新的戰鬥道路的理想人格代表;而子君的悲劇則是從反面告訴人們,只有鬥爭,韌性的鬥爭才有出路。一切軟弱妥協都將會造成悲劇,而離開社會鬥爭的個人努力也將爲強大的黑暗社會勢力壓得粉碎。這就是《傷逝》力圖辯證地解決個性主義與集體鬥爭關係的深刻之處。

綜上所述,魯迅通過「狂人」昏睡前與覺醒後的對比,以閏土少年與中年性格的嚴重對立,並通過呂緯甫、魏連殳、涓生、子君等人先後不同時期的性格和思想的對比,突出地強調了一個共同的特點,那就是對戰鬥者的熱情讚頌,對喪失勇氣的怯懦行爲的批評,以肯定和否定的形式共同構成了魯迅所追求的理想人格的主要內容——戰鬥的人格。

(二)

對無私品格的追求,是魯迅抒情小說理想人格的重要組成部分。它和傳統狹隘自私的品性形成鮮明對立,和資產階級的利己主義也是不相容的理想形態。但早期魯迅所追求的無私品德,並不是自覺意識到的無產階級應具有的人格特徵,而是從民族解放的鬥爭,從戰鬥者的角度來理解的,同時,它還具有一種利他的、自我犧牲的內涵,從某種意義上看,還帶有較濃的人道主義的愛的色彩。

在長達數千年的封建社會裏,自私的心理是普遍的、基本的心理存在形式。罪惡的淵藪是私有制。但它具體可分兩種來源。一是小生產的生產方式和自然經濟的狹隘,這是產生自私觀念的內部條件,是封建社會無法克服的社會內容;一是封建社會的專制等級制度。殘酷的等級壓迫,以一種強大的力量,造成了奴性、自卑等等心理。但作爲人,想要生存下去,而又不能跨過等級制度,不能避免殘酷的壓迫的時候,就只好回到狹小的自我,也就是自私的生活中。這種普通人民的自私與統治階級的自覺爲私而奮鬥有所不同,它是一種非自覺的,由求生本能所產生出來的消極方式。兩種自私就構成了封建社會自私的內容和形式。它頑強地影響著人的心理和性格,在這塊

土地上生長起來的人，或多或少都將打上它的烙印。顯然，要完成推翻封建傳統的任務，塑造新的人格，批判自私觀念，無疑就成了艱巨而長期的任務。魯迅在思想革命和改良國民劣根性的宗旨下，在肯定了個人的正當權益的基礎上，既無情地鞭撻了自私觀念造成的種種劣根性，又熱情肯定了無私、誠與愛的優良品質。

把孔乙己作爲取笑對象的人們，以咀嚼祥林嫂痛苦爲樂的魯鎮的落後群眾，《示眾》中麻木的看客，他們都顯得那樣冷漠，那樣缺乏起碼的同情心，也就是魯迅所講的，沒有誠與愛。這種外在形式表現的內在根據就是自私的心理，這是一種精神和情感的自私，是私有觀念在人們精神、情感生活中的表現。有的可能是自覺的，有的則是不自覺的，而多數則是以一種無意識的狀態表現出來的。魯迅以深刻的觀察力，入木三分地揭示了自私觀念在人們心理中的巨大危害，它無形地分離著人們，製造著痛苦和災難。它以幾千年的歷史積澱在人們的心理之中，常常轉化爲一種強大的社會性力量，把人推向死的境地。祥林嫂的死難道與這種心理上的自私與冷漠無關嗎？同時，還起著阻礙人們團結起來革命的作用，構成對人的覺醒的威脅。

呂緯甫之所以戰鬥熱情銳減，除了客觀的外部社會條件外，自身內部的自私也是重要原因。心理的自私，必然導致思想的頹唐和意志的懶散，患得患失，不能勇敢地、持久地同反動勢力鬥爭。也就極易進入模模糊糊、敷敷衍衍、苟且偷生的生活道路。魏連殳給自己爲什麼造成「獨頭繭」，爲什麼他要玩世不恭，以畸形的自戕向社會作「困獸之鬥」，顯然與自私心理有關。當革命的高潮過去，受到挫折之後，眼界狹小的自私觀念就會使一些人悲觀、失望，因而就往往以滿足於自我的私心而生活著，自私的心理同時還會加助個人主義的惡性發展，從而走向反面。

《一件小事》中的「我」顯然是充滿了自私的心理的，而《故鄉》中的楊二嫂的小市民心理的描繪，更是自私心理的典型反映。魯迅正是以大量的生活事例，力圖說明中國人民缺乏「誠與愛」的自私心理的危害。它不僅加深人們之間的隔膜，造成人們有形無形的對立，而且限制著戰鬥者的眼光，削弱著戰鬥者的意志，局限著戰鬥的方式。通過批判，魯迅力圖喚起人們的誠實和愛的同情心、利他主義和自我犧牲精神，以此激發起人們的高尚情操和鬥爭意志。他深深認識到只有大多數人意識到無私的重要性，社會的狀況

才會有所改變；否則「勇敢無私的一定孤立，為敵所乘，同人不救，終至陣亡。」〔註6〕

　　正是出於改良國民性的考慮，魯迅在小說中，為我們塑造了一些正直無私、誠實、具有愛別人的優秀品質的形象。《一件小事》中的車夫堪為代表。小說中的車夫是一個普通的下層人物，但他所表現出來的正直無私、義無反顧的品質，深厚的道德責任感和同情心，與「我」的自私缺乏同情心的形象形成鮮明對照。「我」不得不在靈魂裏進行搏鬥，最終認識到「我」的渺小和車夫的高大，自私的可卑和無私的高尚。這一形象，之所以會成為「我」的希望，是促「我」自新、向上的力量，正是那正直無私、誠實和自我犧牲的精神，這恰好就成為魯迅對理想人格的一種追求和肯定，是對自私、缺乏誠與愛的國民性的一種改變的藥方。《社戲》裏的雙喜、阿發，也表現出了無私純潔的特徵，反映出魯迅對新人格的追求。有人認為魯迅追求的是一種田園牧歌式的生活理想，這是片面的。實際上，它是魯迅所追求的一種新的人格，即自由、活潑、勇敢、無私、純潔的人格。正是需要雙喜、阿發這樣的孩子，生活才會有希望，這和封建社會的田園牧歌具有本質的區別。

　　與無私品格相聯繫的，還有嚴格的自我批判和不斷進取的精神。它與封建時代的瞞和騙、自欺欺人、夜郎自大、狹隘保守、缺乏進取的劣根性形成尖銳的對立。

　　魯迅多次指出，中國人中有一種惡劣的品性就是瞞和騙、自欺欺人，從不敢正視自己的缺點。他認為，這種劣根性太多的種族，如「不知反省」，「禍哉禍哉」〔註7〕。他指出：「首在審己，亦必知人，比較既周，爰生自覺」〔註8〕，把自我批判、自我解剖、敢於正視自己的弱點視為自覺的標誌。事實上，魯迅正是通過對中華民族的嚴肅的自我解剖和批判，挖掘出它落後的歷史社會根源，從而探索前進的方向的。自我批判的目的是為了前進，只有經常看到自己缺點和短處的人，才會繼續前進：「多有不自滿的人的種族，永遠前進，永遠有希望。」〔註9〕魯迅在抒情小說中，把追求自我批判和不斷進取的形象留給了我們，從而達到對一種新的人格內容的追求與肯定。

〔註6〕　《魯迅全集》（第11卷），北京：人民文學出版社，1981年版第31頁。
〔註7〕　《魯迅全集》（第1卷），北京：人民文學出版社，1981年版，第359頁。
〔註8〕　《魯迅全集》（第1卷），北京：人民文學出版社，1981年版，第65頁。
〔註9〕　《魯迅全集》（第1卷），北京：人民文學出版社，1981年版，第359頁。

　　無論是《一件小事》、《在酒樓上》、《孤獨者》，還是《祝福》、《傷逝》、《故鄉》；無論是作爲抒情主人公的「我」，還是其他人物，都可以看到對自我批判、不斷進取精神的追求和肯定。

　　《一件小事》既批判了「我」的自私，也探索了使「我」前進的動力和希望。「我」經過一番心靈的搏鬥和嚴格的自我解剖之後，方才認識到車夫品質的高尚和「我」心靈深處的可鄙與渺小，方才認識到一種促人向上、自新的動力並非來自「我」這一類人物，而是出於普通下層人民的身上。經過批判、自新。「我」看到了前進的方向，增加了勇氣。這是自我批判和探索的結果。可以說，「我」正是魯迅所希望的那種勇於自新、勇於揭示自身弱點的人物，正是那種敢於正視現實、勇於向上的理想人格。它恰好與瞞和騙、自欺的劣根性形成了尖銳的對立，這難道不是魯迅理想人格的重要內容嗎？《故鄉》中的「我」，含蓄地否定了「我」這一類人的局限，批判了「我」在客觀上造成的與閏土的厚障壁，從而探索出等級觀念是造成人們之間隔膜和使勞動人民自卑的重要根源，並且提出了如何擺脫閏土生存的現實環境創造新生活的問題，指出了只有大多數人團結起來，爲新生活的路披荊斬棘，現狀才能改變的理想道路；只有新的生活，才能改變閏土的子孫後代的命運。在這裏，「我」是自我批判的人格化，也是理想生活、理想人格的探索者，還是新生活實現的奮鬥者。

　　《在酒樓上》、《孤獨者》中，作者以呂緯甫的自白和魏連殳的自身悲劇的現身說法，探索了知識分子的命運、前途、鬥爭的方式和方向等重大問題。作者爲什麼讓呂緯甫自白，使魏連殳寫信傾吐自我心靈的痛苦，就分明包含著一種自我批判、責己的深意。《傷逝》中的涓生所寫下的「我要寫下我的悔恨與悲哀，爲子君、爲自己」，既是涓生的自省、批判與總結，也是代子君的悔恨與自責，是對沉浸在生活的狹小樊籬和子君走上自我否定的再否定。「我要遺忘，我爲自己，並且要不要再想運用了遺忘給子君送葬」。血的教訓，終於使涓生再覺醒，從惡夢中醒來，「向著新的生活跨進」了第一步。

　　值得注意的是，魯迅筆下的自我批判形象和不斷進取的探索者幾乎都是知識分子，這裏的意義就很有探討的必要了。魯迅認爲，中國人的瞞和騙，喜歡自欺，不敢正視自己的缺點等劣根性是根深蒂固的。但是，只要稍加深入認識，它的表現在知識分子中尤爲突出，魯迅爲什麼把中國封建時代的文藝稱爲瞞和騙的文藝，就是明證。因此，讓自我批判作爲一種理想的人格組

成部分就富有普遍和特殊相結合的意義。就普遍意義而言，當然是指的整個國民性；而特殊所指的則是知識分子了。這是富有眼光的選擇。它的意義就非同一般，尤其是在「五四」退潮後革命的關鍵時刻，讓知識分子進行嚴肅的自我解剖，就更具現實的深刻用意，不僅與歷史的要求，而且與新民主主義革命的要求達到了驚人的一致。

綜上所述，魯迅在抒情小說中，給我們提供了符合時代發展的理想人格。人格的基本特徵是戰鬥、無私、富有自我批判、不斷進取的朝氣蓬勃的精神。它吸收了其他民族的優秀品質，結合中國人民固有的美德，同封建社會人格理想形成鮮明對立。他對理想人格的追求，從總的方向上，與時代的精神相吻合，與現代革命的要求保持著同步，這種人格是動態的、進取的，而非靜態的、旁觀的。只要和「五四」時期其他抒情作家的理想人格相比較，就更爲明顯。

當然，魯迅前期所追求的理想人格與無產階級對人的理想要求有共同的地方，但還不是完全一致。它還帶有濃厚的民主主義和人道主義色彩，這也是需要指出的。

本文主要歸納了魯迅追求理想人格的核心內容，但不是全部。因爲人的理想，在魯迅筆下是異常豐富的。

二、《吶喊》、《彷徨》抒情小說審美品格

抒情小說的創作在「五四」時代是普遍的傾向。無論是「創造社」的郭沫若、郁達夫，還是「文研會」的葉聖陶、冰心，在早期的小說中，都具有強烈的主觀性、抒情性；即使在《吶喊》《彷徨》這樣嚴峻清醒的現實主義小說中，也表現出濃重的主觀抒情色彩。一方面，「憂憤深廣」的意識到的歷史內容證明著魯迅是「一個嚴肅的理性主義者」，理性的光輝滲透在字裏行間，照耀著每一個活動在其中的人物；另一方面，呈現在小說中的濃郁的詩意，赤子似的詩心，沉鬱憂憤，昂揚激勵的詩情以及詩的意境，詩的節奏，詩的語言，使你深深認識到魯迅「又是一個極其敏感的抒情詩人」〔註10〕，深刻的抒情作家，「幾乎每一篇小說都是一首動人心弦的抒情詩」，〔註11〕他要通過小說來抒發某種情緒，某種憤懣，描繪某種微妙的圖畫。除此之外，在人

〔註10〕轉引自西北大學編：《魯迅研究年刊》1979 年。

〔註11〕唐弢：《論魯迅小說的現實主義》，《魯迅研究》（第 6 輯）。

稱的運用，哲理的追求和表現理想的探索，以情感、意緒的流動來組構、推動小說，以及對自然美的有意味的肯定與讚美等方面，都與一般意義上的抒情小說相接近，正是在這個意義上，我們把《吶喊》、《彷徨》中的某些小說稱之爲抒情小說。這些小說接受了浪漫主義的一些表現手段，但精神的實質上，卻又相去甚遠，更富於現實主義的精神，因此，我們也可以稱這類小說爲現實主義的抒情小說。

（一）多層次的審美主體與客體的統一

　　抒情藝術最顯著最重要的特徵是主觀性。感情的抒發導源於審美主體的心靈，一切客觀的對象都要經過主體心靈化、情感化。黑格爾認爲，抒情藝術在內容方面「不能是一種擴展到和整個世界各方面都有聯繫的客觀動作情節的展現，而是個別主體及其涉及的特殊的情境和對象，以及主體在面臨這種內容時如何把所引起的他這一主體方面的情感和判斷、喜悅、驚羨和苦痛之類內心活動認識清楚和表現出來的方式。」〔註 12〕別林斯基也認爲，在抒情作品中，「主體不但把對象包含在自身之中，溶解它，滲透它，並且還從自己的內心深處吐露出那些和對象發生衝突時所激起的感受。……抒情作品的內容已經不是客觀事故的發展，而是主體本身，以及通過主體而產生的一切東西〔註 13〕。顯然，離開了主體內心的情感選擇、判斷和認識，抒情藝術也就不復存在。但這僅是問題的一個方面。另一方面，「這個主體不應理解爲由於要用抒情表現自己，就必須和民族的旨趣和觀照方式割斷一切關係而專靠自己。與此相反，這種抽象的獨立性就會去掉一切內容，只剩下偶然的特殊情緒，主觀任性的欲念和癖好，其結果就會使荒誕的幻想和離奇的情感橫流。」〔註 14〕因此，是表現純個人的好惡和主觀隨意性，還是表現具有認識價值的普遍性情感和眞正意義上的藝術內容；是偶發的情緒，還是必然的歷史和社會心理；是主觀排斥客觀，還是滲透，理解眞實的客觀；是本質的多層次、豐富的表達，還是現象的平面展開與羅列，將是檢驗抒情作品的重要標準，也是審美主體與客體關係究竟達到什麼程度的區別標誌。「五四」時期其他作家的抒情小說與魯迅抒情小說的最重要區別，就在於對時代

〔註 12〕黑格爾：《美學》（第 3 卷）下，北京：商務印書館，1981 年版，第 190 頁。
〔註 13〕《別林斯基選集》（第 3 卷），上海：上海譯文出版社，1982 年版，第 59 頁。
〔註 14〕黑格爾：《美學》（第 3 卷）下，北京：商務印書館，1981 年版，第 200～201 頁。

生活本質的開拓的深度、廣度以及表現的力度以及主客體統一的基點不大一樣，簡言之，一般作家往往缺乏審美主體所包容的意識到的巨大的歷史內容。魯迅的作品，「憂憤深廣」，沉鬱博大，具有極大的包容性；其他人的往往哀傷浮淺，狹窄虛飄，只有局部範圍內的歷史內容和真實性；魯迅在本質上抓住歷史和現實的主要內容，準確地把握住歷史發展的必然趨勢，給予本質的概括，情感是經過理性浸泡和典型化了的情感，其他人的作品常常是自覺地從內心到內心的個人情感的體驗，也就必然缺乏歷史的聯繫和巨大的現實內容。缺乏對歷史和現實的深刻理解與把握以及敏銳捕捉生活發展的主要傾向和前進趨勢的能力，就造成了其他作家作品不可避免的局限性。在美學理想方面，魯迅極力強調為人生，改良人生的決定意義，相反，在「五四」時期的其他作家中，則強調的是個性表現，自我表現，早期創造社的作家自不待言，即使文學研究會的許多作家也並不是「那麼客觀的」，冰心、廬隱多次強調藝術要表現的是作家的個性。郁達夫在《創作生活的回顧》一文裏認為：「作家既然有了一種很強的個性，他只要有足夠的修養，就可以成為一個有力的作家。修養是什麼呢？就是他一己的體驗。」所以，郁達夫在《懺餘獨白》中講，寫《沉淪》的時候，「在感情上是一點兒也沒有勉強的影子映著；我只覺得不得不寫，又覺得只能那麼寫……正如人感到了痛苦的時候，不得不叫一聲一樣，又哪能顧得這叫出來的一聲，是低音還是高音？」就其對中國傳統小說中的說教模式和作者感情的受控制表現的創作傾向的衝擊而言，郁達夫的藝術主張具有不可低估的價值，但是，主張自我表現，自然不能冷靜地觀察事實，描寫客觀現象，也就極易陷入情感的迷惘，失去理性的規範；「往往把任性也叫做自由」，「但是任性只是非理性的自由，任性的選擇和自決都不是出於意志的理性，而是出於偶然的動機以及這種動機對於外在世界的依賴」〔註15〕。正因為這樣，作者作為主體的感情，就易走入病態和泥潭，發出性苦悶的叫喊，追求刺激性的感官享受，抱著慢性自戕的生活態度，充滿著返歸自然的隱逸情緒。《沉淪》以及當時的某些作家的作品很能說明問題，因此，在思想的深刻性，在主體與客體的統一的高度性方面，和魯迅是不可比擬的。葉聖陶筆下「灰色的人生」，「隔膜」的世界；冰心、廬隱對「人生究竟是什麼」的淺吟低唱如痛苦的狂叫，還有郁達夫筆下的「零餘者」、「孤獨者」的內心的苦悶和不可擺脫的人生痛苦的呻吟，都

〔註15〕黑格爾：《美學》（第1卷），北京：商務印書館，1981年版，第126頁。

具有不同程度的客觀真實性，表現了一定的時代歷史內容，在當時都起到了不同尋常的影響，即使今天，也還具有一定的認識價值和美學意義。但正如上面分析郁達夫的創作思想所揭示的那樣，由於過分強調主觀，強調自我表現，就容易犯下主觀與客觀脫節，準確地講，是審美主體與社會客體的本質方面脫節的錯誤。一般來講，他們的抒情小説，在主體與客體的審美關係上，只具有兩個層次的主客體的統一，即作品中抒情主人公的主觀情緒和他生活的具體客觀環境的統一；作者作為審美主體與他所理解的應當有的客觀生活的統一。

　　魯迅的作品不僅具備上述作家所有的兩個層次的統一，而且還在更高的層次上，即在歷史和現實的深刻的把握中，達到了自我與社會，主觀精神與客觀時代精神，內心情感與普遍社會心理，歷史和現實，現象與本質的統一，成為真正的時代和人民審美理想的歌唱者，探索者，戰鬥者。

　　《吶喊》、《彷徨》的抒情小説，往往採用「我」作為主客觀溝通的橋樑，這是抒情小説的重要角度，是審美主體的最佳視角和表現情感的方式。這種角度，具有放射性和聚合性，既可無拘束地把主體的感情通過「我」這一中介，傾注放射到他所關注的客體對象上去，又可自由地把對象聚合在審美主體的情感的主導網中。

　　《狂人日記》是以「我」為抒情主人公的。「我」就是「狂人」。作品所達到的主客體統一的高度是令人驚歎的。「狂人」與他周圍的人、環境首先形成了第一層次的統一。「狂人」貌似荒誕、語無倫次、近乎變態的主觀抒情，甚至是主觀隨意性的抒情，以情感心靈直接把握客觀現實的形式存在於作品之中，但在一個「迫害狂」的情感心靈所把握到的現實世界之中，在他以直覺所經驗到的人生舞臺上，並非一個虛構的現實，也不是神秘莫測的迷狂圖畫，而是一個活生生的現實，恐怖嚴酷和極為真實的現實，他正是在這恐怖的現實環境和「吃人」的氛圍中，從心靈裏迸出了改變「吃人」世界的願望和「我詛咒吃人的人」的戰鬥吶喊。因此，「狂人」的主觀抒情來源於客觀的環境，主觀隨意性的抒情與「狂人」所生活、所感覺到的現實吃人世界達到了統一。但是，這種統一仍然是以「狂人」所經驗的環境、所判斷、所認知的環境作為基礎。他只具有「狂人」所理解的客觀真實性。他周圍的世界是否是一個真正的吃人世界並不以「狂人」的主觀來決定，所以就必須使作品進入第二層次的統一，也就是「狂人」的主觀意緒與他所認知、理解到的客

觀環境是否與作者審美主體的認識相一致。對審美主體作者來說,「狂人」是作者自身對封建社會認識與理解的表現中介,是作者本人情感抒發的客觀載體。因此,從魯迅當時的思想實際而言,他與「狂人」所表現的情感、思想以及對產生這種情感思想的客觀環境的把握是統一的。魯迅曾經多次談到封建社會的「吃人」本質,在《墳‧燈下漫筆》中,更是淋漓盡致地暴露封建社會的「吃人」本質,形象地揭示了中國封建社會這個「人肉筵席」的反動面目,「狂人」的形象所表現出的意義正是魯迅本人思想、情感的濃縮和投影,審美主體對社會客體的評價與「狂人」所構成的主題是統一的。但我們還需進一步指出,有了上述兩層的統一仍然是不夠的。對封建社會「吃人」本質的揭示與把握是魯迅個人認識、理解的結果,仍然還是停留在主觀的範圍內,也就是說,必須從歷史和現實中去尋找真正的客觀依據和統一基礎,這才是真正的、高度而深刻的統一。毫無疑問,魯迅達到了這種統一。中國幾千年的歷史發展的記載,中國勞動人民的痛苦生活道路,「五四」時代所發生的觸目驚心的「吃人」事件,從革命者的鮮血到人民群眾的無辜喪生,為魯迅的審美認識提供了堅實的歷史和現實的基礎,為「狂人日記」提供了邏輯的有力的充分證據。作者的主觀意圖在中國封建社會幾千年的「吃人」歷史這一巨大而真實的客體上找到了最深刻、最本質的統一點。正因為有了這最高層次的統一,「狂人」的意義就非同小可,認識價值和美學內涵就大大超越了一般的反封建的形象,而「救救孩子」的戰鬥呼籲才具有震撼人心的衝擊力,才從本質上反映了「五四」的時代精神和爭取人的解放的普遍社會心理欲求;也正因如此,「狂人」非邏輯的主觀抒情形式與歷史現實的客觀邏輯達到了歎為觀止的統一。

《故鄉》也是以「我」的抒情作為小說發展的主線的。「我」是閏土生活的見證人,既知道閏土的過去,也瞭解他的現在。「我」的抒情是閏土客觀生活經歷在自己頭腦中的反映,心靈的震動是閏土性格內部發展的兩種相反的形態所致。無論是對兒時閏土的熱情肯定與欽慕,還是對成年閏土不幸的感歎與悲哀;無論是對宏兒、水生新生活的希望,還是「我」作為理想探索者的願望與理想,都建立在客觀的觸動和現實的境遇之上。因此,「我」的抒情與「我」所處的環境就形成了第一層次的主客體的統一。但是,「我」、閏土以及其他的人或事,都是作者審美主體所把握到的對象,都是作為一種客體出現在魯迅這個審美主體面前的。所以,對閏土的哀其不幸,是作者對下層

人民關注的反映；作者之所以要揭示出成年閏土身上的麻木、迷信、自卑，乃是作者揭示封建社會的罪惡所造成的國民劣根性的表現；「我」要探索理想的生活道路，也是魯迅「為人生，改良人生」的主要內容，是思想革命的重要環節。這樣，作者本人的主觀思想與感情同作品實際提供的思想感情就形成了第二層次的統一。那麼，閏土的不幸有何根據？理想的探索，新生活的展望有存在的現實條件嗎？

閏土的不幸來自「多子、饑荒、苛稅、兵、匪、官、紳」，來自封建社會等級制度的毒害所造成的心理的自卑、麻木，是封建社會超穩定的統治造成了閏土性格內部的不可避免的變化。閏土的變化不僅是封建社會罪惡的反映，也是他所處時代不幸的低層人民的縮影。這絕非作者主觀的編造，而是對客觀現實理性概括後的情感和具體形象再現。作者在作品中所表現出來的探索理想的途徑也是一種現實的道路，絕非當時所流行的愛與美的虛幻追求。從大多數人入手，從無路的地方去開闢道路，為追求新的生活而鬥爭，從基本要求方面，與歷史的要求，與新民主主義革命發展的軌跡保持了同步。這樣，審美主體與客體完成了第三層次的統一，形成了具有深刻意義的有機藝術整體，包孕了豐富的社會內涵和極大的美學價值。

即使是一個抒情片斷，也無不具備這種特徵。《孤獨者》的結尾有一段抒情文字可以給予說明。

當魏連殳「安靜地躺著，合了眼，閉著嘴，口角間彷彿含著冰冷的微笑，冷笑著這可笑的死屍」終於了結自己的生命時，作品是這樣寫的：

> 我快步走著，彷彿要從一種沉重的東西中衝出，但是不能夠。耳朵
> 中有什麼掙扎著，久之，久之，終於掙扎出來了，隱約像是長嚎，
> 像一匹受傷的狼，當深夜在曠野中嚎叫，慘傷裏夾著憤怒和悲哀。

「我」的抒情不僅與魏連殳的悲劇性命運事實達到了一致，而且同具體的死亡環境構成了統一。受傷的狼，又是在曠野中嚎叫，必然是慘傷的；脫離了「狼群」的孤鳴狂吼，個體性的衝撞，必然難以找到出路和合理的現實歸宿，豈能不悲？！受傷後又不能正當復仇，反落下「冷笑這可笑的死屍」的結局，怎會不怒？！抒情是意味深長的。魏的命運是當時相當一批同類知識分子的命運的必然反映。這與魯迅當時所處的心境和對知識分子命運的思考是一致的。因此，從抒情主人公與魏的死亡環境，到魏死亡所體現出來的現實意義與魯迅對知識分子如何前進、如何繼續戰鬥的探索，形成了第一、第二兩個

層次的統一。最末尾的抒情則把層次推向了更高一級。「我的心地就輕鬆起來，坦然地在潮濕的石路上走，月光底下。」『我』的輕鬆是一種自我覺醒的「輕鬆」。在魏的身上，「我」看到了以個性主義爲武器的知識分子，在新的歷史條件下，不調整自己的武器的內容，不尋找新的目標，繼續作孤獨者的困獸之鬥，只能是悲劇的，而魏一方面保留了個性主義的反抗性，但另外也走上了一種病態畸形的反抗之路。魯迅一方面肯定了個性主義反抗的必要性和現實性，但又認識到了病態反抗的悲劇性和個體鬥爭的局限性。因此「我」要擺脫悲哀與彷徨，要自新，再覺悟，以月光般的明淨的胸懷，投入新的鬥爭，走上新的鬥爭道路。這難道不正是當時一批知識分子經過痛苦的歷程和反思後走上革命道路的象徵性或暗示性的反映嗎？它與魯迅本人的思想發展的實際和革命發展的必然要求達到了本質的一致，主體與客體形成了高度的統一。豐富而多層次的統一充分證明著魯迅的偉大與思想的深邃。

（二）有限開放、動態的審美時空形態與無限歷史內容的統一

任何作家、藝術家都是在一段空間和時間內創造他的作品的。審美主體的思想感情，通過固定的時空來展開，流動，形成具體的有血肉的形象。從這個意義上講，藝術作品的時空是有限的；但偉大的藝術作品，往往在有限的時空裏包含著無限的巨大的內容，魯迅的抒情小說就是這樣的作品，也就是有限與無限的辯證統一。別林斯基曾分析過這種關係。他認爲藝術作品「其所以是有限的，因爲構成它的是一塊大理石，一塊畫布，一本書，可以用手拿起來，搬走，毀滅，主要是因爲它表現了一個特定的事件，少數的人物或是剎那間的感覺；其所以是無限的，因爲它所表現的事件在自身中包含著過去有過，現在有，將來永遠能有的許多人物，而一個詩人的剎那間的感覺則是千百萬人的財富，所有物，總而言之，因爲在它的有限的形式中表現了無限的，普遍的，永不消逝的東西——概念、精神。」〔註16〕顯然，要在有限的時空領域裏反映出普遍而深刻、無限的內容，就需要審美主體的巨大的藝術概括力，以小見大，從微塵中見大千的典型化的能力和開放、動態的時空形態。

時空在藝術作品中本身並不具有獨立的意義。藝術作品的時間價值並不以反映時間的久暫來決定，空間的大小也不能說明包涵在空間中內容的廣與

〔註16〕《別林斯基選集》（第 3 卷），第 205～206 頁。

狹。核心是應在時間的深度中包涵著空間的廣度，相反，空間的廣度中應凝聚著時間的深度。「五四」時代是我國現代歷史上第一個波瀾壯闊、風起雲湧的年代，但並非每一個作家，藝術家都能在有限的作品的時空裏，展現出有深度和廣度的壯麗畫卷，這無疑是上述觀點最有力的例證。

許多研究工作者對魯迅凝煉、簡潔的藝術才能作了富有成果的研究；但對魯迅小說的審美時空，對時空的有限與「憂憤深廣」的歷史內容之間的關係，卻少於問津；對抒情小說的時空觀念，更少有人研究。我認為，魯迅凝煉、簡潔的藝術才能運用在時空形態上就構成了時空經濟的特點，和內容的關係，也就是以有限的時空表現巨大的意識到的歷史內容的無限性的統一關係；同時，由於內容的無限性，它必然具有動態、開放的時空形態，這在「五四」時期的作家中，具有突出的意義。

就其人物活動的時空而言，魯迅抒情小說體現出來的具體時空往往是短暫的，狹小的。你幾乎找不到人物活動的廣闊疆場，也難以發現持續許久的人物活動，但提供給我們的內容，卻那樣深廣和豐富，幾乎概括了幾千年來中國人民的命運和「五四」以來的主要歷史內容，它留給我們極大的想像，讓我們通過有限的時空，去馳騁飛動；它把歷史與現實、現實與未來，壓縮在小小的空間和短時間的一個斷面上，使時空的張力很強，其間的內容富有更大的彈性，構成了流動、開放的時空形態和無限豐富的內容特徵，它給人的啟示是向新的未來的時空發展和延伸，絕非作品的時空所能限制，因此是流動的，開放的。

這是由審美主體的博大心理時空和發展觀念所決定的。魯迅的心中裝的是祖國，是整個中華民族，是中國人民的歷史命運和現實前途；他把自己廣闊而深厚的愛傾注到祖國、民族和人民的解放事業之中，代表著民族和新民主主義革命的發展方向。寬廣的胸懷，博大的感情，豐富的人生社會經驗，決定了視野的開闊性；對歷史和現實的深刻認識與理解，偉大的理想，崇高的目標，又決定了他目光的敏銳與深刻，決定了時空內容的豐富性，無限性；再則，魯迅從早年接受進化論到後來成熟地運用辯證法，有一個共同的特徵就是以發展的觀點來分析事物，他總是把人或事放在發展變化的過程中；對理想的探索也不是以先驗的理想，而是在實踐中去探索、提煉，這也就決定了小說時空的流動和開放，決非一種封閉的、凝固的體系。如果和當時其他作家稍加比較，就很明白了。

　　「五四」初期的其他作家，以不同的方式，不同的角度，在各自的作品中，反映出了諸如個性解放，婚姻自由，愛國主義等具有較大意義的主題。但就抒情小說而言，從空間到時間，幾乎都局限在個人內心的時空裏面，未能把內心的體驗同廣闊的現實有機地結合起來，因而內容往往出現空洞、狹小的特徵，並且形成一種封閉性的時空形態。

　　這是他們心理時空狹小的必然結果。狹窄的生活天地限制了想飛騰的翅膀，著眼於自我表現和個人情緒的傾吐、宣洩的審美理想和人生目的，必然對歷史與現實的深入認識加以束縛。「身邊小說」的出現，就絕非偶然。一方面，這些小說具有把小說從傳統的封建道德說教和「文以載道」模式中解放出來的積極意義，另一方面，高度的主觀性，強烈的自我表現也就必然地使作品的內容陷入狹小的情感圈子裏面，所謂「身邊小說」也就成為個人瑣事的記錄和純個人內心情緒的傾訴。郭沫若自己就在《創造十年》中承認，他的《鼠災》「寫的是我的唯一的一件嗶嘰學生裝放在破了一隻角的藤篋裏被耗子咬壞了，我和安娜勃谿了一場的故事。」他的《歧路》儘管也多少反映出了知識分子報國無門，懷才不遇的心理，揭示了社會的黑暗與腐敗，但重點則是抒發「我」與妻子分離時的內心矛盾與痛苦，局限在怨天尤人的自責之中，未能做深入而廣闊的開拓。以「問題小說」見長的作家們，展現的內容天地也是狹小的。冰心在為《冰心小說散文選集》寫下的《自序》中，總結她這一時期的創作時說道：「我所寫的頭幾篇小說，描寫了也暴露了當時社會的黑暗方面，但是我只暴露黑暗，並沒有找到光明，原因是我沒有去找光明的勇氣！結果我就退到狹仄的家庭圈子裏，去描寫歌頌那些在階級社會裏不可能實行的『人類之愛』，同時我的對象和我的興趣，主要放在少數小資產階級知識分子上面……脫離群眾，生活空虛，因此我寫出來的東西，就越來越貧乏，越空洞，越勉強，終至於寫不下去！」葉聖陶《隔膜》時期的一些作品，也是這樣。《隔膜》中的主人公在人間看到的是虛偽與隔膜，但他卻顯得無力，最終把自己投入了一個孤獨的內心時空，企圖以內心的時空來抵消現實時空中的痛苦。他悲歎：「我如漂流在無人的孤島，我如墜入於寂寞的永劫，那種孤寂傍徨的感覺，超於痛苦以上，透入我的每一細胞，使我神思昏亂，對一切都疏遠，淡漠。」顯然，狹小的心理時空，不僅不能衝破虛偽的、隔膜的人生之網，反而給自己作品的內容留下了一個狹窄的時空，鎖閉在無人的孤島似的空間和純內心意緒流動、循環的時間形式裏了。

　　造成時空鎖閉和循環流動而不是向前或者縱橫交錯的無限延展的另一重要原因，就是這些作家封閉的終極理想。他們不是在實踐的現實發展中去尋找理想，因而給人的是一種封閉的時空觀念，缺乏流動、無限延伸擴展的伸張力。當時的一些作家往往在自己的面前懸上一盞「愛」與「美」的明燈，結果，理想不是如魯迅那樣，總是處於一種動態的、無限的發展和追求之中，而是以終極的形式把作品封閉在一定的模式裏，把自己的追求固定在一個點位上，時空的形態也就成了封閉的形態，在這個意義上，就其以一種觀念作爲創作的起點和歸宿而言，他們和封建文人筆下的傳統小說有近似之處，在時空形態上往往使許多作品都成了一種封閉狀態：冰心的《超人》、《悟》、《最後的安息》，葉聖陶的《萌芽》、《潛隱的愛》、《阿鳳》就屬此類作品。我們看看《阿鳳》。阿鳳是一個既得不到人間愛，也無愛別人的機會和權利的不幸的童養媳。但後來她在貓的身上，發現到了愛，貓似乎也愛上了她。當她和貓嬉戲時，作品是這樣寫的：「這個當兒，伊不但忘了詛咒，手掌和勞苦，伊連自己都忘了。世界的精魂若是『愛』，『生趣』，『愉快』，伊就是全世界」。世界由愛、生趣、愉快代替了，主觀的理想代替了現世的豐富性和嚴酷性，時空也就被這根焊條封了口，也就不可能向外部作出擴張和向新的時空推進，給人留下的東西，無論正面還是反面都是非常有限的，是一種簡單觀念的圖解。當然，這類作品反現實的意義是明確的，我們所要指出的是它的內容的有限性、單調性、以及時空的非延展性和封閉特徵。

　　除上兩種情況外，隱歸自然的思想也造成時空觀的閉鎖。如王以仁的《流浪》，郁達夫的《沉淪》等作品，就是把自然作爲歸宿的，因而也就造成了內容的狹窄和時空的鎖閉。顯然，思想的貧乏和感情的迷惘，必然帶來內容的貧乏和單一，心理生活的狹小也勢必產生狹小的時空，而抽象虛幻的理想，隱歸自然，離開人生鬥爭的廣闊舞臺的意識，也只能形成一種非發展的時空形態。這裏有著極其深刻的個人和社會歷史根源，我們也不能要求所有的人都要成爲魯迅，否則，魯迅也就不成其爲魯迅，所代表的時代的高度也就失去了意義。

　　正因爲魯迅創作的思想動機、起點和歸宿、表現的途徑與上述作家形成了差異，因而在時空形態上，也就必然有著鮮明的、異於別人的特徵。《狂人日記》就「狂人」所活動的空間來說，是有限的，狹小的。他的身份決定了他足不出村，足不出戶；活動的時間也是短暫的。可作者運用了高度濃縮的審美手段，巧妙地處理了時間、空間與內容的關係，在時間的短暫的斷面上

包涵了漫長的內容和深度，狹小的有限的空間裏容納了廣闊的普遍性情景。作者打亂了時空的順序，以「狂人」的幻覺和心理意識的隨意流動，把歷史與現實加以聯結，以一根內在的主線把不同的時間點交織在一起，概括出封建社會「吃人」的本質。在空間的處理上，他不是作靜態的空間移動，而是以「狂人」活動的空間爲中心，把生活在他周邊空間的人，諸如「狼子村」的佃戶，還有治病的大夫以及其他人或在其他空間發生的事調集到自己的空間範圍中來，並以回憶、轉述的形式加以集中，更重要的是，他把空間中發生的事件緊緊地和幾千年吃人的時間歷史聯繫起來，因而，就顯得更加深廣和博大，更富有內容的無限性特徵。在有限的時空裏，「狂人」縱橫幾萬里，上下幾千年，而這一切又都是通過他所生活的有限的時間和空間形式來展開的。因此，作品留下的可供想像的時空更大，既可以推導過去，也可以正眼現實；甚至可以跨越國界，想到人類歷史發展過程中一切被壓迫人民的命運。尤其是「救救孩子」這一戰鬥的呼籲，使時空顯得更具伸張力，顯示出一種深遠的時空和無限發展的形態。因爲作者沒有止於暴露，而是在暴露的同時，在尋找推翻吃人社會的途徑；他也沒有給出一個終極的理想目標，而是在探索；但我們卻可以從不同的方向去尋找，但無論什麼方式，都離不開戰鬥的要求。這正是作品開放性、動態時空的優越之處，反之，就難於作出這樣的結論。

《一件小事》在人物形象方面，顯得有些平面化，屬於「扁型」的人物，形象是不夠豐滿的。但在時空方面，尤其是從時空所容的基本思想而言，卻是非常有特點、富有價值的。這篇小說的空間，固定在一條馬路的一個點上；時間，也僅僅是主人公瞬息間的情感變化。但是，作品的思想容量則是厚重的。作品以回憶的形式，以較大的時間跨度，給人以時間的深度感。從車夫身上，我們可以看到勞動人民正直、無私、捨身求法的閃光的美德，由此可以推及到我們民族賴以生存、發展的脊樑精神；另一方面，還可以看到「我」這一類知識分子的弱點以及他們逐步開始認識弱點的思想歷程和力圖自新的思想萌芽。儘管在空間上作品處於一個小小的點位上，但我們由車夫，可以想像到數千里國土上的勞動人民身上的優良品質。作者結尾的抒情，哲理性強，境界開闊，時空宏遠，在樸實的文字中，包含了對歷史和現實的深沉思考。作者既否定了「文治武力」的現實社會中的軍閥割據，又對「子曰詩云」爲代表的傳統思想給予了無情的批判和否定；既表達了對勞動人民的深厚情

感，又顯示了勞動人民是真正催人向上、催人自新的動力，是前進的希望。這裏明顯的反映出魯迅的一種理想，但他絕不是以終極的形式出現的，而是力圖給人一種啓示，讓人們去發掘理想，因之，時空的開放、動態也就充分顯示出來了，無限的內容必然決定著無限的形式。

《在酒樓上》也能充分反映魯迅小説的時空特點。作者突破了傳統小説靜態的時空形式，在小小的酒樓這一空間以及「我」，和呂緯甫相遇的一席談話的時間安排中，以變換角度的方法，既把「我」作爲抒情的主人公，又把呂緯甫推向抒情和敘事的前臺，以呂緯甫的自我獨白式的抒情，敘述，回憶和「我」的情感心理活動的交織，創造了一個比酒樓大得多的心理空間，反映了同一空間領域中的一批知識分子的命運和境遇；在一席談話這一極有限的時間裏，概括了一代知識分子從反抗到落伍的生活道路和心靈的歷程，揭示了呂緯甫之所以沉淪走上消極的人生之路的主客觀的原因，提出了發人深省的現實緊迫問題：知識分子是繼續前進，鬥爭，發揚早年的反封建的精神，投入到新的鬥爭中去，還是繼續在彷徨與苦悶中度日，走著敷敷衍衍、模模糊糊的生活道路，甚至倒退，回到鬥爭前的生活圈子中去。這裏涉及的不是個人如何生活的態度問題，而是重大的革命鬥爭內容。作者的結尾更是一種開放動態的時空形態，他讓人們去思索，去探尋，去實踐，這裏呈現的是動的轉移和發展，而非靜的凝固與封閉。

魯迅在處理時空上，還有一個顯著的特點，就是以反覆的手段來突出開放、動態的時空形式。黑格爾認爲，抒情作品與敘事作品相比，「更要依靠時間作爲傳達的外在媒介」，因爲它「要把瞬息湧現的情感和思想按生展順序表現爲時間上的先後承續，所以須把時間運動本身加以藝術的處理。」〔註17〕黑格爾講的當然是古典抒情作品，而現代抒情作品往往不作平面的序列展開，而是一種立體的時空交錯，這有著更爲簡潔的功能。魯迅爲了達到一種開放、動態的形態，就經常運用時空交錯的手法。《狂人日記》、《在酒樓上》以及《故鄉》、《祝福》等作品中以回憶的形式，把不同的時間和空間統一在一種主題之下，形成對比，或者強化人們的時空記憶。這樣的手法，必然會使人們覺得這是一種動態的流動，而且還具有一種無限延展的開放性質。作者還以反覆的方式，將在同一空間或某一時間點上出現的事件給予不同時空條件下的重複出現，使開放、動態的時空形態得到強化。《祝福》中，作者曾

〔註17〕黑格爾：《美學》（第3卷）下，北京：商務印書館，1981年版，第215頁。

多次把祥林嫂的「我真傻……」這一段痛苦的內心抒情放在不同的時空中出現，一方面使內容更具無限的涵義，另一方面，也現出一種流動的開放效果。《傷逝》的結尾也是這樣處理的。

魯迅的小說是一個巨大的藝術和思想寶庫，認真研究，努力發掘出它們的深刻的意義和價值，對於當代小說的創作無疑具有極大的現實意義。就理論探討而言，我認為對近幾年來關於創作的「自我表現」和社會的關係等問題的探討，也具有深刻的啓發意義，很多問題在魯迅的創作實踐中都有值得認真注意和吸取的經驗。這裏，也用不著多說了，讓大家自己去體會吧。

三、對比藝術

在魯迅創造的小說世界中，有一個鮮明而突出的藝術特徵——對比。它幾乎貫穿魯迅小說創作的始終，成為重要的審美思維方式。多年來，對單一的對比特點的分析，在大量的研究文章中已有所涉及，但把對比概括為一個總體特徵，並置於魯迅基本思想的系統中加以考察的文章卻是不多的。本文擬從魯迅的基本思想出發，從目的論、形態論、層次論入手，重點研究魯迅在對比運用上的獨特性和深刻性。

對比藝術的選擇從屬於追求理想人性的目的

對比作為審美認知原則，幾乎是伴隨藝術一同產生的。普列漢諾夫在《沒有地址的信》中，曾提供了大量的對比藝術起源的資料且給予了分析。顯然，從發生學的觀點看，藝術對比原則的產生基於人類認識本身。人類在原始階段，思維中就具有了對比方式。原始思維中的「互滲律」，對矛盾的認識態度，就包含了對對比原則的樸素認識與理解。更進一步講，自然界本身構成的對立而統一的和諧性，社會構成中的差異中的整一性，人之間的個性特徵及其共性，如天與地、白天與黑夜、統治者與被統治者、人格上的高尚與卑劣、情感形態方面的喜與怒、哀與樂等等，組成的就是一個豐富而不單調、生動而不板滯的、既相對立又相統一的世界。這些自然和社會客觀存在的對立事實，一定意義上也就是對比的客觀事實，為對比審美原則的產生和確立，奠定了基礎，也暗示了對比的目的在於通過差異，把握各自的特徵，在新的方向上達到統一與和諧。因此，對比是符合人類認識這一總目的的，與人類思維、心理結構並行不悖，它本身便是人類認識自然與社會的經驗產物。

　　魯迅十分重視對比的意義。他說，「比較，是最好的事情」﹝註 18﹞，「比較是醫治受騙的好方子」﹝註 19﹞，很多問題，「只要一比較，許多事便明白」﹝註 20﹞。可見，魯迅在小說中，大量運用對比審美原則，完全是出於自覺的選擇，是與他要反映的內容完全相適應的一種必然選擇，而這種選擇從屬的是批判國民劣根性、追求理想人性這一思想革命的崇高目的。

　　魯迅的思想是一座豐富的寶庫。但是，不論是早年接受進化論和尼采超人哲學，還是後期信奉階級論成爲共產主義戰士，其根本目的乃是要改變中國，使之成爲現代化的強國。因此，高度理性的愛國主義成爲他思想的核心，其直接表現就是批判國民的劣根性、追求現代中國人的理想人性。他要通過對封建統治階級造成的民族性中落後保守僵化愚昧面的批判，對優秀民族脊樑精神的發掘，尋找適於中國立於世界民族之林、在世界上獲得應有地位的思想途徑，建立嶄新的人性觀念，爲中國的民族解放事業提供精神和心理動力。

　　自 1902 年到日本留學始，他長期思索的問題，就是什麼是理想的人性和中國國民性缺少什麼，以及劣根性的病根所在。這是他一生都未放鬆的課題；他之所以一生進行著廣泛而深刻的社會批評、文化批評，恰好是這種思索過程中的行動實施。

　　魯迅認爲，國家的出路在於獨立與富強，也就是要「立國」，而「立國」的大前提是「立人」，「人立而後凡是舉」；一個國家的人民眞正具有了現代人性的素質，「自覺至，個性張」，那麼，「沙聚之幫，由是轉爲人國」，「人國」建立了，便可雄屹天下，與列強爭相角逐了。﹝註 21﹞有立就有破。因此，要建立符合人性健康發展的國家，必須剷除阻礙發展的舊土壤和舊條件。舊的土壤和條件既包括封建的經濟基礎和上層建築，也自然包含了傳統的已失去生命力的人性觀念，用魯迅的話說，就是指幾千年形成的國民劣根性。於是，魯迅極力強調改良國民性，進行思想革命的重要性；若不如此，不管是共和，還是其它，到頭來不過是換了招牌，實質則依然如故，辛亥革命的失敗就是血的教訓。誠然，魯迅的「立人」，思想在前期和後期，內涵上有很

﹝註 18﹞《魯迅全集》（第 6 卷），北京：人民文學出版社，1981 年版，第 160 頁。

﹝註 19﹞《魯迅全集》（第 6 卷），北京：人民文學出版社，1981 年版，第 138 頁。

﹝註 20﹞《魯迅全集》（第 8 卷），北京：人民文學出版社，1981 年版，第 272 頁。

﹝註 21﹞參閱《魯迅全集》（第 1 卷），北京：人民文學出版社，1981 年版，第 56～57頁。

大差異，前期主要以資產階級的近代民主主義為標本，後期則注入了馬克思主義的新內容，但建立合乎人性的國家，追求新的適應中國現代化的理想人性，批判一切不利於民族懈放事業的國民劣根性則是一致的。可以說，這正是作為偉大思想家的魯迅獨具的最有價值的思想，是魯迅思想發展的邏輯起點和歸宿。

「立人」，與批判國民劣根性，構成了魯迅對立而又統一的兩大思想序列。這種思想序列，為魯迅在小說中以對比方式思考歷史與現實中的人性狀態，展望新的理想人性之光，提供了思想基礎。對比在這裏成了一種服務的審美手段，從屬於「立人」，建立「人國」這一根本目的。所以，他說，利用小說來剖析民族性、國民性是十分有用的途徑。正因為如此，從他的第一篇白話小說《狂入日記》開始，到歷史小說《故事新編》，無不著眼於民族性格和國民性中正反兩方面的揭示。為了進行這種揭示，對比原則就成為最適宜的藝術思維方式和表現手法。內容和形式、目的與手段的統一，使魯迅在對比的形態中，創造了一個在人性方面破與立相整一的藝術世界和思想天地；而且，對比形態的豐富性特徵，也便成為魯迅小說的突出的藝術特色。

多角度、多側面的對比形態

在魯迅的小說中，尤其是在《吶喊》、《彷徨》之中，對比藝術形態多樣，作為一種審美視點，它具有多角度多側面的特徵，從總體上講主要有下述幾個特點。首先，為適應魯迅選擇對比的目的動機，他在《吶喊》、《彷徨》裏面，在內容上安排了兩個相互對立的世界，思想上呈現出既相對比又相聯繫的破與立的系統。一方面，他竭力挖掘人們靈魂中的劣根性，揭出病根，另一方面又力圖揭示新的人性的萌芽；具體講，這兩個互為對比的世界，可以概括為「吃人的世界」和「沒有人吃人」的世界，也是「獅子似的凶心，兔子的怯弱，狐狸的狡猾」與「真的人」構成的對立世界；這是代表理想人性因素的形象和劣根性之象徵的對立世界。這兩個對立的世界，在《狂人日記》中已經得到了表現，且成為魯迅後來在若干小說中表現的基本主題和思路，構成魯迅小說世界中以「二元對立關係」為主體的內容結構體系。自《狂人日記》之後，反對吃人的非人道的封建社會，揭露中國人身上的弱點，挖掘民族性中的閃光因素，追求理想人性，始終成為基本的創作意識。於是，對比不僅成了鮮明的藝術特徵、審美思維方式，而且還構成了一種內容。兩個

世界，一破一立，互相對比，確立了小說的內容體系，也在整體上確定了對比原則的突出地位。

在這樣的格局下，魯迅不斷地給我們描繪了一幅幅活生生的「吃人」世界和病態劣根性的圖畫。《孔乙巳》、《藥》、《明天》、《頭髮的故事》、《風波》、《故鄉》、《阿Q正傳》、《白光》、《兔和貓》、《鴨的喜劇》、《祝福》、《示眾》、《在酒樓上》、《孤獨者》、《傷逝》、《離婚》等小說，皆以不同的角度，正面或側面，直接與暗示等方式，表現了與死亡有關的主題，要麼被直接吃掉，要麼為死的陰影所籠罩，要麼是描繪出整個社會令人窒息的氛圍，要麼反映造物主的暴殄天物。同時，作者把諸如麻木不仁、自私冷酷、愚昧保守等病態心理，揭示得淋漓盡致，與吃人的世界達到了深度的統一。與此同時，作者又以正面肯定或潛在呼喚的方式，對中華民族已有的或應該有的積極性人性因素，諸如無私品格、戰鬥精神、活潑的自由無拘的以及敢於面對人生的現實態度、科學思想、創造活力，都作了努力探索。「狂人」所具有的精神界戰士的品格，《一件小事》中車夫的無私行為，少年閏土時的勇敢與活潑，《社戲》中鄉村兒童的純樸與友愛，墨子的捨身求法、為民請命，大禹的創造和無私，以及魏連殳、呂緯甫、涓生、子君早期所具有的民主主義精神和對個性解放的追求，都是魯迅為了與「吃人」世界相對比而塑造的帶有理想人性色彩的形象。即使在阿Q這樣的人物身上，也可看到潛在的朦朧的革命意識。

其次，與兩個世界相適應，魯迅在整體上，採用了虛實相比的藝術形態。在當時，理想人性的世界雖已開始出現和萌芽，但還沒完全成為現實，很大程度上還處於可能性而不是現實必然性階段，在思想觀念上處於理想範疇。因此，在藝術上把它作為虛的背景或對象來處理是與內容本身的性質相協調的；反之，現實的苦難那樣深重，理想人性之光那麼稀微，而人性的墮落在上流社會和下層人民的部分之中，表現又非常突出，所以，批判否定性因素占主導地位並以實的手法來反映是順理成章的，它深刻地表明了魯迅嚴峻清醒的認識。這樣，魯迅小說中的對比，大致形成了一個模式：以虛寫理想的世界，以實寫現實苦難世界；以虛表達理想人性追求，以實暴露非人性的現實條件和病態劣根性；以虛的理想指導實的現實批評，以實的批判來暗示反襯未來理想，構成了重要的虛實相生的對比形態。在魯迅小說中，正面的肯定性形象較少的原因正在這裏。它既說明了這種對比形態與內容的一致性，也反映了魯迅當時思想上的矛盾與衝突。現實苦難具體而沉重，時時在作者

眼前出現，真正的理想卻被現實苦難所壓抑，顯得不確定和朦朧，但它又是人生希望所在，不得不寫，所以就只好放在虛的對象上來處理了。也正因為有了虛的理想，方才使魯迅的小說，顯出了若干亮色，不會使人絕望，這就強化了人的生命生活意志。

再次，在總的對比形態下，魯迅小說還具有對比的豐富性，在宏觀對比之下大量的微觀對比顯示出了多角度、多側面的形態特徵。綜合而言，大致有這樣一些形態：一、情感與思想的對比。如《一件小事》中的車夫和「我」可作為代表；其它如《傷逝》、《在酒樓上》、《孤獨者》都成功地運用了這種角度。二、人物性格的對比。閏土性格的前後變化、呂緯甫、子君性格的發展變化歷程，堪稱典型。三、人物與環境的對比。《在酒樓上》「我」與呂緯甫相會所見到的園中景色環境、《祝福》中祥林嫂之死與魯鎮祝福的氣氛，皆是此種對比的神來之筆。四、環境與環境的對比。《孤獨者》中魏連殳得意與失意時的兩種環境反差，意味深長。五、行為對比，墨子捨身求法為民請命的行為與「愛國募捐隊」的行為，大禹腳踏實地的苦幹和創造精神與文化山上高談闊論的學者們的對比，都是成功的例證。六、意識與無意識的對比。《肥皂》中四銘的意識表現和《弟兄》中沛君的現實與夢的意識差別，都是代表。

在多層次對比中見出歷史與人性深度

在形態論一節裏，實質上我們已從總的方面，論及了對比形態的層次、內容上的二元世界對比系統、虛實相應的對比模式、微觀具體的多角度的對比形式，這一切構成了一個層次豐富的對比結構。這節討論的對比層次，是指局部具體對比形態中的層次，目的是以此進一步認識魯迅如何運用對比來展示人性與歷史深度的，也就是理解魯迅怎樣在一個具體的對比場景中，對比所展開的內容的彈性及其所蘊含的內容層次。這裏略舉例分析。

先看情感思想對比。《一件小事》可作為代表。當「我」乘坐人力車絆倒了一位「花白頭髮、衣服都很破爛的」女人時，起始，「我」，對車夫停車扶人頗不以為然，充滿了埋怨和厭惡，只想到「我」將被耽誤。「我」既恨老太太的「裝腔作勢」，又討厭車夫的「多管閒事」。然而車夫仍不為「我」的不滿所動，義無反顧地扶著老太太走向了巡警分駐所。這一情節構成的是一個對比，雖「我」，此時的心理與車夫行為體現出的善良正直質樸無私的品質的對比。在表層上，寫出了「我」的自私和不管別人死活的靈魂的「小」，見到

了車夫無私和善良正直的「高」與「大」。進一層次，則可見到，通過對比揭示了「我」這類知識分子同勞動者感情與思想的距離，坐車人、拉車人對走路的老太太這同一對象上，所持態度不同，恰好反映了當時知識分子與勞動人民的情感心理差距。再深入一步看，這裏所表現出的差距正是封建的等級思想的不平等反映，是等級觀念加深了人與人之間的鴻溝，形成了人們之間的冷漠，尤其是上層與下層，知識分子與勞動者之間的冷漠。所以，這一對比，在深層意義上，既寫出了情感思想差異的歷史原因，又暗示了不同階層人性表現的不同特點。就其現實性而言，它還反映了那個時候知識分子以啓蒙者和救世者自居的心理狀態，暴露了知識分子脫離勞動人民的弱點和局限，並在自省自遣的形式中，肯定了勞動者所具備的優良品質，發出了以他們爲楷模的心聲。這樣，一個對比場景，便滲透了豐富的內容，歷史、人性、社會現實的深度都得到了揭示。整篇小說以對比作爲構思的主體，層次豐富，意義深長，尤其是結尾以車夫行動對「我」的深刻印象與「文治武力」「子曰詩云」於「我」的過眼雲煙所作的歷史縱向、現實橫向對比，使對比的意蘊更向深度開掘了一步，暗示的是勞動人民的優秀品性將成爲「我」這類人向上的動力，因而時代意義更爲強烈了。

再看人物性格對比。閏土性格的對比具有典型性。外部形象的對比，是第一層次。以外部形態的變化透視內部精神狀態的變化，是把握閏土命運的重要條件。少年時與中年時的閏土在外觀形象上具有鮮明的對比性。少年閏土有「紫色的圓臉」，而中年時，臉成「灰黃而且加上了很深的皺紋」；少年閏土頭上戴的是完好的小氈帽，中年時卻變成了破氈帽一頂；少年閏土的手「紅活圓實」，到了中年卻是「又粗又笨而且開裂」，形同松樹皮。這裏的變化對比，固然有年齡增長引起的生理變化因素，但外部形象的變化，在直觀上給人留下的是閏土的艱辛生活所造成的悲劇性命運。但這還不是性格對比的實質。眞正的對比是在這外觀形象下浸透的內在精神的悲劇性，這是第二層次的對比。少年閏土天眞活潑，勇敢聰慧，「心理有無窮無盡的希奇的事」，天性是自由的。隨著歲月的流逝，舊時代農民不可改變的悲劇性降到了他頭上。「渾身瑟索」代替了兒時刺猹的勇猛，石像般的呆滯驅走了兒時的活力，「淒涼的神情」將少年的天眞與幻想掃蕩盡淨，木訥的言語取代了童眞的明快，「老爺」的顫抖聲淹沒了「迅哥兒」的親密。顯然，這一切與第一層次的外部形象，已經表明閏土性格和內在心靈的痛苦

變化。沉重的物質和精神枷鎖使之成為木偶似的人，等級的威嚴和虛偽的禮教剝奪了平等人格的應有尊嚴，自信的幼芽在自卑中被扼殺，想像的活力、獨立的人格為苦痛生活所窒息。但是，形象的深層意義還不止此。閏土性格對比所刻畫的截然不同的兩個時期的形象，是幾千年封建社會農民命運的歷史性概括，是對封建社會扭曲人性的憤怒而沉痛的控訴；是辛亥革命後中國農村日益凋敝衰微的現實縮影，又是中國農民生活幾千年的艱難狀態在 20 年代的延伸。因此，這個形象前後對比在引申的層次上，反映了從經濟、政治、思想上解放農民的迫切性和為農民開闢新生活道路的必然性；它暗示保留人性應有的自由、尊嚴、勇敢、幻想的合理性，批判了經濟壓迫、超經濟政治強制、迷信愚昧扼殺人性的反動性。這就是閏土性格前後對比所滲透的歷史和人性深度。在祥林嫂、呂緯甫、子君等形象、性格的前後對比中，也具有類似的深度意義。

下面我們再以人與環境的對比來分析。《在酒樓上》可視為典範。

深冬雪後，風景淒清，被懶散和懷舊心緒困擾的「我」，為逃避無聊，來到了「空空如也」的一石居酒樓。此刻，「我」的灰色的情緒與「鉛色的天」，「絕無精彩」的陰沉環境極易形成同步。但作者卻在「我」與呂緯甫見面之前，安排了一組與目前「我」的情緒極不諧和的環境，「幾株老梅競霜鬥雪開著滿樹的繁花，彷彿毫不以深冬為意；倒塌的亭子邊還有一株山茶樹，從暗綠的密葉裏顯出十幾朵紅花來，赫赫的在雪中明得如火，憤怒而且傲慢，如蔑視遊人的甘心於遠行」。這一景物環境的描繪是多層次對比的焦點。它是「我」灰冷心情與生機盎然的自然界的對比，蘊含著自我反省的深層心態，此為近比；它是即將出場的呂緯甫之頹唐心境與具有生命力的老梅、山茶花的對比，可稱之為遠比；它是「五四」退潮後灰暗的社會現實與作者渴望明快戰鬥、旺盛生命意志力之間的對比，即象徵性的對比；它還是人性深處的怯懦軟弱與人性中如斗雪老梅般精神的對比，這是深層對比。而且在這一層中，隱含了喪失鬥志的呂緯甫與「如火，憤怒而傲慢」的戰士品格的對比。顯然，這一對比層次多麼豐富，內容多麼深博。更重要的還在於這一組景色與作者內在精神取得了深層同步。此時的魯迅，思想上正處在彷徨苦悶時期，但作為戰士，他始終在探索，並在內心深處保持了火一般的戰鬥激情和擺脫苦悶的堅強意志。在如鉛的現實中，他的心中始終綻放著生命的新綠，所謂「暗綠」與「紅花」這兩個意象，不正是希望的表徵，與人性向上的精神一

致麼？這一對比，既是「我」兩種心緒的對比，見出作者不甘寂寞的追求，這是第一層；又是對呂緯甫一類人落伍的反襯並呼喚著戰鬥的人格；這是第二層；它體現了魯迅在沉重心態下的樂觀主義精神和深度心靈意向，這是第三層。無疑，這多層次的對比所包容的多層次內容，正是魯迅運用對比的獨特價值之所在。

最後我們來分析一下環境與環境的對比，這種對比在《孤獨者》裏得到了成功運用。通過這種對比，把世事升沉無定，失意與得意難以把握的舊時代生活關係，刻畫得入木三分。

魏連殳在失意時，家徒四壁，門可羅雀，「滿眼是淒涼和空空洞洞，不但器具所餘無幾了，連書籍也只剩了在 S 城決沒有人會要的幾本洋裝書。屋中間的圓桌還在，先前曾經經常圍繞著憂鬱慨慷的青年，懷才不遇的奇士和醃膳吵鬧的孩子們的，現在卻見得很閒靜，只在面上蒙著一層薄薄的灰塵。」

然而，當魏連殳當上了杜師長的顧問時，情形卻不同了：「有新的賓客，新的饋贈，新的頌揚，新的鑽營，新的磕頭和打拱，新的打牌和猜拳」。兩個環境，一個冷如冰窖，一個熱鬧非凡，形成強烈的對比。表層上，這是魏連殳兩種生活環境的客觀對比；但進一層，則包含了兩種人情世態的對比，對虛偽冷酷勢利的社會關係進行了無情的揭露；更深一層，則使人認識到社會的罪惡和人性的墮落。換一角度，即從特定條件下的知識分子的角度，這一對比還有新的意義。首先，它說明是罪惡的社會環境把民主主義戰士的知識分子推向了沉淪頹廢的泥坑；其次，知識分子本身的弱點在墮落的社會裏惡性膨脹，走向了玩世不恭以至自戕；第三，它潛在地批判了孤軍奮戰脫離社會的孤獨者行為，肯定了韌性戰鬥的意義。

其它如《藥》中革命者的死與華老栓以革命者的血治病的對比，以及在一些小說中意識與潛意識的對比，分析起來也頗有意思。總之，魯迅作為集思想家、文學家、革命家於一身的偉人，在藝術方法的運用上，並不是隨意而為的，它恰好體現了魯迅作為思想家的深度和文學家的獨創性，在對比藝術的運用上，就可見出這一特點。因此，作為寶貴的藝術思想遺產，後人應當繼承下來並發揚光大。

下編　民國文學精神與現代性品格

第一章 民國文學的思想文化意義

一、「思想」在中國現代文學價值生成與存在中的意義

思想：中國現代文學價值生成與存在的顯性要素

從一般意義上講，文學的價值生成是由思想和審美價值共同實現的，當研究者面對中國現代文學這一存在並考量其在文學史上的地位時，所關注的也主要是思想與審美這兩種價值。那麼，中國現代文學的存在意義及其價值生成的主要基礎「是什麼」，這是研究者應當作出的回答；「重寫文學史」的重要任務也就是要對現代文學在中國文學史上的地位給出明確的態度。平心而論，就審美價值來說，在數以千計的現代文學的小說家、詩人、散文家、戲劇家的難以計數的作品中，真正能稱為藝術精品的確實不多，具有永恆藝術魅力能永遠流傳後世的更是鳳毛麟角，多數作者的作品藝術粗糙，主要是依靠作者參與文學創作的勇氣膽識、憑藉初生牛犢不怕虎的激情衝動與特殊使命感寫下來的，作品的藝術生命力自然是非常有限的。這大概是這些作家作品受到後世和海外研究者非議的重要原因之一。

既然中國現代文學在整體上缺少流芳百世的藝術經典，但為什麼又能在文學研究界成為影響甚大的「顯學」呢？為什麼能吸引大批優秀學者投身現代文學的研究？誠然，現代文學的發生發展與中國共產黨及其領導的革命有著千絲萬縷的緊密關係，當中國共產黨取得政權成為執政黨後，一定會重視與自己共過患難、且為自己的成功立下汗馬功勞的現代文學，並為研究現代文學提供方便，使之更有利於自己歷史地位的鞏固，進一步強化自己作為先

進階級、先進文化代表的形象；此外，共和國的文化、文藝界的領導人幾乎都是直接或間接的現代文學的參與者，他們也必然重視對現代文學研究的支持、推動，使現代文學的研究處於顯赫的地位。於是，我們必須承認現代文學研究的「顯學」地位的形成借助了非學術的政治權力，在「文革」前與「文革」中的研究表現得相當明顯。就審美形式與純技術的角度而言，中國現代文學開創了一個全新的形式表達系統，語言、結構、敘述方式等，都與中國古典文學有著極大的不同，呈現的是一套與現代相適應的藝術符號傳遞系統。客觀地看，這一新的藝術與審美形式系統，在大多數作者那裏，運用並不嫻熟，更不用說達到爐火純青的境界，模仿西方文學的痕跡很重，有的甚至只考慮觀念的急於傳達而根本不關心藝術形式的審美意義。但是，正因其新，現代文學才能給讀者帶來不同於古代文學的閱讀感受，才能形成巨大的審美新衝擊，才能給人們和社會造成新的藝術心理的興奮點；也正因其新，不免幼稚，但卻給中國文學注入了新的審美因素，具有開拓創造之美的價值。因此，在中國現代文學的價值生成過程中，這一新的審美形式系統功不可沒，是現代文學價值的有機構成。不過，中國現代文學之所以能產生重大影響、成為「顯學」，主要不是依賴新的文學符號表達體系，而是依賴新的藝術符號體系所承載、傳遞的與現代中國人休戚相關的現代性價值，即合乎現代中國人生存發展需要的思想觀念系統和體現生命自身的情感形態，其中最有價值、最具震撼力的就是與中國傳統迥異的「思想」。需要指出的，就思想的內容與特質而言，中國現代文學的作家作品與中國古代文學、傳統文化有千絲萬縷的程度不等的種種聯繫，有的甚至是古代文學、文化的現代版，但從主要層面看，至少在「五四」時期以及多數時期多數作家思想的表層結構和多數作品的顯性思想表達中，「異」，而且是現代中國人所需要的「異」，則是根本的，這是中國現代文學成為「顯學」的真正基礎。

　　「思想」，是人的價值的基本表現，是人之所以為人的主要證明。文學是人學，文學應該而且必然應表現人的價值，應該而且必然應表現人的思想，這是文學的「天命」，是文學得以存在的根據；是文學生命力的基礎，是文學之魂魄。文學史上能真正流傳下來的作品，形式美固然重要，美的情感不可或缺，但深刻的人的思想與特定時空條件中的人的價值的表現，則是最必要而充分的條件；沒有思想，僅僅玩弄形式與技巧或表現輕浮虛飄的「情感」，在一定時期，也許會「轟動」，但最終難逃被淘汰的命運，一部中外文學的流

傳接受史已經清楚地說明。因爲對大多數接受者而言，主要關心的不是形式技巧，而是作品中表達出的能啓迪自己的思想與能引起心靈共鳴的富有價值內涵的情感。當然文學應有娛樂的功能，但文學的這種功能不是插科打諢式的純然的文字遊戲和取媚讀者的搞笑，不是一種純形式的感官刺激，而應是寓情於樂寓「思」於娛的藝術，一句話，文學是供人在審美愉悅過程中同時且主要是進行自由思想精神漫遊的語言藝術。藝術形式當然有相對獨立的審美意義，形式美也能帶來審美快感，但這並不是文學存在的終極目的，藝術形式應該也必然是「有意味的形式」，符號是傳達意義的，文學的藝術符號的功能也只能是傳達意義——人的思想及情感。這一理解，正是我們肯定中國現代文學價值生成、價值存在的基本前提，也是我們指出「思想」在現代文學中具有重要價值生成與存在地位的認識基礎。下面就是我們展開的證明。

　　從發生學講，「思想」是中國現代文學誕生的根本性條件，這似乎與中國古代文學的發生有很大的差異，從文學形式的演變就可以明白。從先秦的詩經楚辭到明清小說，其間的主要文學形式的變化，固然與時代社會和人的思想有一定的關係，但缺少思想的直接推動，其變化的動力主要來自於與以前不同的能獨領風騷的形式變革的要求，這種以新的文學形式代替過去占統治地位的文學形式的變革，往往止於形式，並非要用新形式來表現新的思想，因此，其發生的動力主要不在思想。中國現代文學的發生則顯然不同。近代以來先進的中國人探索中國的變革圖強之路的種種努力所形成的社會思想主潮，是中國現代文學得以產生的重要現實思想資源，而「五四」前夕興起的思想革命運動則是現代文學出現的直接催產素，「思想」正是現代文學發生的肥沃土壤。新文化運動是在科學與民主兩面思想大旗的指引下展開的，新文化運動的核心內容是反對舊道德、提倡新道德，反對文言文、提倡白話文。無論是科學與民主的旗子，還是新文化的兩大內容，其實質都是「革命」的思想。即就語言形態的變革而言，也不是簡單的「形式主義」，而是真正的革命性「思想」。語言的革命不僅僅是表達方式的變化，更主要的在於它引起的是思維的變化，觀念的變化，新的思想、新的觀念，必須要有對應的新的語言表達形態。更深入看，現代白話的提倡，既是中國人的「現代性訴求」和「平民化」、「平等化」的思想顯示又是對文言所代表的「傳統性」、「貴族化」、「士大夫性」的徹底解構。現代文學是以現代白話作爲自己的語言形態的，這種選擇實質是思想革命運動的選擇，是思想革命的一種形式化，是爲了有

效表達新思想而選擇的有效形式。因此，我們完全可以做出這樣的結論：現代文學不管是觀念、內容的發生，還是新的語言形態的選擇，皆不過是「思想革命」的產物，是「思想」結出的文學之果。雖然我們也可從文學自律運動中找出現代文學發生的內在理由，但沒有「思想」的直接推動，結果是難以想像的，至少其發生的時間與進度乃至形態將有極大的差別。

從發展動力學看，「思想」是中國現代文學發展的主要推動力。一般講，現代文學史分為三個十年。第一個十年的文學主題是「啓蒙」，其認識論基礎是「思想」。個性解放、人道主義、改造民族的靈魂、愛國主義等等思想，既是構成此時期文學內容的主體，又是形成這些內容的動力，多數作家正是在這些思想的直接刺激作用下並把它們化為作品主題與內容要素的，將思想現實文學化乃是此時期作家普遍的文學致思方式。尤其是當時作家信奉的「為人生」的文學功能觀念，更為作家在作品中大膽直率表現「思想」提供了理論根據並成為創作的內在思想動因。第二個十年的文學主題是「革命」與「救亡」，社會主義、無產階級和民族主義、愛國主義是這一時期作家著力表現的思想，同時也是作家創作的精神思想動力。這一時期，雖然也出現了「京派」、「海派」、老舍、曹禺、沈從文，以及其他具有現代派特徵的作家，但從占主流地位的作家作品而言，「思想」的表現可以說比前一時期更為顯露。第三個十年的文學主題從整體上看是第二個十年主題的繼續，「革命」與「救亡」始終佔據主導，規定著文學發展的方向。即使一些作家並沒有直接參與宏大敘事的「思想大合唱」，關注的是人在現實中的命運，揭示的是普通人、小人物在當下的生存境遇，表達的是對人的關懷，反映出的是對民主的希望，但通過作品來表現作家想要表達的「思想」，則與文學主流具有入世的相似性，人性、人道主義思想是這些作家創作的思想邏輯起點與歸宿。縱觀30餘年現代文學的發展演變，有一條鮮明的思想主線——「現代性」思想——貫穿其中，啓蒙現代性（西方近現代以來的思想主流），革命現代性（無產階級與社會主義的思想），以及民族主義現代性（民族獨立解放和殖民主義衝突形成的觀念），始終發揮著推動性的作用，使中國現代文學形成了「思想」突現、重視觀念與價值的獨特格局。在這一發展過程中，「思想」既是一種內在的推動力，又是作家表現的主要對象與現代性價值的體現，正是在推動與表現的互動張力中，中國現代文學得到發展並生成了自己的價值以及存在的意義。

「思想」是現代作家的自覺選擇，追求理性與價值是自覺普遍的文學觀

念。中國現代的新文化運動、新文學運動，是理性覺醒解放的結果。理性是
近代以來人類獲得解放自由獨立的根本標誌，是人類走向創造的內在力量，
是人類發展的思想源泉。在現代中國，理性覺醒解放既是普遍的人性要求，
又是已基本實現的客觀存在。懷疑批判意識，獨立自由觀念，探索創新思想，
構成現代中國理性覺醒與解放的基本內容，也是中國人開始獲得近現代理性
的表徵。在理性至上的時代，重視思想與價值乃是必然選擇。中國現代文學
在醞釀萌芽時期，新文學的宣導者幾乎就為它確立了「思想」與「價值」至
上的發展方向。李大釗的思想很具代表性，他說：「我們若願園中的花木長得
茂盛，必須有深厚的土壤培植他們。宏深的思想，學理，堅信的主義，優美
的文藝，博愛的精神，就是新文學運動的土壤、根基。」〔註1〕因此，中國現
代文學一開端，就自覺參與了理性的大合唱，自覺為啟蒙吶喊，在前驅者的
「將令」指引下前行。正是理性的高度介入，將文學思想化甚至哲學化，在
作品中追求思想的直接明確性、哲理性，便構成現代文學的一大特色。瞿世
英公開宣佈「文學的本質應當是哲學」，「思想是文學的本質」，因此，他呼籲
「現在的創作家啊，我勸你們趕快創遵你們的哲學，確定你們的人生觀與世
界觀，來創造『真的文學』」〔註2〕。茅盾在《近代文學體系的研究》中也明
確表示「近代文學只能跟著哲學走」，瞿秋白也指出，在青年關注哲學和人生
觀成為時尚的時代，詩如果不包含一種哲學就不能算好詩，只有「哲學的詩」
才是好詩。瞭解了他們的態度，便能理解現代作家對思想價值的追求了，對
現代文學重思想與價值表現的文學觀，也自會有清楚正確的認識。觀念如此，
創作亦然，理性化色彩濃厚，就成為現代文學的顯形特徵。無論是為人生反
封建的吶喊，還是為民族存亡的呼叫；無論是早期各種觀念在作品中的演繹，
還是後來為革命的助威；論是以激情、感性方式的表現，還是以理念、思想
先行的分析性的再現；無論是小說戲劇，還是詩歌散文……內容上的理性化，
思想的鮮明性，是普遍的存在。即就藝術形式而言，也深深打上了理性的印
記，如現代文學的散文化藝術傾向。藝術的散文化取決於時代和人的散文化，
即取決於歷史、社會的自由意識的獲得和人的獨立自由意志的高漲。王綱的
解體，自由思想的輸入，後現代中國進入了相對自由的歷史時期，社會具有

〔註1〕《李大釗》（下），北京：人民出版社1984年版，第165頁。
〔註2〕《創作與哲學》，見《文學研究會資料》（上），鄭州：河南人民出版1985年
　　　版。

了散文化的特點；同時，個人也獲得了相對獨立自由的機會。所以魯迅說他是「散文式的人」，﹝註3﹞這與郭沫若說自己是「偏於主觀的人」，﹝註4﹞意義是相同的。個體的性格形成因素很多，但在一定意義上講，沒有時代提供的條件，魯迅的「散文式」、郭沫若的「主觀型」，能否得到順利成長並充分發展，肯定是一個「真問題」。正是在相對自由鬆散的中國現代，文學出現了文體散文化的藝術傾向，這在小說詩歌中表現極其明顯，尤其是在「五四」時期的小說、詩歌以及後來的詩歌裏更為突出。選擇散文化的目的至少說其潛在的動機是為了思想的有利傳達，事實上，散文化的藝術，表達思想肯定更明確更準確。文學的表層形態是感性的形下的，但文學的深層價值形態在終極意義上又是理性的形上的，文學只有在感性形下的表現系統中滲透著理性的形上的意義即具有人的生存和精神意義，才會具有存在的價值，這已成為一種共識。上述分析說明的只是一個結論：重視思想與現代性價值的文學表達，注重現代中國人的生存與精神的意義探尋，是中國現代作家的自覺意識和選擇，既與時代的需求相一致，又符合文學的自身目的，從而與前述兩個特徵一道，構建了中國現代文學價值生成價值存在的基礎：思想。

對「思想」之於中國現代文學價值的基本估計

這肯定是一個難題，在固守「形象」一定大於「思想」的評價氛圍中，尤其如此。從理想主義角度講，思想與藝術應當水乳交融，形成有機整體，思想價值和審美價值應當平衡。文學史上不乏這樣的文學作品，在中國現代文學裏，同樣有一批藝術、思想皆達到很高境界的作品，魯迅自不待言，《吶喊》、《彷徨》、《野草》以及相當數量的雜文等作品已是公認的經典，思想與審美價值實現了相對的平衡；其他作家如郭沫若的早期部分詩作和後期的某些劇作，茅盾的《春蠶》、《林家鋪子》及一些散文，巴金的《家》、《憩園》、《寒夜》，老舍的《駱駝祥子》、《四世同堂》，曹禺的《雷雨》、《日出趴《原野》、《北京人》，郁達夫、沈從文、丁玲、蕭紅、張愛玲等作家的一些小說，聞一多、徐志摩、戴望舒、艾青、馮至、穆旦、臧克家、卞之琳等詩人的一些詩作，周作人、冰心、朱自清、何其芳等人的一些散文，田漢、夏衍、李

﹝註3﹞《致山本初枝》，《魯迅全集》(第13卷)，北京：人民文學出版社1981年版，第612頁。
﹝註4﹞《文藝論集》，北京：人民文學出版社1979年版，第109頁。

健吾等人的代表劇作，都有較高的思想、藝術的雙重價值。不過對於中國現代文學數以千計的作者和難以計數的作品來說，以上所提到以及還沒有提及的為數不多的優秀作家與作品，畢竟是太少了，多數人的作品要麼具有某種思想意義，要麼在藝術方面有所特色，要麼兩者都很平庸。但縱觀整個中國現代文學，追求「思想」的表達則是最普遍的客觀存在，「啓蒙」時期的多數作家是這樣，而後起的「左翼」「革命」作家、「解放區」的作家以及在「淪陷區」、「國統區」這些特殊生存條件下生活的作家，為了「思想」和觀念而創作的傾向就更加明顯。文學對他們來講，是面對當時中國現實進行思考並將思考結果表達出來的「工具」，「思想」先行，主題預設，用「先進思想」去指導創作自然而然。這不僅是事實，而且還是中國現代文學創作的「主流」。面對這種文學格局，我們該持什麼樣的價值評判態度呢，應當做出什麼樣的估計呢？

可以肯定的是，對中國現代文學的價值評價不可能有統一的態度，不以為然者有之，否定者也會大有人在，當然肯定者也會很多。形成價值評價的多樣性之原因，除了現代文學藝術還沒有完全成熟外，其重要的原因就在於追求「思想」的文學功能。是的，中國現代文學所承擔的歷史、社會以及某些特殊的責任似乎過於沉重，成了「思想」的「工具」，超越了文學自身的界域。由於功能的「偏移」，審美意義嚴重不足，藝術的精緻完善、文本的技術化、形式的新潮化遠遠不夠。這些都是現代文學存在的「硬傷」與「局限」。不過，如果我們不是從文學的「理想主義」角度，而是站在具體時空條件下來討論問題的活，情形將會不同。中國現代文學僅僅只有 30 餘年的歷史，比之幾千年的中國古代文學，藝術的不成熟是顯然的，這是「時間」造成的「遺憾」。如果我們再進一步追問，即使中國現代文學的「藝術」已達到中國古代文學的水準，在文字、音韻及其他形式技巧領域達到登峰造極的境界，但在思想方面與多數古代作家那樣，平庸、保守，不關心藝術理應傳達的人類價值及其表現形態——思想與情感，不去關注中國人在特定生存境遇中的現實狀況、生命形態、生活理想，試問，這樣的文學藝術文本於中國人究竟有什麼意義？一切文學的藝術形式，無論是文字音韻還是結構、敘述和其他技巧，都不僅是自身的完美，而且必須傳達意義，傳達與人類、民族的生存發展相符的價值。文學在本質上是人類表現並認識自己及其生存世界的「工具」，是一個民族表現自我認識自我及其在生存基礎上產生的思想、情感狀態和意向

的「工具」。因此，我們有足夠的理由對中國現代文學重思想的價值追求給予充分的肯定。

一、中國現代文學以文學的方式證明了中國人個體獨立思想的覺醒。中華民族有著幾千年的悠久歷史，爲人類文明做出了巨大的貢獻，提供了光輝燦爛的思想，至今都未失其影響。但由於民族的早熟，在先秦時代，民族精神的核心——儒家思想體系就已形成，爲中國以後思想的發展設定了範圍邊界及其目標。有利的是：保證了後世「思不越位」，維護了中華民族思想精神、文化價值的統一完整性，使我們的民族、國家始終世代爲繼，生生不息，並形成了非常穩定的大一統思想和深厚的民族、國家、集體至上的「觀念無意識」。不利的是：「不思不慮，上帝之則」成爲普遍的「信仰」，個人思想的權利被簡單剝奪；即使個體有思想的機會，也只能在既定與預設的框架裏運行，否則就是「異端」，就會受到圍剿，甚至危及思想者的生命。於是，「我注六經」就成爲「思想者」最基本的思想方式，「言必稱聖賢」便是一切人思想的出發點，「工具理性」甚爲發達，注重知識繼承積累，詮釋「正統經典」，放棄獨立思想，乃是傳統學術和學者、智者的共同特色，懷疑求眞，標新立異，探索創造的意識與能力沒有得到培養與發揮；結果，中國人的思想在這樣的文化氛圍裏，被壓縮在相當單一的維度中，爲「道統」、「聖人」、「君主」立言，成了所有「思想者」、「言說者」的最高義務，獨立思想言說的權利被粗暴取消了，個體獨立思想的意識，在多數人身上始終沒能蘇醒，一直處在被壓抑狀態。這種狀況直到現代新文化運動的興起才被根本改變，思想革命和文學革命運動的蓬勃發展，在本質上眞正證明了中國人的覺醒，表明了人的自覺從思想覺醒的必然性，「思想」之覺醒成爲現代中國人從傳統思想桎梏下解放出來走向獨立自覺的顯著標誌。在這一思想覺醒過程中，現代文學發揮的作用是不可估量的，以胡適、陳獨秀、周作人等人爲代表的「文學革命」思想及其內含的人性解放、思想革命的精神，以魯迅爲旗幟的深刻的現代文學理性精神和對生命存在意義及其生命形態的嚴肅思考，以郭沫若、郁達夫等作家爲表徵的宣洩生命的激情，還有許多作家對現代中國人兩難生存處境、心靈分裂、意識衝突的藝術思索，在理性與情感兩個方面，從思想和心靈兩大領域，證明現代中國「人之子」醒來了。獨立自主地對歷史、現實的思考，對個體生命意義的追問，對人存在價值的探討，對民族、國家命運的理性認識，對過去一切現成結論的重新審視，集中說明著一個事實：個人生

命的自覺和個體思想的覺醒。每一個優秀的作家都能自覺地以獨立的方式表現獨特的思想，這在「五四」時期以及後來的民主主義、自由主義作家身上表現非常明顯，這也是此時期思想多元化和藝術風格多樣化的重要原因。非常有意義的是，這些思想者的「思想」不是外在權力高壓的被動結晶，不是盲從的結果，而是以個體獨立的立場與民間的姿態出現的，是純個人在時代感召下生命體認與理智思考的產物。

二、通過文學形式實現了現代價值在中國的一定程度的傳播。自 19 世紀中葉以來，先進的中國知識分子一直在為國家民族的現代化而努力，但直到２０世紀初，探索主要集中在器物、制度特別是在器物層面，對更深刻更根本的屬於價值層面的內容，整體上認識不足努力不夠提倡不力；到「五四」時期，新文化運動的領袖們，新文學的作家們，才真正意識到人的思想觀念現代化即價值觀的現代化的重要性。基於此種認識，先驅者通過中外發展歷史和人之歷史的比較分析，最終選擇了西方文藝復興以來所形成的現代性價值觀作為我們民族、國家走向現代化的精神動力系統。這一選擇，既有對西方主流價值體系的接受，也有對馬克思主義價值系統的認同。雖然西方主流價值與馬克思主義價值系統在內涵和實現途徑方面存在著差異，但同屬於現代性價值系統應是無疑的。從某種意義講，二者還有著極大的共同性。民主科學精神，自由獨立的意識，人的解放的觀念，發展革命的思想，批判懷疑的理性，探索創新的能力，人在歷史中的主動性，皆是共同追求的價值目標，從而一道建構了人類的現代價值系統。這些屬於現代人類的價值，在中國現代文學都得到了全方位的表現，且貫穿始終。無論是理論提倡還是創作實踐，不管是「啟蒙文學」還是「革命文學」，無論是民主主義自由主義作家還是「左翼」與根據地解放區的無產階級作家，不管是小說詩歌還是散文戲劇，在文學主流與整體上都具有自覺的傳播現代價值的意識，則是不可否認的存在。其間自然也有與此不相和諧的聲音，但對主流並沒有構成威脅；如果說它們之間有所不同的話，主要是在對現代價值內涵的認定理解、接受認同的程度、價值的實現方式、價值的最終結果、表達的鮮明與隱蔽、民族固有價值與西方價值衝突的強弱、傳統和現代結合的可能性的大小等方面，在根本上幾乎不存在與現代價值的傳播無關的作家作品。完全可以自豪地說，在中國人觀念、思想精神從傳統向現代轉型的過程中，在改變中國人的思維、情感、行為模式的歷程裏，在傳播建構新的與中國人的生存發展相適應的現代價值體

系的歷史上，中國現代文學所起的作用是巨大的，眞可謂利在現代，功在千秋，善莫大焉！

三、改寫了中國古代文學思想表現單一或輕視思想表現的歷史，提升了思想在文學中的地位。從表面或一般意義上講，中國古代文學是重視「思想」的，「教化」職責的道德承諾，「文以載道」的功能規定，「修身齊家治國平天下」的人生價值指向，「止乎禮義」的思想起點和歸宿，都是「思想」的表現。但由於正統思想的絕對地位以及統治者維護統治思想手段的嚴酷，作家的思想被嚴格限定在統治思想的範圍中，因而思想相當單一，這就是我們閱讀中國現代文學作品時的普遍感受。雖然也有一些作家企圖超越正統思想的樊籬，並在創作中有所表現，但因專制權力的強大壓力以及隨這種壓力而產生的「明暫保身」的畏懼心理，只好用模糊隱晦的方式來表現，使後人無法理解作品的思想，如阮籍等人的詩；在這樣的社會條件下，放棄思想轉向形式的探索，便是作家最好的避禍之路。又因民族思維的經驗直觀性特徵，作家更注重的是可以經驗直觀的外在形式技巧，諸如文字的音韻、節奏、對仗等能引起審美快感的形式。在審美範疇方面，占支配地位的也是模糊直觀的經驗性範疇，從魏晉以來，幾乎所有的關於文、詩詞的審美範疇，各種各樣的「文論」，汗牛充棟的「詩品」、「詩話」，無不是如此，所謂「風骨」，所謂「羚羊掛角，無跡可求」，所謂「神韻」，所謂「不著一字，盡得風流」等，皆是最好的注腳。權力專制與直觀經驗思維的後果是，作家個人的獨立思想受到了嚴重壓制，思想只能在一個框架一個目標內運行，思想13益單調凝固化；同時也養成了忽視思想重視形式的美學理想。中國現代文學生逢其時，顯性的「王綱」已經解體，思想自由的社會條件開始出現，爲文學和作家表現獨立的思想提供了基礎；而中國現代，又是一個需要思想且必須產生思想的時代，時代的風氣也爲作家追求思想表現思想創造了條件，在這樣的時代氛圍中，爲了表現出與古代文學完全不同的文學風貌，選擇「思想」作爲自身的獨立品格，具有必然性。不管現代作家是自覺意識到的還是非自覺選擇了這種必然，注重思想的追求和思想的表現則是客觀存在著的事實，並因此提升了思想在文學中的地位。

誠然，強化思想在文學裏的價值作用，定會帶來相當大的負面影響。在現代文學中，這種負面影響又是眞正存在的。我認爲，出現負面影響的問題不在於是否重視、表現了思想，而在於過於的功利化，思想方式的簡單化，

思想內涵的淺顯化，思想目的的直接化，還在於堅持現代價值的不徹底性以及相當多的作家自覺與不自覺地回歸傳統思想的妥協性，在於文學的人性思想深度受到削弱，在於作品形而上思想精神價值的相對缺乏。此外，關注思想而輕視藝術形式的審美意義，使現代文學的許多作品的審美價值相對不高；藝術生命難以持久。其實還可以從更多的方面檢討現代文學的缺陷，由於本文的重心不在於此，只好另文討論。但是，現代文學重思想的品格，不僅對現代文學的價值生成價值存在有著特殊的意義，而且對中國當代文學的走向也有重要的借鑒啓迪意義，尤其是在當下這個思想退位價值放逐的文學時代，更是這樣。

二、「五四」新文學的自由精神

這顯然不是一個全新的話題。重申「五四」新文學運動的現代品格與精神價值，主要基於兩個問題：其一，新文學的價值有必要進行進一步深入的發掘；其二，回答一種否定「五四」文化思想暗流的立場之必須。從 20 世紀 80 年代中期以來，逐漸形成了反思「五四」的思潮。這種思潮的出現有其合理的社會歷史條件和現實的要求。事實上，一些富有理性精神的研究者所指出的「五四」新文化及其啓蒙運動的局限，是客觀存在的；對當時思想者們處於矯枉必須過正的思想傾向的反省也有著不可否定的作用，對啓蒙者思想和方法上的偏誤進行有理有据的分析並予以科學的批評也是正常而合理的。遺憾的是，在反思的過程中，一些人也許出於捍衛傳統文化的需要，一些人也許是爲了批判西方文化中心論，從動機上講，本不可非議；但是，他們認爲，「五四」引入的西方文化，切斷了中國傳統文化和民族精神價值與現代中國人的聯繫，「五四」先驅們批判傳統的激進主義中斷了文化的連續。中國的社會文化的發展道路，精神價值的走向選擇，主要基於社會變革的歷史必然，基於中國人走向獨立自由富強的現實理想，選擇必須服從理性而非自然本能的民族文化情感。因此，「五四」先賢主動引進西方近代以來的先進文化，是中國歷史和社會發展的現實需要，是中國人變革圖強的合理選擇。雖然有過激的傾向，甚至矯枉過正，但在當時中國所面臨的歷史境遇的條件下，恐難有更好的辦法。另一面，傳統文化、精神價值眞的就會在新文化運動的衝擊下被中斷了嗎？中國人眞的因爲出現了「五四」而失去了文化之根嗎？即使在過了 90 餘年的今天，誰又能說傳統文化及其精神之根不存在於當下中國人生命之中？傳統和現實的合謀，使剛剛

引入中國可基礎卻十分脆弱的科學與民主的現代精神，獨立自由的現代人性理想，以及在這些觀念指導下的制度建設，雖然也取得了許多重要成果，但離真正完全實現距離甚大。正是出於這樣的認識，重申「五四」新文學的現代文化品格和精神價值，深入探討新文學體現的文化與人性理想，歷史與現實的意義都是肯定的。本文的目的就是以自由為中心，來進一步認識「五四」新文學所追求的自由精神及其主要內容。

個體獨立思想的自由是「五四」文學追求的人的根本價值和理想目標

人類個體存在本質的實現是獨立自由思想權利的確立。沒有思想的獨立自由，任何自由都只是自在的、自然性的。只有實現了思想的自由，人才能擺脫各種自然與社會的不合理禁制，成為獨立自由思想的人格主體。在中國前現代時期，人只有接受先驗的或權力者給定的思想，而非個體獨立自由選擇的思想，盲從與服從外在強制是那時的普遍的現實。結果必然是個人獨立存在的消解和自由思想的喪失。在中國歷史上，多數人沒有獲得個體獨立人格的資格，自然也沒有思想的權利。所謂個體的思想，不過是統治者與聖賢思想的重複與演繹，所謂「言必稱聖賢」，孔子所謂「述而不作」，其真實命意就在於此。

現代作家一開始就以鮮明的立場，為人的個體獨立及其思想的自主性的實現，傾注了大量心血。魯迅無疑是最偉大的代表。1907 年，魯迅寫下了著名的《文化偏至論》，其重要目的在於主張個人主觀意力的強大和思想自由與獨立。他認為，西方近代以來尤其是 19 世紀以來的文化，具有強調個人主觀和思想自主的基本趨勢，而這正是人之為人，國為人國的前提，只有這樣，人才會「僅於客觀之習慣，無所盲從，或不置重，而以自有之主觀世界為至高之標準而已。以是之故，則思慮動作，咸離外物，獨往來於自心之天地，確信在是，滿足亦在是，謂之漸自聲其內曜之成果可也」，於是，「內部之生活強，則人生之意義亦愈邃，個人尊嚴之旨趣亦愈明，二十世紀之新精神，殆將立狂風怒浪之間，恃意力以劈生路者也」。如果說「立人」是《文化偏至論》的主題的話，那麼，「個人」「主觀」「意力」「自由」等就是「立人」的精神條件，而「自由」又是「人立而後凡是舉」的基礎精神。他借斯蒂納爾之口，強調「惟有此我，本屬自由」，「惟此自性，即造物主」，「意蓋謂凡一

個人，其思想行為，必以己為中樞，亦以己為終極：即立我性為絕對之自由者也」。魯迅就是通過介紹，表達了人應當擁有自由的權利，應當具有自由精神的思想。在此文中，其所運用的「主觀世界」「自心」「個人尊嚴」等，與自由的精神都有著不可分割的內在聯繫，不過是自由精神的不同表述。在魯迅看來，自由具有神聖的至尊地位，在《摩羅詩力說》裏，他通過轉述裴多菲的觀點，認為「天神非他，即自由耳」。完全可以講，魯迅一生都在為自由而戰，自由是他畢生所追求的人性理想並始終堅持自由的價值立場。他真誠希望年輕一代，既要有「耐勞作的體力，純潔高尚的道德」，又應具備「廣博自由能容納新潮流的精神」〔註5〕。他希望一個人的自由的國家真正建立。在他所處的時代，歷史與現實雖沒有實現自由理想的條件，而對理想的絕望卻時時發生，非自由的恐懼處處存在，但他總是以「過客」的態度和正視絕望的勇氣，依然向自由之路前行。他曾提出「中間物」的概念，概括了人和事物的存在意義及其在進化過程中的命運；進一步看，這一概念，還隱含著魯迅對自我的存在意義、命運、歷史作用以及在現實中應取的生命及精神姿態的深刻認識，既是對人和萬物存在價值的整體概括與描述，也是對自我存在價值的命名與描述，其中就包含了自我對自由堅守的深層思想。

魯迅在《寫在〈墳〉後面》裏，以相當嚴肅而沉重的語調說過這樣一段話：「自己卻苦於背了這些古老的鬼魂，擺脫不開，時常感到一種使人氣悶的沉重。就是思想上，也何嘗不中些莊周韓非的毒，時而隨便，時而峻激。孔孟的書我讀得最早，最熟，然而倒似乎和我不相干。大半也因為懶惰罷，往往為自己寬解，以為一切事物，在轉變中，是總有多少中間物的。動植之間，無脊椎和脊椎動物之間，都有中間物；或者簡直可以說，在進化的鏈子上，一切都是中間物。」〔註6〕對魯迅「中間物」的理解，許多學者進行了深入的分析，主要內涵得到了確立，但還沒能把生命、歷史、時間作為整體來考慮。人類歷史都是人的生命的歷史，兩種歷史都是在時間中形成的，根本講，描寫表述可以有不同視域，本質上卻是一致。

「中間物」既是個體生命在人類歷史鏈條上的地位，也是在時間環節中的位置，它把前之過去與後之將來與處於當下現實之中的生命連接為永不中斷的生命歷史之流；它既是生命存在狀態的描述，也是對生命意義與價值的

〔註5〕《魯迅全集》（第1卷），北京：人民文學出版社1981年版，第136頁。
〔註6〕《魯迅全集》（第1卷），北京：人民文學出版社1981年版，第285～286頁。

自我認識和估價。我們如繼續深入，聯繫魯迅一生追求並奮力實踐的目標，「中間物」是魯迅所意識到的人應當具有的一種精神狀態，即自由獨立的狀態。在時間上，「中間物」處於過去與未來的結點——現實之「在」，形成既可回溯歷史又能面向將來的可自由獨立展開的狀態。但這一切理解主要著眼在時間，中間物是時間的，也是空間的。如果從空間的角度，理解則有另外的意義。它與前後左右上下都有緊密聯繫但又不從屬依附任何一維，處在可以多方伸延展開的自由之維，是一個極富張力和彈性的獨立存在。在這樣的定位與狀態下，人獲得的自由相對較大。魯迅一生沒有簡單依附任何權力、任何權威、任何政黨、任何組織甚至任何思想，一切都必須經過自我獨立選擇，或接受，或放棄，都是理性的結果，而非盲從的人云亦云，用他在《破惡聲論》中的說法，就是人應當「不和眾囂，獨具我見」。仔細分析，自由始終是他進行理性判定的價值基點。

作為人類成員的個體，無論生命還是思想，都是「中間物」，這是人的宿命，而也是人的責任和使命。因此，為自由奮鬥，理應成為人的責任和使命，甚至是宿命。所以，魯迅要求覺醒的中國人，須「一面清結舊賬，一面開闢新路」，即「自己背著因襲的重擔，肩住了黑暗的閘門，放他們到寬闊光明的地方去；此後幸福的度日，合理的做人」〔註7〕所謂「寬闊光明」，所謂「幸福合理」，都是與自由聯繫在一起的。人應當具有自主思想和自由生活的權利，誠如《傷逝》中子君所說：「我是我自己的，他們誰也沒有干涉我的權利。」

自我生命的發現與表現是「五四」文學走向人的自由的共同選擇

傳統中國的人格特徵是以依附和被動為主的，服從盲從是個體生命的基本人格選擇。自由的生命與獨立的人格，對多數人而言，幾乎是不可能的存在。即使有所謂的自由，或是身體行為的自然性的自在「自由」，或是傳聲筒式的思想的「自由」。個體獨立的生命與思想的自在自為的自由幾乎難以出現，即使出現也必然難以立足，更不可能得到肯定。文學在整體上亦如此。「文以載道」「代聖賢立言」和「止乎禮義」的觀念規定使文學與作家思想表達的空間受到嚴重抑制。在文體以及藝術傳達的具體形式領域，還是存在著一定的選擇變革的自由的，但依然有限；「風雅比興」「中和」原則，散文正宗以及固定的程序化的形式要求，對藝術形式的創造也有不可否定的制約。事實

〔註7〕《魯迅全集》（第1卷），北京：人民文學出版社1981年版，第149頁。

上，個體生命形式和思想、精神的非自由存在，不可能形成文學藝術形式與內容觀念創造的真正普遍的自由。

「五四」文學改變了這一狀態，雖然未能持續下去，但其精神和價值意義必須得到重視和強調。自我發現是人類生命個體通向自由成為自由人格的基礎。沒有這個環節，自由的實現沒有可能。所以，現代作家表現最集中最強烈的正是自我的發現與肯定。郭沫若及其創造社同人熱情最高，聲音最響，以不可阻遏的氣勢，發出了自我發現和表現自我的時代之聲。郭沫若公開宣佈：「我是一個偏於主觀的人」，「所以我便借文學來以鳴我的存在」，「一任我自己的衝動在那裏奔馳」〔註8〕，「我要高贊這最初的嬰兒，我要高贊這開闢鴻荒的大我」〔註9〕，在他看來，自我是神，一切都應由自我完成與實現。郁達夫指出，以前的人不是為自我而活，為君為道為父母而活著是個體的全部使命與義務。他認為這一切都不是人存在的意義，人應當為自我的存在而活，所以，「我們的生活，就是我們的全個性的表現這一句話」，〔註10〕他和郭沫若一樣，認為自我就是一切，一切都是自我。自我等同於個性，自我的肯定與表現當然也就是個性的肯定與表現。同樣，冰心講，「能表現自己的文學，是創造的，個性的，自然的，是未經人道的，是充滿了特別的感情與趣味的，是心靈的笑話和淚珠」，「文學家！你要創造『真』的文學嗎：請努力發揮個性，表現自己」。〔註11〕盧隱也直接宣告，「足稱創作的作品，唯一不可缺的就是個性——藝術的結晶，便是主觀——個性的情感。」〔註12〕

「五四」作家，筆底波瀾，狂飆突進。自我發現，表現個性，蔚為大觀。郭沫若以天狗式的氣派，橫掃一切，自我力量，偉大絕對，氣吞山河日月。郁達夫等則以頑強的自我意識，或痛苦絕叫，或深沉悲鳴。表現方式各有不同，內容構成千秋各異；思想力度也有高下，情感強度自有差別。但異曲同工殊途同歸：匯成了自我肯定與自我表現的文學巨流。朱自清先生在《那裏

〔註8〕郭沫若：《文藝論集》，北京：人民文學出版社，1979年版，第109頁。

〔註9〕郭沫若：《創造者》，見北京大學等主編《文學運動史料選》（第1冊），上海：上海教育出版社，1979年版，第208頁。

〔註10〕郁達夫：《文學概說》，《郁達夫文集》（第5卷），瀋陽：花城出版社，1982年版，第67頁。

〔註11〕冰心：《文藝叢談》（二）。見賈植芳等編《文學研究會資料》上，鄭州：河南人民出版社，1985年版，第69頁。

〔註12〕盧隱：《創作的我見》，賈植芳等編《文學研究會資料》上，鄭州：河南人民出版社，1985年版，第159頁。

走》總結過：「我們咒詛家庭，咒詛社會，要將個人抬在一切的上面，作宇宙的中心，我們說，個人是一切社會評價的標準。」這一現象與勃蘭兌斯在論及歐洲浪漫主義時所指出的具有驚人的相似性：「所謂絕對的自我，人們認爲不是神性的觀念，而是人的觀念，是思維著的人，是新的自由衝動，是自我的獨裁和獨立，而自我則以一個不受限制的君主的專橫，使它所面對的整個外在世界化爲烏有，這種自由狂熱在一群非常任性的、諷嘲而又幻想的青年天才中發作開來了」，「這一切有一個共同點，即任意的自我肯定……這就是他們在同日益狹隘的散文的鬥爭中，在對於詩與自由的迫切呼喊中所有的出發點。」〔註13〕

　　如果說自我的發現與肯定是人成爲自由人格的基礎，那麼自由就是人存在的終極理想目標。「五四」作家以自我的發現和個性張揚作爲文學的主題，核心是改變非自由的人的狀況和推倒專制的社會制度，使人成爲自由人，國走向自由的國度。一方面，以正面追求呼喚自由直接表達了理想的訴求，一方面，不遺餘力地揭示非自由的人的苦難，成爲此時文學家的共同特徵。自由在他們所處的時代，既是人的理想之極，又是批判泯滅自由的專制社會的武器。郭沫若在詩裏，極力渴望的是「我們生動」「我們雄渾」「我們悠久」「我們自由」的人的世界，冰心嚮往的是在母愛陽光的普照下的「個個自由、個個平等」的社會，正如陳衡哲在小詩《鳥》中表達的：「我定要飛他一個海闊天空！直飛到精疲力竭，水盡山窮，我便請那狂風，把我的羽毛肌骨，一絲絲的都吹散在自由的空氣中！」不過，在當時的作家中，更多的則是把筆觸伸向非自由的痛苦，表現更多的是批判的傾向。周作人的《小河》是其典型代表。河水自然自由的流淌是天賦稟性，卻遭到農夫的人爲堵攔。從農夫的角度，是爲了生產生存的需要，其行爲具有相對的合理性。可是，他在自己需要合理性的行爲中，卻扮演了扼殺河水自由自然的天性的角色。雖然農夫對河水自由天性的扼殺是非自覺的。但這首詩的意義正在於揭示了中國傳統社會普遍的事實：多數人皆是在一個「合理」的觀念、制度以及行爲的理由下，自覺而更多是在非自覺的狀態中，剝奪著別人的自由。此詩與魯迅在《狂人日記》揭露的非自覺「吃人」的嚴酷現象有著主題的一致性，差別在於周作人主要著眼在天性的自由，而魯迅則上升到了人的思想與精神層面。在當

〔註13〕勃蘭兌斯：《十九世紀文學主流》（第 2 冊），北京：人民文學出版社 1981 年
　　　　版，第 26～27 頁。

時，大多數小說、詩歌、戲劇，或多或少或深或淺表達了這一思想，其中婚
戀題材顯得更為突出，以此表現人的不自由的現實，表達了爭取自由的理想。
他們之所以選擇此類題材作為追求自由的突破口，固然與青春期的生理心理
有著自然聯繫；更主要的，青年的婚戀問題，是實現自由人格的重要環節，
因為婚戀是人性自然性與社會性的結合，自由之所以成為人的終極理想，恰
恰是人的自然本質和社會理想的統一體，是人的自然性和社會性的本質規
定。因此，婚戀題材的普遍性事實是青年渴求自由的更合理更直接的選擇。
所以那個時候，無論是創造社的還是文學研究會的；不論小說還是戲劇，詩
歌或者散文；抒情性的或寫實性的，社會問題的或主觀表現的，大體皆然。
王以仁在《流浪》中直言「人類真是命運的囚徒」，而盧隱《海濱故人》中的
露沙的話正是所有渴望自由的青年的共同生命感受：「人生和鴨子一樣的不自
由，一樣的愚鈍，人生到底是什麼？聽見鸚鵡叫，她想到人和鸚鵡一樣，刻
板的說那幾句話。一樣的不能跳出那籠子的束縛。」聞一多對此有過精闢的
分析，他說：「他們的煩惱和悲哀真像火一樣燒著，潮一樣湧著，他們覺得這
『冷酷如鐵』，『黑暗如漆』，『腥穢如血』的宇宙真一秒鐘也羈留不得了。……
他們決不肯脫逃，也不肯降服。」〔註14〕但是，時代的的契機，為他們提供
了武器，「二十世紀是個反抗的世紀。『自由』的伸張給了我們一個對待權威
的利器。」〔註15〕於是，在「五四」時期，作家們無論選擇何種題材，運用
什麼樣的表現方式，其基本的價值與思想指向大體是一致的：自由。

情感解放與文體形式自由的初步實現是「五四」文學的重要成就

「五四」文學對中國現代文化精神的貢獻是從兩個方面得到確立的。一
是以魯迅為旗手的現代理性精神的引進與實踐，使自由的可能實現在現代中
國獲得了理性的思想基礎以及相應的方法；一是以郭沫若為代表的從情感領
域擺脫了傳統禮制對人情感的過度控制，為中國人的解放與自由找到了情感
的突破口。無論人們對郭沫若有多少微詞甚至否定，但他以及其他同類作家
在情感領域的表現以及這種表現的文化意義是不容否定的。自由不僅是思想
的，也是情感的。只有在兩個方面獲得了自由，自由才具有相對的完整性。

〔註14〕聞一多：《女神之時代精神》，引自武漢大學聞一多研究室編《聞一多論新詩》，
　　　　武漢：武漢大學出版社，1985年版，第61頁。
〔註15〕聞一多：《女神之時代精神》，引自武漢大學聞一多研究室編《聞一多論新詩》，
　　　　武漢：武漢大學出版社，1985年版，第62頁。

當然，情感自由的邊界如同思想自由的邊界一樣，如何確定是複雜的另一問題，此處不予討論。但人應當擁有情感表達自由至少擁有合理（合人類普遍要求與人性普遍價值規範）情感表達自由的權利，則是不言而喻的。

當我們走進「五四」作家的情感，見到的則是嶄新的天地。郭沫若火山爆發式的情感，前無古人，激情大膽宣洩，任己衝動，情感的張力與強度，使人血脈賁張，心旌搖盪。郁達夫以其毫不掩飾甚至露骨的率真，盡情地釋放著青年人的內在的情感苦悶，達到了中國文學歷史上從未有過的情感心理深度。此時，情感不僅具有了強度與深度，而且呈現了多樣複雜的色彩。郭沫若的熱烈激切，郁達夫的深沉悲傷呻吟，冰心清新中的淡淡哀愁的淺吟低唱，廬隱痛苦的狂叫沉重的苦悶。在葉聖陶、王統照、許地山等為人生派作家的作品中，也以各自的理智與情感結合的方式，對人生進行了種種追問。出現這樣的情感狀況，根本而言，取決於時代提供了自由表現情感的歷史機遇，在普遍的呼喊自由的歷史語境裏，情感得到相應解放應是題中之義。一個眾所周知的事實是「五四」文學的濃厚的浪漫情緒及其精神。情感的解放與這樣一種浪漫情緒、精神是互為因果的。浪漫情緒與精神在「五四」文學中滲透彌漫，根本上取決於時代的自由意識的蘇醒。雨果有一個精闢的論斷，即浪漫主義的本質就是文學的自由主義。因此，這一時期文學所表現出來的情感解放乃是自由精神出現的一種形式。

與思想情感自由表現相對應的是文體的自由。中國傳統文學在相當長的歷史進程中，具有文體自由的特點。隨著歷史的演進，最終走向了主流文體的程序化。誠然，程序化的文體同樣具有思想與情感表現的作用，但限制太多又是非常明顯的，嚴重制約了作家自由表達思想與情感的空間。「五四」文學文體的解放與作家自由選擇、創造文體的革命，為自由思想、情感的表現，找到了適於作家自我的有效有意義的文體形式，同時為風格的多樣性奠定了基礎。思想文化革命的相對自由的社會環境，現代白話的提倡和實踐，都是文體自由不可或缺的條件。種種對作家表現思想情感可能構成束縛的傳統文體形式，一時之間，失去了存在的價值，代之以能自由展開思想與情感的新的形式。沒有固定程序，自由成為尺度——沒有尺度的尺度。可以說，在文體和形式方面，「五四」文學給歷史呈現的是一幅幅自由的圖景。思想情感的自由理想與文體形式的自由，在一定意義上講，在此時實現了相對的和諧。這裏重點討論自由體詩和散文化傾向。自由體詩是對傳統格律詩體的革命與

超越。格律詩的審美價值必須充分肯定，它是前人對漢字特性把握的藝術表現，它與文言表達思想與情感具有一致性，體現了古代文學家對語言節奏、音韻的認識和運用的卓越才能。但是，嚴格的音律、音調、對仗的形式規定，又確實限制了詩人淋漓盡致表現思想和情感的語言選擇。從這個意義講，格律體又與古代限制人的思想和情感表達的時代局限形成共謀。思想情感的非自由也必然決定著文體乃至語言選擇的非自由。現代自由體詩就完全不同，也許它喪失了古代詩歌的意義的含蓄和與文言相適應的音律、節奏的古典式的和諧之美，但獲得的是思想情感的酣暢自由的表達，獲得了自然的節奏與音律。它是適應時代追求自由的氛圍和現代白話特性的一種文體形式。對「五四」文學散文化傾向的理解也應如是觀。這個時期詩歌、小說的散文化是不爭的事實存在。問題不在於承認和描述而在於對其出現的價值理解。我們認為，散文化一是對古代文學過分程序化的反撥。任何文體一旦成為程序化的教條，也就意味著對思想情感表現的不同程度的禁錮。這既不利於文體的創新，更不利於內容的自由呈現。不管「五四」作家是否自覺意識到這一點，但他們打破文體的相對邊界的實踐，應給予充分的肯定。第二，也是最核心的，文體散文化的出現本質上是追求自由精神的藝術形式化。俄羅斯著名批評家、思想家別林斯基認為：「抒情詩歌在生活和自覺的一切階段上，在一切時代和時期裏，都可以產生出來；可是，和敘事詩的情況相反，它的繁榮時期，是在一方面人民已經形成了主觀性，而另一方面，又出現了積極的、散文式的現實的時候。」〔註16〕按我們的理解，別林斯基講的「主觀性」，包含著人的主體的自覺與自由的意義，而「散文化」的時代也就是具有專制度開始崩潰而自由開始出現的時代，與周作人講的小品文的出現是「王綱解體」的結果有著思想的一致性。所以，我們認為，散文化的傾向是中國現代開始進入人的自由階段的反映，是文體走向自由的重要成果。

三、文化模式的內在規定

文化模式，是指一社會中之文化特質或文化複合體的組織，指該文化價值系統中具有主導力量和內驅力的一種結構。簡言之，它是文化價值系統中的主動動機和目的，是文化主旨、標準、價值、職責等構成的觀念體系，是

〔註16〕別林斯基：《別林斯基選集》（第 3 卷），上海：上海譯文出版社，1980 年版，第 62 頁。

文化價值取向和行為標準構成的用以指導生活方式的範型模式，是對文化進行整合的有效機制。因此，在特定文化模式中產生的浪漫主義，只不過是接受文化模式直接影響或間接暗示後所構成的與本體文化特質相吻合的一種意識形態反映於文藝作品中所產生的與本體文化的心理範式、價值觀念、思維方式相統一的模式。

我國傳統文化究竟屬於什麼模式範疇，殊難定淪；但從其基本特質及其功能而言，與尼采、斯本格勒所描述的日神式文化確有相似之處。尼采把兩種截然對立的實現生存價值的方式分為「酒神」與「日神」兩大類型。酒神式以消除常規界限和生存限制，追求有價值的生存時刻，逃避由感官經驗強施於他的各種分界，突進另一體驗的秩序之中，在個人體驗或儀式中，迫使自我進入特定的心理狀態，實現過剩精力的放縱與渲泄。他尋找沉醉心境，注重迷狂啟示，相信放縱是導向智慧之宮的途徑。日神式則不信仰這些，他尋求種種手段剝奪在自覺生活中的權力，堅守中庸，生活範圍狹小，注意內心平衡，力避心理分裂。斯本格勒把西方文明的形態分析為阿波羅型和浮士德型，大體上與尼采的分類相近。他認為，阿波羅型（日神）在生命的宇宙中，沒有意志的空間，認為鬥爭是生命的罪惡，任何內部的個性發展觀念根本不予考慮；同時總是惴惴不安，相信生命常常處於外界粗暴威脅的不幸的陰影之中。

日神式或阿波羅型文化與我們傳統文化有著驚人的相似點，甚至可以說，中國傳統文化可稱為超日神文化模式。它以絕對客觀意志支配生命意志為主導，生命的價值以維持現實、崇奉過去的實用性、功利性的經驗自我人格的規定為轉移；它視人的外在規定為行動之準繩，內心的激情和渴求永恆無限的超越性被死死地壓抑在外部現實的既定價值之中；它注重的是共性整體的絕對統一和諧，蔑視個性和個體的獨立與衝突，主體性被社會、國家、家族或集團的共性（相對個人主觀而言便成為客觀意志）完全取代。因此，整個文化的主導動機是對現實和過去的維護與膜拜，而不是指向未來的超越；最大的功能是使人在政治倫理化和倫理政治化的結構中喪失自身，成為忠孝兩全的道德工具；在思維上，講究靜態平衡，恪守中庸之道，求同排異，消滅扼殺一切有價值或無價值的對立與衝突。總之，這是注重外部客觀絕對命令、以經驗自我為基點、以政治倫理的實用為基本功能、缺乏超夠機制的文化模式，是以生存為根本出發點和歸宿的文化價值系統。

　　這一文化模式固然有不可低估的積極作用和獨特價值，但他壓制了人的激情，主觀的光明、自由的思想感情、創造精神等等本應為人所有的浪漫主義的精神，就無法得到最大程度的張揚。反映在文藝中，主觀、理想、自由，批判與反抗等等浪漫主義的形態，就不十分明顯；即使有所顯露，也總是拖了一條長長的封建精神的尾巴。嚴格地講，中國古代浪漫主義除了在形式上較多地接近近代意義上的浪漫主義外，在精神實質上則相去甚遠。因此，我們認為，中國古代浪漫主義是古典主義理想與浪漫主義形式的結合體。這樣一來，它既不同於西方文藝中的浪漫主義，也不同於「五四」文學中的浪漫主義。從屈原到明清時代，在精神本質上，古代浪漫主義始終未能上升到浪漫主義的主體自由的高度；反之，以政治倫理的功利主義和實用主義為文學理想，卻是他們孜孜以求的價值目標；以客觀的外在意志取代了主體內心的意志，是古代浪漫主義作家的共同趨勢。

　　「五四」文學中的浪漫主義與古代浪漫主義大異其趣。從文化上看，「五四」新文化運動雖然未能真正實現重建文化模式的任務，但近現代文化的新的特質卻在固有的文化系統中獲得了一定程度的發展，新的文化元素不斷滲透入傳統模式之中，使傳統文化第一次真正受到了衝擊。一種接近酒神式浮士德式的人類精神闖入了民族文化的疆域，主體的意志開始覺醒，並成為一個時期中的方向；個性解放和獨立自由的精神成了新文化模式建構的重要成分；批判與懷疑，激情與超越、個體生命價值的重估等新的文化意識、有了長足的發展和進步；科學與民主在迷信愚昧和專制的國度中，張起了大旗，整個文化模式開始了革命性的改變。雖然後來並沒達到預期的價值目標，但影響巨大，時至今日，文化的重建呼聲和實踐正是沿著「五四」開關的新文化方向前進的。

　　文學作為文化的一部分，自然也打上了這種變化的烙印。當人性和文化中的浪漫熱情激發出來之後，文學上的浪漫主義便蔚然成風，在「五四」時期，純粹的現實主義是鮮見的。創造社作為浪漫主義代表當之無愧，即使以「寫實」、「表現人生」為目的的文學研究會諸作家，也不乏浪漫精神；就是以嚴峻清醒的現實主義著稱的魯迅，浪漫主義精神也相當強烈。從整體上講，這一個時期的文學中的浪漫主義，在精神實質上突破了古典浪漫主義的局限，其標誌是強化了主體意識，增強了創造活力，整個心靈之窗洞開了，感情的閘門沖決了，面向未來，批判現實，追求人的獨立與自由，個性主義旗幟高高飄揚。這一切無不歸子於文化模式和人性精神的革命性改變。顯然，

新文化模式孕育並催生了「五四」浪漫主義文學；反過來講，「五四」浪漫主義文學與「五四」新文化模式，不僅取得了同步，而且文學中的文化新質又使新的文化模式的重構增添了光彩。下面擬從三個方面具體分析古代與「五四」浪漫主義的差異所在。

主體‧客體‧生命意義

浪漫主義是源於人本身的富有人性的情緒，因此，其基本特徵就是人的主體特性。黑格爾說過：「浪漫型藝術的真正內容是絕對的內心生活，相應的形式是精神的主體性，亦即主體對自己的獨立自由的認識。」也就是說，浪漫主義是以內心生活和主休性、心靈和情成作為顯現的形式，而不是「從外在的感性事物去找它的對象」；浪漫主義的實質是超越不能充分表現自己的外在現實這一「實際存在」從而實現「認識自己的真實」，最後構成「自在自為的內心世界作為本身無限的精神的主體性的美」。由此可知，浪漫主義以心靈性、自我認識性組成了主體性的基本結構，它任想像、情感在心靈所能包容的廣闊無限的世界裏馳騁、超越並打破一切外在客體的束縛，完成對生命意義的認識，使生命自我的價值獲得獨立而完整的顯現。傳統浪漫主義在一定程度上也獲得了主體性，但它是不完整的也並非真正獨立的實現。社會、自然兩大客觀實體的制約，尤其是社會意志的絕對支配原則，使人性和文化的主體性淡化了，作家藝術家的浪漫主義精神因之受到了極大的削弱。大致而言，古代浪漫主義有這樣的特徵：以主體去適應、屈服社會客體而非以主體意志去超越客體；生命的價值受到客觀外部意志的強制與奴役，個人無法把握命運的方向。在傳統社會中，浪漫主義的此種命運是無法逃避的。農業社會中的經驗自我人格特點決定了外部經驗支配主休的絕對性；人性的政治化，政治的血緣化使政治具有不可抗拒的神聖威力；社會意志的統一性凌駕超然於個體之上，必然以個人主體性的抹煞為條件；本體發生中的命定論最終使人趨向了神秘客體——命運的擺佈。

屈原是我國浪漫主義文學的開山祖。屈原的作品以及《楚辭》所表現出的精神，一定程度上具有對原始生命的頌贊。但是，屈原的作品主體精神並不強大。

他對君主的忠貞不二，實際上是生命政治化的表現，對生命意義的理解，不是以內心自覺為前提，而是以王權政治和皇室宗族利益為基點，絕對的王

權利益和君王政治成爲壓制屈原生命主體並成爲將其引向自覺維護統治者利益的生命價值方向標。一部離騷，宗旨是保護血緣宗室的權柄不致丟失，「豈余身之憚殃兮，恐皇輿之敗績！忽奔走以先後兮，及前王之踵武。」因此，在君主昏饋，姦佞當道，人民塗炭的時刻，他除了悲哀不已，別無它法，始終不能拍案而起，反抗挑戰。另一位浪漫主義詩人李白在精神上也一脈相承。李白一生恃才傲物，終不得意；奇怪的是，雖然他滿腹牢騷，但本質上並沒將生命的價值選擇從政治倫理系統中解放出來。他一生所追求的雄圖壯志無非是「事君」和「榮親」的統一體。生命的意義、主體的獨立性，在李白身上並沒得到真正顯現。忠孝兩全，爲統治者和宗族建功立業，完成那個時代人們普遍信仰的「不朽之盛事」，是李白生命的基本意義和價值取向。《西遊記》是浪漫主義的。然而就其創作主要傾向而言，小說人物所體現出的生命意向，並不是主體生命的自覺，生命仍非自在自爲，而是與皇權、神權、父權聯繫在一起的非主體存在。孫悟空的命運通過如來佛和觀世音、唐王朝、以及師傅三藏的三結合，變得十分艱難了。從他生命的目的、生命的實踐過程來著，只有拜倒在神權、政權和父權的淫威之下，才有一定程度和範圍的「主體自由」，反之，就將被壓在五行山下或被逐出門牆，成爲社會不容之人。一道緊箍咒形象地暗示出了人的非自由性和主體的非獨立性，這是生命的禁錮，也是對人主體性張揚的桎梏。這種傾向無疑與那個時代的作家的內心認同是一致的，古代浪漫主義精神的表現大體上無出其右。生命的主體性真正得到表現是「五四」時期的浪漫主義。

　　生命的主體性真正得到表現是「五四」時期的浪漫主義文學。強烈的自我解放和自我表現的呼聲，絕對的主體獨立與自由的吶喊，是「五四」文化的基本命意之一，從而爲「五四」文學插上了主體性的兩翼。這個時候，誠如勃蘭兌斯所描繪的歐洲浪漫主義興起時那樣：「所謂絕對的自我，人們認爲不是神性的觀念，而是人的觀念，是思維著的人，是新的自由衝動，是自我的獨裁和獨立，而自我則以一個不受限制的君主的專橫，使它所面對的整個外在世界化爲烏有，這種自由狂熱在一群非常任性的。諷嘲而又幻想的青年天才中發作開來了」，「這一切有一個共同點，即任意的自我肯定……這就是他們在同日益狹隘的散文的鬥爭中，在對於詩與自由的迫切呼喊中所有的出發點」〔註17〕。封建客觀精神系統的崩潰，爲人性的主觀精神的解放和發揚

〔註17〕《十九世紀文學主流》（第2冊），第26～27頁。

提供了可能性和現實性，主體原則的確立有了賴以存在的社會文化氛圍。因此，在「五四」文學中，主觀性幾乎成爲普遍的創作心態、如果說創作社以及同他們相近的作家是自覺地向主體性王國邁進的話，那麼，「五四」時期的其他有影響的作家如葉聖陶、冰心、王統照、許地山、盧隱等人則是下意識地擁抱了浪漫主義，擁抱了主體性。

郭沫若公開宣稱他是偏於主觀的人，他要用詩歌來頌贊「大我」，肯定自我的存在；郁達夫認爲文學的天職是表現生活，而生活就是自我的個性和全部個體內在欲望的衝動。文學研究會的作家也不例外。冰心、盧隱等人也公然宣揚文學表現自己和個性，認爲藝術的結晶便是個性心靈和主觀情感。魯迅也說過，只有以語言文字畫出作家主觀的心和夢，才算是抓住了文學的本質。朱自清先生曾總結過「五四」時期文學的走向和精神實質。他說：「要將個人抬在一切的上面，作宇宙的中心，……個人是一切社會評價的標準。」〔註18〕個人的標準當然就是主體的標準了。茅盾對此作過很高的評價，他認爲「個人主義成爲文藝創作的主要態度和過程，正是理所必然而「五四」新文學運動的歷史的意義，亦即在此。」〔註19〕

生命主體性的表現最典型的莫過於郭沫若的《女神》。《女神》以強大的主體意志否定了黑暗現實和封建社會全部客觀精神，通過鮮明的自我形象的塑造，叛逆精神的頌揚，把人的主體地位上升到絕對的高度。人的主體是宇宙的本休，是一切事物的裁判者，是生命得以存在的理由和價值內核，這正是《女神》的根本傾向。同時《女神》以不可遏制的創造熱情，將人的主休意義明確爲創造的本休，從而將傳統的重承傳和經驗的人格轉化爲重創造和理性的人格。主體性意識在「五四」抒情小說中亦有強烈的表現，郁達夫是其主要代表，冰心、盧隱、葉聖陶等人的創作也堪稱抒情小說的佳品，甚至魯迅的部分小說也可劃人抒情小說之列（如《故鄉》、《傷逝》等）。抒情小說中的主體性表現有以下幾個特點：（一）題材的「身邊性」和性愛主題。這種選擇利於表現主觀感受和心靈內在衝動，具有反封建客觀意志的直接意義，同時利於生命意識的直接爆發和對自然生命力的肯定。（二）自我形象的塑造。這是個體獨立的一種反映，是主體覺醒後的一種藝術選擇，對於「文以載道」傳統也是一種有力的挑戰。（三）以內心直率渲泄展示心靈的血與淚他

〔註18〕朱自清：《那裏走》。
〔註19〕《茅盾文藝雜論集》（上），第 298 頁。

們將靈與肉的衝突和現實理想對立所產生的苦悶，大膽傾訴，無保留地渲洩出來，這正是人認識到自己存在價值和對自己肯定後的表徵，是確立主體性後無所畏懼的表現。（四）理想的主觀化。這個時期的作家都在作品中追求著自己認同的理想，並非人云亦云的模仿和鸚鵡學舌，諸如「個性主義」，「愛與美」、「自由、平等」，「真人的世界」，等等，皆是主觀化的理想（五）批判意識的確立和生命的悲劇感的產生。批判性是人主體性確定的標誌之一，悲劇性意識也是只有在人意識到自己的現實與歷史意義之後所發生衝突的產物。

總之，這一切都是主體生命衝動的形式化，揭示了人的主體的強大與自信，使人的生命意義得到了真實的有深度的展開。因此，它從根本上不同於傳統的浪漫主義作家，一切外在的規範和政治的、倫理的、自然的種種違背人意願的強制統統被打碎了，人在此時即獲得了對世界和人生的駕馭，也獲得了自身。

心態・情感・藝術表現

文學作品是作家心態的物化和符號化，是作家情感表現的載體和凝結。一定的心態和情感不僅取決於文化模式的規定，與制約，同時，心態和情感的意向又規範著作家藝術表現的選擇和相應的審美效應的產生。

主體地位的弱小，人獨立性的被取消，往往使人迫於外部客觀意志的強制而退縮到狹隘的內心，人只能處於一種被支配的非自由態，因而就往往形成封閉的心態。在中國古代浪漫主義作家那裏封閉性正是其重要心態特徵。這種心態表現有三：（一）、價值取向的封閉性和單一性。在他們的作品中，政治倫理價值成為基本目標，忠孝兩全，「修身齊家治國平天下」乃人生最高理想「立功立德」從而「立言」是他們創作的最初動力。從屈原到李白，再到蘇軾，辛棄疾以至明清之際的浪漫文人，無不如此。單一的價值取向不可能使他們的心態趨於開放，因此，對生命自身的多層次多元價值表現的作品相當少見，大量流傳下來的是那些為功名富貴和為聖天子立言的作品。（二）對舊生活道路的妥協。在古代，即使上述那種單一的理想目標也很少有實現了的，於是碰壁之後，差不多的作家便在作品中為自己建構一個超然功利和現實塵世的自安自慰的天地，為自己留下苟安其命的生存的狹小空間。或「歸耕田畝，寄情山水」，回歸自然，陷人遁世的心理氛圍；或跑馬章臺，依紅偎

翠，追求感官的刺激；或放浪形骸、醉酒狂歌；或削髮爲僧，或爲道士，這些就成爲他們走向心靈封閉和生存封閉的理想選擇。這種理想選擇實質上是對舊生活道路的無可奈何的認同和妥協。（三）作品缺乏批判的激情與力度。開放的心靈，不但能嚴肅批判不合理的人生和社會，而且能無情地解剖自己。而這一點，古代浪漫主義作家是不可能具備的。人的渺小和對現世的無能爲力使人走向了自卑，自卑者便以封閉自己來尋求一種虛無的解脫。所以，我們很難讀到聲淚俱下的靈魂自由的文字，也鮮見抨擊現實的批判激情概言之，求生存於現世的心理迫使他們放棄了批判的膽量和勇氣，選擇了穩妥、明哲保身的封閉性意識。

到了「五四」時期，浪漫主義作家的心態則趨於開放。主體的獨立要求，個性價值的肯定，使作家一反自卑的情意綜，表現出從未有過的自尊與自信。他們以探索者開拓者的無畏精神，勇於表現自我，敢於正視現實中的自我，並希望超越自我以及自己生活的現世人生。於是，「五四」浪漫主義作家的開放心態有了這樣的基本特徵：（一）理想和價值取向的多元化。在那個時候，幾乎每一個作家都按自己的理解構築起理想的世界，幾乎每一個作家都是理想的探索者和現實的超越者。誠如郁達夫所說的，他們各自「造出一個人爲的目的概念來，使人類的生活，全部得遵奉著這一個目的而進行」﹝註 20﹞。雖然他們所追求的理想並非都是那麼富有實踐意義，且帶有很強的主觀性甚或空想性，但正是各種理想的紛呈，證明了心態的開放和主休追求的執著，體現了作家自身人格的自信和對主體的肯定。（二）對新生活道路的尋求「五四」浪漫主義作家也曾有過失望，有過幻滅，但這種決望與幻滅並非是過去理想不能在現實實現的一種：戀舊的情緒反映，而是生命價值自身難於突破現實重圍走向未來理想的一種心態。不過，在當時，更主要的不是幻滅和失望，而是對舊生活的反叛和對新生活的追求，他們詛咒過去，否定現實的黑暗與痛苦，勇於正視人生和現世；他們多數人並沒有醉生夢死放浪形骸，也沒有走進象牙之塔的迷宮去追求超現時和超人生的所謂內心的寧靜平和；他們中的多數人始終在苦苦地尋求解脫苦難的藥方，在反叛舊生活的理想道路上艱難地邁動著腳步，即使是呻吟也是前行者的苦悶而非倒退者的哀怨。正因爲他們對人生的認識不是簡單的對存在的認同，多了一個反叛和追求，於是在作品內容表現上相當豐富廣泛。正面肯定與反面否定並存；自我表現與

﹝註20﹞《文學概論》。

對國家民族社會的憂患共備；自意識與潛意識，社會生命與自然生命得到了發掘；政治理想與兒女情長，英雄精神與他們無論是暴露自我的靈的懺悔，還是對自身力量的力不從心的傾吐，都是心靈向世界洞開的一個了不起的夯動，是對封閉自己心靈的傳統的一次超越。

　　一定的心態制約著一定的情感表現形式。封閉的心態必然帶來情感的抑鬱，開放的心態必然引起情感的解放「五四」與古代浪漫主義正相異其趣。

　　整個古代社會的文化價值取向必然造成情感的抑鬱性。中庸之道，專制與禁慾主義的聯姻，強制性的禮教法規，像絞索纏鎖住人的心靈與精神世界。還有那無處不在的命運觀念、各種社會力量和封建觀念意志的強迫所帶來的對人的心靈異化，使內在情感歸於抑鬱。李白堪稱豪放，在古代浪漫主義作家中無人可比。然而，功名的誘惑一與懷才不遇的衝突，使李白的心靈始終保持著鬱鬱寡歡的情緒特徵。外在豪放與內在抑鬱為其典型的情感結構，而最終形成的是以抑鬱為主導的情感形態。他也大有治天下非我莫屬的氣概，可是這一切猶如幻影逐漸飄去，留下的則是憂愁與煩悶。舉杯澆愁，成為李白的典型情感心態，而崎嶇難行的高山峻嶺則構成了他壯志不酬的抒懷對象，他感到仕途艱難猶如上青天，他多次努力以圖得侍君王，皆成泡影。於是只好以「功業若夢裏，撫琴發長嗟」的哀歎來傾訴內心的不平與壓抑。最後呢，他浪遊江湖，散髮尋扁舟，「直掛雲帆寄滄海」，且追求長醉不醒的生活去了。其實，屈原，蘇軾、辛棄疾以及明清的浪漫主義作家們又何嘗不是這樣呢？竇娥含冤，只好求天明雪；麗娘夢梅多情，不得不在幻想中結下秦晉，這都是抑鬱情感的曲折表現。

　　「五四」時期的浪漫主義作家一反抑鬱，情感如火山噴發，似江河奔泄。他們大膽地表現著自己的情感，自由地渲泄著心中的積鬱。一切禮法都在強大的情感衝擊下失去了往日的威風，情感的表現既成為手段，又是目的。他們以情感去否定過去傳統的陳規，而追求一種與情感合一的健康理性，他們以情感自身來證明人的存在，實現生命的合理衝動。郭沫若以前無古人的情感力量，體現出人類感情的解放在中國的實現；其汪洋恣肆的情感洪水，衝擊著封建精神大廈，顯示出不可遏止的撼人心魄的強度。他一任自己的情感衝動，歌唱自我，呼喚光明，詛咒黑暗，創造新的人生和世界。這裏的情感渲泄毫無保留，決無顧忌更無吞吞吐吐的曖昧。郭沫若之所以成為現代新詩的奠基人，不僅在於他創立了奔放和自由體詩的格局，而且最重要的在於他

把傳統文學中的抑鬱型情感徹底突破，完成了文學情感的一次偉大革命。

郁達夫作品中的情感強度雖然不及郭沫若，但他卻具有了一種前所未有的深度。他義無反顧地把內心的眞實情感，把歷來被視爲大逆不道的深層情感心理表現出來，同樣具有革命的意義。他深切地寫出了人性的苦悶和壓抑。他不是接受了壓抑的支配，而是要以莊抑的形式來揭露壓抑人情感的罪惡。在憂鬱孤獨感傷的格調中，表現出深沉的情感力量。郁達夫將隱藏內心深處的情感意識赤裸裸地加以渲泄，並把性意識上升到人性的社會層面加以表現，這就突破了傳統觀念籠罩在性意識上的陰霾。郁達夫的苦悶，是現代人追求新生活的苦悶，其率眞的品性正是一種可以打碎傳統抑鬱情感模式的新的取向，與郭沫若的火山爆發式情感的相呼應，形成了新的情感結構：愛恨悲喜任性而發，憂怨憤怒我自爲之。

不同心態和情感特徵往往規定著藝術表現的不同類型。從古代浪漫主義來看，其藝術表現常常體現爲以下幾種特點。（一）以「比興」擅長。一方面，作家所受限制甚多，含蓄表達自己的傾向似乎是最佳途徑。於是比興受到廣泛青睞，並成爲文學表現的最基本的方法。因爲「比興」手法符合「止乎禮義」的「中和」審美理想和「哀而不傷，怨而不怒」的詩教。說穿了，這種選擇，乃是整個專制政治和大一統格局在作家心靈上的投影，是作家爲消災彌禍明哲保身心態的曲折反映。這種「有意味的形式」確實折射出了專制社會令人恐怖的「意味」。另一方面以經驗爲整合機制的思維方式，也在一定程度上決定了他們可能選擇的比興表現形式。因爲比興所比所興之物，所借用對象和本體之間有著直觀意義上的相似性，它與傳統中國有的已成定勢的經驗性直觀思維方式有相當的契合性。（二）憂鬱的情感風格。憂患意識固然給創作帶來了積極的歷史意義，然而在格調上便失去了樂觀的精神。一種深刻的無可奈何的心緒始終成爲古代浪漫主義作家的典型心境，個人渺小和無能爲力的自卑心理使作品染上了濃重的憂鬱性。如辛棄疾面對殘山破水，他憂心如焚，扼腕放聲悲歎；雖有鐵馬金戈氣吞萬里如虎的氣魄。而最終不得不唱起了「可惜流年，憂愁風雨；樹猶如此！倩何人喚紅巾翠袖、韞英雄淚」的悲涼曲；落得個「閒愁最苦！休去倚危欄，斜陽正在，煙柳斷腸處」的凄慘之境。其實在屈原、李白、蘇軾乃至陸游等人的詩作中，不是也可以品出這種悲苦難言欲說還休的憂鬱情結來嗎？（三）憐憫而非崇高的審美效應。在古代浪漫主義的悲劇性結局中，使人意識到在那個社會中人的不幸，人的

渺小和無能力，和無路可走的悲哀。但是，他們有一個致命的弱點，那就是缺乏自己掌握命運的勇氣和抗爭精神。他們屈服現實的壓迫，跪倒在古代的腳下，向命運低下了人這個高貴生靈的頭顱；他們把個體生命的價值押在受統治者賞識的唯一選擇上，使自身喪失了偉大的人格價值。因此，他們的憂患是對君主背仁將遭滅頂之災的憂患，他們的苦悶是一種想忠君而不得欲投明主而遭棄的苦悶，並非對生命自身的憂患與苦悶。於是，他們放棄了抗爭的行動，始終不敢走向反叛。因而在他們的作品中，我們感受到的是：蒼涼悲壯的痛苦因其不爭的奴性，漸漸淡化為一種可憐的命運。給人的是對他們不幸的憐憫和同情，而非令人震撼令人拍案而起勇於向社會、向命運挑戰的崇高的悲劇力量。

「五四」時代的浪漫主義則迥然不同，即（一）以直抒胸臆見長。人的主體精神的高漲和生命的解放，使作家擺脫了「因襲的重擔」，思想上心理上解除了重重顧忌，從而使盡情吟唱主觀心靈之歌成為一種可能和必然。郭沫若強調主觀心靈的傾訴，郁達夫乾脆將文學定義為自敘傳這無非是要求自己直抒胸中之情思，勾劃真實的心靈夢幻。他們也繼承了比興傳統，但絕非僅儀是為了「言志」和「載道」的狹窄的政治倫理功利需要，而是把比興納入坦率抒寫胸臆的形式本體之中，從這種形式構成心靈抒發的有意味的個體形式。讀《女神》和《沉淪》就會深深感受到這種區別。山水自然之景，大地天空海洋等等，是心靈直接傾吐的內在需要而不是藉以掩飾內心的載體。

（二）、明快與樂觀的格調。「五四」時期的浪漫主義作品，洋溢著生命進取向上的樂觀情調，人的自信使作家獲得了對前景的無限展望。即使像郁達夫作品中的「憂鬱病」，也是生命向上受到阻遏的憂鬱，而非返古不得的痛苦。那無所畏懼的情感，那大膽的自我暴露，那血與淚相交織構成的生命憂鬱圖，那執著不移盼望未來幸福的追求，正是人性自覺後的堅強，是人對生命自身獨立價值思考後的一種選擇，因此它給人的仍是想解脫生命周圍羅網的一種衝動，一種掙扎，一種向上的躍進。這種樂觀進取的精神，不但給作品帶來了明快的格調，而且使作家在意象選擇上，也力求明朗清晰。古代作家筆下的「落日」、「斷鴻」、憂愁風雨」、「危欄」、「斷腸」、「華髮蒼顏」、「杜鵑啼血」等意象，在郭沫若的詩裏，代之以太陽、地球、火、波浪壯闊的海洋，新鮮淨朗的早晨，令人神往的巨大的金字塔等等。這種偏重於光明和崇高意象的選擇是「五四」浪漫主義的一種新的特點。郁達夫筆下的山水或耿耿星河，

雖也有淒苦的味道，但更多的是透出對生命的一種希冀，一種生機盎然的意趣，具有相對明朗的指向性。（三）崇高而非憐憫的美感。讀「五四」浪漫主義作品，與舊的人生舊的社會抗爭的精神，與命運搏鬥的勇毅品性，激勵人去恨去愛去追求，鼓舞強化著人征服、改造現世的生活意念。沖決一切羅網和生命樊籬，創造新的生活，正是崇高美的本質。

時間・空間・思維取向

人依據時空而證明自己的存在。作家在作品中所顯現出的時空觀念和思維取向，本質上仍受著文化模式的規定。

一般而言，浪漫主義的時空觀是該時間的永恆和空間的無限為特徵的。海涅認為浪漫主義表現或暗示的是「無限的事物」，席勒更明確肯定人性從有限狀態進入無限狀態，是浪漫主義的主要趨勢。從時間上講，浪漫主義作家往往把過去的歷史、傳說、神以及人類已經過的輝煌的生活與現實、未來構成流動的時間鏈，造成永恆的效果；在空間上，他們追求宏偉壯麗的場景，高山峻嶺、江河湖海成為主體表現的對象，以此暗示、象徵無限大的整體和人生。夏多布里昂說過，浪漫主義的信仰主要使「曠野取得更憂鬱、更莊嚴、更崇高的性質，森林的巔頂也升高了，江河也打破了那些小壺小罐，只流來自「山頂深淵的水」〔註21〕。

一般並不否定特殊。不同的文化系統中的浪漫主義作家，在表現永恆和無限的具體方式以及所滲透的時空觀念、思維取向方面卻有著不同的特質。

從形式上看，古代和「五四」浪漫主義作家都追求著時間的永恆和空間的宏大，但細細推敲，觀念的內涵卻大相徑庭。屈原、李白、蘇軾等人對人生命運的哲學理解，表現出的對永恆無限的渴望以及對有限生命的悵然，但他們力圖顯示的是有限生命對無限永恆的一種矛盾困惑、因此，在他們筆下，浩瀚的天空，陡峭的峻嶺，壯麗的山川、奔流到海渲鬧激浪的江河，便成為人生無限和永恆的一種暗示，並以此反襯出人對永恆無限難以實現的生命自卑感——高山不可逾越，江河一去不返，這正是對永恆無限難以實現的一種哀歎。

於是，我們看到，在古代浪漫主義作家那裏，時空主要被當作一種寄託自己情懷的環節而出現的。大體上，由於主體的地位底下和內心的壓抑；使

〔註21〕見《歐美古典作家論現實主義和浪漫主義》（二），第75頁。

之想像和超越力受到了束縛。在時間上，他們認為既失去了過去，又無法佔據現實，對未來更覺迷惘，企圖以過去的時間和歷史來規範現實便成為他們自身心靈的重負，我為空間之物所制便構成古代浪漫主義作家極其鮮明的空間意識。蜀道之宏大，使李白有「難於上青天」之感；「大江東去」之氣勢，使得蘇東坡頓生「人生如夢」的卑微心理，就是我為物制的典型。

「五四」作家卻不一樣。在時間意識上，他們追求人性的真善美的永恆，力圖以藝術的內容來證實生命的永恆和無限；他們認為死亡和毀滅不過是新生命和新世界新事物的開始。在他們的心目中，「我」，人生應該擺脫過去時間歷史對「我」和人生的支配，應當從毀滅過去的革命蛻變和摧毀不合理現實的行動中獲得新生，從而走向永恆和無限，使生命獲得超越性，突向未來。由於他們主體的強大，時間成了他們任意支配的對象，歷史也是他們隨意處置的奴僕，而不是像古代作家那樣，跪拜在過去時間和已經歷過的歷史腳下，成了歷史和時間的主人。郭沫若的《鳳凰涅槃》堪稱典範——表現出了對時間永恆的支配。

在空間上，「五四」時期的浪漫主義作品，境界更為開闊、壯觀，宇宙成為他們馳騁的藝術天地，空間中的一切成為主體自由選擇的物象，即使連人賴以立足的地球和賴以生存的太陽等，再不是制人的客觀力量，而是成了為人所制的對象萬物皆從於我正是「五四」時期浪漫主義作家的新的空間觀和物質觀。空間的廣闊證明不是人的卑微，而是顯示人在宇宙之上的氣魂；空間的巨大物象不再是壓抑自身的重負，而是主體氣吞山河威壓日月的支配物，主體就像郭沫若一樣，是立於地球之巔放號的歌手，決非跪倒在地球這個龐然大物腳下的奴隸。

於是在思維取向上，也有了兩種相反的方向：向後看和向前看。正如前面所說的，以過去的時間來制約現實的時間，以龐大的時間來壓制人從現實向未來的超越，其思維的方向必然是以回頭看為特質的。這種向後看的思維方式與農業社會的經驗人格完全相吻合，以經驗——過去的產物為出發點的社會，產生這種碑恩維取向不足為怪。這種思維取向，無條件地盲從過去的一切，現實的時空不過是過去時空的簡單重複或再現的載體，是連接實現印證過去時空合理性的環節，而不是走向未來的中介。這就是向後看的主要特徵，也是古代浪漫主義作家在思維取向上的特徵。

「向前看」的取向原則不難理解，突破既定的歷史和現實時空的限制，

面向未來，形成一種批判的而非盲從的、創造的而非簡單繼承的新的價值標準，就是「向前看」取向的實質。而「五四」浪漫主義作家便是朝著這一原則高歌猛進的，他們開了一代新風，為中國的文化精神注入了新的因素。

別林斯基曾把浪漫主義分為「舊的」——也就是向後看的和「新的」——即向前看的兩種。他認為，以中世紀精神為起點的屬於向後看的浪漫主女，而以新的精神面向未來則是向前著的浪漫主義。在思維取向上，古代和「五四」浪漫主義的分野卻正在這裏。

「向後看」的古代浪漫主義，是受整體文化和社會思維品格制約的產物，是固定價值觀的反映。「向後看」主要表現為虔誠的崇古尊祖的觀念。中國古代社會的發展特徵，始終是過去拖住現在，死人壓住活人，祖宗遺訓，先王意志、「三代」理想成為後世為人立國之準繩。因此，及前王之踵武，揚三代之理想，頌聖賢之遺則便在古代浪漫主義作品中有著深厚的內容。屈原以「三代」為楷模，以堯舜為典範作為衡世論人的尺度：「昔三后之純粹兮，固眾芳之所在」，「彼堯舜之耿介兮，既遵道而得路」，「依前聖以節中兮，喟憑心而歷茲」。當一切追求歸於幻滅時，他仍然是「願依彭咸之遺則」，仿傚古人以死殉節。李白也可謂向後看的典型。他懷念風雅傳統，效法孔子刪詩，擔起復興古詩傳統重任：「大雅文不作，吾衰竟誰陳！」「我志在刪述，垂輝映千春」、并公然宣稱「梁陳以來，豔薄斯極，……將復古道，非我而誰？」他一生所崇奉的理想人格皆是作古的歷史上的所謂聖賢名流，姜尚、陶朱、留侯、樂毅郭隗。嚴子陵皆是他的榜樣。蘇軾、辛棄疾也往往以古人為理想之極致。堯舜是蘇軾心目中的仁君楷模，而孫權、廉頗則是辛棄疾理想中的典範。這裏，我們並沒否定這種思維取向對矯正現實的意義，只不過應當指出的是這種把過去的一切視為絕對正確的價值觀念，培養的只能是思維轉身向後的人格。

向前看的「五四」浪漫主義作家一開始就具有整體的批判精神，他們不盲從過去，不迷信任何聖賢和古人，對傳統持以批判的態度，因此他們的目的是改變現實並將現實推向未來，這種「向前看」的思維有兩個特點：一是對光明的未來的追求，一是創造精神的發揚，這是相互統一的兩種意識。他們不滿現狀，極力否定現實中的黑暗與醜惡，於是他們兩眼向前，構想著嶄新的生活理想。郭沫若深情地為光明誕生而呼喊，郁達夫則為人的自由和民族的強盛而嘔心瀝血，還有許多作家熱誠地把自由、愛與美等作為未來的社

會理想。雖然其間不乏空想和縹緲的成分，但他們畢竟未以乞求輝煌的舊有來補正現實，而是以暢想未來以改變現實。表現出至少與古人截然不同的嶄新的思維取向。當然，未來的理想實現需要創造精神作爲動力。因此，創造意識的充分肯定是「五四」浪漫主義的重要特色。在郭沫若的《女神》中，我們處處聽到的是創造精神的讚歌。《女神之再生》中的女神們，毅然放棄了補天的傳統方式，決定造個新鮮的太陽，重建全新的宇宙。《鳳凰涅槃》中的鳳凰，在熊熊的烈火中得到新生。總之他們的創造新人、新社會，新世界的觀念，不僅將人的思維引向了未來，而且從根本上否定了依靠過去的批古改制和改良主義方式，爲改變中國人的思維結構和價值取向做出了貢獻。

　　我們從對古代與「五四」浪漫主義的比較中，悟出了一個極爲明顯的道理：文學並非孤立的現象，而是受文化模式規定和制約的產物。文學隨文化模式的交異而少異，文化模式的改變必將帶來文學性質和潔構的改變，中國浪漫主義從古代發展到「五四」，之所以有了新的質變，乃是中西文化碰撞、融合的結果，新的外來文化突進了固有的文化模式，使原來的結構元素發生了變化，而正是這種變化使「五四」新文學中的浪漫主義出現了新的質變。顯然，文學要眞正有所革新，還有賴於文化的改革，只有文化模式獲得了新的整合機制，新的文學便會在古老的文化圈中破土而出。浪漫主義中國的嬗變歷程，不正給我們這種啓悟嗎？！

四、超越教化的啓蒙

　　討論特定時段的文學是否形成自己的傳統，取決於以下的相關因素：是否具有與過去文學傳統不同的風貌和對後世文學能產生較持久的影響。中國現代文學雖然只有短短的三十餘年的歷史，但因其獨特的文學內容品格、相對穩定的現代價值目標、別具一格的表達形式系統等要素，形成了與中國古代文學相異的傳統，從而確立了自己在中國文學史上的地位，並對以後文學的發展有著方向指引甚至規定的巨大影響。因此，中國現代文學形成了自己的傳統是沒有任何疑問的。

　　在一般意義上講，中國現代文學發生發展的主要文學文化資源來自西方，是在「西學東漸」、「西風勁吹」的語境中逐漸形成的，從文學大傳統而言，中國現代文學從屬於西方近代文學傳統，其基本的文學觀念、審美理想、符號傳達體系、以及文學的追求符合現代中國人生存發展所需的價值系統

等，都清楚地表明與西方文化文學的血緣關係。然而，又必須保持清醒的認識。既然現代文學的前置定語是「中國」，那麼，當我們研究現代文學的文學文化資源時，就不應該只關注與西方文學文化的關係，也應重視和中國古代文學文化的相關性。西方文學文化的資源對中國現代文學來說是不可或缺的，沒有它們，中國現代文學的歷史將會改寫；但是，不能以此爲由「遮蔽」中國古代文學文化對現代文學的重大影響，切斷二者之間的血緣聯繫。由於中國現代文學的發生發展是基於「中國」的土壤，中國古代文學文化的深厚傳統又已植根在這一土壤之中，它們必然會對現代文學發生種種影響；此外，投身現代文學的作家尤其是第一代作家的文化生命意識結構裏，表層上西方意識是起支配作用的，但在深處卻是本體文化和中國人固有的生命意識，本能的文化和生命意識自會以其特殊的方式左右作家的選擇。於是，我們在中國現代文學及其作家的文化生命意識結構裏，看到的正是兩種文化兩種生命意識的衝突以及衝突形成的巨大張力。這既說明中國現代文學發生發展的文化境遇的複雜性，又爲研究中國現代文學的縱橫資源提供了可能性和現實性。這自然不是新的發現，幾十年來，許多研究者都注意到並做了大量有成效的工作。但研究者更多關注的是現代文學與西方的關係，即使有不少學者也在研究現代文學同中國古代文學的聯繫，不過往往偏重作家與作家之問，或局部的藝術表現形式的聯繫，而從整體的角度、文化生命意識的角度研究兩種文學傳統的同與異則爲數不多。因此，本文擬從現代「啓蒙」文學傳統與中國古代文學「教化」傳統入手，通過二者相關性的研究，在較深的層次上認識中國現代文學與古代文學、文化的思想及精神聯繫，爲進一步擴大現代文學和古代文學的比較研究做點探索。

站在不同的角度討論中國現代文學的傳統，將會有多種結論，諸如「人道主義」、「爲人生」、「個性解放」、「自由主義」、「民族主義」、「愛國主義」、「平民意識」、「鄉土觀念」、「批判精神」、「革命思想」、「現實主義」這些屬於文學觀念性的傳統，以及開放性的多樣化的藝術表現傳統等，可謂不一而足。現代中國的歷史具體環境和思想文化語境異常複雜，在此基礎上產生發展起來的文學觀念傳統同樣如此；又因西方文學表達形式的大量引進與本土文學傳統的潛在影響，使現代文學已成的藝術傳統亦顯得豐富而不單一，簡單地以一種或幾個概念去描述概括中國現代文學的傳統，顯然會捉襟見肘，出現偏頗。不過，如不以求全責備的態度對待研究的話，還是可以以一種概

念界定現代文學的主要傳統的，我認為，從文學功能看，那就是「啟蒙」傳統。「啟蒙」是現代中國歷史的主題，它標誌著中國人歷史主動性意識的覺醒、人性解放的發現、民族獨立觀念的建立、近代理性思想在中國的出現與紮根；在現代中國，它貫穿著從「五四」時期到共和國成立的整個歷史過程。因此，它既是現代中國思想主題表達的形式，又是思想自身。中國現代文學是在這樣的思想基礎上發生發展起來的，「啟蒙」必然是文學的當然選擇，是作家「鐵肩擔道義，妙手著文章」的義不容辭的歷史責任。現代文學初期的啟蒙主題已為大家所公認，問題在於如何證明后起的「革命文學」、「救亡文學」與「啟蒙」的關係。近十幾年來，思想、文化、文學界有一種流行的觀點，即「救亡」和「革命」的主題沖淡、弱化、中斷了「五四」建立的「啟蒙」傳統。在特定的意義上講，這一結論是成立的。但是，進一步追問，「救亡」與「革命」真的同「啟蒙」是處在對立位置，沒有相似點嗎？如果僅僅把「五四」的啟蒙傳統作為惟一的標準和參照系的話，「救亡」與「革命」的思想或文學主題確實是有了相當大的差別，人的主題，人性解放的主題，反封建的主題，演變為民族存亡和階級革命的主題。從普遍人性解放和反封建的主題而言，「啟蒙」主題確實有所沖淡、弱化甚至中斷，尤其是「五四」時期文學中的個性解放、民主自由思想主題受到的衝擊和削弱更大。然而應當看到，在「五四」時期啟蒙主題中，除了人性解放，民主自由等反封建的主題外，本身也包含了啟民主獨立覺醒意識之蒙的時代主題，民族主義意識的高漲與人和人性的解放、爭取自由民主社會的建立等啟蒙思想實質上是相互聯繫相輔相成的，因此，「救亡」主題本是前此主題的繼續，不過在具體內容方面有了較大的變化而已。「五四」時期的民族主義一方面有民族國家存亡的背景，但主要著眼於中西民族在現實中的巨大差異，以期通過對比，為民族的獨立強大尋找正確的道路，因而在思想上具有開放性、理性與主動性、批判性的特徵；而「救亡」主題則帶有被動性，民族生存的本能性，民族自我保護、激發、正面肯定的封閉性。從當時的文學來看，主要是喚醒廣大中國人的民族英雄主義，為國家民族的生存而戰，其功能與「啟蒙」文學可以說是異曲同工。同時，「啟蒙」文學本質上就是革命文學——人的革命、人性的革命、思想的革命、文化的革命是其追求的價值目標，建立合人性的社會是其最高的理想。後來的「革命文學」就單從「革命」的詞彙意義看，是一致的，不過內容則有很大不同。「革命文學」主要啟發階級解放意識的覺醒，宣傳和鼓動的是為

階級、政黨的利益目標而奮鬥，雖然也包括了人性解放啟蒙的內容，但主要是階級革命與政治革命意識的啟蒙，在啟蒙主體、對象、目的以及實現革命的方式等方面，都有了很大變化，具體化、階級化、政治集團利益化，是「革命文學」啟蒙的本質。正是基於上面的分析，我才將「啟蒙」視為中國現代文學的一個主要傳統。

無論從中國現代文學發生發展的社會歷史背景，還是從思想文化語境看，中國現代文學的啟蒙傳統主要文學文化資源來自西方，一般而言，這種認識是不會有疑義的。不過，這僅僅是問題的一個方面或者說是問題的主要方面。其實，啟蒙傳統的形成與中國古代文學的「教化」傳統有著不可分割的血緣關係。中國古代文學一開始幾乎就為文學確定了位置，即為社會和統治階級充當教化的工具，為禮仁秩序的保持鞏固扮演政治、倫理、道德的發言人。所以在古代中國，「詩教」、「文以明道」、「文以載道」的觀念根深蒂固，在歷代文人的不懈努力下，建成了一以貫之的穩定的文學傳統，而「思無邪」、「止乎禮義」也就成為文學擔當教化的根本原則和存在、評價的標準。所謂詩要「邇之事父，遠之事君」（《論語‧陽貨》），所謂「經夫婦、成孝敬、厚人倫、美教化、移風俗」（《毛詩序》），所謂「文人之筆，勸善懲惡」（《論衡‧佚文》）「不妄作，作有益於化，化有補於正」（《論衡‧對作》），用王安石的話說，「嘗謂文者，禮教治政云爾。」於是，在中國，詩歌、散文成了最流行的教育人的教材，兒童從小就通過文學作品接受倫理道德的教育，培養起三綱五常的禮教意識，養成忠孝仁義的品質，學習瞭解自然物理人情世故的常識，但其主要目的是使正統觀念憑藉文學形式得到最廣泛的傳播並得到最有效的推行。於是，在中國，文學背負著「神聖」的道德承諾，不遺餘力地將「教化」功能發揮到最大程度，無論是詩歌散文，還是小說戲劇，在多數文人手裏，幾乎都是宣傳正統思想、維護禮教、批判非正統與同禮教相背的「異端」的工具，有宋以還，說教味、道學家氣日重，小說、戲曲更為明顯。利用文學特殊的審美愉悅形式，把統治階級的價值觀念、行為準則滲透到文學故事、人物和其它藝術形象之中，實在是極其聰明的方式，也是非常有效的辦法。古代中國之所以重視文學，大概就是因文學內容與形式具有生動性、易接受性的特徵。這不僅符合兒童的學習接受教育的心理，即使對成人而言，同樣有極大的魅力，「寓教於樂」永遠是行之有效的教育方式。所以時至今日，對兒童進行啟蒙教育的，文學作品依然是首選。此外，歷代文人還千方百計

以文學的形式，將需要對人們進行啓蒙的內容彙集起來，如《三字經》《百家姓》《幼學》《增廣》之類。顯然，在古代中國，文學的「教化」本身就是對人的一種啓蒙，文學在主觀與客觀兩個方面都是統治者和社會進行啓蒙的工具。重視文學的現實功利是中國文學的眞正傳統，對中國現代文學啓蒙傳統的形成有著深刻的潛在影響，從某種意義上講，現代啓蒙傳統是古代教化傳統的繼承和發展。雖然這兩種啓蒙的本質出發點與結果是不同的，但在重文學的教育人的功能方面卻如出一轍，都有鮮明的功利目的，在方式上也有很大的相似性。

現代「啓蒙文學」與古代「教化文學」具有深刻的精神聯繫，這一點是沒有懷疑的。中國主要是一個重現實功利的國度，其民族、文化精神裏面，實用理性佔有非常重要的地位。這種精神不僅滲透到社會文化制度之中，而且還內化在每個民族成員的心理、思維結構裏；不僅在文化價值系統建設過程中規定著選擇的意向，而且也顯形或隱性地支配著個人的行爲；不僅廣泛影響著各個學科的價值指向，而且還影響著日常生活的目的與人際關係之間的態度。譬如，在中國歷史上，技術技巧性的實用學科相對受到重視得到一定發展，而非實用性的科學就被嚴重忽視因而十分落後；經驗性的學科比較發達而理論性的則相當落後。總之，一切都必須具有實用價值。所以，哲學主要討論的是倫理、道德問題，缺少的是形而上的思辯；歷史學的任務在於能「經世致用」，在於爲權力者提供統治、政治鬥爭的種種經驗，成爲被統治者勝利者隨意打扮的「小姑娘」；文學，在這樣的文化與價值土壤上，不論是創作還是評論，必然被納入功利的軌道，成爲有用的爲「教化」搖旗吶喊的工具。現代啓蒙文學的興起、發展與西方的聯繫更爲緊密，但它畢竟產生在中國，產生在有著深厚實用理性傳統的民族裏，其發動者的文化身份和民族身份決定了他們無法眞正徹底擺脫與本民族、本體文化的聯繫，文化傳統、民族精神以不同的方式在不同的程度上始終會伴隨、影響他們。中國現代文學家們爲什麼一開始就選擇了走啓蒙文學的道路，並將啓蒙與國家民族的命運相聯繫，這固然與他們中的大多數人留學海外形成的西方近代思想、知識、文化背景以及 19 世紀歐洲大陸民族解放運動的影響有極大關係，但他們文化基因中的傳統文學重功利與「教化」的成分也必然會影響著他們的選擇。因此，當一般人接觸現代啓蒙文學時，就會感受到強烈的功利性內容以及作家明確的價值引導傾向。正是根據這種相似性，我認爲，現代啓蒙文

學與古代教化文學在文學功能觀上，具有一致性。具體講：第一，它們都認識到文學對人和社會有非常大的影響，是改變人的觀念、改造社會的重要力量和手段。文學，不僅能「興觀群怨」，還能「授之以政」，文學乃「經國之大業」，有「濟文武於將墜，宣風聲於不泯」的功用，能「正人心」「再使風俗淳」，「不關風化體，縱好也枉然」，所以，「文章功用不濟世，何異絲窠綴露珠」，也就是說，文學應當發揮「濟世」的功能，而這便成為中國文人從事文學事業的動力和價值目標。到了現代，雖然內容、目標都發生了根本性變化，但對「濟世」改變人心的文學之功能的認識並沒有太大的變化，入文學之思的路徑基本上是相同的，作家們視文學是指引國民前進的「燈火」，是改良國民性的利器，是喚醒昏睡的國民的驚雷，是催促大眾新生翻身求解放的號角，一言之，是啟蒙的最佳方式。從《新青年》時代陳獨秀的「文學革命論」到為人生的文學價值訴求，從文學是階級革命鬥爭的一翼到為工農兵服務的要求，在思路上在對文學功能的認識上，幾乎是一致的，表現出的正是啟蒙的價值目標。第二，它們都有明確而相似的對象。中國古代文學「教化」的對象，是沒有被「禮教」開化的民眾；在統治者的心目中，在儒家文化薰陶下成長起來的士大夫與文化精英的眼光裏，民眾是不識「禮」不知「禮」的，因此，要讓民眾都能「止乎禮義」，按照「禮教」的精神、行為規範、儀式準則而生活，就必須對其進行「教化」，而文學正好是實現這一要求的最佳工具。中國現代文學啟蒙的對象也是民眾，是沒有受到西方近代思想洗禮沒有覺醒依然昏睡在傳統「鐵屋」中的民眾，是沒有意識到自己作為人作為階級一員的權利、責任、義務的不覺悟的群眾。於是，知識精英們為使民眾覺醒，讓他們起來或為個人、或為階級的利益奮戰，紛紛操起文學這一有效工具，走進了文學啟蒙的浩蕩大軍，擔起了對落後民眾啟蒙的歷史責任。顯然，在思維方式方面，中國現代和古代的文學家都有一個共同的前提預設，即多數民眾是不覺悟的，需要喚醒，需要「教化」，需要「啟蒙」。第三，在方式上，他們也是相似的，兩個時代的文化文學精英們都是以「自上而下居高臨下」的態度和方式對民眾進行教化、啟蒙的。他們都自覺或非自覺地具有對民眾的優越感，所以高高在上，進行單向啟蒙，視民眾為被動接受啟蒙教育的對象。缺乏互動、帶有封閉性特點正是中國現代與古代文學家共同的啟蒙、教化的方式。

　　前面說過，現代文學主要是在西方近代文化文學思潮影響下發生發展起

來的，其啓蒙傳統的形成自然也是這樣，無論是思想或人性的啓蒙，還是後來的革命啓蒙階級啓蒙，從根本上都是現代性思想在中國的演繹；不管是進行人道主義、民主自由、個性解放以及諸如進化論之類思想的啓蒙，還是宣傳馬克思主義、社會主義的思想，都是使西方思想（廣義的意義）得以在中國傳播的努力。因此，啓蒙文學傳統在本質上與古代文學的教化傳統又有根本的不同：第一，價值目標不同。初期的啓蒙文學力圖通過啓蒙，使人獲得自身存在的意義和價值，張揚個性，使人性得到解放，使人成爲眞正意義上的人；使國家民族在「人立」的基礎上，既能擺脫列強的控制，又能從封建傳統的重壓下解放出來，獲得雙重的自由與獨立，建立起現代意義上的「人國」。隨著社會和時代的變化，「五四」時期的思想、人性解放啓蒙，到三四十年代，便演變爲革命、階級意識的啓蒙，雖然價值目標有了較大變化，但在主觀的動機方面，應當說都是爲了「人的時代」和「人的國度」之建立。古代的文學「教化」傳統與此是不同的，其目的是通過「教化」，使人自覺接受禮教的規定，使人在禮教的制約下，成爲馴服的工具甚至奴隸，從而喪失做人的基本資格；而大量的所謂「愛國主義」（與忠君往往一致）的宣揚，實質上是爲君主爲統治階級培養順民和「爲王前驅」的家天下的工具，不過是「教化」出大批魯迅所指稱的「合群的愛國的自大」者。這一切的結果是「非人」世界的堅如磐石，人，民眾，只能在「想做奴隸而不得的時代」或「暫時做穩了奴隸的時代」中生活。第二，現代啓蒙文學的「啓蒙」是內容的多元化，而古代的「教化」文學內容則十分單一。從現代文學提供的思想而言，遠非古代文學能比，幾乎西方文藝復興以來的各種主要思想、思潮都有不同程度的表現，這爲中國人從不同的角度認識自我、認識國家民族的命運、認識人存在的意義，提供了多元的參照系，爲個體生命和社會的發展提供了選擇的多樣可能性機會。而古代的「教化」文學，道德說教是其主要內容，忠臣、孝子、烈女、貞婦比比皆是，儒家道德人格理想充斥在各種文學文本之中，思想極其單調，禮教成爲基本的至高無上的價值準則。經過這樣的文學教化之後，人僅僅是儒家倫理與道德的維護與實踐者，因而失去了思想多向開掘和生命價值選擇的可能。第三，關鍵在於思想、價值基礎不同。現代文學的啓蒙傳統建立在近代理性的基礎之上，懷疑、批判、求眞、超越是其核心品格，追求的是人與個體生命價值的實現，以及建立在此基礎上的民族、國家的解放、自由獨立、發展的價值目標；而古代文學的教化傳統建立在實

用理性的基礎之上，服從、肯定、求同、守成是其主要特徵，追求的是社會和群體的價值實現，以維持封建時代家天下的倫理與道德基礎。於是，兩種文學傳統的最終結果，其性質完全不同。

五、難以擺脫的文化宿命

　　對中國現代文學性質的認識，研究界經歷了從政治判斷到文化認識的基本過程，具體來說，幾十年佔據絕對統治地位的「新民主主義文學」性質的獨斷論，在近十多年間已逐漸爲「現代性」文學的認識所取代。應該說，這既是研究界的思想觀念的巨大進步，又是對中國現代文學歷史的尊重和還原。中國現代文學是在中國社會現代化的歷史進程中發生發展起來的新的文學形態，其現代性品格無論是觀念還是藝術形式都有較充分的顯現，因此，用《中國現代文學三十年》的作者在前言中的話說，「本世紀中國圍繞『現代化』發生的歷史性變動，特別是人的心靈的變動，就自然構成了現代文學所要表現的主要歷史內容」；而文學現代化「所發生的最深刻並具有根本意義的變革是文學語言與形式的變革，以及與此相聯繫的美學觀念與品格的變革」。就現代文學與中國現代化的關係和文學自身的現代化進程以及對現代文學性質的一般概括而言，這一結論是準確的。但是，任何結論都只具有相對的正確性，用「現代性」來界定中國現代文學的性質也是如此。如果我們深入到中國現代文學性質的內在構成，就會發現，現代文學內容與中國傳統文化、文學思想、觀念之間有著深刻而千絲萬縷的聯繫，始終存在著緊張關係，而正是這種緊張，使中國現代文學出現了「亦中亦西不中不西」的複雜形貌，對一些作家作品而言，也許表層是現代的而深層則是傳統的；對另一些作家作品而言，可能表層是傳統的而深層則是現代的，徹底的「現代」與「傳統」在中國現代文學裏都極其少見，即使像魯迅這樣的作家，前期可以說是較徹底的現代性的，在後期，就發生了一些變化，與傳統的聯繫比之前期就明顯得多。因此，可以對現代文學的性質作出這樣的判斷：現代性與傳統性的結合，或現代性與古典主義的結合。下面，我們主要從三個方面來加以證明。

　　關於文學的價值功能。文學應該並必然具有這樣或那樣的價值功能是客觀的存在，問題不在於有與無，而在於功能的指向。如果借用西方古典主義來認識中國古典文學的價值功能指向具有合理性的話，中國古典文學在本質上應屬於古典主義的範疇，或稱爲古典現實主義，將其定位在現實主義範疇

雖有諸多理由，但難以反映其整體風貌。大家知道，古典主義的價值核心是擁護王權、忠於君主、國家至上、強調理性、剋制情感、注重對古人的摹擬。在古代中國，文學自儒家學說興起之後，所奉行所推崇的價值標準與古典主義是極其相似的。當然也有一些差別，主要的分野在於理性的內涵及其結果：西方古典主義的理性導源於笛卡爾的唯理論，這種唯理主義認為人皆有能夠正確判斷事物分辨真偽的能力，從先天的角度肯定了個體人的一種內在本質；雖然西方古典主義文學沒有強化個體的這種能力，但畢竟在作品中具有個體獨立作出判斷與選擇的內容和傾向。在古代中國，情況則很不相同，服從君主，忠於王權，絕對放棄個人的判斷與選擇的能力，是普遍而真實的「絕對命令」，文學只能是統治階級的教化工具，「文以載道」，充當政治與道德倫理的簡單的傳聲筒。中國現代文學在發生的「五四」時期是以反傳統反古典的姿態出現的，強烈的批判性、激進的個人立場，使其具有鮮明的現代品格；但是，無論是對傳統文化和古典文學的激進式否定，還是以獨立的個人立場反叛集體、國家的專制，都與現代中國國家、民族的命運以及社會的進步發展發生著極其緊密的聯繫，從一定意義上講，那個時期的先驅者，幾乎都是從國家、民族、社會的立場來思考現代與傳統、個體與國家民族、自我與社會的關係的，純粹探索個難以擺脫的宿命體價值的作家和文學作品並不多見，價值指向異常明確。李大釗、陳獨秀、胡適是這樣，魯迅也不例外，郭沫若、郁達夫亦如此。出現這樣的文學價值功能觀念，一方面與歐洲 19 世紀以來的弱小國家、民族的獨立解放運動有密切的關係，另一方面與中國傳統的國家民族至上的文化價值觀念有著更深刻的聯繫。這既為以後現代文學的發展奠定了主要的價值基礎，規定了文學發展的方向，又通過這一價值中介使中國現代文學與古代中國文化、文學得到了溝通，保證了民族文化、文學價值的連續性。表層的激進的反傳統文化文學並沒有造成當今一些人所說的「文化中斷」，相反，恰如魯迅所說，是「內之仍弗失固有之血脈」。因此，現代文學逐漸成為階級、政黨、政治的工具，成為主流意識形態的發言人之一，成為國家控制輿論、引導人心服從國家、政黨、階級所確立的現實秩序的工具，具有歷史的必然規定。此外，現代文學與古典文學一樣，對文學的功利非常重視，都認識到文學對人、社會、國家、民族作用巨大，是改變人的觀念、改造社會、振興國家民族的重要力量和手段，在對文學功能的認識方面，二者之間的聯繫是清清楚楚的。這裏絕無否定這種價值觀念的意思，

不過是以此說明現代文學在現代性的價值系統裏，包含了中國古代古典主義文學的價值，並通過這一事實證明現代文學的政治意識形態化，不僅是現實社會環境使然，也是歷史文化和民族文學傳統的深刻影響所致。

關於文學主題。中國現代文學有著眾多的主題，這是不可否認的；但由於現代中國特殊的社會、歷史條件，「啟蒙」與「救亡」確實又是處於核心地位的貫穿在現代文學歷史過程中的兩大主題。這兩種主題關係十分緊密，甚至是一而二二而一的關係，「啟蒙」起因於「救亡」又包含著「救亡」，「救亡」也依賴於「啟蒙」並內涵著「啟蒙」。就這兩個主題而言，與中國古典文學的核心主題有驚人的相似性。這裏重點分析啟蒙主題與古典文學的關係。啟蒙主題在「五四」，時期主要表現為個性解放、人道主義、批判理性等思想。從根本上講，啟蒙主題的價值目標具有現代中國人所需要的內容，在整體上與現代性相一致，這在「五四」時期尤為明顯。後來啟蒙主題雖然隨著社會、政治環境的變化，對「五四」文學有所偏離，但運用啟蒙這一方式則沒有多大變化。啟蒙主題當然主要是西方啟蒙主義影響的產物，但與古典文學的「教化」主題又脫離不了干係。「教化」主題實際上也是一種啟蒙，目的是通過文學這一載體，將統治階級的政治意志、倫理道德觀念加以傳播，達到「正人心」、「止乎禮義」的目的，使人成為統治者所需要的「順民」。如果說「五四」時期的啟蒙是真正意義上的喚醒人的覺悟，呼喚的是人性的解放和個體的獨立與自覺的話，那麼，到了後來，啟蒙的主題在「革命」作家那裏，就不自覺或自覺地回到了古代，強化的是人的階級、政黨、集體意識，以及國家、民族意識，這就與古代文學的「文以載道」、「修身齊家治國平天下」具有了很大的一致性。顯然，現代「啟蒙」文學與古代「教化」文學有一個共同的前提預設，即民眾是不覺悟的，處於「蒙昧」之中，故必須進行「教化」進行「啟蒙」。而且，在方式上，「自上而下」「居高臨下」是這兩種文學進行教化與啟蒙的共有特徵。

在中國傳統思維結構中，經驗思維具有支配性地位，其特點是對歷史的依賴，所謂「人唯求舊器唯求新」，所謂「向後看」便是顯著表徵。而現代性思維與此恰恰相反，注重的是歷史的發展和不斷進步，這就是一些學者所指出的「現代性神話」。考察一下現代作家，不難發現，兩種思維共存在同一時空結構中是現代作家的普遍情形。一方面，以進化論為認識社會、歷史和人自身的哲學基礎，堅信歷史、社會與人的不斷進步與發展，堅信現在優於過去、將來必勝於現在；一方面，又對現實不滿甚至絕望，對未來更感迷茫，

於是，便把目光投向過去，或在歷史中尋求改造現實的資源和邁向未來的動力，或從過去找到靈魂的棲身地。所以，我們看到的就是非常複雜的作家心靈的圖景，見到的是作家思維的向前看與向後看的交織。魯迅主要是面向未來的，但當進化的難以擺脫的宿命思路被現實轟毀後，也希望在古代的「英雄」身上，去找回中國人的自信力。郭沫若非常富有現代意識，《女神》所表現出的情感狀態就是明證，即使是歷史劇的創作也有現代意識的滲透，但是，當他在吸取西方浪漫主義的反叛精神之際，同時又自覺或不自覺地具有了回頭看的思維。在《女神》裏，他讚美我們民族「過去」的芬芳、淨朗與歡笑，這就決定了他後來從歷史及歷史人物中尋求救人救世良方的思路。老舍既有現代的批判精神，同時又對過去的文化表示著深切的依戀。曹禺在創作《雷雨》、《原野》時，現代意識特別強烈，而到了「北京人」時，便把振刷人心、改良民族性的希望寄託在遠古的「北京人」身上。沈從文亦不例外，現實的醜陋使之絕望，只有富有原始野性精神的人格才能成爲他心中的「人性小廟」。這一切都說明了現代作家在思維方向上與古代作家的血緣關係。言必稱古人古代、言必稱孔子、言必贊「三代」，是中國古代人也是古代作家的根深蒂固的意識和思維指向，汗牛充棟的文獻與文學作品以及歷代不衰的文學復古思潮足以證明。濃厚強烈的歷史意識自有其優越性，歷史無法忘卻，更無法拋棄，歷史就在我們自己身上。這裏沒有任何苛責現代作家的意思，只不過做了一個證明，證明現代作家在思維向度方面與古代作家有相同之處，從而使研究者對現代文學性質的認識有一個另外的角度。

文化的力量、傳統的影響是極其巨大的，特別是在中國這樣的有幾千年厚重歷史積澱的國度裏。現代文學性質的複雜性說明了這一點，現代作家的命運也說明了這一點。對現代中國人而言，對現代中國作家而言，這似乎是一種宿命，一種難以擺脫的宿命。

六、「五四」抒情小說與時代精神

一個突出的文學現象

當我們邁進「五四」短篇小說的藝術殿堂，抒情的氣息就會迎面撲來，我們往往會被抒情的藝術氛圍所包圍，並受到心靈的強烈衝擊。那裏有深沉激昂的吶喊，也有微鳳細雨般的淺吟低唱；既有心靈泉水的渲泄與奔突，也

有情感的如秋風蕭瑟的愁悵。冰心以清新而略帶哀怨的抒情曲，歌唱著自己的「問題」和縹緲的生活理想；廬隱則以苦痛的狂叫抒發著「人生是什麼」的焦灼而令人苦悶的呼問，表達著內心難以解脫的精神和感情的痛楚；郁達夫以「大膽的自我暴露」步入文壇，「露骨的眞率」地渲泄著一代青年心靈的創痛，發出在時代負壓下的略帶變態的情感呻吟，成爲「社會的桎梏之下呻吟著的『時代兒』」；葉聖陶是位以客觀描繪灰色人生見長的作家，但《隔膜》時期的作品往往注重人物內心的感受和體驗，流露出「不是那麼『客觀』的」主觀抒情色彩，散發著情感抒發的芳香；在王統照、許地山、魯彥以及創造社的王以仁、倪貽德等作家的作品裏，幾乎都蒙上了厚重的抒情色彩，魯迅是公認的嚴峻而清醒的現實主義大師，但因其現實主義創作方法的包容性和開放性，他的有些作品不僅具有現實主義精神的深刻性、客觀眞實性，而且還具有浪漫主義的主觀性、抒情性。《吶喊》中一些作品的問世，那強烈的抒情特徵，客觀上把魯迅推上了「五四」抒情小說開山祖的地位，許多中外研究者都敏銳地認識到了這一點。〔註22〕

顯然，「五四」時期的小說，有一個共同點就是抒情性，把情感以及以情感所凝結的內容作爲表現的基本對象，並以情感的形式強烈而率眞的表現出來成爲這一時期小說的重要現象，這種文學現象所產生的影響是深遠的。從三十年代沈從文的小說，到四十年代孫犁的小說創作；從二十年代後期崛起的革命文學到我國新時期的文學，都承襲著這一現象的影響。只要你認眞地閱讀張潔、張承志等人的作品，就會感受到抒情的力量所在。這不是一個偶然的現象。這是一種歷史的必然，時代提供了抒情小說產生的土壤和條件，它是一種新的時代精神孕育出來的。因此，考察「五四」抒情小說與時代精神的關係，對於認識文學與時代精神，認識文學發展的一些外部規律，無論在理論與實踐上都將是有益的。

兩種時代精神結合的產兒

「五四」抒情小說是「五四」時代兩種基本精神結合的產兒，即現實主義和浪漫主義精神相結合所結出的文學之果。

「五四」時代是中國歷史發生巨大轉變的時期，徹底的反帝反封建、爭取民族和人的解放、爭取科學與民主構成了這一時代的總精神。因此，揭示現實的苦痛和封建主義、帝國主義的壓迫，力圖影響、改變現實的社會欲求

〔註22〕參見拙作《〈吶喊〉〈彷徨〉抒情小說審美二題》，《魯迅研究》1984年第6期。

成爲普遍的思想和心理，尤其是以理性的態度批判現實，讓歷史和現實在理性法庭面前接受審判的要求使批判的現實主義精神得到廣泛而充分的重視。封建社會關係的溫情脈脈的面紗被徹底撕破，理性成爲審查歷史與現實的重要武器。正是在這個意義上，我們把這個時代的文化思想稱之爲現實主義的。

既然「五四」時代是過渡性的時代，它也必然是一個開放的鬆散的時代。除了現實主義精神之外，它必然還會吸收浪漫主義的精神，而且在一定的意義上講，浪漫主義的精神更能體現過渡時代的精神氛圍和社會情緒。高爾基說過：「浪漫主義乃是一種情緒，它其實更複雜地而且始終多少模糊地反映出籠罩著過渡時代社會的一切感覺和情緒的色彩。」〔註23〕尤其是在我國「五四」時期，浪漫主義的精神與氣氛確實反映了過渡時代的一切感覺和情緒。長達數千年的封建社會的超穩定統治，像巨石一樣壓抑著人的心靈，「存天理，滅人欲」的反動思想把人禁錮在一種思想（統治階級的）、一種情感（以血緣、家族、社會爲基礎的倫常情感）的模式之中。個人的思想情感自由，創造欲，獨立性都被取消了。因此，當「五四」衝擊著封建主義的大廈時，以個性反對封建社會的片面共性，以主觀意志反對封建社會的絕對客觀意志就成爲勢所必然的趨勢。現實主義以新理性去否定舊理性，浪漫主義則是以情感去否定舊理性，並解放人的情感。兩種精神在過渡的時代得到了較一致的統一。這是一種以現實主義精神作爲深層基礎，浪漫主義作爲表現形態和主導方向的統一。實際上，基礎的東西往往是隱蔽在底層的，而外部的表現形態則較直接明瞭。所以嚴格說來，在「五四」時代，作爲形之於外的，人們可以強烈感受到的則主要是浪漫主義精神。這個時候，熱情壓過了理智，理智作爲底層的基礎卻被形之於外的情感掩蓋了；主觀壓倒了客觀，客觀的目的只是作爲目的和歸宿而存在，手段的浪漫主義使目的的現實主義顯得不明朗和不外在化了。正是在這樣的時代精神下，抒情小說應運而生了，一種以現實主義作爲基礎精神，浪漫主義作爲外在表現精神和形態的抒情小說伴隨著時代的精神，出現在我國現代文學的殿堂裏。他們把對傳統的認識與理解、批判，溶解在心靈的感受之中，把對現實的責任與義務用情感的傾訴表現出來，把對理想的追求、人生哲理的探索化入內在情緒，心靈的趨向之中。

以現實主義精神作爲深層基礎，浪漫主義作爲外在表現精神和形態的「五四」抒情小說起於魯迅先生的《狂人日記》。小說沒有一般現實主義小說的情

〔註23〕《俄國文學史》，北京：新文藝出版社，1951年版，第70頁。

節特征和大量細節描寫，也缺乏對人物形象的立體塑造。它以「狂人」主觀內心感受和心靈對外部周圍現實的情緒的直觀反映爲主要線索，以內心的獨白和外在現實環境相統一的主觀抒情形式，探討了中國廣大人民在封建社會被吃的悲慘而令人恐怖的命運，提出了「救救孩子」的深刻而又是迫在眉睫的現實問題。作品的精神實質是現實主義的，但氛圍則是浪漫主義的。大膽的誇張，奇特的聯想，幻想與直覺的形式，情緒的強烈傾訴都呈現著強烈的浪漫主義色彩。小說是客觀的，但是從主觀來觀照客觀和揭示客觀的；它是理性的，但是以情緒、感情來表達理性的。主觀性、抒情性和客觀的歷史真實性構成了統一，奠定了現代抒情小說的基本格局。此後，郭沫若的《牧羊哀話》、郁達夫的《沉淪》、冰心的《超人》、《悟》、廬隱的《海濱故人》、葉聖陶的《隔膜》、許地山的《綴網勞蛛》等作品相繼問世了。這些作品在精神上都具有強烈的現實主義精神如郭沫若《牧羊哀話》所體現出來的愛國主義精神以及《沉淪》所表達出來的青年人的苦痛，還有冰心《超人》中體現出來的人生的苦難以及她對理想的追求，都是現實的反映；但這種現實精神是就這些作品與整個時代要求的一致性而言的。它們的現實精神正是在整個時代的現實要求總趨勢上得到體現的。在手法上，這些作品往往通過主觀心靈的抒發，去表達內心的強烈意願和理想，具有強烈的主觀性，抒情性，從語言的選擇到視角的安排，從色彩的情感濃度到節奏的詩似的旋律，都說明著抒情小說中的浪漫精神的影響。這就是中國現代抒情小說在「五四」時代的總傾向。

　　上面是從整體時代精神來確定抒情小說產生的必然性的。然而，作爲「五四」抒情小說的實際情況來看，它又是一個個更具體的時代精神在不同方向上的具體投影，這些具體投影的結果，就產生了「五四」抒情小說的幾個鮮明的特徵，即主觀性、理想性以及思想的二重性。

時代的主觀精神與抒情小說的主觀性

　　「五四」時代一個鮮明具體的時代特徵就是主觀精神的發揚與高漲。它就是抒情小說產生的重要推動力。主觀精神的高揚既是對封建社會客觀精神的一種反動，又是封建統治階級大統一客觀意志崩潰的必然。封建社會對主觀、個性和自由是不能容忍的。它要求人們被動地、無條件地服從整個封建統治階級的意志，而實質上是服從皇帝個人的意志。皇帝個人意志從意志發

源的本體而言，是主觀的；但是皇帝的主觀意志一旦形成統治和支配社會的意志，就轉化爲成客觀意志，而且是不以多數人爲轉移的，必須服從執行的高強度的客觀意志，即大統一意志。它以客觀的異己的精神力量轉化爲一種強大的物質力量凌駕於每一個人之上。正如黑格爾指出的那樣，在中國封建社會，「『實體』簡直只是一個人——皇帝，——他的法律便是一切」，因此，「客觀性與主觀自由的那種結合已全然消彌了二者間的對比，因此物質遂無從取得自己反省，無從取得主觀性。」〔註24〕顯然，在封建社會裏，除了皇帝個人的主觀意志得到充分肯定和發展外，其他人的主觀意志、能動性、自由發展和個性發揚都被一種唯一的、絕對專制的君主意志窒息了。正是在這樣的意義上，我們認爲封建社會是以客觀的意志爲社會意志的本體的。

　　隨著封建社會的解體，絕對的客觀意志也壽終正寢了。「五四」時期正是封建社會在形式上解體不久的時代。在這樣的時期，封建客觀意志的崩潰，爲主觀精神的解放和發揚提供了可能性和現實性。每一個人的主觀內部精神潛力的開掘和發揮都具有了相當程度和範圍的自由度，這是「五四」時代具有主觀時代精神的最重要的依據。事實上，在「五四」時期，清政府的垮臺和民國的名存實亡，一種統一的客觀的社會意志是沒有可能形成的。軍閥割據，山頭林立，無政府、無階級的雜亂特點，客觀上也爲個人主觀精神的發展提供了現實的有利環境，爲人們以主觀的意志、情感，自由而積極地去選擇，創立他所認爲合理的社會人生理想和人格理想提供了廣闊的背景。從而，一個沒有固定的框架和模式，一切都相對開放自由的社會思潮出現了；一切都塗上了主觀的色彩。主觀的理性和情感，不僅是批判封建社會的武器，又是選擇新的理想和新的發展道路的指路明燈。「我們咒詛家庭，咒詛社會，要將個人抬在一切的上面，作宇宙的中心，我們說，個人是一切社會評價的標準。」〔註25〕強調個人，也就是強調主觀，因此，主觀的時代精神在「五四」時代就是一種勢所必然的潮流。

　　國內的社會歷史和現實條件爲主觀精神的張揚開創了內部的條件，而十九世紀後期尼採、叔本華、斯蒂納爾等人的主觀哲學思潮的影響則是促進主觀精神高漲飛揚的外在因素。從事新文化運動的勇士大都是留學歐美和日本的年輕的知識分子。他們爲了反抗封建社會的客觀意志，就借來了在西方本來已入末流的唯意志哲學思想，並把它們變成主觀、個性主義的武器，用以

〔註24〕黑格爾：《歷史哲學》，北京：商務印書館，1936年版，第197、191頁。
〔註25〕朱自清：《那裏走》，《朱自清詩文選集》。

打擊封建的精神統治，魯迅專門介紹過這一類人的哲學思想，陳獨秀、李大釗、郭沫若也接受過尼采和叔本華的影響，郁達夫則專門寫過介紹斯蒂納爾的文章，宣傳過他的思想。這些介紹和影響無疑爲時代的主觀精神找到了一種外部根據，也爲現代抒情小說的主觀性特徵奠定了哲學基礎。魯迅認爲，以尼采等人爲代表的哲學其主要特點在於「於客觀之習慣，無所盲從」，「而以自有之主觀世界爲至高之標準而已」，「以是之故，則思慮動作咸離外物，獨往來於自心之天地」，而且他們「皆據其所信，力抗時俗，樂主觀傾向之極致……而一任主觀之善惡爲判斷焉」；他們「去現實物質與自然之樊，以就其本有心靈之域，知精神現象實人類生活之極顛，非發揮其輝光，於人生爲無當；而張大個人之人格，又人生之第一義也。」形成這種思潮的原因是什麼呢？魯迅認爲，「若夫興起之由，則原於外者，爲大勢所向，脊在平庸之客觀習慣，動不由己，發如機緘，識者不能堪，斯生反動；其原於內者，乃實以近世人心，日進於自覺，知物質萬能之說，且逸個人之情意，使獨創之力，歸於槁枯，故不得不以自悟者悟人，冀挽狂瀾於方倒耳。」〔註 26〕顯然，魯迅是以主觀的意願和主觀的需要去介紹並肯定主觀哲學的作用的。從歷史的角度看，是有其思想的片面性的；但從歷史的角度，又可發現這種思想在中國反封建鬥爭中的積極作用。正如茅盾所講的那樣：「個人主義（它的較悅耳的代名詞，就是人的發見，或發展個性），原是資產階級的重要的意識形態之一，故在新興資產階級的意識形態對封建思想開始鬥爭的『五四』時期而言，個人主義成爲文藝創作的主要態度和過程，正是理所必然。而『五四』新文學運動的歷史的意義，亦即在此，」因此，「人的發現，即發展個性，即個人主義，成爲『五四』期新文學運動的主要目標，當時的文藝批評和創作都是有意識的或下意識的向著這個目標。」〔註 27〕發展個性，當然是主觀的發展。抒情小說的主觀性特徵就鮮明地踏著時代主觀性的風雲而突現出來了。

在主觀精神的推動下，一批文學青年拿起了筆，唱起了自己心靈的歌，自由的歌，主觀的歌，奏起了音調繁複、強弱高低不一的抒情的交響曲。「我是一個偏於主觀的人，……所以我便借文學以鳴我的存在」，「一任自己的衝動在那裏奔馳，」〔註 28〕「我要高贊這最初的嬰兒，我要高贊這開闢鴻荒的

〔註 26〕《墳・文化偏至論》。
〔註 27〕《關於創作》，《茅盾文藝雜論集》（上），第 304 頁、298 頁。
〔註 28〕郭沫若：《論國內的評壇及我對於創作上的態度》，《文藝論集》人民文學，1979年。

大我」〔註 29〕，這是「五四」時期郭沫若的心聲和創作態度；郁達夫強調表現和個性，「我們的生活，就是我們的全個性的表現這一句話，」「藝術畢竟是不外乎表現，而我們的生活，就是表現的過程」，並進一步指出「藝術既是人生內部深藏著的藝術衝動，即創造欲的產物，那麼，當然把這內部的要求表現得最完全最真切的時候價值爲最高」〔註 30〕，冰心講，「『能表現自己』的文學，是創造的，個性的，自然的，是未經人道的，是充滿了特別的感情和趣味的，是心靈的笑語和淚珠。文學家，你要創造真的文學嗎？請努力發揮個性，表現自己」〔註 31〕，盧隱也明確宣稱「稱創作的作品，唯一不可缺的就是個性——藝術的結晶，便是主觀——個性的情感」〔註 32〕；魯迅更是強調人各有己的思想，認爲「世間本沒有別的言說，能比詩人以語言文字畫出自己的心和夢，更爲明白曉暢的了。」〔註 33〕

「五四」抒情小說的主觀性色彩主要表現在：（一）題材的「身邊」性和戀愛婚姻內容。「身邊小說」往往以作者自身的經歷和想像性的形象構成內容主體，這便於作者借題發揮，傾訴「我」的心靈的主觀感受。此類作品如郭若沫的《飄流》三部曲、《鼠災》，郁達夫的《沉淪》，以及冰心、盧隱、朱自清張資平、王以仁等人的作品皆是；戀愛婚姻題材之所以便於觀個性的抒發，主要在於這是反封建禮教的突破口，是青春躍動時期青年人最關重要的生活內容，因此在禮教並未完全消除的「五四」時期，它往往是個性解放和主觀意念表達的有效載體，這就是茅盾統計的一九二二年四、五、六三個月間的一百二十篇小說，「描寫男女戀愛的小說佔了全數的百分之九十八」的緣故所在。（二）形象的自我塑造性。這些主觀性強的抒情小說往往忽視客觀情節的安排，而重視「自我」的表現的塑造，作品中的「我」或者不是「我」的「我」，往往都不過是作家自我形象的投影。郁達夫筆下的於質夫，郭沫若小說中的愛车，乃至魯迅《狂人日記》《故鄉》中的「我」，都具有將自我賦予典型意義的明顯傾向。（三）著重展現真情的渲泄，以情感發展的表現爲中心線索，如郁達夫的《沉淪》，盧隱的《海濱故人》，葉聖陶的《萌芽》、許地山的《綴網勞蛛》、魯迅的《狂人日記》、《一件小事》等作品。這些作品主要抒發表現

〔註 29〕郭沫若：《創造者》。
〔註 30〕《文學概說》，《郁達夫文集》第 5 卷，花城出版社 1982 年。
〔註 31〕《文藝叢談》。
〔註 32〕《創作的我見》。
〔註 33〕《桃色的雲》序。

主人公的情緒感受，以象徵性環境氣氛的渲染，給整個作品塗上主觀感情的色彩，從而使主人公主觀的抒情找到合適的表現對象和內容。（四）理想的主觀化，這些作品都不同程度地追求著理想或者構造著自己所理解的理想。因此，帶有極強的主觀性，無論是個性自由的呼籲，還是愛與美的追求；不論是建立沒有人吃人的世界，還是平等的理性王國，都蒙上了主觀色彩，應當指出，這裏的理想，有的是反映著現實客觀的要隸，有的則是縹緲的虛無，主觀與客觀的統一程度是有差別的。

綜上所說，「五四」的主觀時代精神推動了抒情小說的產生並賦予了它主觀色彩，而抒情小說則表現、反映並突出了這一時代精神。

理想追求的時代與抒情小說的理想色彩

無論我們打開「五四」時期哪一篇小說，你就會感到熠熠閃光的理想色彩，理想的光輝照耀著抒情小說。別林斯基說過：「每個時代的詩的不朽，都要靠那個時代的理想的重要性。」然閃光的並非金子，但我們卻可從當時作家的追求，看到一代人在人生路上所留下的足跡；雖然這些作品並非全都不朽，但它們畢竟為不朽理想的奮鬥而作出過自己的努力。

「五四」抒情小說的理想追求具有三個鮮明的特點，即追求理想的一致性、多元性、非現實與現實性的共存性。這幾個特徵，說到底，是時代本身所具有的相應特徵帶來的結果，不管有多少個性的因素，而總體的時代理想追求的特點決定了作家的追求。

所謂一致性，就是指整個抒情小說追求理想的普遍性，在那些小說裏，無不涵蓋著對理想的渴求和呼喊。有的直抒胸臆，昭示自己對人生的理想；有的焦灼煩苦，在痛苦中尋找人生是什麼的答案；有的努力衝破身邊的網，掙扎著，企圖飛向自由的世界，有的從現實出發，探索著人在現實中的地位和命運，尋找著人存在生活中的理想的社會和環境。這種追求理想的普遍性來源於整個時代理想追求的整體氛圍，來源於自近代以來的中國理想人性追求的歷史潮流，而這一切最終的來源是反帝反封建爭取人和民族解放這一崇高的偉大現實理想。因此，「五四」時代對理想的渴求是一種廣大的社會氛圍，是民族和人民心理的共性要求所謂整體性就指的這種全社會性的願望。一切都從屬於一個偉大的理想目標，就是整體性的基本特點。郭沫若認為：「二十世紀是理想主義復活的時候，我們受現實的苦痛太深巨了。現實的一

切我們不惟不能全盤接受，我們要准依我們最高的理想去毀滅它，再造它，以增進人類的幸福。」〔註34〕理想是對現實非理想的反動，它是改造現實，創造新的現實的指路明燈，正如魯迅所講的那樣，「人生現在實在痛苦，但我們要戰取光明。」〔註35〕而戰取光明的武器和動力就是那新的「建設的理想」。

在「五四」時代步入、衝上文壇的大都是年輕的知識分子。這種時代的氛圍不僅感染著他們，而且也衝擊著他們；自身的經歷也促使他們為改變自己受壓抑的處境而走上為理想而探索的道路；加之他們正處在青春的大好時代，幻想和嚮往新生活的激情本屬本能的屬性。郁達夫指出：「青年期的生活力的暴漲，每有不受理知的或意志的制御之勢。所以過去的榮華，當然不能滿足他的夢想，就是目前的現實，也覺得醜陋難堪。他所期望的，只是未來的理想。這理想實現，由生活力旺盛的青年看來，原甚易易。所以他對於過去，取的是遺忘的態度，對於現在，取的是破壞的態度，對於將來，取的是猛進的態度。」〔註36〕這是對「五四」時期青年思想與心理的精當概括，也是對「五四」文學的深刻總結，因為，當時的作家不論是對現實的批判，還是對未來的嚮往和突進，正是依照懸在心靈中的理想明燈的。正因為這樣，我們在「五四」抒情小說中看到了一條追求理想的紅線。無論是冰心對愛的哲學的歌唱，還是王統照對美的世界的企盼；無論是郁達夫對愛情的大膽渴求和對祖國強大的盼望，還是葉聖陶對人生關係的新的追求；不管是郭沫若筆下的愛國主義理想，還是魯迅對出現沒有人吃人的新的生活世界和歷史上「從未有過的第三樣時代」的呼喊；不論是把自然作為人生苦難避風港的王以仁的《流浪》，還是力圖衝破苦難之網的許地山的《綴網勞蛛》，它們無一不是對理想的苦苦追求。儘管它們所體現出來的理想的性質有差異，程度有大小，強度有高低，但都反映著那個時代追求理想的整體氛圍，它們是時代理想追求的產兒，是從不同側面，不同方向反映時代理想的典型。這就是時代理想的整體性與抒情小說追求理想的一致性。

整體性一致性不排斥多元性。整體性是從宏觀的理想質著眼的，而多元性則是從理想形態的量，即從微觀的角度而言的因此，「五四」抒情小說在理

〔註34〕《未來派的詩約及其批評》，《文藝論集》。
〔註35〕轉引自曹白的《寫在永恆的紀念中》。
〔註36〕《文學概說》，《郁達夫文集》（第 5 卷），廣州：花城出版社，1982 年版。

想形態的表現方面是多元的，多元性構成了理想追求的又一重要的特徵這種多元性係「五四」時期理想追求的多元性所產生出來的。

從理想的總趨勢而言，一個時代有它的主導理想，代表著時代發展的趨勢，決定著其它理想的屬性。這種理想具有客觀性和歷史發展的不可逆性。但是，在這一總體理想客觀規定下的各種具體理想，則具有形態的多樣性即多元性在「五四」時代，只要不是極端的民族敗類，都具有建立一個強大的祖國這樣一個普遍的理想；只要不是頑固的封建衛道士，都有要求把人從封建主義枷鎖解放出來的願望。這是客觀的歷史趨勢和歷史要求，可以說是不可逆的。但就其道路而言，具體的理想就是多元的，也可以說是五花八門的了。從振興民族，祖國解放而言，大致就有科學救國，實業救國，文藝救國的；有的主張思想革命，有的主張暴力革命；有的主張資產階級民主制度，也有社會主義的思想；有的走改良之路，有的甚至販賣無政府主義，等等等等，真是不一而足。對人性的追求也是如此，個性主義、人道主義等都曾成為人性更新的理想內容。這些思想，這些理想，儘管歷史證明有的根本走不通，有的甚至是反動的，但在當時的具體歷史條件下，也不能簡單化。不論今天如何，但當時都是一種理想的反映。是那個時代多元理想的產物。

嚴格講，具有主觀性的抒情小說必然是對理想的多元追求，而不是一種理想範型，否則，主觀性在抒情小說中就不成其為特徵了。既然個人具體理想本身的主觀性，強調個性表現的作家就只能以他個體的方式，以自己的認知水準乃至生活經驗對理想作出具體的選擇和設計，他們的自信心使他們各自造出一個人為的目的概念出來，使人類的生活全部得遵奉著這一個目的而進行，這就是理想主義的傾向。〔註37〕所謂人為的，當然是主觀的，個性化，因而也是豐富的，多元的。從實際情況看，「五四」抒情小說中的理想主要呈現以下幾種形態。

創造一個沒有人吃人的理想世界，自覺追求現代中國人民的反抗的精神界戰士是代表當時時代最高水準的理想。迅的《狂人日記》是其代表。

強烈要求祖國強大，把愛國主義作為一種突出的精神理想是抒情小說中最普遍的也是極富有現實意義的理想形態。郁達夫的《沉淪》，郭沫若的《牧羊哀話》，冰心的《斯人獨憔悴》，就是這一理想的反映。

追求愛與美的生活理想，追求無隔膜的人際關係，在這一時期的抒情小說中佔有重要的位置。冰心、葉聖陶、王統照、許地山、盧隱、郁達夫等人

〔註37〕《文學概說》，《郁達夫文集》第 5 卷，廣州：花城出版社 1982 年。

的小說表現尤爲明顯。冰心要求自己以「在世的光陰，來謳歌頌揚這神聖無邊的愛！」她追求著「人類在母親的陽光之下，個個自由、個個平等」〔註38〕的生活理想，她的《超人》、《最後的安息》、《悟》就是這種理想的情感表達。《隔膜》時期的葉聖陶是「對人生抱著一個『理想』的，——他在那時期，雖然也寫了灰色的人生，例如《一個朋友》，可是最多的卻是在『灰色』上點級一兩點『光明』的理想的作品。他以爲『美』（自然）和『愛』（心和心相印的瞭解）是人生的最大的意義，而且是『灰色』的人生轉化爲『光明』的必要條件。『美』和『愛』就是他的對於生活的理想。」〔註39〕不錯，這個時期的葉聖陶要用愛的火炬去燒毀隔膜的網，洗淨猜疑的心，用美去喚醒人類圓滿的普遍的永久的快樂。《阿鳳》、《萌芽》、《寒曉的琴歌》、《潛隱的愛》、《綠衣》等作品便是他主觀理想的實踐化和客觀對象化。王統照也不例外，其人生理想是美與愛，他認爲在這煩悶混亂的世界之上，人的正當歸宿就是美，而美，就是兩性的愛。「兩性也，美也，最高精神之愛也，交相融而交相成於以燦爛美妙之愛的花，以達於超越現實世界眞實之境地，將於是於求之。」〔註40〕他的《沉思》和《微笑》就是愛與美理想的直接表現。至於盧隱、郁達夫、許地山以及其他人對愛與美的追求，也是明顯的，這裏就不一一舉例了。

　　以自然作爲理想的歸宿也比較突出。這固然有一種消極的退隱，追求的是牧歌式的生活，但這是一種現實苦難擠壓出來的理想，是苦中求樂的一種表現。郁達夫《沉淪》中的「他」對自然的陶醉，「他」認爲「只有這大自然，這終古常新的蒼空皓月，這晚夏的微風，這初秋的清氣，還是你的朋友，還是你的慈母，還是你的情人；你也不必再到世上去與那些輕薄的男女共處去，你就在這大自然的懷裏，這純樸的鄉間終老了罷」。王以仁的《流浪》中的「我」也表達了對西湖的愛，西湖的美是人生活的棲身之所。

　　除了上述這幾種主要理想形態之外，還有追求婚姻自由的，追求新的生活理想的，追求平等的，概而言之，追求個性解放和人道主義的博愛和自由的理想。總之，這是多元的，豐富的，而在這多元的理想中，又緊緊地與時代的總體理想緊密相聯。它們無愧於時代的產兒。

　　作爲抒情小說理想追求的第三個特徵，就是非現實性與現實性的共存

〔註38〕《寄小讀者·通訊》。
〔註39〕茅盾：《中國新文學大系小說一集·導言》。
〔註40〕見瞿世英《春雨之夜·序》。

性，簡言之，在各種理想中，有現實的、非現實的，有空想的、縹緲虛無的，也有實在的經過奮鬥在一定時期內可以實現的，它們都處在一個共時的結構之中，並不存在著排它性。不僅在總體上具有非排它性，即在一個作家一部作品裏，也呈現出共存性特點。這種特性是由「五四」時代追求理想的特點決定的。從總的方向看，「五四」時代對理想的追求具有主導傾向，這一主導的理想趨勢應當說是排它的，對於那些企圖阻礙反帝反封建，爭取人和民族的解放、爭取科學與民主、建立一個合乎人道的富強的新中國這一主導理想實現的任何理想或任何思潮，都持以反對和否定的態度，這就是排它性。但由於在總理想指引下的對實現這一理想的各種具體途徑的選擇，對具體理想人生，理想社會、理想的人類關係的追求則是多樣的，也是允許的，這就是共存性。從另一個角度看，「五四」時期的各種理想都是現實激發的產物，因此，它們都是現實的產兒，即現實性；但是，由於理想選擇的主觀性，也往往把受一時情緒、意志衝動所發現到的理想作為永恆的理想，這種純憑主觀創造的理想往往在現實中很難找到真正紮根的土壤，而是把對於遙遠將來可能實現的理想主觀地移植到今天的現實，因此它又是非現實的。此外，從同一現實出發，有的找到的是非現實的理想，有的找到的是一條現實的道路。

時代的二重性與抒情小說思想的二重性

讀「五四」抒情小說，往往會隨著作者陷入一種矛盾的思想二重性中。反抗的思想令人興奮，但妥協的傾向又令人氣悶；理想使人激奮，而虛無則使你渺茫和困惑；創造的欲望令人振奮，但命運的囚徒又使人感到悲哀；人性解放令人鼓舞，而一味地個人呻吟又令人消沉；光明的未來令你興奮，但感傷與悲憤則使人壓抑。思想的二重性，情感的矛盾性充斥在字裏行間，洋溢或滲透在作家的筆下。這是時代使然，決非個人的主觀反映。「五四」時代既然作為新舊兩個時代的交替，作為過渡時代的更新階段，必然會出現時代的歷史所規定了的不可避免的時代思想觀念的二重性。一方面，強烈的反封建成為滾滾的歷史洪流，另一方面，封建的精神統治力量仍然十分強大；一方面是創造新的人生和社會的激情澎湃，另一方面則是社會本身存在著對創造的抑制；一方面是對理想的熱情嚮往，另一方面則是現實深巨的苦難；一方面是新的觀念如錢塘潮湧，另一方面舊的思想似堅固磐石；一方面是革命的狂飆突進，另一方面則是麻木不仁；一方面是動的興奮，另一方面則是靜

的冷漠；一方面是人性解放的呼喊，另一方面則是劣根性的墮落和蔓延；一方面是向著新的未來，一方面則迷戀舊的過去；一方面是資產階級的民主要求，另一方面則是專制的壓制；一方面是人道主義的吶喊，另一方面則是獸性的發洩。是的，這是一個複雜的時代，是一個充滿矛盾的時代，這是一個新生與死亡搏鬥的時代，是黎明與黑暗爭戰的時代。在這樣的時代，舊的還未完全死去，新的也未徹底紮根，因此出現思想觀念乃至行動的二重性是毫不爲怪的。正是時代的二重性導致了作家創作思想和藝術表現上觀念的二重性。

　　就「五四」作家本身而言，他們也不可避免地在思想觀念情感心理的深處與表層，打上這種烙印。他們生在封建社會，長在舊民主主義革命時期，而又踏入了「五四」的新民主主義革命的大門。可以肯定，封建主義思想觀念，舊民主主義本身的二重性，以及新民主主義革命的一些思想特點，都會在他們的身上刻下印記，並潛在地或自覺地起著影響。如果說，新民主主義革命的要求成爲了一種自覺要求的話，那麼封建主義等消極的思想就會潛在地影響著他們，封建觀念所形成的集體無意識對那個時代的人都會起著消極的影響。這種思想上的二重性必然形成感情與心理的不平衡，理想與現實、主觀與客觀、個人與家庭、社會、國家、新與舊等關係之間，往往會構成強烈的衝突，因而造成理性與情感，心理與思想的不協調，在藝術創作中也就必然打上這種矛盾的烙印。聞一多曾經指出「五四」時代的中國青年，「他們的煩惱和悲哀眞象火一樣燒著，潮一樣湧著，他們覺得這『冷酷如鐵』，『黑暗如漆』，『腥穢如血』的宇宙眞一秒鐘也羈留不得了。他們厭這世界，也厭他們自己。於是急躁者歸於自殺，忍耐者力圖革新，革新者又覺得意志總敵不住衝動，則抖擻起來，又跌倒下去。但是他們太溺愛生活了，愛他的甜處，也愛他的辣處。他們決不肯脫逃，也不肯降服。他們的心裏只塞滿了叫不出的苦，喊不盡的哀」，這個世紀實在是一個「悲哀與興奮的世紀」〔註41〕。聞先生的總結，恰好從一個側面反映了時代的二重性和當時青年思想的二重性，在文學創作中，出現這樣的矛盾情緒和觀念也應當是帶有某種必然性的現象了。即使像魯迅那樣堅定的革命者，也不能避免某種思想的矛盾性。

　　這種矛盾性反映在抒情小說中就出現了下面幾種現象。

　　反抗與軟弱乃至妥協是極其明顯的二重思想反映。在「五四」抒情小說

〔註41〕《女神之時代精神》，《聞一多詩文選集》。

裏，反抗封建精神，反抗禮教，反抗對人性解放的壓抑，反抗不合理的制度，揭露現實的苦難，是一個基本的也是主要的傾向。魯迅的小說自不待言，冰心、盧隱、郁達夫等作家的創作中，也充滿了對舊世界的否定性感情，洋溢著衝破虛僞禮教、反抗封建家庭、婚姻等關係的勇氣。冰心在小說中，「描寫了也暴露了社會的黑暗面」〔註42〕，而盧隱對「人生是什麼」的痛苦的探索，本身就包含著對舊人生的否定和對新人生的渴求，郁達夫「他那大膽的自我暴露，對於深藏在千年萬年的背甲裏面的士大夫的虛僞，完全是一種暴風雨式的閃擊，……使他們感受到作假的困難。」〔註43〕聞一多先生認爲，「二十世紀是個反抗的世紀。『自由』底伸張給了我們一個對待權威的利器。」〔註44〕不錯「五四」時期的抒情作家們，運用自由，個性解放，人道主義等具有民主意義的利器，刺向了封建社會編織了幾千年的精神之網，反抗、吶喊，狂叫著，衝殺在反封建的前哨。他們的意義是不能低估的。但是由於社會本身還沒有完全建立起新思想生根、開花結果的現實環境，以及作者的本身作爲小資產階級知識分子的不徹底性，思想上的舊觀念等東西的影響，他們的反抗不僅止於思想與情感的反叛，而且也是軟弱的，有的甚至是妥協的。郁達夫自己這樣總結道：「我的抒情時代，是在那荒淫慘酷軍閥專權的島國裏過的。眼看到故國的陸沉，身受到異鄉的屈辱，與夫所感所思，所經歷的一切，剔括起來沒有一點不是失望，沒有一處不是憂傷，同初步喪失了夫主的少婦一般，毫無氣力，毫無勇敢，哀哀切切，悲鳴出來的，就是那一卷當時惹起了許多非難的《沉淪》。」〔註45〕聽一下《鶯蘿行》主人公的獨白吧：「啊！啊！我對於社會何嘗不曉得反抗，你對於加到你身上來的虐待一也何嘗不曉得反抗，但是怯弱的我們，沒有能力的我們，教我們從何反抗起呢？」個人的反抗，一旦無效，往往就會悲觀失望，從而走人消極。這是悲劇，但這是時代的悲劇。郁達夫作品的反抗與軟弱是突出的矛盾現象，一方面是無情地暴露封建禁欲主義和假道學、禮教的虛僞，但另一方面又對封建文人的放蕩以及偎紅依翠的生活產生留戀以至嚮往，在他的身上就留有封建文人放浪形骸生活方式的影響〔註46〕，反抗的軟弱性以至於無力反抗都是有其社會和個

〔註42〕　《冰心小說散文選集》自序。
〔註43〕　郭沫若：《論郁達夫》。
〔註44〕　《女神之時代精神》，《聞一多詩文選集》。
〔註45〕　《懺餘獨白》。
〔註46〕　見郁達夫：《骸骨迷戀者的獨語》。

人心理原因的。再如冰心。阿英指出：「反映在作品中的冰心的思想，顯然是一種反封建的，但同時也多少帶一些封建性；這就是說，她的傾向是反封建的，但在她的觀念形態中，依然有封建意識的殘餘。這情形，正是在新文化運動初期，青年中普遍的情形。」〔註47〕這種思想的二重性反映在冰心的抒情小說中，就出現了反抗封建和向封建妥協甚至有所迷戀的傾向。《兩個家庭》表現就較典型。她否定了封建官僚家庭培養出來的女子身上的弱點，但又肯定了賢妻良母似的亞倩：「看到或聽到『打倒賢妻良母』的口號時，我總覺得有點逆耳刺眼。」茅盾批評她「一方面針砭著『女子解放』的誤解，一方面卻暗示了『賢妻良母主義』」〔註48〕。同時，在冰心身上還保留著封建社會的中庸哲學的深刻影響，她的小說對貧與富、愛與恨矛盾的解決，都是以中庸哲學的方法加上仁愛主義解決的。《斯人獨憔悴》、《最後的安息》都說明著這一點。「她那不偏不激的中庸思想使她的解答等於不解答，末了，她只好從『問題』面前逃走了」，當真正需要勇氣鬥爭的時候，她卻「躲到『母親的懷裏』了」〔註49〕。完全可以設想當時的青年們的心理狀態，一般來講都是矛盾的，尊重了歷史，也不會苛求於他們了。用《海濱故人》中雲青的話說，那就是「自幼即受禮教之薰染。及長已成習慣，縱新文化是狂浪，淚沒吾頂。亦難洗前此之遺毒」，這就是形成反抗與軟弱二重性的主觀方面的基本原因。

　　理想追求與虛無主義的矛盾構成「五四」抒情小說思想二重性的又一特徵。「五四」時的作家們執著地追求自己的理想，苦苦地探索著人的價值和在現實中的地位，尋求著解放人，解放祖國的理想道路。由於他們的理想往往是高懸於現實之上的，是離開現實土地較遠的空想型的理想，因此當理想與現實發生衝突的時候，往往就陷人一種虛無主義，走向了超脫世外乃至玩世不恭、隨遇而安的生活泥潭。聽聽郁達夫作品中人物的獨白，你就會感受到這種情緒。「什麼國富民強，什麼和平共樂都是一班野獸於飽食人餘，在暖夢裏織出來的迴文錦字」（《北國的微音》）他們在傷心，在感傷，在理想破滅之後，「覺得將亡未亡的中國，將滅未滅的人類，茫茫的長夜，耿耿的秋星，都是傷心的種子」（《茫茫夜》），又由感傷而陷人虛無，「在茫茫的荒野中間，頭向著了混沌寬廣的天空，一步一步的走去。既不知道他自家是什麼，又不知

〔註47〕《現代十六家小品‧謝冰心小品序》。
〔註48〕《冰心論》。
〔註49〕《冰心論》。

道他應該幹什麼，也並不知道他是向什麼地方去的」（《懷鄉病者》），「好像靜止的江水裏浮著的一隻小小的孤船。那孤船上也沒有舵工，也沒有風帆，盡是緩緩的隨了江水而下的潮流在那裏浮動的樣子」（同前）。由理想破滅進入感傷，由感傷墮入虛無，隨波逐流，隨遇而安，就成為一代青年人心靈追求的悲劇性的結果。葉聖陶《隔膜》裏的主人公也這樣悲歎道：「我如漂流在無人的孤島，我如墜人於寂寞的永劫，那種孤寂仿徨的感覺，超於痛苦以上，透入我的每一細胞，使我神思昏亂，對一切都疏遠，淡漠。」再聽《海濱故人》中的心靈的曲子吧：「我欲攀綠蘿之俊藤兮；俱頹岩而蜘蹰。傷煙波之蕩蕩兮，伊人何處？叩海神之不應兮；唯漫歌以代哭」，對理想的追求，軟弱的勇氣，尋理想的不著，在象徵性的意境裏，真實地表現出來了，感傷，痛苦，愁悵，並感到前途之渺茫：「浪滔滔波蕩蕩兮，傷孤舟之無依！傷孤舟之無依兮，愁綿綿而永榮！」。在這裏，一切都不成為自己理想的寄託，個人猶如一葉漂於海中的孤舟，沒有依傍，只有痛苦和愁悵，進而就只有了虛無：「人生不過爾爾，苦一也罷，樂也罷，幾十年全都完了，管他呢！且隨遇而安吧！」最後的結論是虛無；而且發出了「究竟是知識誤我？我誤知識？」的老莊思想似的疑問。

　　這些血與淚寫下的文字，一方面顯示了他們追求理想的痛苦心靈，另一方面也昭示了他們理想破滅後的感傷與虛無情緒。複雜的感情、複雜的思想，就這樣矛盾地統一在那個時代的青年人的心靈之中，也滲透在文學家的作品裏面，活生生地給我們描繪了一幅「五四」青年心靈二重性的圖畫。

　　人的解放與命運的囚徒兩種思想的衝突形成五四抒情小說思想二重性的第三個特徵。五四的時代是人的解放的時代，是人性得以復蘇和要求正常發展的時代。人的價值，人的個性發展，自由獨立成為人性追求的基本內容。然而現實并非是青年們所想像的鮮花盛開的百花園，實則是荊棘叢生，道路唯艱。健康的人性只能在磐石壓抑的隙縫中，在叢生荊棘的空隙裏，以頑強的意志漸漸生長起來。幻想一朝實現只能是幻想。人們掌握自己的命運的能力並不單純依賴於自我的覺醒，而是一個綜合的系統的改變過程。只有各個方面都發生了改變，出現了人性生長的正常的諸種條件，人才能扼住自己命運的咽喉。在「五四」時代，這些條件都遠沒有形成。因此，當青年們要求自己和人性的解放，要求塑造一個完整的自我，真正掌握自己的命運的理想遭到摧殘，遭到破壞，心靈的平衡也就失去了，自信的力量也就減弱了，為

人的解放抗爭的勇氣也減少了；當他們面對著強大的舊的社會勢力，就自卑起來，而且感到人的渺小和無力。由此，命運的觀念就在他們的思想的空檔中找到了生存的空間，在「五四」抒情小說裏面，這種情緒和觀念絕非個別。冰心在總結自己的思想時說道：「但是我只暴露黑暗，並沒有找到光明，原因是我沒有去找光明的勇氣！結果我就退到狹仄的家庭圈子裏，去描寫歌頌哪些在階級社會裏不可能實行的人類之愛，……**脫離群眾，生活空虛**……。」〔註50〕是的，歌頌不可能實現的理想，本身就是向命運低頭之後所尋求的一種精神的自我安慰和解脫，是人在喪失主體意誌之後的變了形的命運觀念的反映。所以，當青年們不能夠在認識到個體力量的軟弱性、有限性之後，去尋求一種集體的力量時，就只能回到命運本身，以命運來解釋個體力量的渺小和在宇宙大千世界中的位置。正是基於這樣的認識，王以仁在《流浪》中，只好感歎「人類真是命運的囚徒」，而《海濱故人》的露沙就會流露出人生無常和聚散無定的思想，在廬隱筆下的年輕的女性們，露沙感到的是「人生和鴨子一樣的不自由，一樣的愚鈍，人生到底是什麼？聽見鸚鵡叫，她想到人和鸚鵡一樣，刻板的說那幾句話。一樣的不能跳出那籠子的束縛，看見花落葉殘便想到人的末路——死。」她又說人間猶如一個荷花缸，人類就如缸裏的小蟲，無論怎樣聰明，也逃不出人間的束縛在她們看來，人和自然界一樣，都受冥冥之中的神秘力量的支配；而人又和動物一樣，除了本身的不自由外，也絕對只能是受別人支配的尤物。當然，這種命運觀念的產生是物極必反，是理想追求實現過急的反映。但這種喪失信心和自信，丟掉人作為主體的意志力，無疑是消極的。至於雲青的「百年容易，眼見的楊蕭蕭，荒琢累累，誰能逃此大限」的「造化弄人」的思想，更是人生無常的消極觀念了。至於許地山筆下的尚潔，也是具有濃厚的命運觀念的。她想衝破社會的網，但又無力衝破，甚至作繭自縛。她感歎道：「我們都在雲霧裏走，離身三尺以外，誰還能知道前途的光景呢？……我們都是從渺茫中來，在渺茫中住，望渺茫中去」，最終她得出了「我像蜘蛛，命運就是我的網」的結論，採取了「人和他底命運，又何嘗不是這樣？所有的網都是自己組織得來的，或完或缺，只能聽其自然罷了」的人生態度（《綴網勞蛛》）。

隨著時代的發展，「五四」抒情小說已成為文學史上的一頁了。但它出現的契機以及它本身所表現出的特點，對於研究文學與生活，文學與時代精神

〔註50〕《冰心小說散文選集》自序。

的關係，總結文學史上重要文學現象的經驗與教訓無疑是重要的；而且瞭解一代人追求的心靈歷程，不論從社會學、心理學以至文學創作的角度和審美的角度，都有積極的價值。尤其值得注意的是，爲什麼在變革的年代，浪漫主義就占上風，主觀性，抒情性就成爲一個重要的範型。想一想「五四」時代的抒情小說，再看一看自 1979 年以來的小說創作，其中不具有極爲相似之處嗎？這裏有規律嗎？這是一個令人深思的課題，也是十分有趣的課題。

七、中國現代文學浪漫精神退位的文化解讀

當我們認眞考察中國現代文學精神演變的歷程時，就會發現一個非常清楚的事實：從「五四」浪漫精神高揚的文學迅速走向了現實精神主導的文學。在新文學發生的「五四」時期，個性解放，激情飛揚，鼓吹自由，吶喊獨立，熱血沸騰，理想奔放，作家的主體性提升到前所未有的高度，浪漫精神的光輝沐浴著整個文壇，幾乎所有的文學青年都具有浪漫情懷。創造社的作家自不待言，文學研究會雖提倡爲人生的寫實主義，但在他們創作的文學文本中，浪漫的主觀性卻是普遍的存在；即使執著現實冷靜面對現實的魯迅，在這一時期的相當多的作品裏，浪漫的抒情性與主觀性也鮮明突出。然而，隨著「五四」精神的退潮，文學的浪漫精神也開始退位，代之以起的是文學的現實主義精神。因此，從 20 年代中後期開始一直到整個 40 年代，浪漫情緒與精神雖然在一些作家身上以及一些作品中依然有所存在和表現，如巴金早期的《家》、新月派及其他一些詩人的詩、郭沫若的《屈原》、沈從文的關於湘西的某些作品、還有左翼作家的被稱爲「羅曼蒂克」的一部分作品、以及後來的諸如無名氏和其他「海派」作家的作品等；但在整體上，文學的主流是走向了現實主義，現實主義精神與現實主義創作方法成爲文壇的主要話語甚至在一定意義上成爲了「霸權」。毫無疑問，現代文學的這種演變趨勢有其內在的文學合理性與時代、社會的合理規定性。所謂文學的合理性，是說現實主義本身就是文學精神的組成部分，選擇現實主義與文學的目的有著一致性，合理性也就不言而喻。所謂時代與社會的合理規定性，指的是現代中國所處的生存環境對文學精神走向的規定與制約。現代中國的根本任務是爭取民族、人的獨立、自由與解放並實現國家和民族、社會的現代化。這一時代主題本身內含更多的是現實的迫切性嚴重性與實踐性，因此，面對現實，投身現實實踐是時代賦予給文學和每個人的重要使命，文學選擇現實主義道路就

具有了歷史的合理規定性。此外，現代中國生存環境的嚴酷是形成文學現實主義主流的另一原因。內部的政治鬥爭和外族侵略使得戰爭頻仍，而無論是政治鬥爭的利益訴求，還是反侵略的國家民族存亡需要，都必然要求文學擔當宣傳、鼓動的任務，也就是文學應當面對現實和進入現實的鬥爭實踐，爲改變生存的環境自覺發揮「工具」功能。在這種情勢下，文學浪漫精神退居次要甚或缺失便成爲時代與社會的某種必然。

　　但是，僅僅從現實語境的層面討論現代文學浪漫精神的退位與缺失是遠遠不夠的，還應當從文化或者人性的層面去考察，這樣就會對此問題的理解和認識具有縱向歷史的深度。依我的淺見，無論是浪漫精神還是現實精神，都具有三層意義。一，文學意義。所謂文學意義，指的是文學家的入思方式和介入生活、社會的審美認知角度的意義，也就是通常所說的創作方法，即浪漫主義和現實主義。二，文化意義。從另外的意義講，浪漫與現實的精神是人類文化的兩翼，是人類文化相輔相成的兩種精神價值。人類要以強烈現實感作爲自己存在的證明並以此實現存在的價值，從而充分佔有、享受現實的一切，在這樣的意識驅動下，文化的現實精神逐步形成，構成了人類文化精神的一種永恆。但是，人類不僅僅只是對現實的佔有與享受，還具有推動、超越、發展現實以及將現實推向未來的意願，這是人類延續自身並使人類通向完美而產生的又一內在的具有宿命意義的意識。於是，文化的浪漫精神得以生長並成爲人類文化精神中的另一永恆。三，人性意義。從根本而言，無論是文學意義上的浪漫與現實主義，還是文化意義上的浪漫與現實精神，都不過是人性中浪漫與現實精神的表現形態，都植根於人性的深處。人類及個體生命的現實存在是現實精神產生的惟一前提。人類生命存在的實體性並由此產生現實感是人性在現實實踐過程中形成的，並逐漸內化爲一種人性本能；人類生存的現實環境以及由環境產生的種種生存問題，必然使人類獲得應對處理現實問題的種種意識，現實精神便得以形成，並成爲人類在現實中存在的基礎。因此，現實精神在本質上乃是一種人性精神。但由於現實的不完美特性，由於人類應對處理現實生存問題的能力總是相對有限，由於現實不能真正完全滿足人類的各種欲望，於是，渴望改變人在現實中的存在處境和提升自己應對處理現實生存能力的意識就會隨之而生，企圖超越現實的各種幻想或種種理想便在人性中萌芽生長，浪漫精神也就因此出現，所以，浪漫精神同樣是植根在人性深處的精神。人類因存在的現實性使人類產生了現

實精神，又因現實精神而具有了存在的實體感；同理，人類因現實存在的問題萌發並形成了超越的衝動的浪漫精神，也因超越的衝動的浪漫精神的存在使人類具有了不斷發展與不斷自我完善的內在品格。

不可否認，無論是中國文學還是西方文學及其它文學，無論是中國文化還是西方文化及其它文化，不管是中國人還是西方人及其它民族，在其文學裏，文化的基因中，以及人性的意識內，現實與浪漫兩種精神的同時存在是客觀的事實。但由於不同的文學、文化、與民族特性形成的生存環境的差異，現實與浪漫這兩種精神影響各自的程度有所不同，其呈現出來的這兩種精神的程度也就有了差別。有的有所偏重，有的則二者有機結合統一。基於這樣的認識，當我們來研究中國現代文學為什麼會從浪漫精神的高揚走向了現實精神的主導時，就會發現，出現這種文學的選擇，既是中國傳統文學的精神使然，又是中國文化和民族精神遺傳的必然，一言之，浪漫精神的相對缺乏是中國現代文學走向現實主導選擇的最深刻的原因。

主體意識的相對弱小是中國文化缺少浪漫精神的主要表徵，也是浪漫主義文學在古代難以繁榮的根本原因。一些研究者認為，由於中國文化特別是儒家文化重視人的道德主體的作用，強調「仁」的內在主體意義，從而斷言中國文化非常重視人的主體。我以為這是一種誤讀。「仁」在中國古代文化裏，地位極其重要，但在根本上，並不具有完全獨立的意義，只是作為「禮」的輔助範疇而存在，所謂「克己復禮為仁」既是「禮仁」關係的最真實的表述，又是「仁」功能的本質規定。在這一關係中，目的是講「禮」的外在的強制規定性通過「仁」轉化為人的內在自覺性，使「禮」獲得了表面意義的人的主體本位性質，但在根本上，則是讓個人主體泯滅在對「禮」的自覺接受、認同與服從的過程之中。誠如恩格斯在《英國狀況·十八世紀》中所說：「古代世界根本沒有主體權利，它的整個世界觀實質上是抽象的、普遍的、實體的」，「它所帶來的也就不是主體的自由，而是對主體的奴役，抽象的內部世界變成了抽象的外在形式，即人被貶低和異化了。」正是在這樣的社會和文化土壤之中，浪漫主義的精神難以產生，即使有所萌發也難以得到充分發展。於是，可以見到，中國先秦出現的莊子式的浪漫意識與屈原的浪漫情緒就無法在後世得到充分而合理的展開，相反，《詩經》的現實精神態度在那個時期就得到了孔子等的高度肯定並在後代得到普遍尊崇、接受和發揚光大。文化如此，文學亦然。雖然後世也有過諸如「志怪」「傳奇」以及像李白等具有一

定浪漫因素的作品與作家，但浪漫精神的表現是不充分的，關鍵在於沒有充分顯現出浪漫主義的核心——人的主體意識。這在屈原的精神結構裏就已現端倪。維護血緣宗室（「恐皇輿之敗績」）和「法先王」（「及前王之踵武」）的根本目的，使屈原的價值選擇指向了王權、血緣宗室的現實利益，而非個人主體精神的表現與張揚。李白豪放飄逸，似乎具有強烈的個性與主體意識，與通常理解的浪漫主義有較多的共同點，但如果仔細閱讀李白的詩文，其整體的創作動機和價值取向，與古代其它作家並沒有太大的差別，「事君之道成」「榮親之義畢」是他一生都堅持的立場，外在的召喚成為內在的創作動力，他的一切雄心豪情、失意無奈：所有的懷才不遇的感慨及不平，不過是為王權與血緣家族服務之志在生命經歷中的不同表現，而非完全出於實現獨立的主體自我價值的心靈傾訴，主體性相對弱小極其明顯。李白尚且如此，遑論其它！所以，在中國文化和文學中，真正具有強大主體性的浪漫精神的人與作品非常罕見。即使我們可以將屈原、李白以及與他們有相似特徵的人劃入浪漫一流，至少也是不徹底的非完整意義的。無論古代作家在藝術敘事方式方面與浪漫主義有多大的相似處，如果在精神上不具備真正的主體性，這種劃分就值得懷疑，因為主體性的有無是檢驗是否屬於浪漫藝術的基本標準。黑格爾對此講得極為明白。他說：「浪漫型藝術的真正內容是絕對的內心生活，相應的形式是精神的主體性，亦即主體對自己的獨立自由的認識。」這就是說，浪漫主義是以內心生活與個人主體性、心靈情感作為顯現的對象，而非「從外在的感性事物取找它的對象」，浪漫主義的實質是超越不能充分表現自己的外在現實這一「實際存在」，從而完成「認識自己的真實」，最終構成「自在自為的內心世界作為本身無限的精神的主體性的美」。〔註51〕老黑格爾的這些話，正是我們認識中國文化與文學缺乏浪漫精神的深刻的理論基礎。

　　以實用理性為主導的文化精神是阻遏浪漫非實用性和精神發展的重要力量，由此形成的經驗至上的認識特徵必然使中國文化缺少超驗的品格，具有超驗品性的浪漫主義因而也就難以立足紮根。人類生活在經驗的世界上，以實用理性精神作為現實經驗世界中人類生存的指導，具有必然的合理性。然而，人類之所以能不同於動物，其中一個原因就是人類具有超越經驗世界與實用世界的意識和能力。健全的人類精神應該是實用與非實用、經驗與超驗

〔註51〕黑格爾：《美學》（第2卷），北京：商務印書館，1982年版，第274、275、276、292頁。

的統一體，任何偏廢都會導致精神結構與價值系統的畸形。在中國文化形成
發展的過程中，一般而言，這兩種精神、意識、價值都是存在的，只不過在
整體上偏向實用與經驗，非實用和超驗一面未能得到發展。在中國文化形成
的先秦時期，孔孟為代表的儒家精神有比較鮮明的經驗實用特點，政治、倫
理的功利性目的非常濃厚，而老子、莊子為代表的道家精神則顯示出非常明
確的非實用性與超驗意識。遺憾的是，中國文化最終選擇了儒家精神作為文
化的根基，道家精神則被置於「為輔」的位置。需要特別說明的是，雖然道
家具有非實用與超驗的品格，但因其逆向的歷史時間意識，也難以產生社會、
歷史以及人自身發展所需的走向未來世界的超驗精神，他們的超驗是要將人
拉向過去，他們的非實用，是要徹底離開現實經驗世界的所謂「逍遙遊」的
虛空之境。但是，如果道家精神能在文化的正統中佔據與儒家一樣的地位，
那麼，中國文化至少在精神的形式上就會廣泛具備非實用性與超驗的品格，
中國文化的精神結構就會有很大的不同，中華民族的歷史命運也會改寫。歷
史不能假設。由於先秦產生的實用理性精神的全面深入的滲透與貫徹，在中
國文化的各個層面，所有領域，都打上了實用功利性的深刻烙印，而經驗就
成為絕對精神絕對命令。就文化的主要載體——人而言，普遍成為經驗自我
人格的代表。所謂經驗自我人格，用費希特在《論學者的使命》中所說的，
實質是「不是按照純粹自我的形式決定的，不是自己決定自己的，而是由外
在事物決定的」這樣的一種人格。因此，在中國，人往往不是自己決定自己
的一切，人的一切都必須接受外在的種種規定，主體必須無條件地接受客體
的制約，家庭家族、國家社會等客觀性「一般範疇」成為決定人個人主體的
主宰，人自身決定自己的主體性幾乎喪失殆盡，對外在客體的服從是人無法
擺脫的宿命。所以，在中國，一方面是政治、倫理的實用功利成為最高的價
值準則，一方面是缺乏主體意識的經驗自我人格的普遍性存在。對文學來講，
充當「載道」與「教化」的工具實是命中注定。文學在這樣的文化之場中，
不可能是個體性靈、情感的釋放地，創作主體的自我意志不可能在作品中得
到真正表現；相反，對自我意志與主體心靈情感的自覺抑制便成為作家的自
覺選擇。可以想像，當作中國現代文學浪漫精神退位的文化解讀家不能在作
品裏充分表現主體，當主體性在文學中缺席，浪漫文學又從何而來？反之，
在一個缺乏浪漫文學精神的文化裏，文化與人的浪漫精神又豈能獲得有效培
育與發展？通過以上分析，我們的結論也就自然產生了：由於不能從母本文

化繼承足夠的有價值的浪漫精神養料，中國現代文學雖然能暫時從外來文化吸取浪漫精神從而實現浪漫文學的突現，但終歸難以為繼。這就是中國現代文學浪漫精神逐漸退位的文化基礎。

浪漫主義從它在西方成為文化文學思潮的時間講，是現代精神的產物，應是現代性精神的有機構成。在當下，一些人對現代性及其引出的結果頗多指責，其合理性不言而喻；不斷進步的現代性「神話」也受到現實人類生存境遇的挑戰。從一定意義講，浪漫精神與現代性不斷進步的神話有深刻的聯繫，一方面，浪漫主義在西方 19 世紀成為主潮本身就是對現代性的一次反思，另一方面，因其超越性品格和向前看的主要精神特質又與不斷進步的現代性歷史時間意識具有不可分割的聯繫，因此，從文化與人性精神的角度講，現代性及其結果的優與劣，與浪漫精神自然相關。但是，必須清醒地認識到，不斷發展，走向日益完善的人類未來，畢竟是人類的永恆目的。因此，浪漫精神應當永駐在人類身上，永存於人心之中。所以，中國現代文學出現的浪漫精神退位的現象，一方面是文化基因浪漫元素的缺損所致，一方面又是現代性精神在中國未能深入的結局。

八、啓蒙的落潮及其原因

對五四啓蒙運動的言說和定義不一而足。定義總是一種界定和限制，不可能有絕對的全面和完滿。綜觀種種觀點，大部分學者對五四啓蒙運動在以下幾個方面達成了共識：第一，五四啓蒙運動是一場思想文化運動；第二，其核心內容是：呼喚人的覺醒，由此導致對傳統文化和國民性的激烈批判，期望通過「立人」達到「立國」的最終目的，價值取向是西方理性主義和個人主義，並高舉「科學」和「民主」兩面大旗；第三，啓蒙和救亡並行，且最終被救亡所壓倒。

本文不討論「五四」啓蒙的定義及其內容的邊界，主要就「五四」啓蒙退潮的原因作些思考。一般而言，思想、文化、學術界已形成了一種共識：救亡壓倒了啓蒙，這也就是「五四」啓蒙退潮的根本原因。筆者對此非常認同，只是把思索的脈絡進一步延展到了「啓蒙被救亡所壓倒」的背後。換句話說，除了救亡之外，五四啓蒙運動退潮的主要原因是什麼？答案應該是：就其外在原因而言，是政治，政治遮蔽並淹沒了五四啓蒙運動；而內在的原因是啓蒙自身的發生規律和啓蒙與被啓蒙之間的難以溝通及其緊張的關係。

　　首先，政治是影響並遮蔽了五四啟蒙運動的重要原因。啟蒙伊始，就和政治糾纏在一起，誠如李澤厚所說：「儘管新文化運動的自我意識並非政治，而是文化。它的目的是國民性的改造，是對舊傳統的摧毀。它把社會進步的基礎放在意識形態的思想改造上，放在民主啟蒙工作上。但從一開頭，其中便明確包含著或暗中潛埋著政治的因素和要素。如上引陳獨秀的話，這個『最後覺悟之覺悟』仍然是指向國家、社會和群體的改造和進步。即是說，啟蒙的目標，文化的改造，傳統的扔棄，仍是爲了國家、民族，仍是爲了改變中國的政局和社會的面貌。它仍然既沒有脫離中國士大夫『以天下爲己任』的固有傳統，也沒有脫離中國近代的反抗外侮，追求富強的救亡主線。」〔註52〕這種認識是相當深刻的，是對「立人」和「立國」關係的確切說明，也是對當時啟蒙思潮中領軍人物的主要觀點的精闢概括。事實正是這樣。在啟蒙先驅的意識中，政治是啟蒙的中心問題。魯迅在《文化偏至論》中闡述道：「歐美之強，莫不以是炫天下者，則根柢在人，而此特現象之末，本原深而難見，榮華昭而易識也。是故將生存兩間，角逐列國事務，其首在立人，人立而後凡事舉；若其道術，乃必尊個性而張精神。」〔註53〕

　　梁啓超認爲，要想建立一個富強的國家，使國家能具有競爭力可立於世界之林，必須要有「新民」。「然則苟有新民，何患無新制度，無新政府，無新國家。」〔註54〕胡適認爲：「今日造因之道，首在樹人，樹人之道，端賴教育。故適近來別無奢望，但求歸國後能以一張苦口，一支禿筆，從事於社會教育，以爲百年樹人之計，如是而已。……明知樹人乃最迂遠之圖，然近來洞見國事與天下事均非捷徑所能爲功。七年之病，當求三年之艾，倘以三年之艾爲迂遠而不爲，則終亦必亡而已矣。」〔註55〕陳獨秀這位老革命黨人，經歷了辛亥革命的洗禮，既澎湃了高漲的革命激情，也體味了革命失敗後的陰冷和澀苦，因而轉向主編《新青年》，使其成爲思想革命的一面旗幟，一塊聖地，開始了「新人格」的努力。不過，「新人格」的最終目的指向依然是國家政治：「若以一人而附屬一人，即喪失其自由自尊之人格，淪於被征服之女

〔註52〕李澤厚：《中國現代思想史論》，北京：東方出版社1987年版，第111～112頁。

〔註53〕魯迅：《魯迅全集》(第1卷)，《墳‧文化偏至論》，北京：人民文學出版社2005年版，第58頁。

〔註54〕梁啓超：《梁啓超選集》，上海：上海人民出版社1984年版，第207頁。

〔註55〕胡適：《胡適留學日記》，上海：商務印書館1947年版，第833頁。

子奴隸捕虜家畜之地位。此白皙人種所以兢兢於獨立自主之人格，平等之權也。集人成國，個人之人格高，斯國家之人格亦高；個人之權鞏固，斯國家之權亦鞏固。」〔註56〕

　　非常明顯，啓蒙先驅者的思想邏輯是：「立人」是實現「立國」的目的，「立人」在這裏是手段，不是第一位的，更高的目標是爲了「立國」。這些觀點隱含的意義相當明確：政治是至上的，立人的啓蒙只是實現國家民主政治的手段。

　　啓蒙先驅者爲什麼會有如此一致的看法呢？一、中國傳統政治文化心理所致。先驅們飽讀詩書，深受儒家傳統文化的浸潤，他們的思想先然地具有「修身齊家治國平天下」的政治情懷，儘管他們提倡個人的獨立，但還是認同個人從屬於國家的思想，個人獨立之目的是實現國家之獨立的前提與基礎，個人價值的實現和國家政治就這樣被捆綁到一起。二、現實的社會政治形勢所決定。「五四」以後，中國進入了政治鬥爭的白熱化階段。國民黨右翼倒行逆施，違背了孫中山的三民主義，爲了領導權開始排除異己，屠殺共產黨人，製造了白色恐怖。中國共產黨人是五四啓蒙精神的繼承者，不僅無法掌握話語權，連生命都受到威脅，所以其活動不得不轉入地下。國民黨反動派的高壓政策作爲政治外化的手段使啓蒙的聲音漸漸趨於沉寂、無聲。後來當國家又面臨外敵侵略的生死存亡，救亡自然成了第一要義，成了絕對的主流，其它都要讓位於此。在傳統與現實雙重的壓力下，五四啓蒙運動的落潮勢在必然。

　　其次，「五四」啓蒙本身的發生發展規律決定了啓蒙落潮的某種內在必然性。從啓蒙發生的類型上看，五四啓蒙運動是「他者啓蒙」。所謂他者啓蒙，即「側重於從理性精神的高度和情感作用的鼓動性上對被啓蒙者進行批判、改造和教育，啓發他們走上個性解放的道路；從啓蒙主體的主導性而言，這意味著他們將作爲一種時代的『超人』或先知先覺者來參與歷史的發展與創造。」〔註57〕這裏只是指明了啓蒙主體的他者化，其實我們可以從兩個方面來理解他者啓蒙：一是啓蒙主體他者化，是高於民眾的少數知識分子精英（如胡適、陳獨秀、李大釗、魯迅等）在實施啓蒙；二是啓蒙思想內容他者化，「五

〔註56〕陳獨秀：《陳獨秀文章選編》上卷，上海：三聯書店1984年版，第102～103頁。

〔註57〕張光芒：《啓蒙論》，上海：上海三聯書店2002年版，第123頁。

四」啟蒙所張揚的是反傳統的西方思想資源——理性主義和個人主義，這對於中國的文化傳統而言是不同的、甚至具有顛覆性的他者。這種他者啟蒙實質上潛藏著兩個層面上的距離和緊張：一是啟蒙主體和客體之間；二是啟蒙思想和啟蒙客體所固有的思想之間。啟蒙實施的過程就是啟蒙主體、客體拉近關係，走近，相遇的過程，同時也是啟蒙思想之光照亮被啟蒙者原有思想世界的過程。兩個層面是要同時展開的。

我們先看一下「五四」啟蒙主體和客體的關係：啟蒙主體是受到西方思想薰染的少數知識精英，啟蒙客體是被傳統文化浸潤被傳統文化心理長期禁錮的極大部分的國人，二者之間的關係是不平等的，並非來自下層的自覺選擇，而是自上而下的居高臨下的單向啟蒙。這些受過良好教育的啟蒙者大都家境不錯，決非長期處於底層的窮苦百姓，所以，現實的社會地位的不同導致了他們和要被啟蒙的民眾之間天然地有一道裂縫。儘管啟蒙者從心理上是想完全貼近國民，喚醒國民，但是，這道天然的裂痕還是形成了無形的障礙，使他們這種走近的企圖顯得極端艱難。而民眾呢？中國強烈的等級制度深入骨髓，他們不禁默認這種距離，仰視上層階層，且預設等級制度的合法化。面對多年不見的魯迅時，從閏土嘴裏吐出的「老爺」二字不是讓人辛酸的明證嗎？這種距離實質上體現了深層的思想文化差距，就是啟蒙思想和啟蒙客體所固有的思想之間的差距。

啟蒙思想和啟蒙客體所固有的思想之間的緊張。「五四啟蒙」主要是呼喚人的覺醒，所用是西方的理性主義和個人主義，呼籲個性的張揚，人格的獨立。而我們傳統的文化中，哪裏曾有或者說允許個人的存在？長此以往，導致了個人缺失的合法性，喪失了個人意識。因此，兩種思想形成尖銳的衝突，導致了啟蒙者對國民性鮮血淋漓的批判。國民性是什麼？「歷史王道和禮教秩序內化為內在的人性就成了所謂的國民性。由於現實的殘忍和道德的偽善，中國人變得隨便和滑頭，固守本性所有的東西，在自慰中尋得自我：排異守舊、沒有情操、精神勝利、上諂下驕、秀手旁觀（而且只要是看『頭』和『女屍』，只要有，無論是誰的都有人看）；由此發展為隨便、通融、圓滑、曠達、偽善、裝腔、口是心非、言行乖離。」〔註58〕那麼，要用一種思想（外來的）顛覆取代一種本身固有的思想（已經形成了民族文化心理），可想而知將是何等艱難的事情。這種深刻的相異的思想衝突便要求啟蒙必然是一個長

〔註58〕劉小楓：《拯救與逍遙》，上海：上海三聯書店 2001 年版，第 325 頁。

期的堅持不懈的過程，不僅要有批判的勇氣和激情，還要有足夠的韌性，並且需要時間，很長很長的時間來做保證。十年太短，太短了。魯迅的小說《藥》寓言似的說明了以上兩個層次啓蒙的相離相悖，使啓蒙的企圖顯得虛妄而冰涼。啓蒙者爲了民眾（被啓蒙者）而行動，進而被捕殺害，告密的是民眾，觀殺的是民眾，蘸著他的血吃下饅頭的依然是民眾，最後，在墳地彷彿要相遇了，中間還分明隔著一條路，至死，啓蒙者和被啓蒙者也沒有真正相遇。這種分離並沒有讓啓蒙的實施從實踐的意義上落實，沒有觸動被啓蒙者的心靈，沒有灌注進去新鮮的思想內容。彷彿魯迅說的，肩起的一道黑暗的門，期望有一縷陽光進來。啓蒙者試圖放進的陽光可能因爲太短太弱，還沒有照亮被啓蒙者的黑暗，就被黑暗淹沒了。

　　這讓人不由聯想到古希臘智者的洞穴之喻：「我們把受過教育的人和沒受過教育的人的本質比做下述情形。讓我們想像一個洞穴式的地下室，它有一長長通道通向外面，可讓和洞穴一樣寬的一路亮光照進來。有一些人從小就住在這洞穴裏，頭頸和腿腳都綁著，不能走動也不能轉頭，只能向前看著洞穴後壁。讓我們再想像在他們背後遠處高些的地方有東西燃燒著發出火光。在火光和這些被囚禁者之間，在洞外上面有一條路。沿著路邊已築有一帶矮牆。矮牆的作用像傀儡戲演員在自己和觀眾之間設的一道屛障，他們把木偶舉到屛障上頭去表演。」〔註59〕這樣一來，囚徒們能看到的只是事物的陰影，並把這些陰影當成實在，當成真相。因此，柏拉圖做了兩個意味深長的假設：一是「如果真的發生如下的事情：其中有一人被解除了桎梏，被迫突然站了起來，轉頭環視，走動，抬頭看望火光，你以爲這時他會怎麼樣呢？第二個假設是看到真相併相信真相的這個「他」（不是囚徒了，受到了啓蒙，看到了陽光了）又以「啓蒙者」的身份回到了洞穴裏，肯定在黑暗中看不清東西。〔註60〕

　　柏拉圖用很形象的比喻闡釋了啓蒙所涉及的一切：核心內容和結果，儘管當時還沒有出現啓蒙這個詞。從以上的談話裏我們可以看到：啓蒙是要解放人自身，去掉人身上的枷鎖；啓蒙是要讓人看到光，看到世界的真相；啓蒙要有一個過程；啓蒙的結果可能是失敗，人的弱點容易讓他逃回到洞穴裏，繼續以前的習慣生活；啓蒙同時是危險的，啓蒙者可能會被殺掉，被黑暗淹沒。這一切，就是啓蒙的規律及其所有。

〔註59〕柏拉圖：《理想國》，北京：商務印書館 2002 年版，第 272 頁。
〔註60〕柏拉圖：《理想國》，北京：商務印書館 2002 年版，第 273 頁。

　　回顧「五四」啓蒙的現實，彷彿是對柏拉圖之喻的生動演繹，重讀魯迅的《藥》，我們便領略了思想者的深刻和清醒的痛苦。啓蒙自身的規律暗示了匆忙的「五四」啓蒙的命運。

　　「尋訪精神的歷史事實中所蘊涵的現時意義，卻是一種精神活動。探詢文化的生存意義、重新建構文化形態的精神活動，始終與人的現時處境有關，要求的恰恰不是把歷史中的精神還原爲歷史事實，而是使歷史的事實中精神的意義透顯出來。意義追尋是人類精神活動的本質。人正是通過精神的建構活動來超越給定的現實，修正無目的的世界，確立自身在歷史中的生存意義。這種層次的文化探求更爲根本。」〔註61〕因此，五四啓蒙運動落潮的回顧和緣由的探詢更是基於這種現時意義才顯得必要。試問，「五四」啓蒙所批判的國民性在我們身上蛻變了多少？個性的獨立眞正實現了嗎？恐怕誰也不能給一個肯定的回答。啓蒙是一個未完成的過程，人的解放和發展更是永遠的未完成態，啓蒙還會隨著歷史的發展不斷被新的現象遮蔽。所以，在今天仍然需要啓蒙，就其核心而言，還是要敞亮人的生命，把人釋放到更開闊的眞實空間，恢復其自由性和創造性。或者說，啓蒙的過程就是爲人解開枷鎖的過程，而這枷鎖，在不同的時代有不同的形式和化身，所以，啓蒙只能隨著歷史的發展，人的發展，成爲連續的動態的建構過程。

〔註61〕劉小楓：《拯救與逍遙》，上海：上海三聯書店 2001 年版，第 10～11 頁。

第二章　語言革命的歷史價值

一、「五四」文學語言革命思想的現代性闡釋

　　「五四」文學革命運動是以反對文言，提倡白話，反對舊文學，提倡新文學爲其核心內容的，因而在文言與白話、舊文學與新文學之間，構成了自然對立的關係，其焦點就是語言問題，文學革命必須取決於語言革命。語言是思維的物質工具，意義的載體，指稱命名事物的符號；但語言決非僅僅是一種工具，尤其對一種語言的整體而言，更不能只以工具對待。語言內涵著一個民族的文化、思想、精神及其思維方式。德國著名語言學家洪堡特對語言與民族精神的關係有極其深刻的研究，他認爲：「一個民族的精神特性和語言形成的結合極爲密切，只要有一個方面存在，另一個方面必定能完全從中推演出來。這是因爲，智力和語言只允許和要求有相互適合的形式。語言彷彿是民族精神的外在表現；民族的語言即民族的精神，民族的精神即民族的語言。」〔註1〕以這樣的觀點來理解「五四」文學革命的意義，認識文學革命主要從語言入手的意義，就更爲清楚。特別是在文化轉型時期的中國近現代，文化的革命和轉型必然引起語言的變革，反之，語言的革命也必將推動並深化文化的革命，二者是相輔相成的。因此，以語言革命爲突破口，推動文學文化思想以致整個社會整個民族精神的革命，便成爲文學語言革命宣導者們的主要動機，並構成了最有價值的思想之一。陳獨秀在《文學革命論》

〔註1〕引自胡明揚主編《西方語言學名著選讀》，北京：中國人民大學出版社 1998年版，第 39 頁。

中對中國舊文學的肯定與否定，皆是以語言及其承載的內容作爲基本標準的，其「三大主義」的口號包含著對文學語言的鮮明態度，並明確意識到古代文學語言的不良傾向與「阿諛誇張虛僞迂闊之國民性，互爲因果」〔註2〕的關係。胡適提出的文學改良的「八事」，有「五事」涉及的是文學語言問題。過去的研究者普遍把胡適的這些主張視爲形式主義的並加以否定，顯然是偏見導致的無知。文學革命的根本所在是文學語言的革命。傅斯年指出：「文學的精神，全仗著語言的質素。語言裏所不能有的質素，用在文章上，便成就了不正道的文章。中國的『古文』，所以弄得愈趨愈壞，只因爲把語言裏不能有的質素，當做文章的主質。」〔註3〕這就是說，文學的變革必須依賴於語言的變革，而一個民族的文化、精神、思想的革命同樣需要語言的革命，也就是「我們在這裏製造白話文，同時負了長進國語的責任，更負了借思想改造語言，借語言改造思想的責任」。〔註4〕當我們重溫「五四」，先賢關於文學革命的思想時，便不得不驚訝他們的天才，不得不佩服他們從根本上進行革命的思想的深刻性。他們在爲文學語言的革命吶喊時，不僅是在爲文學的現代化尋找確立一種可靠有效的基礎，其實也是在爲民族精神、思想文化的現代化尋找確立一種可靠有效的基礎，是在爲新的精神、思想、文化在中國生根、開花、結果而做出的艱苦努力。現代白話的提倡，不僅是爲文學現代化的新文學尋找相適應的語言形式，更在於爲民族思想、精神的革命，爲現代的價值觀念尋找新的承載、表達的語言並確定與此相適應的思維工具。甚至可以說，現代白話本身與現代中國人所追求的現代化目標及其與現代化目標相應的現代性價值具有不可分離性。所以，當我們回到先輩的現代文學語言革命思想中去時，感受最深的就是他們鮮明的現代性價值訴求，即通過語言革命爲現代性價值的引入、傳播與紮根開闢最基礎最合適的道路。

第一，進步與發展的觀念是文學語言革命宣導者們極力宣傳的思想與價值基礎。自嚴復將進化論介紹入我國後，進步與發展、改良與革命成爲中國

〔註2〕陳獨秀：《文學革命論》，《文學運動史料選》（第1冊），上海：上海教育出版社1979年版，第25頁。

〔註3〕傅斯年：《怎樣做白話文》，《文學運動史料選》（第1冊），上海：上海教育出版社1979年版，第122頁。

〔註4〕傅斯年：《怎樣做白話文》，《文學運動史料選》（第1冊），上海：上海教育出版社1979年版，第123頁。

有識之士的普遍意識。對國人而言，這無疑是一種全新的思想，它終止了中國傳統將循環當發展的思想，使中國人獲得了不斷進步、變化、革命、發展的現代意識，具有了重新認識歷史、社會、人類以及各種事物的思想武器。似乎可以這樣說，進化論對中國近現代社會和人的影響是深刻而巨大的，其意義甚至可與馬克思主義之於現代中國的影響相提並論。在提倡文學語言革命時，提倡者們都是以進化論作為思想的根據的，並以此作為文學語言革命的哲學與思想基礎。胡適在提倡文學改良時，其思想的動力就是進化論。他說，「文學者，隨時代而變遷者也」，因此，「吾輩以歷史進化之眼光觀之，決不可謂古人之文學皆勝於今人也」。這是文學發展的一般規律，如果不遵循這一發展規律，「逆天背時，違進化之跡，故不能工也」，〔註 5〕所以，用「歷史進化的眼光觀之，則白話文學為中國文學之正宗，有為將來文學必用之利器，可斷言也。以此之故，吾主張今日作文作詩，宜採用俗語俗字。與其用三千年前之死文字，（如『於鑠國會，遵晦時休』之類）不如用二十世紀之活文字。與其作不能遠行不能普及之秦漢六朝文字，不如作家喻戶曉之水滸西遊文字也」。〔註 6〕陳獨秀是主張文學革命的急先鋒，所依持的思想武器同樣是進化論。他認為革命就是進化，同理，進化就是革命。他指出：「今日莊嚴燦爛之歐洲，何自而來乎。曰，革命之賜也。」「故自文藝復興以來，莫不因革命而新興、而進化。」〔註 7〕於是，他堅決主張排斥甚至推倒「藻飾依他」的貴族文學、「鋪張堆砌」的古典文學、「深晦艱澀」的山林文學。這些主張，既著眼於文學的思想內容，又著眼於文學的語言，而根據顯然是進化論基礎上的變革與發展的歷史觀及人的不斷進步的思想。錢玄同認為，由於古代文學語言言文的嚴重分離，而提倡白話文學的核心就是要實現言文的一致，使文學的語言具有鮮活生動的品格，因此，從文言到白話實乃進化的必然。他說道：「語錄以白話說理，詞曲以白話為美文，此文章之進化，實今後言文一致的起點」；〔註 8〕並認為「世界萬事萬物，都是進化的，斷沒

〔註 5〕　胡適：《文學改良芻議》，《文學運動史料選》（第 1 冊），上海：上海教育出版社 1979 年版，第 13 頁。

〔註 6〕　胡適：《文學改良芻議》，《文學運動史料選》（第 1 冊），上海：上海教育出版社 1979 年版，第 14 頁。

〔註 7〕　陳獨秀：《文學革命論》，《文學運動史料選》（第 1 冊），上海：上海教育出版社 1979 年版，第 22 頁。

〔註 8〕　錢玄同：《寄陳獨秀》，《文學運動史料選》（第 1 冊），上海：上海教育出版社 1979 年版，第 29 頁。

有永久不變的；文字亦何獨不然」。〔註9〕劉半農則不僅強調文學語言自話化
趨勢是語言不斷變化的必然結果，而且具有長期變化的特性，他說：「吾輩
主張之白話新文學，依進化之程序言之，亦決不能視爲文學之止境，更不能
斷定將來之人不破壞此種文學而建造一更新之文學。……且語言之變遷，乃
數百年間事而非數十年間事。」〔註10〕進化思想在西方現代化進程中尤其自
19 世紀以來，構成了現代歷程中不斷發展進步的「神話」，功過是非，歷史
自有公論。但在中國現代，無疑是正面影響大於負面。從文學與語言講，如
果沒有這一思想的革命性影響，文學與語言的革命就缺少思想動力，不可能
有根本性的改變；從更大更深刻的意義看，這一思想通過文學與語言革命思
想的深入人心及其成功實踐，使國人具有了進步與發展的現代意識，並由此
建立了與現代中國相適應的新的價值觀念系統。

　　第二，創造與理性精神是文學語言革命宣導者追求的另一主要現代價值。
在中國傳統思想中，創造思想是缺乏存在的土壤的。針對這一問題，文學語言
革命的宣導者，提倡追求創造精神便成爲主要的任務。胡適認爲文學革命的最
終目的是創造中國的新文學，他呼籲人人「都該從建設一方面用力，要在三五
十年內替中國創造出一派新中國的活文學」。〔註11〕他認爲要眞正建立「國語
的文學，文學的國語」，就必須分三步走，即工具、方法與創造，工具方法是
創造新文學的手段和預備，創造才是目的。錢玄同通過對梁啓超的文學創新精
神表達了對創造意識的肯定與追求，在錢看來，梁啓超因「輸入日本新體文學，
以新名詞及俗語入文，視戲曲小說與論記之文平等，此皆其識力過人處。鄙意
論現代文學之革新，必數梁君」。〔註12〕劉半農則從文學形式的角度，呼籲創
造更多的新形式。他認爲，解放思想的目的是使人獲得精神心靈的自由。〔註
13〕傅斯年之所以極力主張語言的歐化，不過是爲創造新文學打下語言基礎。

〔註 9〕 錢玄同：《寄陳獨秀》，《文學運動史料選》（第 1 冊），上海：上海教育出版社
　　　　1979 年版，第 97 頁。
〔註10〕 劉半農：《我之文學改良觀》，《文學運動史料選》（第 1 冊），上海：上海教育
　　　　出版社 1979 年版，第 42 頁。
〔註11〕 胡適：《文學改良芻議》，《文學運動史料選》（第 1 冊），上海：上海教育出版
　　　　社 1979 年版，第 21 頁。
〔註12〕 錢玄同：《寄陳獨秀》，《文學運動史料選》（第 1 冊），上海：上海教育出版社
　　　　1979 年版，第 31 頁。
〔註13〕 劉半農：《我之文學改良觀》，《文學運動史料選》（第 1 冊），上海：上海教育
　　　　出版社 1979 年版，第 43 頁。

他說道：「中國的讀書人，自待太賤，只知因襲，不知創造，不知文學家的勢力。文學家對於語言有主宰的力量，文學家能變化語言，文學家變化語言的辦法，就是造前人所未造的句調，發前人所未發的詞法。造的好了，大家不由的從他，就自然而然的把語言修正。我們現在變化語言的第一步，創造的第一步，做白話文的第一步，可正是取個外國榜樣啊！」〔註14〕正是他們對創造的提倡與追求，使文學語言革命思想獲得了現代品格，其主張蘊涵了現代性價值，爲中國人創造精神的養成尋找到了更有效的現代思維的工具。

　　與創造相關的是對理性精神與方法的宣導。理性既是一種精神、思想，又是一種認識、理解、判斷事物的方法。在思想與精神方面，理性具有批判與獨立的特點，在方法領域，其表現爲科學性、邏輯性及表達的清晰準確性，而具體形式則表現出可分析可操作性的特徵。文學革命的宣導者們，一方面主張不盲從與模仿古人，追求自我思想的獨立，一方面又積極主張在文學作品中表現更複雜而不是簡單的思想。且由於我們自身的語言表達特別是文言的表達，沒有理性意義上的語法規則，形式化程度低，其分析性、邏輯性較差，句法具有意合流水的結構特徵，對表現特別是表現複雜的思想有著諸多障礙，因此他們要求語言表達必須講求文法，並明確文法的「歐化」化，即運用精邃深密的語言來表達精密深邃的思想，讓語言擔負起改造思想的重任。換言之，現代的思想應當有相適應的現代語言。

　　胡適等人具有非常鮮明的批判理性精神和獨立的特質，這恰恰是現代精神的典型體現。胡適一開始就表明了文學改良要走自己獨立的新的道路，「不摹倣古人」就是他認爲的重要的思想質素。在「八事」中，此條放在第二位，表明胡適對之重視的程度。擬古、倣古、復古是我們民族根深蒂固的文化心理，在保證傳統的連續性，強化中國人的民族文化主體意識等方面，這種心理發揮著重要的作用；但這種文化心理又將人變成了古人和傳統的簡單承載者，從而在很大程度上弱化了國人的進取創新意識。因此，提倡不摹倣古人的意義是不能輕易低估的，證明的是現代人獨立意識之覺醒和批判理性精神的建立，用胡適的話來解釋，就是「要說我自己的話，別說別人的話」。〔註15〕劉半農講得

〔註14〕傅斯年：《怎樣做白話文》，《文學運動史料選》（第1冊），上海：上海教育出版社1979年版，第127頁。

〔註15〕胡適：《文學改良芻議》，《文學運動史料選》（第1冊），上海：上海教育出版社1979年版，第68頁。

更爲明白，他說：「嘗謂吾輩做事，當處處不忘有一個我。作文亦然。如不顧自己只是學著古人，便是古人的子孫。如學今人，便是今人的奴隸。若欲不做他人子孫與奴隸，非從破除迷信做起不可。此破除迷信四字，似與胡君第二項『不摹倣古人』之說相同。其實卻較胡君更進一層。……不知言爲心聲，文爲言之代表。吾輩心靈所致，盡可隨意發揮。萬不宜以至靈活之一物，受此至無謂之死格式（引者按，指古人作文格式）之束縛。」〔註16〕顯然，擺脫古人的束縛，求得人的精神心靈的獨立與自由，正是他們要建立的現代的價值觀念。

注重文法是文學語言革命宣導者一致關注的問題，從某種意義上講，這確是語言革命的關鍵。文言沒有自覺而系統的語法規則，沒有理論化的體系，語言系統還處於經驗表達的狀態；句子意義的意合流水特徵，既使意義的彈性較大，理解比較困難，又難以表達複雜的思想內容。在新的時代尤其是到了思想日益複雜對外交流日益增多信息急劇增加的 20 世紀，要求語言的清晰準確表達是歷史的必然。語言革命的宣導者們對此有非常清醒的認識，從而竭力要求建立漢語文法系統。胡適將「須講求文法」列在文學改良「八事」中的第三條，說明文法在其中的作用。他說：「今之作文作詩者，每不講求文法之結構。其例至繁，不便舉之，尤以作駢文律詩者爲尤甚。夫不講文法，是謂『不通』。」〔註17〕胡適提出了講求文法的重要性，但沒有深入具體展開分析「爲什麼」的理由，這是一種遺憾。真正從漢語的特徵並分析其表達缺陷的是劉半農與傅斯年。劉半農認爲「作文字當講文法」，〔註18〕在他看來，文言不講文法的表現一是不分段落，二是沒有標點符號，三是單音節的詞多，四是語尾不能變化調轉不靈便。因此，他明確指出，「要把這種極簡單的文字，應付今後的科學世界之種種實用，已覺左支右絀，萬分爲難」，〔註19〕故必須建立漢語的文法系統。由於我們自己的語言沒有理論化和系統的文法，要建立只能走借鑒的道路，即向西方語言學習借鑒。在這一問題上，傅斯年講得

〔註16〕劉半農：《我之文學改良觀》，《文學運動史料選》（第 1 冊），上海：上海教育出版社 1979 年版，第 37 頁。

〔註17〕胡適：《文學改良芻議》，《文學運動史料選》（第 1 冊），上海：上海教育出版社 1979 年版，第 69 頁。

〔註18〕劉半農：《我之文學改良觀》，《文學運動史料選》（第 1 冊），上海：上海教育出版社 1979 年版，第 37 頁。

〔註19〕劉半農：《我之文學改良觀》，《文學運動史料選》（第 1 冊），上海：上海教育出版社 1979 年版，第 61 頁。

非常明確、「激進」、「專斷」：「仔細觀察我們的語言，實在有點不長進；有的事物沒有名字，有的意思說不出來；太簡單，太質直；曲折少，層次少。」於是，「要是想成獨到的白話文，超於說話的白話文，有創造精神的白話文，與西洋文同流的白話文，還要在乞靈說話以外，再找出一宗高等憑藉物。……照我回答，就是直用西洋文的款式，文法，詞法，句法，章法，詞枝，……一切修詞學上的方法，造成一種超於現在的國語，歐化的國語，因而成就一種歐化國語的文學」。〔註20〕傅斯年對文言的評判有的觀點是情緒化的，但整體上的判斷又是基本準確的，就其文言表達的復句少，層次少而言，就是不刊之論。在現代這樣的社會和科學時代，用傅的話說，「精密的思想，非這樣複雜的文句組織，不能表現；決不是一個主詞，一個謂詞，結連上很少的『用言』，能夠圓滿傳達的」。更一步講，要想中國人「在文學上，在科學上，有藝術上的位置，而少缺憾，自然免不了從我們的理想，使國語受歐化」。具體而言，使現代白話文達到邏輯的、哲學的、美術的標準。〔註21〕著名語言學家王力在後來也認爲：「中國人如果像西洋人那樣運用思想，自然得用長句子」，而「句子的延長也是一種歐化現象」。〔註22〕必須承認，西方的文法規則的建立，既是拼音文字的發展的結果，又是西方理性傳統的必然，爲文法規則的建立而吶喊努力，實質上就是爲理性精神張目，爲理性成爲中國人的普遍精神尋找有意義的形式，其現代性精神是十分明顯的。

第三，平民化與人化是文學語言革命宣導者追求的直接現實目標。與傳統性思想及其價值相比，現代性思想及其價值具有更鮮明的平民化和人化的特徵。嚴格的等級制度和知識（包括語言文字）壟斷的貴族化是現代以前社會的普遍形態。從社會的意義上看，所謂平民化，是指一般人都具有了生存發展的權利，在理論和實踐領域，人人平等；所謂人化，是指一般人皆具有了做人的合法資格，成爲世俗生活的創造、佔有與享受者。以此觀之，中國傳統的文學與語言文字特別是書面語言文字即文言，確實具有嚴重的貴族化傾向，以文言爲工具的舊文學也必然在整體上帶有貴族色彩。文字被貴族壟斷了，文學創作自然成爲書面語言文字控制者掌握的專利，文學內容與形式

〔註20〕傅斯年：《怎樣做白話文》，《文學運動料選》（第 1 冊），上海：上海教育出版社 1979 年版，第 140 頁。

〔註21〕傅斯年：《怎樣做白話文》，《文學運動料選》（第 1 冊），上海：上海教育出版社 1979 年版，第 125 頁。

〔註22〕王力：《中國現代語法》，北京：商務印書館 1985 年版，第 346～347 頁。

的貴族化成為普遍的事實。於是，宣導者們意識到要建立新文學，必須在語言上進行真正革命，也就是要真正實現言文一致，用現代白話取代文言的書面統治地位。周作人是平民文學的主要提倡者，較早地將文言與貴族文學、白話與平民文學相對應。他指出：「就形式上說，古文多是貴族的文學，白話多是平民的文學」，因為「古文的著作，大抵偏於部分的、修飾的、享樂的、或遊戲的，所以確有貴族文學的性質」。〔註23〕這種整體的判斷，既來自對內容的概括，也來自對形式和語言的評價。因此，周作人所提倡的平民文學，核心內容就是「以普通的文體，寫普遍的思想與事實」，「以真摯的文體，記真摯的思想與事實」。〔註24〕其所說的文體自然包含了語言的內容，而「普通」、「普遍」、「真摯」這些概念，一般而言是平民與世俗生活特點的寫照。文學語言革命宣導者們之所以強調語言文字的世俗性，不避俗語俚語，其出發點就在於它們的平民化世俗性。他們強調文字的明白易曉，讓所有的人特別是占人口絕大多數的平民通文字之用，使貴族的語言霸權喪失，而一般人便可獲得自由使用語言的權利，從而在根本上改變文學的內容，使才子佳人帝王將相為的舊文學變為普通人的天地；並且通過語言的革命，使鮮活的平民語言成為文學語言的重要組成。由於貴族化文學語言文字的雕琢阿諛、鋪張堆砌、深晦艱澀，內容上的狹隘的載道與教化功能，從一定意義講，文言的貴族性文學確實又有不近人情不合人性的傾向，傅斯年稱這種文學為「僞文學」，是「缺少『人化』的文學」。〔註25〕顯然，把文學從載道教化的單一功能中解放出來，從不自然的狀態中解放出來，讓作家從自我的本真出發進行創作，使文學具有更廣闊的人的生活的內容，文學更具有人性和人情，這就是文學平民化和人化的意義。無論是平民化還是人化，都不過是現代性的價值觀，體現的是現代人的追求和宣導者對中國人的現代價值關懷，表達的正是現代中國人的一種目標。

　　正如人類現代化的歷程與現代性思想的展開及實踐，帶給人類的並非都是福音一樣，「五四」文學語言革命的思想及其主張，今天來看，不免有矯枉

〔註23〕 周作人：《平民文學》，《文學運動史料選》（第1冊），上海：上海教育出版社1979年版，第114頁。

〔註24〕 周作人：《平民文學》，《文學運動史料選》（第1冊），上海：上海教育出版社1979年版，第115頁。

〔註25〕 傅斯年：《怎樣做白活文》，《文學運動料選》（第1冊），上海：上海教育出版社1979年版，第127～128頁。

過正之處；但這場革命及其思想的實踐爲現代中國人帶來的好處是不可估量的。很難設想，沒有這場語言的革命，沒有現代漢語的建立，中國的文學、社會、中國人的思想與思維乃至中國的各個方面，將是什麼樣的狀態。就語言本身而言，也許我們失去了文言的語言文字張力和意義的擴展空間，但我們獲得了語言文字表達意義的清晰與準確；也許我們喪失了文言表達的某些審美質數，但我們獲得了表達思想揭東事物的科學性與邏輯性。我們應當而且必須感謝文學語言革命的宣導者們，正是他們的思想的實現使現代中國人眞正獲得了現代人的資格及權利。

二、文學與語言關係理論思考的重要開端

「五四」對現代中國社會的影響是巨大的。新文化運動發起的語言革命，改變了文學的走向。隨著語言的改變，文學進入到以白話爲主的寫作時代。在這一過程中，文白之爭是語言革命的焦點，也是目前學者們關注的重要問題，因而對此進行了全方位且具有深度的思考。學者們或從社會角度、政治變化、意識形態的發展等方面入手解釋文言與白話的關係，爲文言到白話的轉變尋找根據；或從語言學角度研究具體的語法、語音、詞彙、句法結構，探討現代語言形成的內部因素。這種內外結合或宏觀或微觀的思考，在一定程度上解釋了語言的變化，積纍保存了許多珍貴的資料，爲研究文學與語言的關係，在理論上開始了艱難而有益的探索。

在文言到白話的轉變中，語言和文學都發生了巨大的變化，兩者之間千絲萬縷的聯繫值得深思。作爲「五四」文化變革的中心問題之一——文學與語言，兩者關係如何定位，首先還應從歷史的流變中尋找分析的起點。

歷史的流變

文學是語言的藝術。對文學和語言關係的理論思考歷史上早就存在，無論中國還是西方都留下了獨特的歷史成果。然而，將文學語言納入文學研究的範圍，其歷史並不長，主要起於 20 世紀西方的語言學轉向，文學語言方成爲文學研究的更爲自覺的重要領域。

西方的文學語言研究以古希臘的亞里斯多德《修辭學》爲開端，賀拉斯的《詩藝》也主要關注了文學語言的修辭問題。眞正推動文學語言研究的，是現代西方哲學家，如羅素、維特根斯坦、胡塞爾、海德格爾、伽達默爾以

及現代的德里達等人，特別是語言學家索緒爾《普通語言學教程》的出現為文學語言的研究提供了新的思路。此後，西方文學理論中諸如俄國形式主義，英美新批評，結構主義等以文學語言為核心問題的種種理論與方法相繼出現，為文學語言研究開闢了新的途徑。

在中國，涉及文學語言的討論自春秋戰國時代就已開始，孔子的「文質彬彬」，老子的「希言自然」以及莊子的「言不盡意」「得意忘言」皆是最早涉及文學語言問題的代表性思想。在早期的文學理論著作中，對文學語言的闡釋是與文體的分類聯繫在一起的，如曹丕《典論·論文》，從文章體裁上要求語言風格有所不同，即「蓋奏議宜雅，書議宜理……」等。隨後陸機在《文賦》中，將文體劃分為十類，並一一概括其語言風格特徵，如「詩緣情而綺靡」、「賦體物以瀏亮」，並進一步指出不同作家語言風格應有所不同。《文心雕龍》是中國歷史上一部體大思精的文學理論著作，對語言的討論十分深入細緻，從《聲律》到《鍊字》共七篇，專門討論了語言的聲律、分章造句、文辭對偶、比興、誇張、典故、字詞錘鍊等問題。後來的文論家們，對文學語言的討論更為細緻具體。隋唐以後形成了小學，包括了文字學、音韻學、訓詁學三個方面，標誌著語言學的建立。這些研究形成了豐富的中華民族語言文化，為我們認識理解文學與語言的關係，把握文學語言的內在規律，提供了可貴的歷史與思想資料。

從語言與文學的關係中，歷史上主要有以下三種觀點：

工具論。「文以載道」是中國傳統對語言和文學的基本定位，而語言相對文學來說，只是作為文學的載體存在，是從屬關係。無論是儒家的「盡善盡美」，還是道家的「得意忘言」，魏晉玄學中對意、象、言的討論，都是將語言作為工具、載體、媒介而看待的，語言是文學的工具。這一現象一直持續到 20 世紀 80 年代。在中國文學研究中，對於語言的態度一直是以工具論為主的。

本體論。主要是西方的理論。20 世紀最著名的「語言學的轉向」，便是西方語言學、哲學所探索的語言本體問題的重要思想成果。羅素在《人類知識》開篇不久就指出：科學知識越是積纍和發展，它就越遠離了常識性的知識。前者是公共的，因為要滿足科學群體交流客觀知識的需要；後者是更加私人的，因為常識所要傳達的是關於生活的智慧。假如一個年輕人從純粹的科學環境裏習得語言，那麼，他將無法表達諸如愛情這類的私人情感，他將完全

是公共的，從而喪失他的『自我』。於是，「語言是精神的家園」，語言是存在本身，把語言眞正提升到了本體的高度，海德格爾就是最典型的代表。

西方文學界將這一成果，引入到文學研究中，便出現了俄國形式主義、英美新批評、結構主義理論等。語言和文學的關係是，語言即文學的存在，語言是文學和人類的精神家園。這一觀點持續到後現代主義的出現。

牢籠論。後現代派的傑姆遜提出了「語言牢籠」的觀點，以及現代派的波佩爾告訴我們「凡不能表達的，都是不被意識到的」〔註26〕。因爲語言太貧乏，語言的限制無法避免。這是當代對於語言的最新研究成果。語言與文學的關係是，語言是文學的牢籠，所想無法表達，局限其中，語言限制了文學的發展，最終成爲文學的牢籠。

從語言作爲文學的工具，到語言是文學的存在，到語言對文學發展的限制，在不同的歷史時期，他們作爲語言觀的主導思想存在，創造了不同的語言和文學現象。工具論、本體論、牢籠論是語言與文學關係的幾種存在狀態，爲我們討論「五四」有關文學與語言關係的思想提供了新的認識角度。

理論的內容

「五四」新文化運動是沿著兩條戰線展開的，一條是思想戰線，一條是文學戰線。兩條戰線交織進行，因而它既是一場思想革命，又是一場文學革命。作爲思想革命，它宣導民主和科學，反對專制和愚昧迷信，提倡新道德，反對舊道德；作爲文學革命，它宣導新文學，反對舊文學。廢文言而興現代白話就是文學革命的主要成果。中國的語言體系，進入到現代漢語白話時代，中國的文學體系，進入到白話文的新文學時代。

對這一文學語言變革如何看待，角度可有所不同，本文從文學語言學的角度，以語言和文學的關係爲出發點，考察這一語言革命的主要理論內容。

確立語言的本體性地位。在肯定語言本體的基礎上，建構新的文學語言系統，是此時期理論思考與探索的核心目標。無論文學革命還是思想革命，都無法離開語言的革命。語言是思維的物質外殼，意義表達和實現的載體，指稱命名事物的符號，但語言決非僅有這些功能。作爲整體，語言實質上是一個民族的思想、文化、精神及其思維的存在和實現的根本基礎，甚至就是

〔註26〕恩斯特・波佩爾著，李百涵等譯：《意識的限度》，北京：北京大學出版社，第 17 頁。

這一切本身。德國著名語言學家思想家洪堡特在《論人類語言結構的差異及其對人類精神發展的影響》一書中這樣說道：「一個民族的精神特性和語言形成的結合極爲密切，只要有一個方面存在，另一個方面必定能完全從中推演出來。這是因爲，智力和語言只允許和要求有相互適應的形式。語言彷彿是民族精神的外在表現；民族的語言即民族的精神，民族的精神即民族的語言。」這一思想與以後西哲提出的語言即存在、語言是人的精神家園的思想是一脈相傳的，把語言眞正提升到了人類世界的本體地位。因此，「五四」先賢們以語言革命爲推動並實現思想革命文學文化革命的突破口，本質上就是推動並實現民族精神文化價値的革命。陳獨秀在《文學革命論》中所表現出來的思想，不管是對中國傳統文學的肯定或否定，還是對新文學的呼喚與提倡，都與語言問題緊密相關，其提出的「三大主義」具有鮮明的語言革命的基本傾向，所指出的中國古代文學語言存在不良影響與「阿諛誇張虛僞迂闊之國民性，互爲因果」的關係，已具有視語言爲精神本體的認識。胡適的文學改良的「八事」之說，其中「五事」是文學的語言問題。過去有許多人對胡適文學改良的思想以形式主義爲理由給予了簡單粗暴的否定，這既是基於政治意識形態的偏見，也是對語言的重要性認識的嚴重不足所致。傅斯年在理論上的認識更明確也更具思想理論的深度，他在《怎樣做白話文》中就明確指出：「文學的精神，全仗著語言的質素。語言裏所不能有的質素，用在文章上，便成就了不正道的文章。中國的『古文』，所以弄得愈趨愈壞，只因爲把語言裏不能有的質素，當做文章的主質」，因此，「我們在這裏製造白話文，同時負了長進國語的責任，更負了借思想改造語言，借語言改造思想的責任。」顯然，他們的變革語言的思想，既是爲文學的現代化自身尋求革命的基礎，更是要爲民族精神、思想文化的轉型探索並確立可靠有效的語言這一本體性的基礎。所以，完全可以說，「五四」時期的文白之爭，本質上是話語權和誰爲本體性語言之爭，是中國人兩種不同存在形態與精神、文化價値選擇之爭。只有現代白話成爲語言本體，科學與民主的思想才能普及生根，現代意義的文學才有可能發生和發展，平民大眾掌握表達自我意志的理想才有可能實現，現代性爲基礎的文化價値系統才有可能建立。相應地，專制思想及其制度、貴族文學存在的基礎——文言這一語言本體，才會被解構或被顛覆。這就是「五四」語言革命的眞正意義與目的所在。語言本體論的思想的出現和提倡，爲現代白話成爲語言本體確立了理論與實踐的合法性基礎。

　　白話文系統的嘗試與建立大致從三個方面完成：其一，歐化語。翻譯作品的進入，讓歐化語成為白話的重要組成部分。語言上的「歐化」起源於近代翻譯文學的興起，很多翻譯家從西方作品中，取其語法句法規律，用白話文寫出，成為白話文的一大影響源。並且根據西方語言情況，將語音系統變換為字母，同時也引進了語法思想，傅斯年是其主要代表。他在《文言合一草議》中指出：「代名詞全用白話……介詞位詞全用白話……感歎詞宜全取白話……助詞全取白話……一切名靜動狀，以白話達之，品質未減，亦未增加，即用白話……文詞所獨具，白話所未有，文詞能分別，白話所混合者，即不能曲絢白話，不採文言。白話之不足用，在於名詞……至於動靜疏狀，亦復有然。不足，斯以文詞益之，無待躊躇也……在白話用一字，而文詞用二字者，從文詞。在文詞用一字，而白話用二字者，從白話。但引用成語，不在此例。凡直肖物情之俗語，宜盡量收容。文繁話簡，而量無殊者，即用白話……」其二，古代白話。從中國古代白話文中借鑒經驗，建立新白話體系。中國白話文兩大源頭：一是魏晉文章，章太炎、劉師培對此有鮮明的提倡和闡述，這一觀點對魯迅，周作人影響較大，最後成為 20 世紀中國散文的一大流派。二是俗小說。起源於唐代，發展在宋元，全盛於明清。這些優秀的白話作品成為建立現代白話系統的又一重要資源。胡適是提倡和推動這種借鑒的代表，在《新青年》第 4 卷第 4 號中發表《建設的文學革命論》一文認為，白話寫作應「盡量採用《水滸》《西遊》《儒林外史》《紅樓夢》的白話；有不合今日的用的，便不用他；有不夠用的，便用今日的白話來補助……」其三，口語。建立白話體系要在口語中獲取資源。周作人是這一觀點的主要代表人物，主張以口語為基本，再加上歐化語、古文、方言等分子，雜糅調和，適宜地或各齒地安排起來，使文學的語言平易，通俗，更平民化。通過理論的提倡與作家的努力實踐，以白話文為基礎的以現代漢語為本體的語言體系最終建立，文學也終於獲得實現現代化的語言形態。

　　工具論的提倡。在語言與文學的革命過程中，在明確語言本體地位的基礎上，思想者依然重視語言和文學的工具功能。在他們看來，語言既是本體，也是工具，事實來講，也是如此。近代以來，民族解放與獨立的思想，觀念價值的現代性訴求，制度的更新意識，成為主流。因此，啓蒙便成為主要的歷史任務。鼓民力開民智，新民新國，科學與民主，思想文化文學革命等思想的傳播和接受，依賴固有的文言作為載體和工具是很難實現的。基於這樣

的理由，才興起了史無前例的語言大革命，因為只有經過語言的革命，才能為啓蒙找到合適的工具和思想表達傳播的形式。因此，語言的工具功能在此時期得到了強化和重視。在啓蒙的任務面前，似乎一切都具有工具性，語言是，文學亦是，而語言對文學來講，又是文學的工具。他們為什麼對白話如此推崇，就是為了用白話的工具到達載啓蒙現代思想之道的目的。寫於 1920 年 10 月《晚清兩大家詩鈔題辭》是梁啓超對文學和語言進行的工具性定位：「文學是一種技術，語言文字是一種工具。要善用這工具，才能有精良的技術；要有精良的技術，才能將高尚的情感和理想傳達出來」。〔註27〕劉半農在《我之文學改良觀》中說得更明確：由於文言表達系統不分段落，沒有標點符號，單音節詞為主，語尾不能變化調轉不靈活，「要把這種極簡單的文字，應付今後的科學世界之種種實用，已覺左支右絀，萬分為難」，故必須建立與此相適應的漢語文法系統，使之成為表達傳播新思想接受現代事物的有效工具。在這個問題上，傅斯年更激進貢獻也大，他極力主張學習引進西洋文法系統，就是要尋找確立能更好表達、傳播、接受、創造新事物的語言工具。在《怎樣做白話文》中，他這樣說道：「仔細觀察我們的語言，實在有點不長進；有的事物沒有名字，有的意思說不出來；太簡單，太質直；曲折少，層次少。」因此，他極力主張文法歐化的目的就是使我們的語言適應現代思想、科學表現與發展的需求，「精密的思想，非這樣複雜的文句組織，不能表現；決不是一個主詞，一個謂詞，連接上很少的『用言』，能夠圓滿傳達的，而中國人要在文學、科學、藝術方面有自己的位置，更應這樣。在他們的大力主張和推動以及身體力行下，現代白話真正成為新思想新事物，現代文學也正是在此基礎上發生、發展並形成了獨立的形態，在啓蒙的大合唱中，發揮了極其重要的作用，成為一種合理有效的思想、觀念接受傳播創造的工具。

衝破語言牢籠的先行者。牢籠論是西方後現代才出現的理論，而「五四」從歷史時間上與此尤其是語言主要成為權力者相距甚遠，當時的先驅是在非自覺的生命的直接經驗的基礎上，認識到這一問題的。前面已經提及，我們的祖先很早也意識到了。這在一定意義上說，是語言的必然限制。但是，當人類根據某種需要或處於某些目的，選擇了某種語言後，一方面，語言成為必須；另一方面，又必然成為一種限制。語言只能相對滿足人的需要和表達

〔註27〕梁啓超著：《飲冰室合集文集》（第 15 冊）（卷四十三），上海：上海中華書局 1936 年版，第 70～79 頁。

指稱事物，不可能滿足所有人的意願的表達和應對一切物事。尤其是語言主要成爲權力者掌握的壟斷性工具，形成對非權力者的一種暴力時，語言對非權力者而言，就成了牢籠。此外，當新的思想新的事物不斷出現而語言不能變革去適應時，原有的語言也會成爲接受、理解、傳播的牢籠。「五四」思想者就是在這樣的生命經驗中，感受到文言對現代人的牢籠性。

　　文言作爲中國古代書面語言表達系統，其意義和價值都是巨大的。但是，在歷史的演化中，逐漸變成統治者、貴族、士人的工具又是不爭的事實；另外，由於文言在文法、詞彙、句子結構等方面的特徵，在思想的清晰與富有邏輯的表達、在指稱命名事物的精確性等方面，又存在著明顯的缺陷。因此，當我們不得不面對現代社會時，不得不隨著歷史或主動或被動進入現代時空時，文言的局限甚至是牢籠的問題就突顯出來了。現代和傳統的差別是明顯而巨大的：不僅表現在民主與專制、平民和貴族、理性與經驗、獨立與盲從等制度觀念方面，而且也表現在社會各個存在、發展的深度廣度等方面。當「五四」革命者們義無反顧地選擇了要將中國和中國人領入現代的道路後，就必定會認識到文言的不適應性甚至是現代人與社會的牢籠。於是，要實現科學民主、自由獨立，要建立平民社會和平民文學，就必須沖決文言的限制打破文言的牢籠論，使人人都通過語言的掌握使用，自由獨立地接受傳播新的思想和事物，表達自我的意志情感，創造性的生存和發展。雖然在理論上，他們的貢獻並不多，但他們對這一問題的初步認識，爲我們進一步研究提供了寶貴的思想資料。中國現代正是在現代白話系統建立的基礎上，獲得了全面的變化，而現代文學也正是在現代白話的基礎上，獲得了獨立的文學品格並發揮了巨大的歷史社會作用。需要指出的是，現代漢語的建立與運用，也並不能徹底解決語言的現在和牢籠的問題，相對文言而言，只不過更能適應現代社會和現代人而已。對於現代漢語在思維、表達以及在文學創造中的限制甚至牢籠的問題，是值得研究的領域，當然，這不是本文的任務也不是筆者能力所及的。

　　語言與文學的關係，既是重大的理論問題，又是嚴肅的實踐問題。「五四」先賢在民族新生的歷史任務和全面革命的目標引導下，發起了語言和文學革命運動，並對語言和文學的關係做了有價值的思考和探索。在充分認識肯定語言本體意義的前提下，揭示了語言與文學的種種複雜關係。文學離不開語言，語言是文學存在的本體性基礎，文學的變革必須依賴於語言的變革；而語言本體地位的確立以及新的語言系統的普及推廣與成熟，也需要文學的實

踐。另一方面,語言又構成文學的限制甚至成爲牢籠,古代文學的文言本體,對現代文學的建設來說,自然成了限制和牢籠。所以,在「五四」革命者的思想中,就形成了鮮明的思想邏輯:要進行文化與社會的革命,首先是思想的革命,而思想革命的最好途徑是文學的革命,但文學的革命又必須依靠語言的革命,這就確定了語言是文學之本體。但是,在他們看來,語言自身並不是思想革命本身,必須通過文學革命才能與思想革命發生聯繫,就此而說,語言又是文學革命的工具。再深入分析,文學革命從屬於思想革命,是思想革命實現的一種途徑,因而文學也是工具,思想革命的工具。所以,語言與文學都是工具。這樣,我們從他們的理論思考與探索中,發現了這樣的特點:語言的本體觀念並非完全的理論自覺,有很強的生命體驗性無意識性,而對語言還是文學的認識,工具觀念倒是眞正的理論自覺。這一看法,就是我們對「五四」先驅者在理論上思考語言與文學關係的基本結論。

三、「五四」白話文運動的語言學考辨

語言變革的潛流從晚清就開始暗湧了。當中國古老封閉的大門被西方的堅船利炮轟開後,人們被迫開始直面戰火與硝煙背後的那個光怪陸離的西方世界。正是在打量比較的過程中,中華文化自身(包括語言)也第一次成爲了被審視的「他者」。最初以爲,中西差異僅在器物層面,於是有了「洋務運動」;後來發現,政體國體才是關鍵,於是又有了「戊戌變法」;到後來才有人認識到國之文明程度取決於民之文明程度,中國落後的原因在於「愚民」多「智民」少。中國國民何以會「愚」於西人呢?罪魁禍首居然是中國的文字!「獨吾中國有文字而不得爲智民,民識字而不得爲智民,何哉?……此文言之爲害矣。」所以,「愚天下之具,莫文言若」〔註 28〕,「今天文言之禍亡中國,其一端矣」〔註 29〕。語言問題與國民的智愚聯繫在一起並上升到國運興衰的高度,其重要性可見一斑。這股潛流到 1917 年終於沖出地表,汪洋恣肆,成爲沖刷掃蕩中國舊思想的洪流〔註 30〕。正是由於「五四」白話文運

〔註 28〕裘廷梁:《論白話爲維新之本》,《無錫白話報》,1898 年第 1 號。

〔註 29〕陳榮袞:《論報章亦改用淺說》,轉引自譚彼岸《晚清白話文運動》,武漢:湖北人民出版社,1957 年版,第 37 頁。

〔註 30〕晚清白話文運動與五四白話文運動固然有本質上的區別,但越來越多的學者認識到了晚清對五四開創性貢獻,在追溯五四的來龍去脈時,不忘晚清之功。可參看《被壓抑的現代性——沒有晚清,何來「五四」?》王德威:《想像中

動的複雜背景和「不純」動機，才有了讓我們從現代語言學的視角對其進行考辨的必要。一來可以正本清源，二來可以對當時囿於歷史條件的語言觀進行檢討，找出其對現代文學發展的影響。

（一）聲音中心主義與文字中心主義

索緒爾認為文字的體系只有兩種：表意體系和表音體系，表意體系的典範例子就是漢字。但索緒爾的語言學研究「只限於表音體系，特別是只限於今天使用的以希臘字母為原始型的體系」〔註31〕，基本不涉及表意體系的漢字。其實不只是索緒爾，整個西方思想界從柏拉圖開始都是尊崇聲音，貶低文字，認為聲音是對自然、內心的記錄，而文字則僅是對聲音的記錄，是聲音的附庸。黑格爾的總結就具有一定的代表性。在他看來，語言的發展也遵循著歷史從較低的階段走向較高的階段的規律。德語和西方拼音文字的存在，正是「僅僅」為了記錄聲音，記錄內在言說，所以是「較好的文字形式」；而表意的非拼音式的中國文字，由於缺乏適當的「正音發展之手段」，「不像我們的文字那樣表現個人的聲音——不直接呈現口頭語言，而只是用符號再現觀念本身」，所以是發育不全的語言的經典例證，典型地體現了書面表達存在的問題〔註32〕。事實上，西方的思想、哲學、文學、藝術等都是建立在一種以聲音為核心的語言的基礎之上的。「邏各斯」是西方思想的終極範疇，而「Logos 的基本含義是言說」〔註33〕，是發出聲音，「邏各斯中心主義」也就是「聲音中心主義」。

長期以來，漢語處於相對封閉之中，從沒有面對過強大到需要自我審視來對付先進文明的挑戰。當西方文明以無可置疑的壓倒性的「先進品質」進入人們的視野時，承載落後思想與文明的古代漢語自然只能甘拜下風，藏拙躲避，將自己的特點甚至優點一概當作缺點，認為自己的語言一無是處，乃「象形文字之末流」〔註34〕，將自我消融於另一種截然不同的語言之中。但是，即便是

國的方法：歷史・小說・敘事》，三聯書店 1998 年版，第 3～19 頁；另吳福輝《「五四」白話之前的多元準備》也談到「現在要來尋找『五四』白話的源頭，當然可以從晚清入手」。見《中國現代文學研究叢刊》2006 年第 1 期。

〔註31〕索緒爾：《普通語言學教程》，高名凱譯，北京：商務印書館 2002 年版，第 50～51 頁。

〔註32〕黑格爾：《歷史哲學》，北京：三聯書店 1956 年版，第 177 頁。

〔註33〕海德格爾：《存在與時間》，陳嘉映、王節慶譯，北京：三聯書店 1987 年版，第 40 頁。

〔註34〕錢玄同：《中國今後之文字問題》，見《新青年》4 卷 4 號。

輕視漢語（漢字）的索緒爾也承認，以漢字為代表的表意體系是與表音體系並列的兩大文字體系之一。西方也有不少學者在對中西語言文字進行對比研究後，肯定象形的漢字是與字母文字具有同等地位（並非如黑格爾所說的低級形式）的另一種文字，不受「邏各斯中心主義」、「語音中心主義」支配；如德里達就對漢語持肯定態度，認為「中國文字在我眼中更有興趣的常常是它那種非聲音的東西。只是，在中國文化或其他文化中，賦予並非就是邏各斯中心主義的聲音某種特殊地位也是完全可能的」〔註35〕。與西方語言相比，漢語並非「發育不全」，相反還有其所不具備的優點。如果說西語是聲音為中心，那麼漢語就是文字為中心：西方語言是言本位或音本位，漢語就是文本位或字本位。下面我們就通過從晚清至「五四」的語言變革歷程來清理其中的語言走向——從文字中心主義到聲音中心主義。

　　出於對現代文明的急切追求，西方的一切都被拿來作為衡量自身的標桿。西方富強、中國羸弱的原因最終追到了語言的根上，「漢字不滅，中國必亡」，「得文字之捷徑，為富強之源頭」〔註36〕。人們發現古代漢語與西方語言的最大差異在於漢語是「言文分離」而西方語言是「言文合一」。「言文合一」則既便於認讀，又便於拼寫，是造就大量「智民」的「有聲的」語言；而漢語以文字為核心，在口語之外另有一套更加強大的書寫體系，即文言文體系，認讀難而書寫更難，徒具文字之形式而無語言之聲音，整個中國因此成了「無聲的中國」。最早具有世界眼光的黃遵憲就認為，「蓋語言與文字離，則通文者少，語言與文字合，則通文者多，其勢然也」〔註37〕。如想達到西方的文明程度，塑造一批「智民」，就需要有一種「適用於今，通行於俗」的語言，最便捷的方法莫過於「盡改象形字為諧聲」〔註38〕。但如何改為「諧聲」並不是一件輕而易舉的事。不少學人出於普及知識、打造「智民」的需要，只得開始從解決漢字認讀難的問題著手，如1891年宋恕在《六齋卑議》中最早提出了「造切音文字」的主張，盧戇章、蔡錫永、沈學或提出「切音方案」，或出版切音著作，他們看到的都是聲音對於語言的重要性，目的都是讓沉默的漢字開口發聲。

　　1917年1月，胡適在《新青年》上發表了《文學改良芻議》。他從「一時

〔註35〕德里達：「訪談代序」，《書寫與差異》，北京：三聯書店2001年版，第11頁。
〔註36〕沈學：《盛世元音》，轉引自倪海曙：《清末中文拼音運動編年史》，上海：上海人民出版社1959年版，第42頁。
〔註37〕黃遵憲：《日本國志》卷三十三，上海：上海圖書集成書局1898年重印本。
〔註38〕譚嗣同：《仁學》，北京：中華書局1958年版，第61頁。

代有一時代之文學」的進化論出發，提出「廢文言而倡白話」，進行語體革新，從「八事」入手，改良文學。胡適後來把他的「八事」，即「八不主義」調整為「四條」，即：

　　一、要有話說，方才說話。這是「不做言之無物之文字」一條的變相。

　　二、有什麼話，說什麼話；話怎麼說，就怎麼說。這是（二）（三）（四）（五）諸條的變相。

　　三、要說我自己的話，別說別人的話。這是「不摹倣古人」一條的變相。

　　四、是什麼時代的人，說什麼時代的話。這是「不避俗話俗字」的變相。〔註39〕

　　從上述四條裏，我們可以很容易地看見黃遵憲「我手寫我口」的影子，胡適的「四條」只是對黃遵憲的「五字訣」的「灌水」而已，二者的精神其實是一脈相通的。「我手寫我口」實際是對文字（「寫」）提出了記錄聲音（「口」）的要求。到胡適那裏變成了兩個字「說」、「話」，強調的還是語言中的聲音性。雖然胡適本人對此未必有清醒的認識，但他的變革確實是朝著「聲音中心主義」這條道路在前行。胡適以《白話文學史》來證明白話在文學史上的合法地位，《白話文學史》中的文學正是記錄「說話」的文學，他尊崇元、白的詩，就是因其能「讀」給老嫗「聽」——不是「寫」給老嫗「看」；《三國演義》、《水滸傳》不都是對「說」書人所「說」的「話」進行記錄然後加工整理出來的嗎？胡適的文學改良實踐追求的正是語言的「可說性」、「可聽性」，亦即「聲音性」。胡適雖然對漢字的拉丁化持謹慎態度，但漢字在他那裏已經開始成為記錄聲音的工具。如下面這段話：「五四前後，關於柏理璽天德說得不多，倒是人們成天嚷著歡迎德先生和賽先生——那就是德謨克拉西和賽恩斯。主義學說紛至沓來，什麼安那其，什麼康敏尼，不一而足。當時有個尖頭鰻提出費爾潑賴，而另一位密司脫則以為愛斯不難讀可以代替漢字。……」〔註40〕這是漢字對西文聲音的記錄的集中展示。胡適所提倡的正是用漢字記錄中國人生活中的聲音而已。在這裏，漢字履行的是與字母一樣的記錄聲音的責任，漢字個體的意義都暫時被遮蔽了，淪為聲音的附庸。孟華教授將「五四」新文化運動概括為「『去漢字化』運動」，認為「五四」的

〔註39〕　胡適：《建設的文學革命論》，《胡適文集》（第2卷），北京：北京大學出版社1998年版，第45頁。

〔註40〕　轉引自何南林：《橫行的英文》，濟南：齊魯書社2006年版，第259頁。

反傳統就是「反漢字、反漢字所代表的文本位的文化方式」〔註41〕。這確實是對「五四」新文化運動尤其是白話文運動從語言文字學的角度進行審視後得出的精闢見解。「去漢字化」的實質是「親拼音化」，其語言學理想就是「聲音中心主義」。

現代語言學理論及「五四」以來九十年的實踐證明，語言自身是需要不斷發展完善的，西語與漢語互相借鑒互相補充是必然的也是有益的，但試圖以一種形式的語言取代另一種形式的語言是不必要也是不可能的。語言是文化的核心也是底線。我們無意苛求白話運動的發起者，他們趕超世界的熱忱與急迫讓我們感動，但是，對以文字為核心的漢語而言，貶低文字、獨尊聲音，其結果必然是「會說話的人越來越多，會作文的人越來越少，文章退化為對說話行為的片面摹仿與呆板的記錄，而說話也因為失去文章的對立面的挑戰與支持，越來越粗俗破碎——輕視文字的結果，必然也影響到語言的品質」〔註42〕。現代文學尤其是詩歌在藝術上整體不如古代文學，漢語的文字本位被輕視是否也是原因之一呢？

（二）工具性、（思想）本體性與詩性

長期以來，工具性一直被當作是語言的唯一屬性。從莊子的「得魚而忘筌」與「得意而忘言」的類比，到禪宗的「指月之手」的暗隱，都將語言視為工具。五四白話文運動以降，「語言是表達、交流思想的工具」的觀點幾成不刊之論。胡適也是從文言、白話的工具性的角度論證其白話文運動的合理性的：

第一我們深信文言不是適用的工具（說詳《建設的文學革命論》）。第二我們深信白話是很合用的工具。第三我們因為要「用工具而不為工具所用」，故敢決然棄去那不適用的文言工具，專用那合用的白話工具。正如古人用刀刻竹作字，後來有了紙筆，便不用刀筆竹簡了。若必斤斤爭文言之不當廢，那又是「為工具所用」，作了工具的奴隸了。〔註43〕

傅斯年也認為：語言是表現思想的器具，文字又是表現語言的器具。惟其都是器具，所以都要求個方便，都不要因陋就簡，安於不方便。我們主張

〔註41〕孟華：《漢字：漢語和華夏文明的內在形式》，北京：中國社會科學出版社 2004年版，第 13 頁。
〔註42〕郜元寶：《音本位與字本位——在漢語中理解漢語》，《當代作家評論》2002年第 2 期。
〔註43〕胡適：《答任叔永》，原載 1918 年 8 月 15 號《新青年》第 5 卷第 2 號。

廢止文言，改用國語，只因爲文言代表思想是不方便的，國語是比較方便的。
〔註44〕

　　「工具論」的實質是認爲思想與語言是二元對立的，思想在語言之先，語言在思想之後，存在可以脫離語言的純粹的思想，也存在可以脫離思想的純粹的語言；思想是內容，語言是形式，用語言表達思想就如同人穿上衣服；思想是目的，語言是手段，語言不過是「達意」的「辭」，進行思想革命就只能拿語言開刀，等實現了「文字體裁的大解放」，再用文字來做「新思想新精神的運輸品」。堅持語言工具觀的必然結果是，將語言當作是一件與思想、文化、民族、歷史不相涉的東西。

　　語言如果眞只是工具就好了，問題的關鍵在於「語言是變色龍」〔註45〕。工具性絕不是語言呈現給我們的全部。現代語言學認爲，語言不僅僅是「人類最重要的交際工具」，思想與語言的關係也不是主與從、內與外、目的與手段、決定與被決定的關係。語言與思想、語言與存在具有直接同一性，我們眼前的世界是語言呈現給我們的世界，沒有了語言，世界只可能是混沌一片鴻蒙未開的世界。確如海德格爾所指出的那樣：「詞語把一切物保持並且留存於存在之中。倘沒有如此這般的詞語，那麼物之整體，亦即『世界』，便會沉入一片暗冥之中。」〔註46〕就思想與語言的關係而言，語言具有思想本體性，二者正如硬幣的兩面，是不可拆分的。

　　工具論的局限不是胡適個人的局限，而是當時中西方哲學對語言認識的局限。直到上世紀 80 年代英美哲學宣稱「語言論轉向」，語言的本體性問題才浮出水面。但在白話文運動的推行過程中，也還有思想家隱隱覺察到語言具有工具性以外的別的特性。如陳獨秀就認爲文言文「既難傳載新事新理，且爲腐毒思想之巢窟」。周作人也指出：「我們反對古文，……實又因爲他心中的思想荒謬，於人有害的緣故……這荒謬的思想與晦澀的古文，幾乎已融合爲一，不能分離。」〔註47〕陳、周二人在這裏顯然顯示出高於胡適的地方：文言文落後於白話文，不僅是作爲工具的落後，而且在於其所承載的思想的

〔註44〕傅斯年：《漢語改用拼音文字初步談》，見《新潮》1 卷 3 期。

〔註45〕馬大康：《詩性語言研究》，北京：中國社會科學出版社 2005 年版，第 43 頁。

〔註46〕海德格爾：《語言的本質》，《在通往語言的途中》，孫周興譯，北京：商務印書館 2004 年修訂譯本，第 167 頁。

〔註47〕周作人：《思想革命》，《中國新文學大系・建設理論集》，良友圖書公司 1935 年版，第 200 頁。

腐朽，眞正從認識上將語言革命上升到了思想革命的高度。但較爲明確地認識到語言具有思想本體性的是王國維，他在《論新學語之輸入》一文中，通過對翻譯帶來並造就出大量新詞彙這一現象深入思考後，敏銳地發現，「夫言語者，代表國民之思想者也，思想之精粗廣狹，視言語之精粗廣狹以爲準，觀其言語，而其國民之思想可知矣。……言語者，思想之代表也，故新思想之輸入，即新言語輸入之意味也」〔註 48〕。當然，王國維這裏的「言語」指的實際上是「語言」，他在一國國民的思想與一國語言之間直接劃上了等號，這是很有遠見的，已經屬於語言思想本體論的見解了。遺憾的是，王國維的遠比時人先進的看法終因曲高而和寡，淹沒在工具論的大潮中，未能成爲白話文運動理論資源的有益補充。

現代語言學研究還表明，語言除了具有工具性、思想（本體）性外，至少還具有第三種特性：詩性。工具性毫無疑問是語言的重要屬性，語言確實是最重要的交際工具；只是語言又不僅僅是工具，它同時還是思想本體，是世界本身，是「存在的家」；除工具性、本體性外，語言還有詩性。這三性共同構成語言的特性。語言具有詩性，這恐怕是不言自明的，古今中外浩如煙海的文學作品便是顯證。但什麼是詩性以及詩性是如何生成的，到目前爲止，還缺乏具有體系性的理論。詩性語言或語言的詩性應該是與文學性和語言美學密切相關的範疇。顯然，如果不建立一套詩性語言或語言詩性的言說系統，文學研究恐怕很難眞正回到語言本身，從而也很難回到文學本身；即便是對文本進行語言分析，因缺乏學理支撐，也難以達到一定的深度。

最早探討語言的詩性或「詩性邏輯」的是意大利歷史哲學家維柯，他發現「神話詩人所用的最初語言」並不符合「所涉及事物的本質的語言」，而是一種「被想像爲有生命的」、「幻想的語言」〔註 49〕。恩斯特‧凱西爾後來又從語言與神話的角度也追溯了語言詩性的生成。海德格爾的著名表述「語言是存在的家」及他引用的荷爾德林的詩句「人詩意地棲居」揭示了人、語言、詩性之間的密不可分的關係。

毋庸置疑，五四白話文運動在語言的工具及本體層面的革命基本是成功的。北洋政府教育部 1920 年 1 月 12 日正式確立白話文作爲「國語」，並且「國

〔註 48〕王國維：《論新學語之輸入》，《王國維文集》第 3 卷，北京：中國文史出版社 1997 年版，第 40～41 頁。
〔註 49〕維柯：《新科學》，朱光潛譯，北京：商務印書館 1989 年版，第 197 頁。

語」在全國範圍內代替文言文而通行。白話不僅成了「合用的」、「方便的」的交際工具，而且通過翻譯，引進了大量的新名詞、新術語、新表達，歐化了的漢語的確較以前更爲精密，更適合表達日益複雜的思想、情感。但是，白話文運動在語言的詩性層面又做得如何呢？語言的工具性、本體性與詩性之間是一種什麼樣的關係呢？

「語言是存在本身的又澄明著又隱藏著的到來」〔註 50〕，海德格爾的這一論斷揭示了「語言」與「存在」的同一性但非同步性。「澄明」並不是語言對存在的唯一呈現方式，「隱藏」也是對存在的呈現方式，它也能讓存在現身。「隱藏」的呈現方式即詩性的呈現方式，是一種「欲言又止」、「欲說還休」、「猶抱琵琶半遮面」、「此時無聲勝有聲」的方式。具體而言，語言在作爲工具、思想本體時，存在是「澄明著」地「到來」的，它以「敞開」的方式出場；而在生成詩性時，存在則以「隱藏」的方式現身。「澄明」與「隱藏」還是此隱彼顯的，即「澄言不隱，隱言不澄」，幾似老子所說的「美言不信，信言不美」。

白話文運動的一些提倡者將工具性簡單理解爲語言的唯一特性，必然會遮蔽語言的詩性。的確，如果只爲交流，或只爲輸入、承載、建構亙古未有的新思想新精神，「文言不是適用的工具」，而白話顯然是「很合用的工具」；魯迅就曾指出：「中國的文或話，法子實在太不精密了，……這語法的不精密，就在證明思路的不精密」〔註 51〕。對語言作爲工具或思想本體而言，「不精密」當然是大忌。在胡適等看來，文言正是一種「隱而不澄」的「太不精密」的工具，白話則是「澄明」的語言，白話的「白」實際上類似於海德格爾所說的「澄明」、「敞開」。請看胡適對白話的「白」的解釋：

一、白話的「白」，是戲臺上「說白」的「白」，是俗語「土白」的「白」。故白話即是俗話。二、白話的「白」，是「清白」的「白」，是「明白」的「白」。白話但須要「明白如話」，不妨夾幾個文言的字眼。三、白話的「白」，是「黑白」的「白」。白話便是乾乾淨淨沒有堆砌塗飾的話，也不妨夾入幾個明白易曉的文言字眼。〔註 52〕

〔註 50〕海德格爾：《關於人道主義的書信》，孫周興選編：《海德格爾選集》（上），上海：上海三聯書店 1996 年版，第 371 頁。

〔註 51〕《魯迅全集》（第 4 卷），北京：人民文學出版社 1981 年版，第 382 頁。

〔註 52〕胡適：《答錢玄同書》，《胡適文集》（第 2 冊），北京：北京大學出版社 1998 年版，第 35 頁。

　　胡適所追求的白話的「白」就是「清白」、「明白」，無歧義，即老子所說的「信言」，對工具而言，確立這樣的標準並無問題。但語言的特性又確如老子所說，「信言不美」，即「清白」、「明白」的語言往往不「美」或不能「美」，審美價值相對欠缺；「美言」即詩性語言又「不信」，它追求的是「言外之言」、「無言之言」，暗示性、模糊性、語義豐富性是其特點（這也正是文言文的長處），當然又不可能「白」。要求文學語言尤其是詩歌語言既「白」且「信」，很大程度上是在剝奪文學語言的「美」，語言「信」與「美」是不可通約的兩面。胡適推行的白話文運動從工具、思想的角度自然是善莫大焉，但不遺餘力地反對文言文，將白話作爲文學特別是詩歌的唯一語言，將語言的「白」奉爲文學的最高準則和終極目標，就矯枉過正了。胡適在 1920 年 10 月 14 日與錢玄同的通信中，談到了文學的美。「美在何處呢？也只有兩個分子：第一是明白清楚，第二是明白清楚之至，故有逼人而來的影像。除了這兩個分子之外，還有什麼孤立的『美』嗎？沒有了。」〔註 53〕這個唯一標準事實上孤立了文學貶低了文學從而也傷害了文學。穆木天就曾說過「中國的新詩的運動，我以爲胡適是最大的罪人」〔註 54〕。穆木天的意思恐怕是從新詩因語言太「白」而詩意全無的角度說出這番憤激的話的。梁實秋也曾深有感觸談到白話與詩性的問題：「自白話入詩以來，人大半走錯了路，只顧白話之爲白話，遂忘了詩之所以爲詩，收入了白話，放走了詩魂。」〔註 55〕「詩魂」何以會見「白話」而「放走」，語言的詩性告訴了我們答案——「白」話離「詩魂」本有相當距離。本文作者倒不認爲白話不能作詩，只是「水至清則無魚」，是否也會「言至白則無詩」？

（三）口頭語言、書面語言與詩歌語言

　　由於文言文本身的老朽及局限，加之中國當時確實有太多的新思想、新見解、新感覺需要表達，所以，後起的白話文很快就將文言文逼得無路可走，取得了重大勝利。三口頭語言、書面語言與詩歌語言由於文言文本身的老朽及局限，加之中國當時確實有太多的新思想、新見解、新感覺需要表達，所

〔註 53〕胡適：《什麼是文學——答錢玄同》，《胡適文集》（第 2 冊），北京：北京大學出版社 1998 年版，第 149 頁。

〔註 54〕穆木天：《談詩——寄郭沫若的一封信》，王永生編《中國現代文論選》，南寧：貴州人民出版社 1982 年版，第 81 頁。

〔註 55〕梁實秋：《讀〈詩底進化的還原論〉》，見《時報副刊》，1922 年 5 月 29 號。

以，後起的白話文很快就將文言文逼得無路可走，取得了重大勝利。但是，正如胡適所認爲的那樣：「白話文學的作戰，十仗之中，已勝了七八仗。現在內剩一座詩的壁壘，還須用全力去搶奪。待到白話征服這個詩國時，白話文學的勝利就可說是十足的了。」而在這個詩國裏，「我們現在的爭點，只在『白話是否可以做詩』的一個問題了」〔註56〕。胡適在這裏當然是信心滿滿，但白話與作文、白話與做詩、作文與做詩仍然需要從語言學的角度加以廓清，這實際上涉及到口頭語言、書面語言及詩歌語言的區別。

海德格爾將語言分爲兩類：「世俗語言」和「詩歌語言」。世俗語言也就是我們所說的日常語言，包括口頭語和詩歌以外的書面語（包括應用書面語和文學書面語，如散文）。日常語言主要是作爲工具被使用，具有公共通用性和世俗流行性。爲讓人與人之間的交際得以正常運行，不至於發生扭曲、遮蔽、歧義，日常語言必須遵守既定的規則和權威，時時處在語法的桎梏之中，最佳的日常語言是透明的、嚴密的、合乎語法規則的語言。但這樣的語言在海德格爾看來，是只會孳生出「從眾意識」和「庸眾心態」的語言，是磨損殆盡、遠離心靈的語言。

什麼是書面語呢？周作人將其稱作「文章語」。他認爲：「我想一國裏當然只應有一種國語，但可以也是應當有兩種語體，一是口語，一是文章語。口語是普通說話用的，爲一般人民所共喻；文章語是寫文章用的，須得有相當教養的人才能瞭解，這當然全以口語爲基本，但是用字更豐富，組織更精密，使其適於表現複雜的思想感情之用，這在一般的日用口語是不勝任的。」〔註57〕首先，書面語與口語是兩種不同的語體，在生活中有著不同的功用；其次，對二者有著不同的要求，說話是說話，是口語，將其記錄下來並不等於就是書面語了，在「用字」、「組織」方面有更高的要求。理想的書面語應該是怎樣的呢？周作人對此也有論述：「以白話（即口語）爲基本，加入古文（詞與成語，並不是成段的文章）方言及外來語，組織適宜，具有論理之精密與藝術之美。」〔註58〕

〔註56〕 胡適：《逼上梁山——文學革命的開始》，《中國新文學大系・建設理論集》，
　　　　上海：良友圖書印刷公司 1935 年版，第 19 頁。
〔註57〕 周作人：《國語改造的意見》，《夜讀的境界》，長沙：湖南文藝出版社 1998 年
　　　　版，第 778 頁。
〔註58〕 周作人：《理想的國語》，《夜讀的境界》，長沙：湖南文藝出版社 1998 年版，
　　　　第 779～780 頁。

　　而「詩歌語言」則是另一種類型的語言。它並不要求絕對服從外在的結構和法則，表層結構下蘊涵的精神能量才是最重要的，是「無聲的宏響」，是「寂靜的鐘聲」。而按照維柯的說法，語言起源之初，一切事物都被看作是由神灌注生命的存在，具有神性，在對事物的命名時，想像能力強推理能力弱，具有詩性。但語言在使用的過程中，日益疏離神性，污損異化，被套上邏輯規則的鎖鏈，成爲交際的日常工具，詩性也隱身不見。如何拯救消失了的詩性？俄國形式主義文論家認爲要運用文學上的「陌生化」原則。「陌生化」首先就是針對日常語言，將日常語言藝術化，使語言形式更複雜，「從而增加感覺的難度和時間長度」，所以詩歌語言應該是一種「難懂的，晦澀的語言，充滿障礙的語言」〔註59〕。

　　由此看來，雖然同是「語言」，但口頭語言、書面語言與詩歌語言卻是迥然不同的語言形式，不可混爲一談。白話文運動正是因爲缺乏上述認識才導致了理論上的偏差和實踐上的混亂。

　　首先，胡適的白話文理論泯滅了說話與作文，即口頭語與書面語的區別。「有什麼話，說什麼話；話怎麼說，就怎麼說」。表面上談的是「說話」，即口頭語，實際上是對書面語所提出的要求，後一句可改爲「話怎麼說，就怎麼寫」。白話文運動當然不是教人們說話的運動，而是一場教人寫作的文學運動，至少主要是一場書面語的革命。將書面語等同於口語是不是就能寫出像說話一樣「白」的文章呢？正如周作人所說的那樣，「口語是說話用的」，書面語「是寫文章用的」，書面語雖以口語爲基礎，但要求「用字更豐富，組織更精密」。就胡適本人的白話文寫作實踐而論，趙元任就認爲其還「不夠白」，是「不可說的」〔註60〕，只不過是清楚明白的書面語。書面語不可能完全照口語實錄，因有神態、語氣、肢體語言、語境等的說明，口語不必太過正式、規範。但在書面化的過程中因語氣等的逍遁，必須用更嚴密或更有召喚性的語言以補其不足。將書面語等同於口語實踐上是不可能，而且由於輕視對口語的清理、規範、修飾過程，還會降低書面文章的品質。

　　其次，胡適的白話文理論抹殺了作文與做詩，即書面語言或日常語言與

〔註59〕什克洛夫斯基：《藝術作爲手法》，托多羅夫編選：《俄蘇形式主義文論選》，北京：中國社會科學出版社1989年版，第75～76頁。

〔註60〕轉引自周質平：《胡適與趙元任》，《胡適叢論》，北京：三民書局股份有限公司1992年版，第151頁。

詩歌語言的區別。胡適認為「中國詩史上的**趨勢**，由唐詩變到宋詩，無甚玄妙，只是做詩更近於作文……只在打破六朝以來的聲律的束縛，努力造成一種近於說話的詩體」，故「我那時的主張頗受了讀宋詩的影響，所以說『要須做詩如作文』，又反對『雕琢粉飾』的詩」〔註 61〕。「詩」與「文」在中國歷來是兩種不同甚至對立的文體，二者的區別也首先體現在對語言的要求上。「文章」（散文化）的語言，應該是符合語法規則符合邏輯的語言，是「標準語」、「規範語」，而口頭語與詩歌語言則在不同程度上背離「標準語」。尤其是詩歌語言，按俄國形式主義的「陌生化」原則，在某種程度上簡直是專門反「標準語言」的，其目的就是要掙脫邏輯的鎖鏈，驅趕理性，讓詩性現身。反差如此之大的兩種語言在胡適這裏竟然握手言歡忻合無間。結果如何呢？任叔永早有評價：「蓋足下所作，白話則誠白話矣，韻則有韻矣，然卻不可謂之詩。蓋詩詞之爲物，除有韻之外，必須有和諧之音調，審美之詞句……」〔註 62〕不僅白話不是詩，白話文不是詩，即便是有韻的白話文，如果缺少「和諧之音調，審美之詞句」也不是詩。「詩的情思是特殊的，所以詩的語言也是特殊的。每一種情思都只有一種語言可以表現，增一字則太多，減一字則太少，換一種格調則境界全非。」〔註 63〕

再次，胡適的白話文理論還忽視了說話與做詩，即口頭語言與詩歌語言的距離。

若要做眞正的白話詩，若要充分採用白話的字，白話的文法，和白話的自然音節，非做長短不一的白話詩不可。這種主張，可叫做「詩體的大解放」。詩體的大解放就是把從前一切束縛自由的枷鎖鐐銬，一切打破：有什麼話，說什麼話；話怎麼說，就怎麼說。這樣方才可有眞正白話詩，方才可以表現白話的文學可能性。〔註 64〕

這段話涉及到兩個方面的問題，一是詩歌語言的形式問題；二是口語與詩歌語言的問題。詩歌語言的很重要的表徵就是其形式，反過來說，詩歌語言與口頭語、書面語相區別開來的最明顯的標誌正在於詩歌語言是一種高度

〔註 61〕　胡適：《胡適古典文學研究論文集》，上海：上海古籍出版社 1988 年版，第 204
　　　　　～205 頁。
〔註 62〕　轉引自戴逸：《二十世紀中華學案》（文學卷 2），北京：北京圖書館出版社 1999
　　　　　年版，第 5 頁。
〔註 63〕　朱光潛：《詩論》，上海：三聯書店出版社 1998 年版，第 113 頁。
〔註 64〕　胡適：《嘗試集·自序》，北京：人民文學出版社 1984 年版，第 149 頁。

形式化的語言。詩人能夠「把普通言語之石點化爲詩歌之金」，是「因爲詩人有一種特殊的稟賦，能把日常語言的抽象的一般名稱擲進詩的想像的熔爐，鑄出新的樣式。由此他能夠表達一切具有無限細微差別的情感，歡樂和悲傷、愉悅和苦惱、絕望和狂喜等等別的表達方式不可及的和說不出的微妙情感。詩人不僅用情感描繪，他激起了，形象地顯現了我們最深的情感。這是詩的特權，同時也是詩的局限。由此可知，我們稱爲詩的意境的東西，是不能和他的形式區別開來的」〔註65〕。詩歌語言應該是有形式的語言，就整首詩而言，至少是分行書寫的，有韻的；就每句詩而言，也要將文字約束在「五言」、「七言」或詞牌、曲牌之中。詩之爲詩，正在於詩的語言是高度形式化的語言。威廉斯的《便條詩》就是明證。而胡適呼籲實行「詩體大解放」，要「一切打破」。打破了詩的形式，也就扼殺了詩歌本身；沒有了詩的形式，哪裏還會有詩的語言？

　　口語與詩歌語言當然不是水火不容，事實證明，口語完全可以入詩，但二者之間又是有距離的。口語並不等於詩語。「話怎麼說，就怎麼說」，「做詩如同說話」的表述顯然走了極端。所以，胡適的白話詩甫一推出，除錢玄同「嫌太文了」以外，即遭到任叔永、梅覲莊等的激辯。梅覲莊認爲如果白話口語就是詩歌，則「村農傖父皆足爲詩人美術家矣」。而任叔永則認爲：「白話自有白話用處，（如作小說演說等，）然不能用之於詩。如凡白話皆可爲詩，則吾國之京調高腔何一非詩？」〔註66〕胡適的早期詩作也被他的朋友譏爲「讀大作如兒時聽蓮花落」。朱光潛也曾有針對性地指出：「現代人做詩文，不應該學周誥殷盤那樣詰屈聱牙，爲的是傳達的便利。不過提倡白話者所標出的『做詩如說話』的口號也有些危險。……語言是情思的結晶，詩的語言亦應與日常語言有別。」〔註67〕過分尊崇口語的後果是用口語替代詩歌語言，口語即詩，只要會說話，就肯定會做詩。上世紀50年代的大躍進全民做詩、賽詩會，80年代後期逐漸盛行的所謂「口語寫作」、「民間寫作」即是這一觀念的延續。這樣的詩歌因缺乏藝術錘鍊，到頭來不過是些「打油詩」、「順口溜」。詩歌表面繁榮的背後是詩歌品質的不可挽回的下降。人人都是詩人，其實也就沒有了詩人。

〔註65〕恩斯特‧凱西爾《語言與神話》，上海：三聯書店1988年版，第143頁。
〔註66〕胡適：《嘗試集‧自序》，北京：人民文學出版社1984年版，第144～145頁。
〔註67〕朱光潛：《詩論》，上海：三聯書店出版社1998年版，第113頁。

如此看來，胡適在他的理論中將口語、書面語、詩歌語言三者等同起來了。「要須做詩如作文」，如何「作文」呢？「有什麼話，說什麼話；話怎麼說，就怎麼說（寫）」，在他眼裏，「文」、「詩」、「話」是沒有區別、三「位」一體的東西，而作文、做詩、說話居然就是同一件事情。曾經的高高在上的詩歌，曾經的需「拈斷數莖鬚」的詩藝錘鍊，曾經的「一語淚雙流」的詩歌魅力頃刻之間居然變成了與開口說話同樣簡單同樣自然的事情，不知道這是詩歌的大幸，還是大不幸。

現代文學藝術上的粗糙是顯然的，這與當初白話文學開創者的語言觀有著直接的聯繫。從文字中心主義掉頭向聲音中心主義邁進，文字的形、意遭到了忽視，工具性被誇到最大，語言本體性、詩性的缺席使白話文的深度、文學性都先天不足。忽視了口頭語、書面語與詩歌語言三種語言區別，將說話、作文、作詩混爲一談，直接降低了文章、詩歌的文學品位。「白」絕不是白話文、現代漢語的唯一特性，只要我們尊重漢字，讓漢字重返中華文化的長河，如涸轍之魚重返海洋，我們就仍能「詩意地棲居」在漢語這個「家」裏。

四、方言與中國現代文學

「五四」白話文運動及 20 世紀 50 年代普通話的確立，使漢語的現代化寫作被納入特定的軌道，同時也反射出言說方式與漢語寫作可能性的彼此限定又互相豐富的聯繫。方言作爲此種規範之外的話語形式和文學語言資源，是對漢語寫作特定性和普遍性的消解。它以語言的自由態勢對邏輯語法權勢及各種語言定規以衝擊，爲我們帶來耳目一新的審美感覺；同時它作爲人類最鮮活最本己的聲音，是對遮蔽存在本眞的所謂「文明之音」的解蔽。以方言爲語言形式，無疑是文學傾聽大地、回到本原的一條便捷之徑。

（一）

海德格爾把「因地而異的說話方式稱爲方言」〔註68〕。方言作爲文學語言形式具備特殊的審美品質，已有眾多學者作家對此有明確認識，如胡適就認爲它是最自然的語言，最能表現「人的神理」〔註69〕；劉半農認爲它有「地

〔註68〕　（德）海德格爾：《在通向語言的途中》，北京：商務印書館 2004 年版，第 199 頁。

〔註69〕　胡適：《〈海上花列傳〉序》，《國語海上花列傳》，上海：上海古籍出版社 1995 年版。

域的神味」〔註70〕；張愛玲認爲它有「語氣的神韻」〔註71〕。但這些都僅是從方言的外部特質來說的，就其本質而言，方言不加修飾，最接近人類存在之本眞。經由政治、倫理、邏輯、技術嚴密修整過的書面語，即所謂的「文明」「文化」之音，容易造成對生存本眞的遮蔽，而方言作爲自然之聲音，是解構「文明之音」的赤裸之聲，它與地域、時間、人貫通於一。

方言是人類直接面對大地、山川的語言。在德語中，表示方言的詞是「mundarden」，字面意思是「口型」，而口以及我們整個的有機體，都聯繫著大地，方言是來自大地的自然原始之聲。正如海德格爾所說：「在方言中各個不同地說話的是地方，也就是大地。而口不光是在某個被表象爲有機體的身體上的一個器官，倒是身體和口都歸屬於大地的湧動與生長——我們終有一死的人就成長於這大地的湧動和生長中，我們從大地那裏獲得了我們的根基的穩靠性。」〔註72〕大地、地母是西方哲學中常見的意象，大地的語言就是生存的語言，是自然湧現的語言，是呈現存在本身的語言，是對技術架構的批判語言，是對於一切非存在的消解，對一切非本眞的解蔽。方言是地域、大地上開出的口之花朵，方言的大地之音讓世界顯現，並隨之生長而互相協調。方言還是終有一死者的人的生命與大地的自然聯繫，地域以方言直達人的血脈靈魂之中，滲透到人類存在的方方面面。以方言爲文學語言形式，地域在文學作品中就不再是普通話文學中的背景要素，而是決定性的因素。它以一種強大的地域文化力量影響著文學的主題和靈魂，決定著文學的講述方式、敘述腔調，它全面滲透到人物的行爲、生存方式和精神狀態中，它召喚出形象、思想、氛圍與色調，是使一切生長並豐富起來的催化劑。反過來，地域如果不以方言的形式呈現，它的形色聲音就要遜色許多。因而可以說，地域及方言共同攜帶著一個文學主題，如川籍作家沙汀用四川方言展現四川西北情狀而一舉成名。老舍也主要以北京方言描述老北平風貌，而當他寫一個年輕女人的內心獨白如《月牙兒》時，他就不好再使用北京方言而運用普通話。

一方面，地域通過方言說話，地域在語言裏傳達自身，呈現風土人情；另一方面，方言訴說著土地、地方，而且每一次都以不同的方式訴說著。地

〔註70〕劉半農：《讀〈海上花列傳〉》，《半農雜文》，北京：中國戲劇出版社 2001 年版，第 157 頁。

〔註71〕張愛玲：《〈國語海上花列傳〉譯者識》，《國語海上花列傳》，上海：上海古籍出版社 1995 年版。

〔註72〕海德格爾：《在通向語言的途中》，北京：商務印書館 2004 年版，第 200 頁。

域在這裏不完全是一個地理學意義上的人類文化空間意義的組合，它帶有鮮明的歷史時間意義。這裏的時間具備雙重指向性。首先是一種即時性時間，是人物、社會、民族在其中浸沉、在其中變易的時間。方言是如此緊密地與人群之口相聯，而人群之口歸屬於大地的流動和生長，因而方言緊隨著人類社會的發展而發展，它具有即時性、當下性的特點。研究者往往可以借助小說中的方言，來考證作者的地域和年代，如《金瓶梅》。又如在沙汀小說中，大量特殊的方言詞彙是 20 世紀三四十年代特定社會的產物。其次，方言又與特定地區、特定民族的根生即原生性有不可分割的關係，方言聯繫著人古老的傳統性以及當下時代的遙遠歷史，在方言的深處沉澱著時間，居留不前的時間。正如海德格爾所宣稱，真實的時間乃是曾在者之到達，曾在者並不是過去之物，而是本質現身者的聚集。人類對世界的原初體驗、認識通達無數時光經由方言而至，更能深刻揭示人的本質性的存在。韓少功的《馬橋詞典》就記錄了方言的這種特徵，如馬橋方言中的「醒」指的是「蠢」，而「醒」字源於屈原的「舉世皆濁我獨清，眾人皆醉我獨醒」，而舉世獨醒的屈原作為楚的忠臣，卻在曾被楚國無情殺戮的汨羅江地區投水自殺，他是「醒者」還是「覺者」？當地人的智慧創造了這個獨特的「醒」的含義，並延用至今。可見由於方言語詞在不同時間中的重疊和延用，地域封閉性的沉靜不變，人類便仿似在時間和歷史中佔有了一種無限度延續的影子，而這正是沉潛著的人性，由地域文化和歷史所書寫出的所謂民族根性就沉澱在語言和時間之中。

　　語言、地域、時間都離不開人，語言的創造與人的生存體驗應該是一回事，方言本質論最終歸結於人的生存本體論。標誌著意識形態統一的普通話使人生活在按標準秩序嚴格編碼的符號世界中，具有某種抽象性和一般性。方言以其對語言規範的破壞彰顯人的本真自由，恢復人的生存常態；方言作為日常語言形式，呈現出語言的多種可能性和極其多樣性，它與人類日常感性的或經驗的生活形態緊密相連，因而能表達人的具體性、自然性及個體性。最經常被引用的維特根斯坦的話是：想像一種語言就等於想像一種生活方式，任何特定的人生總會有特定的語言表現，方言正是以特定的語言形式呈現出具體的人的存在，而認識人類正是從具體的人或具體的人群開始的。在方言文學中，人物不僅沒有失掉普遍意義，而且能長久地刻在讀者的心扉。譬如提起《海上花列傳》，我們就會想起那些持著吳儂軟語、能言善辯的上海倌人如沈小紅、黃翠鳳、周雙珠、周雙玉；提起老舍會令我們想到京腔京韻

的落魄旗人和下層百姓，如《正紅旗下》的大姐婆婆、二哥福海；而提到沙汀則令人想起那些操著川腔辣語，開著粗魯的玩笑，隱身於社會陰暗角落的小人物如丁跛公、龔老法團等。

（二）

我國在周代就出現了方言的概念，即「殊方異語」。西周的金文銅器銘辭是我國最早的正式的文學語言，周時「五方之民，言語不通」，周以王畿一帶方言為標準，確定「雅言」，其銘辭作為官方史錄用的是「雅言」。春秋戰國時期，文學典籍中開始有方言詞彙的出現，但並不多，主要還是以北方周秦洛通語為主，如《詩經》和《楚辭》。秦代形成文言文，以秦小篆和秦語詞彙來取代六國的東土文字和各地方言，做到了書面語的統一，文學語言就開始與口語分開。今《史記》載李斯的《諫逐客書》和《上二世書》，以及呂不韋主編的《呂氏春秋》都是當時文言文的範例，當時的方言作品卻很少記載和留存。漢代劉向《說苑·善說》中記載的《越人歌》，是用當時越地方言所唱的民歌，可能是最早的方言作品，但已有論者指出《越人歌》也可能是非漢民族語言，並不是方言。隨著唐宋變文、說唱、平話小說等民間通俗文學的發展，方言於明清之際開始大量進入文學創作中，如《醒世姻緣傳》用了魯東方言，《水滸傳》、《金瓶梅》人物對話雜用山東方言，《西遊記》和《儒林外史》分別有淮安方言和安徽全椒方言，《紅樓夢》則主要是下江官話（南京方言）和北京話的綜合，《何典》、《海上花列傳》和《九尾龜》大量運用吳語方言和民間謠諺。清末還產生了方言《聖經》以及方言白話報。

明清白話小說多用方言土語這個傳統在「五四」白話文運動中隨著傳統文學形式的取消而中斷了，經過歐化改革的白話和以北方方言為主的語言共同體的確立，使文學語言形式有了一種共同的標準。這種標準一方面給文學帶來新氣象，另一方面又無形中壓抑了文學語言的創造與生長。雖然新文學伊始，胡適、陳獨秀等人提倡的「言文一致」的文學語言觀也從理論上著重於民間口語的發掘，胡適因注意到黃遵憲對民間文學的關注而竭力想提倡方言文學，要求作家在使用白話時不避俗字俗語，充分採納各地的土話以及大膽的方言化，周作人 1923 年提出「鄉土藝術」也宣導把土氣息泥滋味表現在文字上，但新文學的理論宣導與實際創作還是有很大距離的，新文學第一個十年（1917～1927 年），以方言為語言形式的文學作品並不多見，方言俗語只是點綴式的出現在部分鄉土小說的對話語言中。

　　從另一個角度而言，方言從古代文學中的自然使用到新文學有意識地提倡，它作爲一種文學語言的特殊審美性和合理性已得到充分的理論鋪墊，方言寫作成爲正式的書寫方式得到認可。但需要注意的是它不僅僅作爲一種語言形態與寫作策略，更是作爲思維方式與文學精神被強調的。這種理論宣導直至20世紀三四十年代才得到呼應，並在中國文壇烙下了一種影響深遠的創作思維方式和語言模式。它是以老北京方言、四川方言文學爲代表的，其成就卓著的作家有老舍、沙汀、李人等。這些作家對方言的運用不再是原聲原字不加修改的記錄如《海上花列傳》中的吳地方言，令外地讀者一籌莫展，也不是新文學伊始爲增添小說鄉土氣息或增強人物鄉土性的語言點綴；而是以方言來思維並貫穿整個文學敘事結構，方言經過書面語的加工卻又不失原味，保留了方言原有的語法規則和思維邏輯，收攏地域的聲色氣味化爲某種獨特的「腔調」，成爲不單單是字詞語法排列的特定方言模式。這一文學樣式成果顯著，有《我這一輩子》、《正紅旗下》、《淘金記》、《死水微瀾》等眾多膾炙人口的作品。在這種成績的鼓舞下，各地方言創作不斷得到提倡。如1947年華南地區興起方言文學運動，1948年成立了中華全國文藝協會香港分會方言文學研究會，次年模仿「五四」新文學運動的樣式發起關於方言文學的討論與推廣的運動，並發表了一些粵語小說及詩歌、雜文。此時方言的意識形態功能被茅盾、郭沫若等人空前強調，方言上升爲文學大眾化的重要內容和標誌〔註73〕。

　　建國後文壇以方言入文者不乏其人，較著名的有京味文學的後繼者鄧友梅、劉紹棠、王朔，及帶有山西方言的趙樹理。方言的使用也越來越普遍，一般的文學作品中都能尋出幾個方言詞彙來。但語言不僅僅是語言，它還是一種思維方式。以方言來思維，以方言來作爲文學作品特定「腔調」的作家作品卻愈來愈不多見。80年代中後期的作家大都將方言作爲一種尋根的語言和文化的語言，他們對大眾語包括方言土語的運用有這樣的自覺，即「試圖從大眾的語言中尋找到中國文化的原始面貌和發展過程，懷有人類史社會學意義上的用心，並力圖將此反映出來」〔註74〕。但他們似乎更願意在作品文化品格的內涵上下功夫，卻很少能從語言本身著手，將一種語言深入骨髓並自由地表達出來。一直致力於發掘民族性和民間精神的莫言、賈平凹等聲稱

〔註73〕見茅盾：《雜談方言文學》，郭沫若：《當前的文藝諸問題》，轉引自靜聞《方言文學運動的新階段》，《方言文學》，香港：新民主出版社1949年版。
〔註74〕王安憶：《我讀我看・大陸臺灣小說語言比較》，上海：上海人民出版社2001年版，第140頁。

能將所謂的民間「聲音」與現代形式相結合，如莫言自稱《檀香刑》採用秦地「貓腔」的形式，顛覆了「五四」對民間話本小說、戲曲語言的拒絕，但實際上《檀香刑》在語言內容上都不能表達「貓腔」的內涵。在這一點上我們贊同郜元寶先生的意見，他認爲《檀香刑》刻意依賴一種非歐化非啓蒙的語言，以犧牲文字來簡單化的模仿所謂的「民間聲音」，因而它所標榜的「民間氣息」和「純粹中國風格」是有某種誤區的〔註75〕。賈平凹的「秦腔」也同樣如此。相比較而言，韓少功的《馬橋詞典》出色地轉化了傳統方言小說的形式，方言成爲韓少功進入個體內心世界和講解社會變遷圖景的維度，通過對湖南馬橋方言的闡釋，透射出語言、歷史、人的一體化。詩人於堅也曾撰文提倡口語或方言寫作，他認爲當代詩歌分爲兩個向度即普通話寫作和受方言影響的口語寫作，只有後者才能夠真正實現陳獨秀的「三推倒三建設」的主張和胡適的文學「八議」，以方言爲血脈的口語復蘇了以普通話爲中心的現代漢語與傳統相連接的靈活性、人間性及個體性，恢復了漢語與日常事物的本眞聯繫，使文學作爲特殊的語言藝術具有自在的本體地位。但這種眞知灼見在時下文壇由於種種因素難以得到呼應〔註76〕。

（三）

《聖經·創世紀》講述道：挪亞的後代形成了人類的三大支系，他們決定在巴比倫建一座通天塔，因爲語言、口音相通所以進展很快。但上帝認爲語言一致使人類有了接近自己的狂妄，於是變亂了人們的語言。人類因而分裂成不同的部族，通天塔因爲紛爭而停止。巴比倫在希伯來語中即「變亂」的意思。這個故事似乎昭示了某種潛在的寓意，即作爲一種言語動物，人本身的宿命是具有各各不同的個體性和特殊性的，人類的語言也只能是種族性和區域性的，似乎這樣才是人和語言的本質，而不是相反。

方言正是以其永不消竭的內在生命力捍衛著文學語言的某種獨特性和個體性。如果說普通話創作能體現文學的公共性、廣泛性及流通性，那麼方言創作則傾向於文學創作的獨特個性（包括區域個性、文化個性、主題個性、形象個性、思維及行爲個性等）。方言的「私密性」令特定地域的人對之感到

〔註75〕郜元寶、葛紅兵：《語言、聲音、方塊字與小說——從莫言、賈平凹、閻連科、李銳等說開去》，《大家》2002年第4期。

〔註76〕於堅：《詩歌之舌的硬與軟——詩歌研究草案：關於當代詩歌的兩類語言向度》，《於堅集卷5·拒絕隱喻》，雲南：雲南人民出版社2004年版。

親切與甜蜜，將之應用得豐韻傳神，對此外的人群而言，又會帶來陌生的驚喜和意外的生動。因此從某種角度而言，方言作為語言形式與文學的現代性意義背道而馳。現代文學是要體現人性的永恆，表達人生的抽象意義，而方言所要提倡與強調的正是人生的特定性、民族性。這似乎表明方言也具有某種局限性，例如它在增加文本意蘊及鮮活性的同時，限制了文本的現代性內涵。其實二者並不矛盾，殊途同歸，因為文學的最終本質就是以其個體性和不可複製性來實現恒久性目的。因而方言作為一種鮮活的文學語言形式，是文學個體化、民族化和本土化的體現。

在地域性和民族性文化逐漸走向大一統的整合性文化的趨勢中，這種極端個性化、民族化的方言創作如果不刻意為之，就有漸趨消亡的威脅。方言在一定歷史時間內是不會消亡的，方言作為一種對話語也會經常出現在文學作品中（文學作品為增強其生動及生活性會常常採用方言），但整體性的方言敘述在現在看來，是有生產的危機。民族共同語的普及和「全球化」趨勢的深入，使文化和文學逐漸走向一種一體化的大同世界。從「五四」至今的中國現代語文運動，目的就是要創造和規範一種「普遍的民族共同語」，文言和方言土語都是要被超越的對象，所謂的「言文一致」的語言烏托邦最終只是以建立歐化普通語的主體地位了事。同時方言作為一種文學語言形式的純粹意義在文學理論界從未被真正理解過，它受到意識形態的理論包裝，承載了較多的政治、文化內涵。而建國以來，普通話的強制推廣，無形中又擠壓了方言的話語空間。胡適曾指出：「除了京語文學之外，吳語文學要算最有勢力最有希望的方言文學了。」〔註77〕但事實恰恰相反，目前吳語文學遭到了最為嚴重的打擊。上海除了允許滬劇、越劇等戲曲存在外，報刊不准刊登上海方言文章，上海方言的廣播、電影電視、話劇、歌曲磁帶一度也不獲允許，因此上海方言還停留在不見書面語的狀態。遭受這種待遇的方言還有很多。這種人為的強制措施必然使方言文學和地方文化同時萎縮。另一方面，「全球化」浪潮的席卷而來也使方言以及整個民族文學不可避免地受到了衝擊。地界的消失及民族國家單一性和完整性的喪失、新的電子通訊的發展以及超空間的團體如跨國公司的出現，使得一個消除差異性、個體性和民族性的「地球村」在逐漸形成，這對於自成一體的民族文化、紮根於一片特殊的文化土

〔註77〕胡適：《〈海上花列傳〉序》，《國語海上花列傳》，上海：上海古籍出版社1995年版。

壞的方言創作有著極大的威脅。但一個引人驚奇的現象是：在方言文學衰落的同時，方言藝術如方言影視、小品、戲曲說唱之類卻頻頻出現，例如趙本山的方言小品和影視的流行幾乎使得東北話成為一種時髦。這一方面證實了方言能表達地域和人物的神韻，另一方面在文化商業大潮中對方言的淺嘗輒止的運用某種程度上也使方言藝術成為一種噱頭，使之因為陌生化、鄉土化而成為都市文化的參照物，並由於這兩種文化間潛在的互相嘲諷而增添了某種喜劇化效果，方言因為「奇貨可居」而成為賣點。

除開外界的衝擊和影響，方言文學自身也面臨著操作的困難和創作者自身條件的不足。如何以一種「鄉氣」、「土氣」的方言形式來達到文學性的審美效果，如何將隨意性較強的方言轉化成一種有序的文學形式，如何將不具備廣泛流傳性的地方語言轉化為大眾都能讀懂的文學語言，需要的是一種熟練駕馭語言的能力。在方言的個性與文學的流通性和審美普泛性之間，會產生一個魚與熊掌難以兼得的悖論，如何解決這個悖論，是一件並不容易的事情。早在上個世紀 40 年代，皖籍作家吳組緗就在《文字永遠追不上語言》一文中列舉了方言作為文學語言的諸多困難。同時，經過嚴格的普通話教育和薰染的個人，已經離方言的故鄉很遙遠了。方言的氣息、韻味對所有生活在都市中的人們來說，是一個陌生的帶著泥漿的夢。因而在這個時代要求作家深味某一種方言的內蘊並出色地表達出來，是一件過於奢侈的事情。一般來說，文學語言具有較強的可複製性，無論語言風格還是遣詞造句，文學語言都可以被成批地「仿製」與借鑒，但方言卻較難複製。如韓邦慶的《海上花列傳》使外省人幾難卒讀，張愛玲將書中蘇白全部譯成普通話，卻使小說韻味盡失，臺灣導演侯孝賢根據譯本把這部小說搬上了銀幕，但他還是不得不讓所有演員都說蘇白，以呈現原著的原味。

可以說，與普通話相比，方言更強調存在的本真性和個體性。然而在飛速前行的時代列車面前，方言最終將蛻變為一個時代的「共語」，而不是「獨語」，時下的方言創作與理論研究也正是在這種趨勢的壓迫下處於一種極度匱乏的狀態。卡夫卡曾無比憂心地說過：「建造巴比倫之塔，但不爬上去，那麼也許會得到允許的。」〔註78〕具有無窮欲望的人類能否做得到這一點，卻是個大大的疑問，因而方言作為文學語言形式在將來能否存在，也就成了一個真問題。

〔註78〕卡夫卡：《箴言——對罪愆、苦難、希望和真正的道路的觀察》，《卡夫卡文集3》，安徽：安徽文藝出版社 1997 年版。

第三章 民國時期的經典作家研究及其研究的反思

一、冰心與盧隱：超越苦難人生的探索者

歷史是人類超越自我的經驗過程，是人的生命活動物化的外部框架，歷史活動的本質都是人的意志的反映。文學是人學，人的願望決定著文學的價值取向，文學的本質不過是人類生命的自我表現和人渴望完美、超越現實人生的形式化。因此，20世紀的中國歷史，一部現代中國文學史，乃是中國人生命活動的產物，是現代中國人追求新的人生理想的價值體現。在這個意義上，追求人的解放，尋找理想的人生就必然成為20世紀中國文學的母題，就必然構成此時期文學家創作的邏輯起點和歸宿。冰心和盧隱是這樣。通過對她們的比較，就更為清楚這一時期的文學特徵及作家的人生選擇。

文學理想的同一性

作為「文研會」的作家，冰心與盧隱始終把為人生作為文學理想的主導，改良人生、尋找理想人生是她們共同的價值追求。合歷史合時代的理想人生是對現實苦難人生的精神超越。「五四」時期是人性覺醒的時代，當青年們從惡夢中醒來並以新的理想反思歷史、觀照現實的時候，他們感到自身所在的現實世界不過是「冷酷如鐵，黑暗如漆，腥穢如血」的屠場、墳墓、囚牢、地獄，而沉重的歷史又與現實的苦難存在著千絲萬縷的精神文化聯繫。因此，重寫新的歷史，改良現實人生就作為一種時代本能構成了青年一代的理想，

而文藝便是表現理想的最佳形式。像當時多數文學青年一樣，冰心與廬隱也選擇了以文學來改良人生的道路。冰心說她做小說的目的是「要感化社會，所以極力描寫那舊社會舊家庭的不良現狀，好叫人看了有所警覺，方能想去改良……這痛恨和努力改良，便是我做小說要得的結果。」〔註1〕廬隱也同樣宣稱：她要把充滿苦難的現實人生，「用熱烈的同情，沉痛的話調描寫出來，使身受痛苦的人，一方面得到同情絕大的慰藉，一方面引起其自覺心，努力奮鬥從黑暗中得到光明——增加生趣，方不負創作家的責任。」〔註2〕顯然，揭示現實人生苦難，引起人性警覺意識，正是冰心與廬隱創作的本質思想精神特徵。她倆一開始創作，就抓住「問題」不放，並以此作爲突破口沖入文壇，成爲影響深遠的「問題小說家」。她們以人生是什麼爲問題探索的焦點，以現實人生、社會的種種問題爲主要刨作內容，在不同的層面上，展開了人生命的痛苦與悲劇命運，爲召喚探索理想人生、改良人生提供現實依據。

冰心一開始就把筆伸入到社會的各種問題中去。她集中反映了舊家庭血緣意志對個人社會意志及其個人自我理想壓抑所造成的精神的痛苦（《斯人獨憔悴》、《秋雨秋風愁煞人》），在一定程度上揭示了我們民族只知有家不知有國的傳統封閉意識對人的社會性的扼殺。她敏銳地發現新型家庭中的新的苦惱，基於現代意識建立起的家庭並不那麼和諧，從而流露出失望的情緒，並企圖尋找一種理想的家庭模式（《兩個家庭》）。她反映了時代的尖銳矛盾，在心靈層次上深刻地表現了青年人與傳統道德之間的緊張衝突，通過愛國情感受到粗暴而簡單的否定後產生的痛苦煩憂，揭示了當時青年精神意識二重性衝突的危機以及由此造成的心靈上的沉重負擔（《斯人獨憔悴》、《去國》、《兩個家庭》），個人被夾在家與國、家與社會之間，受到深深的折磨，對國家與社會的責任良知和屈從於家庭，屈從於傳統道德束縛和社會時弊的兩重意識就這樣纏繞住青年人的心靈。正因爲如此，冰心還寫出了人的孤獨與寂寞，寫出了青年人在夾縫中無所適從的「荒原」意識，同時，她還從冰冷的社會角度，寫出了人的寂寞和無愛的悲哀，像《寂蜜》、《六一姊》、《離家的一年》這類小說，便是揭示這一人生問題的，雖然還欠深刻，但畢竟觸及到了那個

〔註1〕冰心：《我做小說，何曾悲觀呢》，《冰心研究資料》，北京：北京出版社1984年版，第65頁。

〔註2〕廬隱：《創作的我見》，《文學研究會資料》（上），鄭州：河南人民出版社1985年版，第160～161頁。

社會中人生的深層次問題。此外，冰心還涉及了舊社會的野蠻的習俗制度和戰爭的非人道等問題。正是現實人生，激發了她追求合人性的理想衝動。就其題材的大致範圍而言，盧隱所涉及的人生問題與冰心相差無幾，但盧隱的小說更具震撼人心的強度和力度。這正是茅盾指出的「『五四』時期的女作家能夠注目在革命性的社會題材的，不能不推盧隱是第一人」〔註3〕的緣由所在。她一開始就以悲劇的題材佔據了問題的中心。《一個著作家》以男女主人公的死控訴了金錢的罪惡和包辦婚姻給青年男女造成的不幸，其感情的激越是冰心所沒有的。《一封信》鋒芒咄咄，以農村少女梅生被惡霸巧奪爲妾虐待至死的血淋淋的事實，觸及了階級壓迫的實質。《兩個小學生》表現了作者赤誠的愛國激情，堅生和國楨兩個愛國小英雄無疑反映著作者自己的思想，他們的遭遇實質上是對軍閥血腥暴政的有力揭露。盧隱反對帝國主義對中國的文化經濟侵略，《月下的回憶》矛頭直指日本帝國主義在中國的種種罪惡。盧隱痛恨戰爭，渴望和平，然而在她的筆下，爲和平而鬥爭結果只是悲劇，揭示了戰爭戰勝和平的苦難人生這一深刻的歷史問題（《餘淚》）。盧隱還以憤怒的情緒，批判了納妾制對生命的摧殘（《父親》），並觸及到了當時的教育制度（《危機》）。但盧隱小說的中心問題，是戀愛中的精神與情感。這是她焦灼苦悶的人生問題的聚焦點。她認爲，「戀愛是人類生活的中心。……如一生不瞭解戀愛的人，他又何能瞭解整個人的人生。」因此，戀愛是盧隱始終不渝的表現對象。寫於「五四」時期的《海濱故人》、《靈海潮汐》、《曼麗》等集中的小說，多數作品都是探索戀愛所引起的靈海的波動，並通過這一題材，折射社會和人生，抒發青年感情的困擾和心靈的危機。

　　由於人生的不幸，冰心與盧隱筆下的人物大都帶有被動生活的特徵，簡言之，她們爲現代文學貢獻了被動者形象群。遺憾的是，這並未引起研究者的注意。「五四」是充滿矛盾的時代，理性選擇與情感意向的衝突，智慧與愚昧的對抗，現代意識與傳統思想的碰撞，在相當多的青年人的心靈裏，形成了雙重意識危機。當舊有的東西仍然十分強大時，個人主體的力量是難以戰勝它們的，因此，當個體還沒有匯入到新的集體之中時，個人面對著龐大的舊的勢力，被動生活就不可避免。這是時代的特徵，是那個時代不可避免的社會人生問題。冰心筆下的人物，要麼爲血緣爲紐帶的家庭意志所左右，如

〔註3〕茅盾：《盧隱論》，《茅盾論創作》，上海：上海文藝出版社1981年版，第178頁。

穎銘穎石兄弟和英雲；要麼被現實的死寂無聊所困擾，個人意志無力沖決，最終只能陷入精神的苦悶，如陳華民和英士。盧隱小說中的人物亦不例外。《海濱故入》中以露沙爲代表的形象群，還如亞俠、麗石、曼麗等，都是被動形象的典型代表。她們面對社會、家庭、和強大的舊勢力，無力相抗，只好退縮到個人內心，哀歎人生的痛苦；她們認爲人猶如鴨子，鸚鵡，蟲子；她們覺得渺小無力的個人就像爲風所驅的行雲和茫茫大海上的無舵的孤舟。正如《靈魂可以出賣嗎》中荷姑所說，她們生活的世界，「不是叫你運用思想，只是運用你的手足和機器。」行動離不開思想，失去了自己的思想也就失去了行動的自決，理所當然只能成爲被動生活者。這樣的人生，是應當改良的。於是，冰心與盧隱，以她們各自的蘆笛，奏出了探索理想人生的樂曲。

愛的世界與精神和諧的人生

對每一具體的人來說，解脫人生的精神痛苦首先是從精神開始的，這是人性的必然趨勢。歷史地看待作家的精神追求是必要的，而人性地理解作家也同樣重要。冰心的人生理想，一般人認爲是唯心的，而盧隱的則是虛無的。誠然，她們沒有提倡以革命手段去打碎舊的制度，摧毀製造人生苦痛的政治經濟基礎，而主要在人性精神感情的世界裏尋找改良、超越現實人生的藥方，爲人生提供精神情感平衡的支點。但這是有意義的探索，並非毫無積極作用。

在整體上，冰心以愛的理想否定了無愛的人生現實，盧隱則以精神和諧的人生理想取代那自私虛僞、精神苦悶的現世；冰心從現存人性的本能中發現愛的天性，召喚人愛心的復歸，以愛的良知去改良恨的心靈，盧隱則淋漓盡致地表現了醜惡的恨與惡，只好在想像的世界裏，寄託著精神生命中的愛的渴望；冰心肯定了愛的可能性和必然性，盧隱則否定了現實中愛的艱難與不可能性，從而在更抽象更理想化的層次上肯定著精神和諧的愛。

冰心認爲，愛是人的本能，是「人類之所以爲人類，世界之所以成世界」的原動力。她要以愛的火焰燒毀人間的等級構架，毀壞人性的自私冷酷，驅散冰冷的隔膜與孤獨。所以，她要「盡在世的光陰，來謳歌這神聖無邊的愛，」「自強不息的來奔赴這理想的最高人格」，實現「個個自由、個個平等」的人生。缺乏誠與愛，是「五四」時期作家對中國民族性的一種共識，魯迅先生對此曾痛心疾首。因此，提倡愛的人生哲學，就其人生理想而言，就具有歷史和現實的針對性，具有反封建、凝聚現實人心的意義。在冰心的小說裏，

母愛、童心、自然三位一體，而母愛則是主體。這是冰心人生愛的理想的具體表述，是一切愛的本體和源泉。母愛是廣普之愛的象徵，童心是引發愛心的天使，自然則是愛的永恆純潔美麗品格的物化和載體。冰心常以兒童作為愛心的啓迪媒介，召喚潛藏於人性深處的但被社會所埋沒了的愛的本能。《一個兵丁》通過兒童的中介，表現了父愛的深摯與真誠；《最後的安息》以惠姑的純真無私的愛與同情，撫慰了翠兒苦痛的心靈，貧富智愚的界限在愛的陽光下消融了，組成了「和愛神妙」的人生。《超人》中的何彬是尼採哲學的信徒，冷眼現實，漠視人生，厭惡社會，孤傲於世，毫無憐憫與愛的同情，但祿兒受傷的呻吟，以一種神秘的力量，震顫著他愛的潛能，他終於幡然而悟，相信了一切母親的孩子都是好朋友的人生哲學，生命在天使祿兒的指引下，找到了愛的歸宿，獲得了新的價值意義。《悟》是愛的宣言，主人公星如最初和何彬一樣，後來在母愛燈塔的照耀下，在自然的啓悟下，他突然意識到「世界是愛」構成的現實，而現存的自私自利和制度階級皆是因不愛而起。於是他呼籲人們「肩起愛的旗幟」，領著人類「在這荊棘遍地的人生道上，走向開天關地的第一步上來」。在《一個軍官的筆記》和《一個不重要的軍人》中，冰心也表達了無愛的殘忍和愛的力量。《莊鴻的姊姊》、《離家的一年》、《寂寞》、《六一姊》也從不同的角度，揭示了無愛的失落感。渴望愛的溫暖，尋求人心靈的相互感應，便成為這些作品的基本意向。

　　冰心愛的理想是她自己經歷、文化教養綜合影響的必然選擇，具有她自身的合理性，儘管這是一種超前的選擇。盧隱和冰心則有著重要的差異。盧隱從出生之日就沒得到過愛的溫情，似乎也注定了她遭受歧視冷漠的命運。以後愛情的波折更加劇了她心靈的痛苦，精神上的嚴重失調使她深感精神和諧的重要性。所以她筆下的理想人生是以精神情感生命的和諧為主體的想像世界，她要在現實世界之外，創造另一個和諧的精神天地，獨立於現存的人生，實現對苦難的超越。歷來認為盧隱的人生態度是虛無的，這是不全面的。實際上她在絕望的現實人生痛苦中，始終一靈不滅地渴求著她所理解的理想人生。用她自己的話說，她把一個「想像的世界，指示給那些正在歧路上彷徨的人們，引導他們向前去。」在《或人的悲哀》裏，主人公亞俠這樣說道：「我這時雖不敢確定宇宙間有神，然而我卻相信，在眼睛能看見的世界以外，一定還有一個看不見的世界」，所以在痛苦的時候，「便要在人間之外的世界，尋新境界」──精神的世界，即「純潔的」、「熱誠的」世界。《海濱故人》中

的露沙也說道：「乾枯的世界，除了精神上，不可制止情的慰安外，還有別的可滋生趣嗎？」因此當她愛情受挫，便以平生主張的「精神的生活」開脫情感的困惑。感情世界是生命的希望和停泊靈魂的港灣。小說《父親》就是以兒子與庶母的心靈相戀和情感的默契，宣揚了精神生活的理想。

大自然歷來是精神和諧的對應物，也是現實精神失調後的尋求超脫的觸媒。造化的神奇，使永恆的自然和諧與人心靈世界發生了同構。追求精神和諧的盧隱也必然把靈魂的安慰寄託千對自然的讚美中。《或人的悲哀》中的亞俠曾引用了一位盲詩人的話表達了這種傾向：「白晝指示給人們的，不過是人的世界，黑暗和污穢。夜卻能把無限的宇宙指示給人們，那裏有美麗的責神，唱著甜美的歌，溫美的雲，織成結白的地氈，星兒和月兒，圍隨著低低地唱，輕輕地舞」，然而「這些美麗的東西，豈是我們眼睛所能貪圖得到的呢？」於是，她只有借助精神的想像來領略彼岸世界的美妙人生。《海濱故人》的主人公幻想在海邊修一座精緻的房子，各自按自己的志趣而生活，朝霞是「靈魂的安慰者」，「斜陽影裏的唱歌的牧童」是她們的良友。《父親》中的主人公也·為自己想像了一幅美麗的自然圖景，企望在良辰美景中過著美滿和諧自由的生活。《前塵》、《房東》等作品，表達了類似的回歸自然的意向，詩意的筆調，熱誠的嚮往，返璞歸真的天趣、神仙般的生活，便形成了明淨和諧自由的想像中的精神生活的理想境界。

這確實是令人心曠神怡的人生圖！然而現實實在難得一塊淨土。因此，想像的虛無世界在現實的痛苦面前顯出了軟弱無能。理想一個個破碎了，和諧的精神理想被不和諧的現實攪亂了，於是，只能陷於難以自拔的絕望痛苦，繼而進入虛無。這種虛無的態度首先表現在人生沒有究竟的幻滅之中。當作者費盡心血探討的人生不過仍是憂愁煩惱的代名詞時，絕望的虛無就必然出現。在盧隱的筆下，主人公們最終採取了否定「世界的一切」，「遊戲人間的主義」的態度，企圖隨波而逝，隨風而行。她們認為人生根本沒有什麼究竟，「過去的不斷過去，未來的也不斷而來，淺近的比喻，就是一盞無限大的走馬燈，究竟有什麼意思，《麗石的日記》）。她們於是有了夢醒後無路可走的悲哀與幻滅，「我心彷徨得很呵！往哪條路上去呢？……我還是遊戲人間罷！」（《或入的悲哀》）其次，這種虛無表現為超凡出世的隱遁思想，使其作品罩上了沉重的隱世陰影：「何不早抽身，出塵世，盡白雲滿溪鎖洞門，將一函經手自翻；一爐香手自焚，這的是清閒真道本。」（《麗石的日記》）最後，這種

虛無還表現出對死亡大限的無可奈何的消極態度。當一切都沒有真正的歸宿時，便靜候死亡來臨，以死來實現對苦難的最後解脫和超越。她認為，世間的一切不過是霎時之幻影，而死亡才是永恆的實在。死亡大限如同天羅地網，「白楊蕭蕭，荒冢累累，誰能逃此大限？」所以露沙只好以絕望的心態對待自己生命：「欲求之全，只有去此濁世，同歸於極樂世界耳」。《麗石的日記》中也寫道：「在無聊和勉強的生活裏，我只盼黑夜快來，希望永遠不要天明」。於是最終只能得出：「哀求萬能的慈悲上帝來接引」（《淪落》）。

絕望之為虛妄，正與希望相同。虛無的人生態度對生命而言是一種自戕，但是盧隱的虛無絕望完全是非人道社會和苦難人生造成的。當個體不能主動匯同於社會大我之中，還沒有認識到群體力量時，面對黑暗的巨大勢力，產生幻滅、隱世、乃至以死尋求解脫的人生態度是可以理解的。誠如茅盾在評價盧隱式的虛無所說，「也有其社會意義」，「因為這也反映著『五四』時代覺悟的女子——從狹的籠裏初出來的一部分女子的宇宙觀和人生觀。然而我們很替盧隱可惜，因為她的作品就在這一點上停滯〔註4〕。」盧隱的絕望的根柢得太深，從而導致了她作品的價值雙重性；人性意義、揭露批判意義與歷史社會發展的要求之間就不那麼協調。

天堂的和聲與地獄的哀樂

作為女性作家，自然流利感情細膩是冰心盧隱小說的共同特徵。但冰心較注重結構安排和情節邏輯，盧隱則「只是老老實實寫下來，從不在形式上炫奇鬥巧」〔註5〕。她倆的小說，主觀抒情色彩皆濃，不過冰心的主觀抒情與客觀描寫結合起來，盧隱則主要宣洩內心的情感。如果說冰心的抒情是一首略帶著憂愁，滿蘊著溫柔的小夜曲，那麼盧隱的抒情就似沖閘而出的滔滔江河。冰心以客觀沖淡主觀，盧隱則是主觀壓倒了客觀。冰心小說具有具體的物理空間，時間上有回頭看的意識，盧隱則以心理空間為主，時間上具有不確定性。她們都謳歌自然，冰心把自然與理想融成高度和諧的整體，自然是理想的對應物，盧隱則把自然作為人生苦難的對立面，以此表現現實人生的醜與惡及其不和諧的精神生活。

最能體現各自審美風格的是情感形態及其所蘊含的美學差異。不偏不激的

〔註 4〕茅盾：《盧隱論》，《茅盾論創作》，第 179 頁。
〔註 5〕茅盾：《盧隱論》，《茅盾論創作》，第 182 頁。

中庸哲學，使冰心形成了哀而不傷、怨而不怒、動中法度的情感模式；愛的理想，善良的人性願望以及深厚的中國古典詩詞曲的修養使她的作品顯示出中和之美，在淡淡的哀愁中蘊含著希望的陽光，在死與無聊的生活裏，又寄寓著生的衝動和激情的回蕩，給人一種和諧的感受。廬隱是偏激的，她厭恨否定人世現實，在精神理想與現實苦難的緊張衝突中，形成了與其人生態度相適應的情感形態，感傷悲憤、沉痛激越、焦灼苦悶，憂患意識，組成了悲劇性情感的整體風貌，源源不斷的苦水猶如「無邊落木蕭蕭下，不盡長江滾滾來」。

　　冰心一開始創作，就淡化了人生的苦難，愛的祥雲始終高懸揮現實苦難之上，因而在《最後的安息》中，飽嘗人間疾苦不知愛為何物的翠兒，在惠姑天使般的同情與愛的感化下，終於嘗到了愛的甘美，儘管她最終並未因愛而擺脫死亡，但靈魂卻由愛的指引在天國裏得到了安息。這就構成了悲劇不悲的美學效應。冰心筆下的人物都沒有金剛怒目式的反抗，也無走向死亡的絕望，即使死亡，也沒有擺脫心靈中妥協的痛苦。《兩個家庭》、《秋雨秋風愁煞人》、《去國》等小說的主人公，皆處在痛苦的選擇十字路口，但他們選擇的是要麼屈服於世俗社會，要麼歸順家庭意志，而始終沒有走上反抗之路。在藝術安排上，獨特的審美思想和美學追求，使冰心的藝術手段具有相應的特徵：她往往以人的苦難痛苦開始，而最終以愛的力量使苦難趨於消逝，因此從情節發展上就具有由反到正、由否定到肯定的情節邏輯結構，如《超人》、《悟》莫不如是。廬隱則相反，悲劇——精神的悲劇和生命的毀滅，始終是她小說的主體內容。她認為悲哀是美妙的快感，「只有悲哀，能與超乎一切的神靈接近。」所以她「無作則已，有所作必皆凄苦哀涼之音。」顯然，冰心以自己的歌喉唱的是愛的理想天國的和聲，廬隱則用她的蘆笛吹出的是地獄裏的哀樂。在廬隱看來，人生如牢籠地獄，虛偽自私的劣根性戕賊著「稚弱的生命」，「人心險惡，甚於蛇蠍，地球之大，竟無我輩容身之地」。她的小說幾乎都以苦難和人物精神的痛苦折磨作為主體內容的，反覆不斷地傾訴人生悲劇性命運成為小說的主旋律，因而就必然形成悲哀的凄苦之音。「可怕的人也」，便是上帝「安排的地獄」，就是她悲劇性風格的基礎。與此相應的，她總是讓人物走了一條從理想到幻滅的人生之路，其情節結構邏輯就成了從正到反由肯定到否定的構架。《海濱故人》中的主人公們，天真幻想幸福自由的靈魂終於歸於寂滅，最終得到的是萬劫不復的痛苦。《曼麗》的主人公開始雄心勃勃，改天換地，為國為民為正義的凌雲志佔據了思想的中心，然而結果

呢？她知道的是「幻想永遠是在流動的，江水上立基礎永遠沒有實現的可能」，「不但找不到肥美的草地和水源，並且連希望去發現光明的勇氣都沒有了」。還有相當數量的小說都是按此模式安排結構的。

二、「雷雨原野中的北京人」——論曹禺心中的中國理想人格精神

　　追求人性的解放、塑造中華民族新的人格形象、探索適宜中國人生存發展的人格精神始終是「五四」以來一切進步的文學家孜孜以求的目標，是文學家改良社會、改良人生的內在思想動力。魯迅是當之無愧的探索中國理想人性的偉大的先驅者。他以批判國民、民族劣根性為中心，通過否定的形式，達到對新的人性形態的肯定。以魯迅為代表的文學家群，為中華民族新精神的建設做出了巨大貢獻。曹禺作為後起的文學新秀，從他三十年代闖入文壇，也繼承了「五四」新文學的優秀傳統，沿著魯迅等先驅者新開闢的探索之路，在追求中國理想人格精神的歷史大合唱中，奏出了時代的強音。他通過《雷雨》、《原野》、《北京人》三個劇本的創作，以鮮明的人物性格和明確的思想傾向，表明了他對新的人格精神的理解與召喚：敢愛敢恨率性而為的「原始生命」式的強者人格，應該成為中國人性格的基本形態。這一人格精神，歷來非議甚多，評論者們往往將精神的內涵簡單化了。因此，只有充分理解闡釋「原始生命力」性格的意義，才能完整地瞭解曹禺的動機，從而確定作者所追求的歷史和現實價值。

原始生命力的象徵：「雷雨性格」「仇虎精神」「北京人」生命形態

　　在《雷雨》裏，最能體現「雷雨性格」的是繁漪。這是一個具體的生命，然而她所代表的精神已經超越了具體形象生命本身，具有更寬泛的象徵意義。《原野》中的仇虎所體現出的敢愛敢恨和復仇的精神力量也是這樣。仇虎身上所展現出的人格內涵並非復仇所能概括的，而是一種強悍生命意志的體現。在《北京人》裏，作為中華民族生命起源的「北京人」，本身就是一個抽象的符號，其包容的內涵是一種原始生命形態，一種人的精神。這幾個形象，共同的特點，就是將內在的人性固有的本能——敢愛敢恨率性而為強悍勇敢的原始生命的力，發揮淋漓盡致，或者渴望將內在潛隱的這種力量釋放出來，以顯示生命的本原真實。

　　曹禺在《〈雷雨〉序》裏說過：「《雷雨》可以說是我的『蠻性的遺留』，

我如原始的祖先們對那些不可理解的現象睜大了驚奇的眼。我不能斷定《雷雨》的推動是由於神鬼，起於命運或源於哪種顯明的力量。情感上《雷雨》所象徵的對我是一種神秘的吸引，一種抓牢我心靈的魔」。從一般意義上看，「神秘的吸引」和「抓牢我心靈的魔」是命運或宇宙的自然法則，但是，仔細地分析一下劇本的傾向以及主人公的性格命運，就不僅僅是這樣了。是什麼呢？是作者心中所渴望的一種精神，一種力量，一種充滿了抗爭的勇武之氣的人格，簡言之，就是原始生命的精神風采。對曹禺來說，這是一個始終繞於心靈的情結，是不斷探求的人性理想，一個永遠做著的美好的夢。從《雷雨》到《北京人》的創作，在這一段時間裏，作者在主要作品中，都力圖探索一條個人、社會和民族奮進的道路，尋找適於個人和民族生存與發展的精神之源。這在《雷雨》、《原野》、《北京人》中表現是明顯的，《日出》、《蛻變》等劇作也具有明確的理想希冀。正是通過反覆對比與選擇，他逐漸明白，中國人缺少的正是我們祖先曾擁有過的哪種人格力量，哪種敢愛敢恨、活得真實、活得自在的精神境界。如果說，這種思想在《雷雨》裏是一種萌芽開端，經過《原野》，到《北京人》就形成了鮮明的結論。

原始生命形態是野蠻蒙昧時代的產物，是人類早期自在階段的表現。由於在同惡劣的環境鬥爭中，在原始共產主義的血緣共同體內，原始人與自然本身的聯繫比文明人要緊得多，因而他們的生命形態更接近自然本身，其特點就是活得真實而自然。文明時代的一切名利束縛、禮教法規，在原始人哪裏都不存在，真可謂赤條條來赤條條去，了無牽掛。曹禺所憧憬的「原始的力」，其中就包含了自然與真實的生命與生活的內容，這在繁漪身上體現最為充分。

作為一個有知識的女性，本應活得自由瀟灑輕鬆一些，情感生活應該得到滿足。然而，自嫁給周樸園後，十八年如同牢獄般的生活，青春的活力被冷冰冰的「文明家庭」的氛圍所扼殺。周萍的出現，是一個生命的轉機，是她從僵死走向復活，從禁錮走向自然與真實的新的起點，強烈地渴望過一個真實人生活的願望使她鋌而走險，做出了驚世駭俗的「亂倫」之舉。請聽一聽她的心靈的呼喊吧：

> 周繁漪（向周沖，半瘋狂地）：你不要以為我是你的母親，（高聲）你的母親早死了，早叫你父親壓死了，悶死了。現在我不是你的母親。她是見著周萍又活了的女人，（不顧一切地）她也是要一個男人真愛她，要真正活著的女人！⋯⋯（擦眼淚，哀痛地）我忍了多少

年了，我在這個死地方，監獄似的周公館，陪著一個閻王十八年了，
我的心並沒有死；你的父親只叫我生了沖兒，然而我的心，我這個
人還是我的。

這是心靈的迸發，是勇於向僵死生活挑戰的宣言。無容諱言，這包含著現代
女性人性覺醒，追求個性解放的內容，但這種大膽的舉動從本質上講，與個
性解放是有區別的，勿寧把它看成是人性本能的釋放，是人生命中的原始遺
留的破閘而出。因爲這種勇氣在文明人中是罕見的，在個性解放者哪裏也難
以發現。只有在原始的部族中，兩性間的關係才沒有血緣障礙，沒有輩分約
束，一切都是率性而爲，情感得到的是自由放縱；也只有在那樣的史前時代，
「亂倫」才是順理成章的，否則就是大逆不道。所以，繁漪大膽地抓住周萍，
作爲情感滿足的對象，很難以文明的規範去解釋，只能從原始生命的衝動，
從追求自然眞實的生活這樣的動機中去理解。爲了眞實，義無反顧，毫不畏
懼，爲了自然，敢於打碎一切規矩，毫不後悔。

　　眞實與自然是針對文明時代的禁制與虛僞而言的。是的，當人類從蒙昧
時代走入文明的大門，一方面使人進化了，另一方面，或者說從人性的角度
講，也可以說有著某些方面的退化。至少從活得眞實自然的角度看，現代人
就更多矯情，更多虛飾。《原野》裏的仇虎就沒有這些矯情與虛飾。他和繁漪
一樣，敢愛敢恨，如他對花金子的愛，愛得那麼粗野奇特，愛得又是那樣執
著。但他不是以花前月下的兒女溫情，而是挾著原始的野性。在粗獷強悍的
動作中，感受到他坦誠率眞而又帶有粗野的愛。這是一種眞實，帶有蠻性遺
風的眞實。他不顧花金子已成別人妻子這個事實，不顧道德的禁錮，所要求
的是實現他對花金子的愛，就是把復仇的恨轉到了焦大星身上。這雖然與「父
債子還」的傳統思想有關，然而，爲了奪回花金子變爲已有的動機也是重要
的因素，爲爭奪心愛的女人而發生拼殺，其源也當溯到原始部族時代。所以，
仇虎身上所表現出的「原始的力」，也就包含著一種毫無顧忌的眞實與自然。
在《北京人》裏，曾文清就是一個不敢追求眞實生命的怯弱者。與繁漪仇虎
相比，曾文清是一個以虛情和壓抑換取寧靜但卻犧牲了情感生活眞實的可憐
蟲。他內心裏愛上愫方。但要愛不敢愛，只能在默默無言的狀態中去尋找哀
憐與慰藉。「就因爲膽小，而不敢找她；找到了她，又不敢要她。他就讓這個
女人由小孩而少女，由少女而老女，像一朵花似的把她枯死，悶死」；面對夫
人曾思彭的河東獅吼，他沒有勇氣抗爭，只能容忍。苟且度日。顯然這是犧

性的眞實。犧牲的是情感的自然與自由。正是在這樣的環境裏，作者才塑造了一個與之相對應的形象：「北京人」。作為人類的始祖，「北京人」的時代：「那時俟的人要愛就愛，要恨就恨，要哭就哭，要喊就喊。他們自由地活著。沒有禮教來拘束，沒有文明來捆綁，沒有虛僞，沒有欺詐，沒有陰險。沒有陷害。太陽曬著，風吹著。雨淋著，沒有現在這麼多人吃人的禮教同文明，而他們是非常快活的」。顯然，追求眞實與自然的生命形態正是作者憧憬的「原始之力」的重要內容。

理性是人類文明的結晶，而具有「原始的力」的生命，力量不是來於理性，而是源於激情和情感的意向。原始之力是強大的，也是可怕的。在人類初期，可能是一件微不足道的小事，或不起眼的戰利品，都會釀成一場大規模的流血衝突。這種強悍兇猛的民風正是原始人的特色，也是他們活得毫無顧忌自在自由的動力。因此，在繁漪和仇虎身上，我們看到的正是一股憑著激情憑著情感衝動的「原始之力」。當周萍企圖擺脫繁漪時，在繁漪看來，既是希望的破滅，又是自己的恥辱。於是她爲挽回周萍，爲了滿足自己的情感，逐步開始報復。當周萍的挽回不可能時，她就實施了更加猛烈的打擊。她的報復，不顧家庭，不顧名聲，甚至連自己親生的兒子也不顧，於是，「殘酷的愛和最不忍的恨」交織於心，最終將愛化爲了恨。愛時，她毫不害怕，恨時，她也毫不手軟。她根本不考慮理性，只憑自己的情感衝動，心理強悍，衝破一切的桎梏，「做一次困獸的鬥」。正如作者所說。「她是一柄犀利的刀」，「她滿蓄著受著抑壓的『力』」，──「陰鷙性的力」。依靠這種「力」，她恨得咬牙切齒，刻骨銘心。因而報復起來也心毒手狠，結果使周家爆發了大悲劇。這是一種威力巨大的力，是生命中難以以理性駕馭的力，是走向極端的本原。在仇虎身上，復仇的源泉也正是這樣的原始之力。家庭的巨大仇恨，奪去心上人的巨大創痛，使他不可能平靜地對待，以理性的態度去求得公正的解決。作爲充滿原始野性生命之力的仇虎，唯一使他做出復仇決斷的是內在的情感──恨的情感。他之所以殺焦大星這個無辜的可憐的生命，就是非理性的衝動所致，是一種原始蠻風的表現：勇猛兇悍，毫無憐憫毫無同情的冷酷，在這裏，一切都推上了極端，沒有折衷調和，有的只是將情感的意向貫徹到底的激情和任性，有的只是將自己的愛與恨化爲實際行動的野性的力。概括而言，敢於大愛大恨並付諸於行動，任憑情感衝動任性而爲，毫無顧忌，勇猛強悍，就是「雷雨性格」，「仇虎精神」，「北京人生命形態」的實質，眞實自然而又缺乏理性節制的生命生活態度就是原始生命力

的兩大表徵。值得注意的是，在《雷雨》和《原野》中，這種原始生命之力是通過繁漪這位女性和仇虎這位男性單個表現出來的，雖然顯示出了巨大的力量，但最終都不免使自身也成了「原始之力」的祭品；到了《北京人》，作為人類始祖的「北京人」就不再是孤軍奮鬥的「英雄」，而是作為一種民族的整體生命形態的理想出現的。這既說明了作者認識的深化，又可感到作者強烈的願望：讓中國人都充滿富有「原始之力」的激情與勇猛，於是我們就必須進一步闡釋原始生命力的意義。

原始生命力：振刷民族精神的希望

在《雷雨》、《原野》、《北京人》中，繁漪、仇虎、「北京人」所展現出的生命形態，至少有三層意義。第一層，是在劇本中的對比意義。繁漪是與周樸園、周萍等人相對照的形象。她的真誠與周樸園的虛偽，她的大膽與周萍的最終怯儒無疑具有鮮明的對比。仇虎的追求真實坦率與焦母的陰險狡詐，他的兇猛粗獷與焦大星的膽小軟弱，都處在對比的兩端。而《北京人》更是對照曾皓、曾文清生活的鏡子。第二層意義是現實社會意義。無論是故事的背景年代，還是作品創作的時代，中國人所面臨的是封建主義思想的統治，帝國主義的侵略。顯然要擺脫封建主義的禁錮、抵抗帝國主義的侵略，以公理對付強權，以溫和的改良手段去打碎封建的枷鎖，顯然是不可能的。在一定意義上講，必須採取極端的方式，以激進的行動才會有所成效。從反封建的角度而言，必須具備徹底的摧枯拉朽的力。「五四」時期打倒孔家店，推倒吃人歷史的吶喊，正是這種時代需要的產物，沒有「雷雨」般的氣勢，就難以劈開封建的壁壘，難以蕩滌沉重的封建文化。從反帝而言，強悍的生命力更為重要，徹底的態度，無所顧忌的精神，勇猛的氣勢，正是抵抗外侮，驅除侵略者的精神力量。自近代以來，列強入侵，中國成了任人宰割的羊，在這一歷史進程中，雖有無數可歌可泣的民族英雄，仁人志士，血灑抗敵疆場，但並沒有真正驅走列強，其原因之一就在於民族精神的整體上變得軟弱了，缺少了勇武的精神。三十年代和四十年代，日本帝國主義侵佔了中國半壁河山，而國民黨政府又推行著不抵抗主義。因此，在這樣的歷史條件下。呼喚「原始之力」，呼喚反叛，呼喚復仇，呼喚強悍的生命。是有深刻的意義的。對力的肯定、崇拜與呼喚。可以說是中國現代文學的基本美學追求，作者是這種追求者中的一個。所以，如果除掉作者所追求的「原始之力」的

非理性因素。就將成為中國人精神的動力，成為中國人反帝反封建的力量之源。社會的解放，民族的獨立，人的解放都需要這樣的力，需要這樣的生命形態。

「原始之力」最重要，也是最深刻的意義，是改良國民性、振刷民族精神的意義。改良國民性、振刷民族精神，是現代思想文化界、也是現代文學重點關注的目標。在現代作家那裏，不涉及這一主題的並不多。在作者所追求的「原始之力」的人格精神中，至少在三個方面，具有與傳統人性精神相對立的意義。他追求的真實生命是對傳統虛偽人性的批判，又是一種新的人格理想。虛偽是整個禮教結下的孽果。在漫長的封建社會裏，繁瑣的禮教法規，把人性的真實扼殺了。一切在「文明」，「溫文爾雅」的面紗之下，變得虛偽世故圓滑起來。講禮教的繁文縟節，使人們陷入敷衍和不必要的應酬之中；瞞和騙，說假話，已成為普遍的生活態度；人們迫於專制，既不敢哭，也不敢笑；既不敢叫，也不收鬧；既不敢恨，也不敢愛；生命的真實衝動，情感的自由宣洩，都被壓抑了。結果，整個社會，整個人生都有「應考」的定式，如果要滿足自己真實的生命衝動，只好悄悄摸摸，或者使用陰謀詭計。人與人之間的交往缺乏透明度，缺乏信任感，缺少誠與愛，一切都顯得沉重。因此，以真實的生命態度來改造虛偽的矯飾的人性，就具有了明確的針對性。其次，作者推崇的強悍的人格精神是對傳統尚柔無爭人性思想的反叛。中國傳統人性是尚柔，鼓吹無為無爭的，儒家如此，道家亦然。按胡適的說法，「柔」和「弱」是與「儒」相通的，他認為「凡從需之字，大都有柔弱或濡滯之義」，所以，他認為「儒是柔懦之人，不但指那逢衣博帶的文縐縐的樣子，還指那些亡國遺民忍辱負重的柔道人生觀。」〔註6〕事實上，儒家所宣揚的人性理想主要是教人如何軟弱如何柔順如何聽天由命如何甘當奴隸。這種尚柔無爭的人性思想，並非一無是處；但面對虎狼面對強權，其命運只能是安時處順的奴隸，是任人欺凌的順民。作者的動機是明確的。他希望以強悍的生命，來重振中國人的精神，來武裝中國人的心靈。在《北京人》裏，他說得再明白不過了，他用江泰之口，道出了尚柔無為無爭思想所造成的積弱不振的人性現狀：「我們成天在天上計劃，而成天在地下妥協。我們只會歎氣，做夢，苦惱，活著只是給有用的人糟蹋糧食，我們是活死人，死活人，活人死！一句

〔註6〕《胡適哲學思想資料選》（上），上海：華東師範大學出版社 1981 年版，第373頁。

話，……像我們這樣的才真是（指那「北京人」的巨影）他的不肖的子孫！」。結果，是「懶，懶，懶得動也不動；愛不敢愛，恨不敢恨，哭不敢哭，喊不敢喊，這不是墮落，人類的墮落。」正是面對這種墮落的人性，作者要以「整個是力量，野得可怕的力量，充沛豐滿的生命和人類日後無窮的希望，都似在這個人身上藏蓄著」的「北京人」來改造空虛、怯懦、腐朽、墮落的人性，使人恢復勇武性，走向爭天拒俗的道路。「北京人」的這種品格，在繁漪、仇虎身上，都有顯現。再次，他嚮往的「原始之力」的走極端的性格是對中庸人格的有力衝擊。繁漪是走極端的，仇虎也是走極端的。在他們身上。沒有絲毫的折衷敷衍和妥協，這種性格與傳統所推崇的「中庸」理想人格是格格不入的。中庸作為方法論有其合理的內核，作為道德的德目也有可取之處。但在人生的實踐中，中庸往往成為折衷調和妥協敷衍的理論藉口，因而消極性甚大。中國之所以多和事佬，多八面玲瓏的世故圓滑之徒，大抵與此有關。它的最嚴重的影響是使「中國人的性情總喜歡調和、折中」，養成「沒有更激烈的主張，他們總連平和的改革也不肯行」的惰性。這就是中國為什麼偏於保守，人們難於接受改革的人性因素，也是自近代以來，中國人飽受列強欺侮而又委曲求全的重要思想根源。綜上所述，作者心中的「原始之力」，不僅與社會變革的需要相適應。而且與中國近現代以來的改良民族性、追求理想人性的歷史主題是吻合的，其意義不應低估，應該給予實事求是的客觀評價，使它的價值放射光彩。無論作者所憧憬的生命形態有這樣那樣的局限，但其整體上是符合民族的歷史發展的。

追求真實自然、自由、強健的生命之力，以人類始祖的原始野性之力來灌注積弱不振的民族生命，絕非一些評論者所指斥的是返古的倒退。人類的文明，是進步的標誌，但並不意味著文明一切皆好一切都超越了古人和人類的始祖。就其生命力的強盛而言，在惡劣的環境中生存的能力，原始人無疑具有獨到的能力。他們並沒依靠各種先進的工具和設備與自然抗爭，而是依賴生命本身。這種頑強的生命力是造就人類的原動力。因此。其能量是不可低估的，也是應當為後人所繼的。尤其是在醜惡黑暗和墮落的舊時代，恢復這種人的原始時代的生命力量，無疑是批判與建構的合理選擇。因此。不能簡單視為復古與倒退。不過是一種人自身力量的自然回歸，是借古老遙遠的原始之力而重振現代中國人的精神和形象。

三、試論張愛玲小說的男性觀

人類的男性史是一部男人的英雄史，他們以特有的雄性魅力和陽剛美征服並統治世界，建構起整個人類的男性觀。在中國文學史上，張愛玲首次向傳統的男性觀提出質疑和挑戰，揭露男性的醜陋、自私、無能、無愛、不負責任、玩世不恭與放蕩不羈，彰顯出與眾不同的男性觀。

（一）張愛玲的男性觀

傳統男性觀賦予男人雄性與陽剛，男性的雄性與陽剛性徵是征服與證明；是改造世界並創造世界；是高度的責任感；是對外部世界的關注與愛。張愛玲的小說改寫了傳統的男性觀，她鄙棄男性，視他們為軟體動物，認為他們墮落，無能，無愛。在她看來，在由男性主導的世界裏，只有勾心鬥角，互相傾軋，金錢交易，以及男挑女追的「性愛」遊戲，唯獨沒有真愛，由此樹立了自己與眾不同的男性觀。

1. 雄性男性的缺失

張愛玲對壞男人似乎懷有一種與生俱來的興趣，傳統男性觀中充滿血性和陽剛之氣的好男人形象與她的小說無緣。她筆下的男性，無論是庸碌於都市空間的各色人等，洋場社會的風流闊少，還是舊家庭的遺老遺少，都一味的庸俗卑瑣，昏聵無能。他們的精神生活徹底地被腐蝕了，活著的只是一具具沒有精神生命的行屍走肉。他們終日無所事事，留戀於煙榻、妓館、戲院，在觥籌交錯中揮霍著青春，在燈紅酒綠中透支著生命。他們四肢健全地活著，卻無力擋住軟骨病的侵入。軟骨病侵入到他們身體裏的每一個部分，滲透到血液和靈魂裏，代代相傳。姜二爺姚二爺是命運所使，天生一幅殘廢畸形的軀體，「坐起來，脊樑骨直溜下去，看上去還沒有我那三歲的孩子高，即使是四肢健全，相貌可人的鄭先生也不過是一具『孩屍』，穿上短褲子就變成了吃嬰兒藥片的小男孩；加上兩撇八字鬚就代表了即時進補的老太爺；鬍子一白就可充當聖誕老人」。〔註7〕姜長白，聶傳慶則是這種軟骨病的繼承者。他們的血液裏流淌著父輩們的頹廢、憂鬱、淫逸、軟弱、無能。他們的生活缺乏激情和活力，整天無所事事，慵懶地打著呵欠徘徊，或者躺在床上吸食鴉片。

〔註7〕張愛玲：《張愛玲短篇小說集》(2)，香港：皇冠出版社 1993 年版，第 431 頁。

2. 男性愛的缺失

不僅如此，男人們對這個世界的愛也缺失了。每一個個體的男人在社會群體中都扮演著不同的角色，履行著不同的義務。作為這個世界主宰的男人，他們一生主要扮演著三個角色：父親、丈夫、兒子。作為人父，他們應該施予子女偉大的父愛；作為人夫，他們應當給予妻子深沉的夫愛；作為人子，他們應當給予父母溫暖的子愛。然而，張氏筆下的男人們對外部世界的愛坍塌了，剩下的只是畸形變異的愛。

1、父愛的異化。在男性話語系統裏，父親以他們的威武和尊嚴贏得後輩的尊敬和仰視，父愛是山是樹，可以依靠，可以遮風擋雨。然而，張愛玲筆下的父愛是異化的變形的甚至是醜陋的。鄭先生這個「自從民國紀元他就沒長過歲數」的封建遺少，只知道「醇酒婦人和鴉片」且是闊太太錢用的「一等高手」，他的「偉大的父愛」都給了金錢，兒女們連殘羹冷炙都分不到。女兒川嫦生了肺病，他不肯花錢替女兒看病，他的理由是，「明日她死了，我們還過日子不過」，「我花錢得花的高興」（《花凋》）。虞老先生為了錢，不惜把女兒推上姨太太的火坑（《多少恨》）；姚先生則把美麗的女兒們作為自己晉升加級的交易籌碼和向上爬的墊腳石（《琉璃瓦》）。這些披著人皮的父親們撕掉神聖而莊嚴的父輩責任，踐踏著原始的人倫之愛。

2、夫愛的缺失。夫愛主要是指兩性之愛，兩性之愛是文學永恆的主題。古往今來，多少文人墨客歌詠過愛情。男人與女人就是磁場中的兩塊磁鐵，一旦陽極碰上陰極，男人碰上女人，就產生了「窈窕淑女，君子好逑」的現象，繼而有了「執子之手，與子偕老」的續集，這就被稱作愛情。然而，張愛玲筆下的兩性之愛卻沒有了純潔和健康，男人們在愛情面前當起了逃兵和屠戶。他們挑逗她們並引誘女人們，只不過是逢場作戲，抑或是調調情解解悶，宣洩動物本能。他們得到了她們的身體卻並不知道憐惜，理所當然地把它當作情欲的工具和交易的砝碼。佟振保輕而易舉地得到了「用不著對她負任何責任」的有夫之婦王嬌蕊，並沾沾自喜地與她一起偷情，可一旦王嬌蕊欲棄夫與他同行時，這個道貌岸然的偽君子害怕了，逃也似的離開了他沉迷已久的偷情歲月（《紅玫瑰與白玫瑰》）。多少年來，曹七巧和姜季澤在愛情的迷宮裏捉著迷藏，近不得身。可一旦七巧從愛情的房子裏走出來時，他卻沒有膽量接納她的愛（《金鎖記》）。儘管霓喜為雅赫雅生兒育女，勤做苦扒，但他只不過把她當作一架生育、泄欲、勞動的機器（《連環套》）。在張愛玲的筆

下，這些骨子裏都是壞水的男人們，是無論如何也擔當不起情欲的責任的，他們是愛情的劊子手，屠殺愛情，閹割兩性之愛。

　　3、子愛的崩潰。中國古代封建家庭所崇尚的是儒家文化，講孝忠兩道，講君君臣臣、父父子子。子輩對長輩應該絕對服從和孝順。然而，張愛玲筆下的子輩們全然不顧人倫道德，血緣親情，她筆下的子愛是荒蕪的，崩潰的。《創世紀》中的匡仰彝，生爲人子，不孝敬父母，贍養家庭。在日漸困窘的家庭經濟中，不願擔負任何責任，盤算著如果匡家眞「散夥了」，「我到城隍廟去擺個測字攤，我一個人總好辦」。《茉莉香片》中的聶傳慶和父親關係緊張，從未想過用愛去化解仇恨，他憎恨自己抽大煙的父親，鄙棄家中陰沉的環境，甚至想著「有一天一切都是他的時候，他會毫不猶豫地把父親踩在腳下」。

　　總之，張愛玲用她犀利的筆描繪出男性世界裏鬧著嚴重的雄性饑荒，冷峻地向世人表達了自己與眾不同的男性觀，她認爲這些所謂男人不過是一群「賊頭賊腦，一點丈夫氣也沒有」，「三分像人，七分像鬼」〔註8〕的軟體動物，是「狼心狗肺望恩負義的老混蛋」〔註9〕而已。

（二）張愛玲男性觀形成的內在原因

　　「文學來源於生活，而那些作者所經歷的生活更是在作者的創作過程中打下了深深的烙印，有時可能會是無意識的。」〔註10〕張愛玲男性觀的形成與作家自身經歷和對男性世界的體驗是分不開的。父親是開啟女兒對男性世界體驗的第一人，他對女兒人生觀、世界觀、婚姻觀的形成起著至關重要的作用，是構成女兒男性大廈的基石。張愛玲的父親是個典型的落魄人物。遺傳著貴族血統，揮霍著祖上遺產，積聚了過多的貴族惡習，「坐吃山空，吸鴉片，養姨太，逛堂子，捧戲子，對子女無責任心，張愛玲和弟弟受到的待遇在更多的情況下取決於他的興趣，張愛玲從他那裏領略到的封建家長式的專斷、粗暴、虐待多於父愛。」〔註11〕「我父親揚言說要用手槍打死我。我暫時被監禁在空房裏，我坐在裏面的這座房屋忽然變得生疏了，像月光底下的，黑影中現出青白的粉牆，片面的，癲狂的。」佛洛德著名的俄狄浦斯情結包括一點，即「幼兒性欲在受到父親的強大的力量的宰制，又親自施以體罰或

〔註 8〕張愛玲：《張愛玲短篇小說集》（2），香港：皇冠出版社 1993 年版，第 240 頁。
〔註 9〕張愛玲：《張愛玲短篇小說集》（1），香港：皇冠出版社 1993 年版，第 165 頁。
〔註10〕以群：《文學的基本原理》，上海：上海文藝出版社 1984 年版。
〔註11〕余斌：《張愛玲傳》，海口：海南出版社，1995 年版，第 12 頁。

以閹割威脅時，會導致幼兒產生一種『閹割焦慮』，不得不屈從『現實原則』，壓抑欲望，認同其父」。〔註12〕張愛玲本人應該說具有強烈的閹割焦慮，童年時代的張愛玲是希望得到父愛的，然而，這種欲望並沒有得到正常的滿足。父親不僅從肉體上傷害她，還從精神上摧殘她。這使她幼小的靈魂變得支離破碎，對父愛驚慌不安，對親情失望，從而在她心裏埋下了鄙疑男性的種子，這種心理一旦上升到一定高度就形成了她對整個父系社會的建構。因此，張愛玲筆下出現了一系列猥瑣虛弱的父親就不足為怪了。張愛玲的弟弟對她來說，是除父親之外，能獲取男性世界信息的另一個重要的異性。然而，張愛玲的弟弟也沒有給她帶來陽剛神話，他依舊軟弱無能，不求上進，張愛玲對他是「哀其不幸，怒其不爭」，失望透頂。她對男性青年不求上進，軟弱無能的印象也是從她弟弟開始的。傳統話語中「頂天立地」的偉大丈夫形象在張愛玲父親和弟弟的演繹下已坍塌了一大半。她寄希望於剩下的「半壁江山」——成年男子。23歲那年，張愛玲遇到了長她15歲的有婦之夫胡蘭成，她寄望於從胡蘭成那裏找到英雄神話，找到「死生契闊，與子成悅，執子之手，與子偕老」的愛情。然而，命運再次捉弄了她。胡蘭成在與她結合不到一年的時間裏又與兩個女人好上了，並最終離她而去，這傷痛了她的心，使她的男性陽剛神話的最後「半壁江山」也倒塌了。

在人類社會的發展過程中，女性由於其生理和心理原因，更多地把關注的焦點放在以家庭為中心的世界。而男子在家庭中佔有重要的地位，這就形成了女子的男性崇拜與英雄崇拜心理，她們往往依據自己的意願和喜好將男子塗抹上理想的色彩，賦予他們陽剛魅力。一旦現實中的男子缺少了理想色彩，成為軟體動物，對於男性的失望就會從四面八方向女性心靈深處湧來，最終導致對男性世界的放逐。在中國文學史上，還沒有哪個作家能像張愛玲那樣對男性世界有如此深刻的體驗。她的生命因為這些男人（父親、弟弟、戀人）的介入而變得黯淡無光，缺乏溫暖。她從男性世界裏得到了太多的失望和痛苦。因而，她有足夠的理由去鄙夷他們，有足夠的力量拿起解剖刀切入男性世界深層，揭露他們的雄性飢餓，從而彰顯出與眾不同的男性觀。

（三）張愛玲男性觀形成的外在原因

張氏男性觀的形成也有著深刻的社會歷史文化原因。一方面，我們不能

〔註12〕李軍：《「家」的寓言》，北京：作家出版社1996年版，第32頁。

否認這樣一個事實：從宋代開始，由於專制制度思想禁錮的強化以及尚文風氣和科舉制度興盛等原因，漢族男子從整體上已經開始走向弱化，這為後世雄性弱化奠定了基礎。另一方面，在社會文化的發展和融會過程中，儒家所信奉的孝忠兩道，君君臣臣，父父子子的倫理綱常也開始變異。「像『忠』，先秦時代強調的是歸返到自己內在生命的是非善惡標準，是一內返的自主性道德，而專制皇朝之後，『忠』則成為一絕對外化規約性的命令式倫理，而不是相對的，互動的，感通式的倫理，帶著強烈的專制性格」。〔註13〕而「孝道」則撕破血緣親情與溫暖，成為一種命令式的倫理。這種脫離了生命內在協調的專制發展到一定階段，就不可避免地產生異化。

張愛玲筆下的人物大多生活在 20 世紀 30、40 年代的上海。當時，隨著資本主義經濟的入侵，封建制度的解體，整個社會進入了新舊交替的過程中，「一切已經在破壞中了，還有更大的破壞要來」，中國封建社會在人心理上形成的四平八穩、平和壓抑的局面被衝垮了，家國同構、上上下下的舊有秩序已經崩潰，以血緣和地緣為基礎的宗法制鄉土中國在舊的時代面前逐漸變異，封建父權精神、人倫道德、血緣親情早已喪失殆盡，男人們已不再是傳統意義上的頂天立地，呼風喚雨的英雄了。他們不關心政治，對家庭缺乏責任。他們在大都會的繁華富麗、光怪陸離中逡巡、游蕩、漂泊，體會不到自己的價值，尋找不到安全，他們拼命地想抓住點什麼東西來維持自己虛幻的英雄感。但是他們唯一能做的就是利用手中所保留的那一點點男性的權力，去肆無忌憚地摧殘和壓迫女人和孩子，藉以獲得「大權在握」的感覺（《琉璃》中的姚先生），或乾脆把自己內心的焦慮和空虛撒在兒子身上，「一手把兒子製造成精神上的殘障」（《茉莉香片》中的聶介臣）。

長期以來，中國社會在小農經濟條件下，以血緣關係為基礎的封建宗法思想一直影響、支配著廣大市民的觀念、行為。它要求人們的日常言行舉止要以正統儒家所倡揚的，以三綱五常為核心的道德規範為指規，它要求人們尊老愛幼，勤儉持家，有著強烈的家庭乃至家族責任感。為了家庭，家族的利益而禁錮自我，規範自我。但是，封建宗法觀念對人的束縛是以血緣、地緣為基礎、以封閉落後的自然經濟條件為社會前提的，一旦脫離了這些基礎和前提，傳統觀念的束縛就不存在了。張愛玲筆下的人物大都是隨著大家庭

〔註13〕林安梧：《儒家與中國傳統社會哲學省察》，上海：學林出版社 1998 年版，第40 頁。

從異地逃難來上海這個近代都市避難的。「在中國近代都市化初期，文化接受的土壤並不豐沃。價值觀並不相同的文化因素，有時只是生硬地拼湊在一起，並未成爲健全的有機體。而當兩種文化中並不健康的因素遇和時，便會產生病變，甚至會強化各自的負面，形成雙重糟粕。落後的生活方式經由租界金錢文化的薰染，便會加速地走向腐朽。」〔註 14〕這些大家族的移民們進入到上海這個華洋混雜，充斥著西方現代文明的社會後，原有的正統倫理，傳統觀念對他們的約束力已經大爲鬆弛，金錢至上、務實重利、追求享樂、人情淡泊等資本主義腐朽的社會心裏和社會觀念開始滲入到他們的血液裏，並逐漸成爲他們的主流意識形態。他們酗酒、吸鴉片、宿妓、嫖娼，千方百計地維持舊日排場。總之，張愛玲筆下的畸形男性是殖民氣氛與封建餘孽的產物，是社會文化發展的必然結果。

縱觀一部文學史，滿耳充盈的是男性神話的讚歌，這一源遠流長的文學現象說明中國傳統男性觀對民族的影響已經成爲一種集體無意識。在這種文化背景下出現的張愛玲的男性觀具有重要的意義。張愛玲筆下的人物是由封建的遺老遺少逐漸走向市民階層的那一部分人，他們深得盧梭那句話的要領，「人的第一法則是維護自己的生存，人最先關懷的就是他自己。」日益商業化、殖民化的社會歷史環境，使他們的人性逐漸異化，他們自私、冷漠。爲了獲得物質生存的條件，滿足各種欲望，他們不斷地與環境、命運鬥，與他人鬥，與自己的情欲鬥，即使在最親近的人們之間也露出陰沉與敵視。他們游離於時代之外，充滿哀怨，生命困頓無聊。這些人構成了上世紀 30、40年代上海社會的一道風景。在封建社會行將解體傳統文化即將破裂時，張愛玲敏銳地感覺到了男性萎縮這一氣息，並在自己的作品中留下了深深的印記，這不是哀怨，不是爲封建制度唱輓歌，這是她對整個男性世界乃至於整個民族未來的一種焦慮。她深深的意識到這種人既不可能維護封建制度，又擔當不了時代改革的重任，只能和那個垂死的制度一起老去。張愛玲男性觀的價值在於她以獨特的話語形式和以超人的才華，講述了新舊更替的都市現代化進程中滬港洋場男子人性的萎靡困頓，寫出了他們面對外來文化時的陽痿早洩，生逢亂世的絕世凄涼，爲現代都市文學提供了眞正的靈魂，爲觀照男性世界的存在提供了一種歷史緯度。可以說，張愛玲的男性觀提升了張氏

〔註 14〕張鴻聲，楊曉平：《都市洋場與張愛玲的〈傳奇〉》，《鄭州大學學報》，1996年第 4 期，第 104 頁。

小說的審美意趣，對於我們全面深刻的認識張愛玲小說的藝術世界，以及瞭解上世紀 30、40 年代上海洋場社會都有著重要的價值。

四、虛空與隔離——論《色·戒》的主題

《色·戒》是張愛玲後期創作中最精彩的一部小說。甫一發表，即因其對反面人物人性的描寫被人疑爲「歌頌漢奸的文學」而備受訾議。爲此，不喜打筆墨官司的張愛玲專門撰文爲己申辯，指出，「寫反面人物，是否不應當進入內心，只能站在外面罵，或加以醜化？」，「對敵人也需要知己知彼」，「如果瞭解導向原宥，瞭解這種人也更可能導向鄙夷」。〔註15〕也許是受此啓發，自此，人們對《色·戒》的關注即集中在特異背景下人的心理及人性的刻畫上。對人性的挖掘是張氏小說的一個特點，亦是其作小說的旨歸。但是《色·戒》不應止於寫人性，應該還有更豐富的內涵。

張愛玲一向注重作品的命名，其審慎的態度從小說《半生緣》一題的審定就可見一斑。據宋淇回憶，《十八春》改編爲《半生緣》，張愛玲考慮的用名不下五個：《浮世繪》似不切題，《悲歡離合》又太直，《相見歡》又偏重「歡」，《急管哀弦》又調子太快，《惘然記》雖別致，但不像小說名字。張愛玲最終採納宋淇意見取《半生緣》——雖俗氣，可是容易爲讀者所接受。如此重視題目的選擇，爲何？「好處全在造成一種恰配身份的明晰的意境」。〔註16〕題目對，揭示主題具有重要意義，因此我們對《色·戒》主題的剖析需自解題始。

釋 名

《色·戒》一題中「色」、「戒」之間用分隔號「·」隔開表明有兩個概念與《色·戒》主題相關，即「色」與「戒」。

關於「色」的本義有幾種說法：一說爲「顏氣」，一說爲「女色」，亦有人認爲是「男女之交媾」，還有人以「性欲」爲「色」的本義。《辭源》釋「色」有顏色、女色、景色、變色、種類等義〔註17〕。

〔註15〕金宏達，於青：《惘然記（序）》，《張愛玲文集》（第四冊），合肥：安徽文藝出版社 1992 年版，第 339～340 頁。
〔註16〕金宏達，於青：《必也正名乎》，《張愛玲文集》（第四冊），合肥：安徽文藝出版社 1992 年版，第 49 頁。
〔註17〕日本學者笠原仲二對有關「色」的本義的幾種說法作了一番歸納：「《說文》：『色，顏氣也。』據段注，色爲心達於氣，氣達於眉間，即顏容之氣色。然

　　《色‧戒》講述的是一個關於愛國大學生行美人計刺殺日僞政府要員——易某的故事。其中美人計是《色‧戒》情節主線，某學校劇團的當家花旦王佳芝年輕貌美，是美人計的主角。由「色」的女色一義，我們可以較容易地聯想到《色‧戒》中的美人計。據此，我們將《色‧戒》中的「色」解爲美色，喻指美人計。

　　「色」作爲佛家術語，相當於物質的概念。外部世界的「色」是五光十色誘惑人的「相」。美人計中佳芝的美色、鑽戒等皆是「相」，美麗虛幻，對眾生充滿了誘惑。易某爲佳芝所迷，是美色的誘惑，而象徵愛情、財富的粉紅鑽戒以及易某的「溫柔」神色則對佳芝極具誘惑，亦是促使佳芝產生幻覺的外因。佛家認爲「色」具有幻的性質，所謂「色即是幻」。〔註18〕《色‧戒》一文中有許多關於幻覺的描寫。《色‧戒》一文的主體情節是美人計的實施過程，這一過程對於王佳芝而言不過是舞臺上的演出。演戲本身具有夢幻色彩，刺殺行動則充滿了緊張、懸疑，加之失貞一事的刺激，使佳芝感到虛幻不實，「只有一千零一夜裏才有這樣的事。用金子，也是天方夜譚裏的事」，並產生種種幻覺：咖啡館裏等易某，同學揶揄的神情在她眼前反覆出現，「馬上看見那些人可憎的眼光打量著她，帶著會心的微笑」。珠寶鋪里選買鑽戒，佳芝先是產生熟睡的幻覺，「身在夢中，知道馬上就要出事了，又恍然知道不過是個夢」，繼而經由童年所看影片得來的經驗幻覺到美人計的結果，「背後明亮的櫥窗與玻璃門是銀幕，在放映一張黑白動作片。她不忍看一個流血場面，或是間諜受刑訊，更觸目驚心」，最後，愛情的幻覺使佳芝走上不歸路——放走易某，終遭其捕殺，「這個人眞愛我的，她突然想，心下轟然一聲，若有所失」。如果說《色‧戒》中的「色」，首先是指美人計，對佳芝而言美人計正如一場幻夢，其中極具誘惑的粉紅鑽戒則增添了這種幻夢色彩。因此我們不妨將「色」進一步解爲「幻」——幻覺與引起幻覺的外在「色相」。

而，最近在研究《說文》的學者中，有人從『色』的篆文、甲骨文的形狀來判斷，解釋說，『色』是表示把人放在膝上，其本義是『女色』。(於《職墨》、孔廣居《說文疑疑》) 也有人定此說，釋爲色之字形是人在人上。這是男女生殖器合形之甲文的異體，其本義是『男女之交媾』(馬敍倫《說文解字六書疏證》，卷十七，57 頁，『色』字)，還有人認爲，因『色』的字形可以看作是表現著『人體下部之欲』，所以，其本義是性欲之意 (加藤常賢氏《漢字的起源》，7～8 頁，『色』字)。」據《古代中國人的美意識》第 15、16 頁，生活‧讀書‧新知‧三聯書店 1988‧12（日）笠原仲二著，楊若薇譯。

〔註18〕任繼愈：《摩訶般若波羅密經‧序品》，《宗教詞典》，上海：上海辭書出版社 1981 年版，第 428 頁（「色即是空」條）。

　　《色·戒》中的「戒」首先與美人計實施過程中的重要「道具」——鑽戒有關。鑽戒是推動故事情節展開、促使美人計發生轉折的關鍵道具：開場，牌桌上光芒四射的鑽戒讓佳芝自慚形穢；第一次與易某「偷情」，易允諾買只戒指（鑽戒）作紀念，讓佳芝初歷誘惑，亦為美人計的進一步實施提供機會；珠寶鋪中買鑽戒，佳芝產生幻覺，以為「這個人真愛我的」，放走易某，招來毀滅性結局——不僅計劃失敗，而且參與學生統統被逮捕、槍斃。

　　「戒」的本義是「守邊」，從字形上看「從人荷戈」「荷戈者以備豫不虞也」。〔註19〕「備豫不虞」即對沒有意料到的事（意外）有所準備。《辭源》上釋「戒」則有防備、警告、戒除、界限等義。在佛家術語中，「戒」，是梵文的意譯，音譯「尸羅」。《大乘義章》卷一：「言『尸羅』者，此名清涼，亦名為戒。三業炎火焚燒行人，事等能燒，戒能防息，故名清涼。清涼之名，正翻彼也；以能防禁，故名為戒。（「戒」是佛教三學之一，亦稱「戒律」，特指為出家和非出家的信徒制定的言行準則，一般需終身修持，用以防非止惡。）」〔註20〕從「戒」的一般釋義中我們可以抽出如下質素：意外、守備（防守、準備）、界隔（邊界、隔離），其中核心內容是守備。佛家也稱「能防故名為戒」（《大乘義章》卷十二）。從某種意義上講「戒」首先是心理上的一種準備、防備——心存戒備。在《色·戒》中我們看到佳芝身上無時不在的緊張、戒備狀態，不妨將此間的「戒」解為戒備或防備。佳芝對她的同學們心存戒備，總覺得「他們用好奇的異樣的眼光看她」，再次讓她參與計劃，也是「有人別具用心」。與易某單獨相處時，佳芝更是「提心弔膽，處處留神」，惟恐與易某偷情被易太太知曉，更擔心自己言行不慎引起易某疑心，導致計劃失敗。易某雖然好色，但畢竟是特工出身，對佳芝絕不能說毫無戒備之心，幾次見面都是「在他指定的地點會面」，「務必叫人捉摸不定」。

　　「戒」之核心在「防」，只是不同於對一般意外的防備，佛家所防在身（行動）、語（言語）、意（思想活動）三業中的「非」、「惡」，即一切不符合佛家教義的言行、思想活動。佛家認為言行俱由意業起，《大毗婆沙論》卷百一十三：「三業者，……若等起者，應一切業皆名意業，以三業皆是意等起故。」

〔註19〕（清）王筠：《說文句讀》（卷二十四）（第四冊），北京：中國書店1983年版，第28頁。

〔註20〕任繼愈：《宗教詞典》，上海：上海辭書出版社1981年版，第498頁（「戒」條），第754頁，第755頁（「持戒」條）。

意業的體性是「思」，大乘法相宗更重視行爲的動機，認爲三業體性皆爲「思」。〔註21〕因此，言行中的非、惡源自「思」，「戒」歸根結底防禁的便是那些能引起妄語、妄行的「思」中妄念。佛家之「戒」是超脫塵世的修習方法，一些屬於正常人性、世俗生活的行爲也被納入防禁之列，如裝飾打扮、觀聽歌舞等。雖與俗世格格不入並最終選擇大隱於市的張愛玲，卻始終宣導人性、偏嗜人生味，不脫世俗。因此，很難說《色·戒》之「戒」即如佛家之「戒」是對妄念、妄行、妄言的絕對防禁，但是《色·戒》對其中人物的妄念的冷嘲意味是明顯的。王佳芝甘當美人計主角，確有愛國除奸的初衷，但更多則是虛榮心的驅使——爲了能繼續陶醉於舞臺上顧盼生輝，光彩照人的幻象中。美人計第一次實施，初戰告捷，以致「自己都覺得顧盼間光豔照人。她捨不得他們走，恨不得再到那裏去」。美人計再次實施時，與她疏遠日久的同學再次找到她，即使明知是「有人別具用心」，她也「義不容辭」：一則不願白白犧牲了童貞，二則不願遠離觀眾，難抵重返舞臺的誘惑。舞臺上的光輝令佳芝炫目，分不清戲裏戲外，產生「這人是真愛我」的幻覺，從而放走易某，鑄成大錯。人性的弱點致使佳芝一步步走向毀滅，毀滅的結局使佳芝曾有的那些意念顯得虛妄、可笑。如果說佳芝的妄念尚有引人同情之處——人性的弱點「因爲懂得，所以慈悲」，易某的虛妄則引入鄙夷。「如果瞭解導向原宥，瞭解這種人也更可能導向鄙夷」。易某處死佳芝以後，獨自沉醉在「真愛」的幻想之中。他以爲權勢的魔力與自己的個人魅力使他取了佳芝的愛，甚至妄想著他們之間的關係是「最終極的佔有」，「她這才生是他的人，死是他的鬼」。殺人者剝奪了他人的生存權利，不自責已是一種人性的毀滅；妄想得到被殺者的愛，此一妄念則讓人在毛骨悚然的同時，更多地是對易某身爲「人」的價值的鄙夷和唾棄。

虛空與隔離

　　幻覺是不真實的，是空，常予人以「虛颺颺空撈撈的，簡直不知道身在何所」的印象。虛空是《色·戒》表現的主題之一。如果說美人計是幻，美人計的失敗則意味著幻滅。幻滅留給人的是虛空的感受。

　　佳芝被易某捕殺的命運宣示著她的「愛情」夢的幻滅。放走易某緣於她

〔註21〕任繼愈：《宗教詞典》，上海：上海辭書出版社 1981 年版，第 282 頁（「業」條）。

「這個人眞愛我的」幻覺，然而「溫柔憐惜」的易某卻是心狠手辣之人——將參與刺殺計劃的學生統統捕殺，連佳芝也不放過。「眞愛」她的易某，眞愛的是自己和權勢，捕殺他們主要是怕周佛海找碴，於他的面子有礙：「日本憲兵隊還在其次，周佛海自己也搞特工，視內政部爲駢枝機關，正對他十分注目，一旦發現易公館的上賓竟是刺客的眼線，成什麼話，情報工作的首腦，這麼糊塗還行？」與佳芝的愛情幻夢比照來看，我們發現易某的愛情想像亦是空。易某認爲佳芝是「眞愛他的，是他生平第一個紅顏知己」，然而對此，佳芝自己也不確信，或者說不願相信，「那，難道她有點愛上了老易？她不信，但是也無法斬釘截鐵地說不是」。易某亦幻想著佳芝愛他緣於他的夠狠夠毒、當機立斷的「男子漢」行徑。事實卻是，佳芝誤將易某顧影自憐的落寞神情看作「溫柔憐惜」而動心。佛洛德認爲幻想源於未得到滿足的願望。佳芝對易某「溫柔憐惜」的幻想正是源於她從同學處感受到的冷淡，從而產生的對溫柔關愛的渴望。美人計的失敗對參與行刺計劃的其他學生亦是幻滅。美人計的成形源於學生一時的愛國熱情。由於易某夫婦離港返滬，這一計劃一度擱淺，美人計再次實施時則更多地添了被重慶方面某專業特務許以加入組織的誘惑因素。然而計劃失敗，不但使他們加入組織的幻夢破滅，而且落得被斬盡殺絕的結局，同時他們的愛國熱情落實在行動上亦顯得虛空乏力，經不起現實殘酷的考驗，「那些渾小子經不起訊問，吃了點苦頭全都說了」。

「戒」造成隔離。前面提到從「戒」的概念中我們可抽取如下要素：意外、守備（防守、準備）、界隔（邊界、隔離）。據此我們不妨對「戒」的過程進行這樣一番描述：主體面對意外，心理上有所準備，力圖將意外排除與己隔離。在這一過程中，「戒」最終導向「隔離」。「隔離」是《色·戒》一文表達的另一主題。《色·戒》故事發生地——上海，適值淪陷期，「與外界隔絕」，第一次美人計的實施地香港，彼時亦是淪陷區，與上海一樣乃是一座孤島，故事背景首先予人以封閉、隔離印象。其次故事主角王佳芝與人疏遠，常感「隔離」。「牌桌上的確是戒指展覽會，佳芝想。只有她沒有鑽戒，戴來戴去這隻翡翠的，早知不戴了，叫人見笑——正眼都看不得她。」這段話表面看來是佳芝自慚形穢於自己沒有鑽戒，其中隱藏的潛臺詞則是：佳芝與這些官太太們間的隔離感——「生意人喜歡結交官場」——她們之間是不平等的——地位的不平等，財富權勢的懸殊造成心理上的隔離。康德認爲「對一個女性最爲刺痛的莫過於被人認爲不貞潔」，這種刺痛源於「並不是它本身應

該得到什麼最大的譴責，而是實際上所感受到最嚴酷的東西是什麼」。〔註22〕
佳芝爲美人計作出「必要」的犧牲——失身——爲了使戲演得更逼眞，美人
計得以順利進行，然而令她深感刺痛的是同學們對此事的惡劣態度（至少予
她的印象如此）——大家「都躲著她」，「用好奇的異樣的眼光看她」。爲此她
「跟他們這一夥人都疏遠了」，「在上海也沒有來往」。佳芝與同學間無論是在
生活中還是在心理上都產生了隔離。放走易某，意味著對整個行刺計劃參與
者的背叛。叛徒會落得遭人唾棄的下場，甚至像易某那樣人人誅之。佳芝明
白這一點，只是不敢去面對，「其實撞見了又怎樣？疑心她就不會走上前來質
問她，就是疑心，也不會不問青紅皀白就把她執行了」，惟恐被世人拋棄的佳
芝於是產生了與世隔絕的幻覺，「車如流水，與路上行人都跟她隔著層玻
璃……只有她一個人心慌意亂關在外面」。另外，佳芝對人與人之間親密無間
關係的依戀、渴望也加深了我們對她體會到的孤獨、隔離感的印象，「只有更
覺得是他們倆在燈下單獨相對，又密切又拘束，還從來沒有過」。

　　「色」與「戒」不可分。「色」是美人計，亦是美人計中所呈現出的形形色
色的「相」：美色、鑽戒、男性表面溫柔等，其本質是美麗虛幻，充滿誘惑。「戒」
實指鑽戒，文中鑽戒以粉紅鑽爲鑽中極品兼其夢幻色彩凸顯「色」對人的誘惑，
亦暗示了「色」之虛幻特質。鑽戒的色幻性質使「色」、「戒」在「戒」之實指
層面得以統一。其次，外在「色相」爲假之下隱藏著「戒」之眞這一人生狀況。
「戒」虛指人心隔防，體現在作品中既是佳芝與他人之間的「隔離」，又是易某
「防」的隱喻，還是其他幾位女性對他倆關係的懷疑、猜忌。《色·戒》通過佳
芝的命運提醒人們外在的「色」不過是一種虛空，鑽石、美色、男性表面溫柔
等種種外在「色相」都可能是陷阱，美麗溫柔的表相之下實則隱藏著人與人之
間相互設防，即「戒」的人生眞實，這體現了張愛玲對人生的悲觀認識。雖然
她沒有明確人們要「戒色」，然而《色·戒》中體現出的「色」之虛幻的主題及
其對執迷於「色」的男男女女的反諷實則有這樣的指向。

五、中國現代文學研究爲什麼會選擇西方話語

　　文學研究的「失語」問題，已引起一些研究者的注意。對於一個民族而
言，對於任何研究來說，失語自然是痛苦的事情。但是，無論我們在情感方

〔註22〕　（德）康德：《論優崇高感》，何兆武譯，北京：商務印書館2001年版，第39
　　　　頁。

面有多大的痛苦，無論我們對文學研究的失語是多麼焦慮，我們不得不承認一個現實：中國現代文學的研究是以西方話語爲基本工具並還將繼續操持這套話語進行研究。問題不在於承認西方話語在現代文學研究領域的存在與否，而在於深入討論分析選擇西方話語作爲研究現代文學基本工具的必然性前提和合法性基礎，即現代文學研究爲什麼會選擇西方話語。

在討論這個問題的時候，有必要對研究話語系統本身與研究對象之間的關係加以理解，這是我們討論現代文學研究爲什麼選擇西方話語的首要前提。按我的認識，一種特殊的研究話語系統實質上就是由一套系統的概念形成的特殊的解讀系統，它具有確定的概念內涵、鮮明的價值指向以及獨特的研究方法路徑和思維

程序。如文學研究，中國傳統的研究話語是由文與道、情與理、情與景、言與意、風與骨、意與象、理與氣、意境或境界、言與志、比與興等核心概念以及諸如風流、飄逸、豪放、婉約、清新、俊朗、高標等風格性概念構成的一套體系，價值指向在整體上不能越過「止乎禮義」的規定，在審美方面則須符合「禮之用，和爲貴」的中和之美，其方法主要是基於經驗的點評，思維的方式是直覺與感悟。相對中國傳統文學研究的話語系統，西方近現代文學研究話語系統顯然具有很大的差異。文學與社會、浪漫與現實、內容與形式、主觀與客觀、表現與再現、主體與客體、思潮與流派、生活與藝術、思想與情感、審美與批評、文學與政治、文學與道德、文學與哲學、文學與歷史、文學與心理等概念範疇；再有各種主義和藝術形式方面的種種概念及範疇，還有像階級、民族、民主、獨立、自由、認識、理性、感性、本質、規律等常運用於研究之中的名詞術語，而且具有不斷新出的方法、概念，比如當下流行的文本、話語、結構與解構、神話與寓言、反諷等等。從整體上看，現代西方話語其價值指向主要是現代性，思維的基礎是理性，具體方法主要是邏輯的分析與解讀。

從一般意義講，研究對象與研究話語之間應具有話語形態、話語方式、話語價值內涵的共生相似性，中國現代文學研究之所以選擇西方話語而沒有選擇自己傳統的研究話語，正是研究與研究對象之間的這一內在規律決定的，決非盲目和偶然，也就是說，研究中國現代文學應當以西方研究話語作爲主要的路徑，因爲這二者之間具有共生適應性。具體的分析如下。

首先，中國現代文學發生的西方語境。從一般的意義講，中國現代文學

的發生主要是在西方思想、文化、文學的影響下發生的，這似乎已成學術共識。近代以來，中國社會面臨著極其嚴峻的選擇，列強的進入，使「天朝上國」的理想歸於破滅，一批有識之士便睜開眼睛去認識西方列強之所以富強的原因，並以此反省自身落後挨打的所以然。在比較的基礎上，作出了要向西方學習的選擇。無論是初期的「師夷長技」的呼籲，還是社會制度的君主立憲或議會民主的爭論，以及企圖從國民精神、思想領域進行改良的吶喊，其參照系無疑都是西方當時的發達國家或民族，所選擇的是西方啓蒙現代性的基本內容，整個中國社會都處於西方文化的衝擊震盪之中，文學的變革正是在這樣的語境中，正是在西方文化的影響下拉開序幕的。晚清以來，黃遵憲、梁啓超等，在改良維新的社會思想文化氛圍中，以進化論爲思想基礎，以變革圖強爲目的，宣導詩界革命，小說界革命和戲曲革命。在他們看來，文學在喚醒國民自覺革命之意識，改良國民之性格，振刷民族之精神，推動國家民主走向富國強盛之路，有著巨大的輿論導向之作用。這些思想，無疑主要是在西方思想影響下的結晶。黃遵憲認爲，「詩雖小道，然歐洲詩人出其鼓吹文明之筆，竟有左右世界之力」（《與丘菽園書》）。梁啓超也指出，「在昔歐洲各國變革之始，其魁儒碩學，仁人志士，往往以其身之所經歷，及胸中所懷，政治之議論，一寄之於小說。……往往每一書出，而全國之議論爲之一變。彼美、德、法、奧、意、日本各國政界之日進，則政治小說爲功最高焉」（《譯印政治小說序》）。這些觀點，顯然有誇大文學作用的片面性，也有對西方文學認識上的某種誤讀，但必然在思想文化及文學界形成重要的輿論導向，爲從西方文化、文學獲取文學變革的資源、推進文學革命並以此影響社會、文化的變革提供了認識通道。於是，從那時開始一直到「五四」文學革命時期，大量翻譯西方文學作品、譯介西方文學思潮和西方作家的創作，成爲一種風潮，使文學變革的西方語境的形成成爲了現實，爲文學變革的實踐者提供了主要理論與創作的思想及藝術參照。事實正是這樣。在文學革命的參與者中，無論是理論的宣導者如胡適、陳獨秀、周作人、茅盾等，還是創作家如魯迅、郭沫若、冰心、郁達夫等，無一例外。誠如魯迅所講的，他之所以走上小說創作道路，依仗的正是讀過的百來種外國小說。這一切說明了一個事實：中國現代文學是在西方語境中發生的。

其次，中國現代文學自身顯現出的藝術話語形態，與西方藝術話語在主要方面是一致的，這可以從以下幾個方面見出。從文學體裁分類看，小說、詩歌、

散文、戲劇的分類方式顯然來自西方；對各體裁藝術結構要素、藝術功能的認識與把握，也是來於西方。從創作方法看，寫實主義、現實主義、浪漫主義、象徵主義等成爲作家的自覺選擇並作爲創作的指導，而對創作方法的這種自覺，既表明了現代作家對中國古代作家沒有自覺的創作方法意識的突破，又證明了現代作家運用西方文學創作方法於創作實踐的客觀性，說明現代作家的出現與成長的文學語境基礎是西方的。從作家主體的敘事角度與藝術表達的角度看，與古代作家相比，作家以第一人稱敘事的方式明顯地多起來了，這在中國古代是沒有的現象；這種突顯作家主體的變化，深層次的原因是西方張揚自我、追求獨立精神影響的結果。在藝術表達方面也是如此，例如詩歌。大家知道，中國古代詩歌，無論是詩還是詞，都有比較嚴格的格律、字數等限制，從積極的意義講，這種限制與漢字特徵文言表達的特點是相一致的，具有獨特的審美價值，也在一定意義上符合在限制中求自由的藝術表達規律，但這種限制在根本上是傳統社會禁錮人的思想抑制人的情感的形式反映，是一統天下思想規範情感在藝術領域的表現，從而極大地限制了詩人思想、情感表現的空間，文學與作家的自由本質受到了控制。現代文學一開始就走向了傳統詩詞的反面，自由體詩成爲基本選擇，其來源自然不是本土而是西方，正是西方詩歌的形式話語導致了這一變革。小說、散文、戲劇也不例外，社會問題小說、自我抒情小說，多樣化的散文，話劇的引進，與西方文學語境在中國當時的建立實在難以分開。即使在具體的藝術表達方面也打上了西方的深刻印記，現代敘事藝術的相對發達，小說成爲最主要的文學樣式，與傳統以抒情爲主的詩歌占統治地位的狀況有著明顯的不同。敘事文學的相對發展取決於藝術思維的變化，即理性思維介入了創作而非單純的形象思維的抒情。在敘事文學裏，無論是想像虛構或是對具體對象的描寫表現，都離不開理性邏輯，而理性邏輯恰恰是西方主要的思維方式，是西方敘事文學的基礎。至於中國現代文學作家所表現出來的社會批判性意識，詩歌、小說的散文化傾向，在作品中張揚自我的獨立品格，敘事文學比較注重人物的心理描寫以及注重環境與人物關係的描寫，甚至直接在作品裏發表作家的議論等，本質上都不過是理性思維及其精神的顯現。除上述外，還有——最根本的變化是文學語言。從文言到白話的演變在中國由來已久，但古代白話與現代白話有很大的不同，它改變了文白混雜的現象，建立了現代漢語的新的語言系統，而現代漢語系統的建立是西方語法、詞法、句法系統影響的產物，這一系統具有形式化強、可分析的、具有表達相對準確明晰的、富

有邏輯的、詞彙更爲豐富、符號與概念內涵比較確定的特徵，使傳統語言系統
的沒有系統的語法規則、造詞功能較弱、句法的意合流水結構的狀態得到了革
命性的變化，使思想情感意義的表達更加清晰、準確，減少了理解的歧義。這
種變化也許使文言意義的張力受到損害，但畢竟符合現代社會與現代人傳達交
流信息的迫切需要，言文眞正實現了一致。顯然，現代漢語系統的確立，是理
性的勝利，因爲西方語言規則的建立，其深層基礎就是理性。所以，語言的理
性化是西方語境在現代中國出現及其深入的根本標記，是現代文學發生發展的
核心基礎與內在動力。

　　再次，中國現代文學所內涵的價值觀念，至少在主要領域和西方的現代
性價值觀念具有相似性。現代文學，無論是作家自覺明確的價值追求，還是
作家在作品中所寄託所表現出來的價值傾向，自然不是單純的，尤其對具體
的作家個體而言，情況更爲複雜；傳統與現代的價值交織，是比較普遍的現
象，在顯形與隱形的層次，都能發現兩種價值同存於現代文學及作家的思想
情感之中，共存在理論表述和文學文本裏面，這正是轉型時期的社會人、自
然也包括文學在內的各個領域，價值觀念複雜的客觀基礎。但是，從整體講，
現代性價值始終是現代文學自覺追求的目標，實現社會、文化、民族以及文
學的現代化是根本的目的。因此，在現代文學的 30 年間，啓蒙、民族現代性，
革命、社會主義現代性，文學自身的審美現代性，是貫穿其間的價值主線。
雖然在不同的時期，某一種現代性價值被追求被突顯的程度是不一樣的，如
現代文學發生期主要是啓蒙、民族現代性，後來占主導的則是革命與民族現
代性，但現代性是始終存在的，尤其是廣義的革命現代性。於是，在思想觀
念領域，最流行最能體現現代性的語詞是：科學、民主、自由、獨立、平等、
人道主義、個性主義、革命、階級、民族、解放、自我、理性、啓蒙、進化、
發展等。這些語詞及其所指，或被廣泛用於文學理論、觀念的宣導與描述之
中，或被作家內化在文學作品的文本裏面。我們可以從這兩個層面來分析。
在文學理論與觀念的現代建構方面，以進化爲變革、建設新的文學理論與觀
念的思想基礎，以理性爲建構的動力，以「人的文學」、「平民文學」的實現
爲價值目標，應當說是現代文學始終如一的理論品格，是在理論觀念領域中
現代性價值的內在體現。從文學革命時期胡適的「八事」，陳獨秀的「三大主
義」，周作人的「人的文學」與「平民文學」等的提倡，到後來的社會主義現
實主義、革命左翼文學以及爲工農兵服務等文學思想的出現，在表層上，二

者的價值內涵與價值目標似乎是很不一樣的，即啓蒙現代性與社會主義現代性的差異；但在深層次上，都是現代價值的表現，只不過各自的重心有所不同罷了，前者重視的是更具普適性的現代價值，即人的價值或者說是現代中國人的價值，後者則強調的是具體的有特定範圍的階級的價值。如果深入分析，就會發現，這兩種現代價值有許多共同的品格，它們都相信變革與進化的歷史規律的不可抗拒，都以理性作爲精神動力和思維方式，都關注人尤其是普通人下層人的命運，顯然在理論品格上如出一轍，是現代性價值的不同側面的不同表達和追求，現代性是它們的共有基礎。

在文學創作領域，整體上是上述理論與觀念的實踐。「五四」時期文學中的人的發現，個性解放的主題，現代白話文學語言的運用與地位的確立，改良國民性的思想的表現，救國與民族情緒的宣揚，小人物下等人普通人成爲文學作品的主角及其作家所飽含的人道關懷，都是現代價值的符號化；20 年代後期興起的革命、左翼文學，以及反映民族抗戰的根據地解放區的文學，其表現出的革命、階級、政黨利益的傾向，對工農命運生存狀態與走向的關注，大眾化文學語言及敘事方式的提倡和實踐，從根本上講，依然是現代性價值的顯現，與傳統價值是大相徑庭的。此外，在其他如自由主義文學流派裏，在非左翼的民主作家身上，占主導的也是現代性的追求，如老舍、曹禺等。

誠然，不同內容不同體系所達目的也有所不同的各種現代價值，在結果上，即對現代中國社會、文化、文學特別是對現代中國人的影響的結果而言，又是有差別的，也就是說，現代性價值並非都能產生好的正面結果，不過這已不是本文應討論的問題。

本文比較概略地從以上幾個方面分析了中國現代文學與西方話語的關係，著重點是西方話語所代表的現代性價值及其對中國現代文學發生、內容、藝術形式乃至整體品格形成的決定性作用問題。通過分析，問題已經自明，而中國現代文學研究爲什麼要選擇西方研究話語的問題也由此問題的自明而獲得了明確的肯定性的答案，因爲，研究對象與研究語言是共生的，將西方話語作爲中國現代文學研究的主要話語顯然就具有了合法性。

六、20 世紀中國文學理論與現代性研究之前提

世紀之交，回顧反省與前瞻，已成爲知識界的熱點。文學界亦不例外。在這樣的思想氛圍中，討論 20 世紀中國文學理論與現代性諸問題之關係，是

一件意義不尋常的事，顯示了策劃者的眼光以及企圖在總結歷史經驗教訓基礎上的超越意識。

回首百年，中國人在現代化道路上的艱難跋涉，所經歷的各種風風雨雨，真可謂一言難盡；面對 20 世紀中國文學理論與現代性問題這樣一個完全夠得上「宏大敘事」對象的題目，更不知從何說起。我想尋找一條可以將之串起來的紅線，但感覺太難；我希望解剖一個問題，當一幕幕「理論圖景」浮現時，也覺得無所著筆。現代性似乎在理論之中，又好像游離在外。於是，我意識到，在研究二者的相關性時，還應該具備一些必需的理論和知識基礎，否則，要麼就是「玄之又玄」的空話，要麼就是純經驗層次上的感受。基於此，本文只提出一點想法，而且限於二者關係研究的前提範圍之內。

研究任何問題都應確定它的前提。面對 20 世紀中國文學理論與現代性關係這一問題時，確定前提是非常重要的，它能為研究確立目標、內容，體現出研究的內在價值。

對「現代性」這一概念的知識與理論梳理

這是研究的知識和理論前提。在當代西方，「現代性」學已成顯學；在中國知識界，尤其是進入 20 世紀 90 年代，「現代性」已成為許多知識分子關注的焦點。一方面，介紹和引進國外研究成果不遺餘力；另一方面，對現代性問題自身的知識與理論的梳理，以及對在中國特殊土壤上現代性的存在狀況的歷史考察，也已進入了研究者的視野。但一個不能否認的事實是，對大多數中國人而言，即便對大多數知識分子來說，「現代性」的概念及其所包含的多層次的內容，可以說仍是不甚了然。如果對這一個根本性的問題不加以解決的話，一切研究恐怕都難以真正切題，換言之，其研究的前提也就成了一個真問題。平心而論，人們常掛在嘴上，行走在筆端的「現代性」，在中國，既缺少社會理論的支撐，又缺少對這一問題的知識梳理，多數人是在「現代」這個時空中，或者說是在「當下」這一時空中，從經驗層次上來感受和理解「現代性」的，不過是人置身在「現代」這一時空場域中的一種不自覺地隨附。因此，比較清楚地整理現代性的知識體系，把握其理論脈絡，瞭解它的核心價值，是研究一切與之相關問題的基本前提，否則，恐怕結果都是一筆說不清道不明的糊塗賬，既不能說明西方現代性問題，更無法以此來考察、分析它在中國的發生、發展及其存在的特點。

「現代性」在中國產生的背景及其特殊的價值訴求

「現代性」是伴隨著人類從傳統走向現代化的歷程而產生的。從一般意義上講，它是西方近代以來的產物。中國在 20 世紀，之所以在一定的範圍和一定的層次上，與現代化發生了聯繫，現代性的種種因素也得到了一定程度的生長，乃是因為我們所面臨的問題，與西方近代以來有其相似之處。但我們更應看到，現代化、現代性在中國有其特殊的發生背景，因而在表現形態及其價值訴求上，也有自身的特點。於是把握現代化、現代性產生的特殊境遇，瞭解它的特殊的價值訴求，是研究現代性及其相關問題的又一前提。在這裏，我將其概括為兩個背景和價值訴求的一個基點。所謂兩個背景，即人們經常講的傳統與現代的衝突和中西文化的衝突。大家知道，在中國的 20 世紀，人們一方面強烈地要求參與現代化的世界大合唱，大批仁人志士企圖在現代中國人的立場上參與這場世界性的對話，從而在不同的領域，如政治、經濟、文化等，都有過現代化的嘗試，都不同程度地引入了現代性的因素；但另一方面，一個更嚴峻的事實也使人們感到，現代化在中國雖然已經起步，可步履維艱；現代性雖然逼視並以各種方式走入了社會生活和人們的精神世界，但影響仍然有限，尤其是在觀念層次上，人們究竟在多大程度上具有現代化的觀念和現代性意識，這恐怕也是一個大問題。更值得注意的是，一方面，現代化過程中的西方出現的種種問題，在 20 世紀中國已是屢見不鮮；另一方面，現代化在西方所取得的歷史性成就，諸如在政治、經濟、文化制度等領域，以及在此基礎上產生的現代意識，在中國，成果並不顯著，這就值得人們深思。我以為，分析產生這種不平衡的歷史現象的原因，就應當從中國現代化進程的特殊背景的角度來分析，從現代性意識滋生的中國土壤的立場來討論，即在傳統與現代和中國與西方的衝突中所產生的緊張中來考慮。正是這樣的衝突，正是植根在緊張衝突中的觀念的矛盾，導致了現代化和現代性在中國發展的不平衡。

這兩種衝突在最終的意義上，顯現的不過是一個最基本的問題，即中華民族面臨的生存與發展的問題。因此，20 世紀的中國，無論是對西方現代化的渴求，還是對某些方面的排斥與拒絕，都是特定條件下的選擇。自然，這種選擇有的是被動的，有的是主動的，但可以說一切都是在生存與發展的壓力下做出的。這從實質上講，乃是中國在現代化歷程中的核心的問題，也是追求現代性的本質的價值訴求，是產生各種有關現代化、現代性選擇態度的最根本的基

點。瞭解了這一個前提，正面的主動的引入還是負面的被動的接受，是正確還是曲解，都有可能找到比較有說服力的解釋。由此出發，去觀察、分析 20 世紀中國文學理論，也就有了較明確的分析立場，研究的參照糸也容易確定，其種種理論產生的前提及其理論特點乃至理論所包含的價值追求，也比較容易理解，對其所作出的價值評價也不至於無的放矢。如對文學理論中的功利化、工具化、民族化、大眾化的認識，對這些理論的積極與消極的雙重意義的認識，自然就會客觀一些；因爲兩大衝突和一個基點，在某種意義上講，便已確立了文學理論話語形態的必然性，因爲歷史和現實所能提供的精神資源，似乎注定了 20 世紀文學理論的命運。以古典主義的精神實質並融匯了一些現代性因素的理論形態，便是在兩種衝突和一個基點上結出的果子。

應該確定的幾個研究必不可少的核心概念

這是研究的價值前提。無論「後現代主義」對「現代性」提出了多少質疑，也無論現代化過程中出現了種種不盡人意的煩惱和困境，現代化仍是人類已經走過或正在經歷的偉大階段，現代性仍是當今人類尤其是發展中國家和民族自覺與不自覺地追求的一種目標，尤其是對中國 20 世紀而言，即使在 21 世紀，仍是中國別無選擇的道路。中國的現代化建設、社會的現代性意識的建立，是一個正在進行時態，而不是完成時態；而後現代所提出的問題，我們可以在發展過程中加以吸收，引以爲戒，但這並不能否定我們需要現代化和現代性。這是我們應當具有的一個清醒態度。在這種意義上講，現代性所內含的幾個核心概念，仍是我們考察有關問題，也是我們研究 20 世紀中國文學理論的價值前提。理性、自由、個體化、主體性這幾個現代性的關鍵字，不僅僅是幾個「詞」，它們體現的是一種價值，一種對人自身的價值關懷。

誠然，這幾個概念是西方的詞彙，是西方人在現代化和現代性追求中提煉出來的，它體現的是西方人的現代性價值觀。但我以爲，更應當將理解的視野擴展得大一些。一個問題是：這些概念的所指，符不符合人類本性，適不適應人的內在欲求？如是，則應當重新大膽引入並細化到生活之中，如否，則應當拒絕。但我以爲，它們是合人性的，即使在它們的實踐過程中出現了對人的異化的弊端。從我們 20 世紀中國的實際情況來看，它們的精神並沒得到完整理解和貫徹；從文學理論角度講，其所含的精神與它們也相差較遠。這當然是一種啓蒙話語。不過，我們要問的是，難道啓蒙話語在中國眞的就

過時了嗎？因此，無論用什麼樣的立場去理解現代性，這幾個概念所包含的內容仍是我們在目前應當追求的價值目標，社會如此，文學亦然，文學理論如是。以這樣的價值來觀照評價 20 世紀中國的文學理論，來討論其所經歷的理論歷程及其形態特點，仍是研究的基礎。在中國這塊土地上，在這個特殊的語境中，這仍然是有意義的選擇。

如果再繼續說下去，還可以提出些前提來討論。由於本人對些沒有任何深入的研究，無法繼續言說，只好打住。文中所提問題，不入方家法眼，不過是一種胡思亂想，連「磚」都算不上。

七、從歷史的單一視角到歷史的多義解釋——中國現代文學研究歷史反思

如果以 1953 年王瑤《中國新文學史稿》的出版為起點，「中國現代文學學科的建立」〔註23〕迄今已整整五十年。在學科建立的五十年尤其後二十年間，隨著中國社會文化的急劇變革與國際學術視域的拓展，學術界的思維方式發生極大的變化。中國現代文學的研究也面臨並經歷著同樣的變化。何謂「中國」？「現代」？「文學」？體現的正是帶有某種迷惘卻又是執著的文學與歷史的思考與追問。

（一）

較之封閉於世界文化之外的、單質文化形態的中國古代文學而言，中國現代文學的時空區間、生存土壤與歷史語境，是一個多重文化混雜、多種語義互匯的「歷史場」〔註24〕；傳統與現代、東方與西方、民族的自主獨立與文化發展的世紀性轉型、政治革命與武裝鬥爭等等的多重疊加，是這一「歷史場」的真實呈現。而且，這種多重疊加式的現代中國的歷史使命，又是在與殖民者武力、文化入侵的對峙狀態中，在「己者」與「他者」既排斥抗拒

〔註23〕參見溫儒敏《王瑤的〈中國新文學史稿〉與現代文學學科的建立》，載《文學評論》2003 年第 1 期。
〔註24〕歷史哲學家海頓‧懷特把歷史學家所面臨的歷史研究對象稱為「歷史場」。「歷史場」是滲透著歷史學家的「歷史意識」，貫注著學者的「歷史思維」，「預設他為研究而挑選出來的」歷史闡釋對象（參見海頓‧懷特《歷史的詩學——〈元歷史：十九世紀歐洲的歷史想像〉前言》，王逢振主編《2001 年度新譯西方文選》，桂林：灕江出版社 2002 年版，第 83～84 頁）。

又吸收融入的複雜關係中，艱難而匆忙地從事著意義實踐。其結果，現代中國社會歷史呈現的是霍米‧巴巴所描述的後發國家的現代化過程的「混雜」狀態。討論中國現代文學學科及其研究的得失，必須明確這種歷史場景，並作爲認識中國現代文學的基本前提。

20 世紀 50 年代，是中國現代文學學科的形成期。由於特定歷史條件的限制，面對「混雜」狀態，中國現代文學學科奠基者不是採取歷史解釋學方法，而是直接援用毛澤東《新民主主義論》的觀點，將中國現代文學定義爲「新民主主義的文學」。1951 年老舍、蔡儀、王瑤、李何林共同編就的《〈中國新文學史〉教學大綱（初稿）》，1953 年王瑤的《中國新文學史稿》，其後劉綬松的《中國新文學史初稿》、丁易的《中國新文學史略》和張畢來的《中國新文學史綱》，奠定或預設了中國現代文學的學科理念與性質：「無產階級的、人民大眾的、反帝反封建主義的」「新民主主義的文學」。

政治意識形態、階級本位觀念、革命價值體系，構築起奠基時期的中國現代文學研究的學科意識與敘述架構。顯然，這種政治革命一體化的學科理念與敘述架構，是對「混雜」的「歷史場」的簡單「提純」，或者說，是對紛繁複雜的文學歷史的特定「裁剪」，結果是以損耗、遮蔽現代文學的歷史豐富性與多義性爲代價，體現出所謂文學歷史運動的「新質」與「規律」。對於這種生硬剪裁和簡單提純的弊端，現代文學學科奠基者並非沒有察覺。時隔三十年，王瑤自我反省道：「這些以教材形式出現的著作雖然都努力嘗試運用歷史唯物主義的觀點來說明現代文學的產生和發展，但同時也反映了民主革命勝利初期的時代氣氛與社會心理，如對於解放區作品的盡情歌頌，對於國統區某些政治態度曖昧的作品的譴責，即其一例。」﹝註25﹞而劉綬松自知政治革命一體化架構的狹窄，乾脆在文學史稿末尾專設一章「舊民主主義文學」，將「進步」、「革命」文學以外的眾多作家作品歸於一處，並給以「消極」、「落後」一類的價值判定。

（二）

20 世紀 80 年代是中國現代文學學科有重大突破的時期。有意味的是，正是中國現代文學學科奠基者的一批弟子，率先從 50 年代形成的政治革命一體化學科架構中突圍，實現著中國現代文學的研究轉型。

﹝註25﹞王瑤《〈中國現代文學三十年〉序》，錢理群、吳福輝、溫儒敏、王超冰《中國現代文學三十年》，上海：上海文藝出版社 1987 年版，第 2～3 頁。

　　王富仁的博士論文《中國反封建思想革命的一面鏡子：〈吶喊〉、〈彷徨〉綜論〉》，將魯迅研究從以往的政治革命意識拓展到思想革命、文化革命的空間，從而獲得了較之以往豐富得多的意義闡釋。同一時期，楊義的中國小說史流派研究，趙園的現代文學史知識者形象與命運研究，劉納的辛亥——「五四」文學比較研究，都顯示出對既定文學史架構的反叛與超越。其中，錢理群、陳平原、黃子平的論 20 世紀中國文學系列論文，錢理群、吳福輝、溫儒敏、王超冰四人合著的《中國現代文學三十年》，引發或體現著 80 年代中國現代文學研究的轉型。轉型期的中國現代文學研究的根本特徵在於對中國現代文學所具有的啓蒙現代性與文學現代性的張揚與強調。《中國現代文學三十年》的作者以「古老的封建王國向現代社會主義國家的歷史性轉變」爲他們預設的「現代中國」的斷代屬性，從近代中國的一系列變革尤其是「五四」時期魯迅、周作人等人的文學觀念中發現「『改造民族靈魂』的文學」，認爲其所意義生成與資源追尋特具的「思想啓蒙性是現代文學的一個帶有根本性的特徵」。他們從現代中國文學與世界文學的廣泛聯繫中，提倡「文學的現代性，即表現現代意識，現代思維方式，情感方式，採用與之相適應的現代藝術形式」〔註 26〕。啓蒙現代性與文學現代性，成爲《中國現代文學三十年》的學科理念與敘事邏輯。

　　中國現代文學研究轉型期，具有以下特點：一是研究者的學科自覺與探索精神。他們不滿足於前輩學者對某一現成理論的簡單套用，也不止於對陳舊文學史架構的修補與填空，而是潛伏於現代中國的文學歷史深處，試圖尋找中國現代文學的學科特質，並建立一種新的文學史範式。不論他們的學科意識與文學史範式是否合理，其學科意識的萌發，正是現代文學學科步入「自覺」與「自足」的一種標誌。二是啓蒙現代性與文學現代性價值的確立。在繁多混雜的現代中國歷史場中，研究者們清晰而堅定地確立了「文學現代化」的思維座標和價值體系。他們堅信，「文學的現代化，是與本世紀中國所發生的『政治、經濟、科技、軍事、教育、思想、文化的全面現代化』的歷史進程相適應，並且是其不可或缺的有機組成部分，而在促進『思想的現代化』

〔註26〕參見《中國現代文學三十年》「緒論」，第 11 頁。在 1998 年的修訂本中，作者將啓蒙現代性和文學現代性的學科性質重新定義爲「文學的現代化」，並在具體闡釋中有了較爲寬泛的內容。

與『人的現代化』方面，文學更是發揮了特殊的作用」〔註27〕。

　　在此，需要特別申論的是關於中國現代文學研究的啓蒙現代性與文學現代性問題。隨著90年代「後學」的引入與傳播，啓蒙現代性與文學現代性遭遇到來自各種學術理論的質疑與消解。一些研究者以後現代主義的無深度、去中心解構著80年代研究的啓蒙現代性敘事方式及其意義；全球化理論、後殖民理論研究者以其從歷史的單一視角到歷史的多義解釋「文化相對主義」和反對文化霸權意識，張揚著「價值相對論」，從而消解著歷史進化論的歷史邏輯與現代性價值的存在合理性。他們敏銳地辨析出80年代研究者潛在的生硬與陳舊：「新與舊的修辭法在新文化運動中奠定了傳統與現代的二項對立觀，而傳統與現代的二項對立又同東西方文化的對立觀互相交疊：『西方文化』優越於『東方文化』，一如『現代』勝於『傳統』」〔註28〕。他們運用福柯的現代性反思話語和知識考古／譜系學方法，質疑著「以『啓蒙』爲名的思想是如何在社會科學的各個方面，以各種各樣的戰略，排斥和貶低其他形式的經驗」〔註29〕。

　　應該說，20世紀90年代的「後學」研究者對80年代轉型的質疑與追問，都有相當的學術價值。但是，由於他們「不再追溯歷史發展中的種種因果性和必然性」，〔註30〕勢必存在著對歷史在場性的有意逃避和懸置，此爲一；其二，由於他們以文化相對主義切入中國現代文學研究，勢必形成一味取消啓蒙理性、文學思想、現代性文化價值在中國現代文學歷史中的價值生成作用與存在意義功能，〔註31〕從而變爲由放逐價值到價值迷失與價值虛無的狀態。

　　平心而論，80年代轉型期研究者對於啓蒙現代性的堅守，對文學現代性價值座標的確立，正是對中國現代文學的歷史在場性的尊重與強調。中國現代文學的「現代」，不僅僅是一個斷代史的時間標記，而是一種價值概念和意

〔註27〕錢理群、溫儒敏、吳福輝：《中國現代文學三十年》（修訂本）「前言」，北京：北京大學出版社1998年版，第1頁。

〔註28〕劉禾：《跨語際實踐——文學，民族文化與被譯介的現代性（中國，1900～1938）》，上海：三聯書店2002年版，第118頁。

〔註29〕李楊：《文學分期中的知識譜系學問題》，載《文學評論》2003年第5期。

〔註30〕李楊：《文學分期中的知識譜系學問題》，載《文學評論》2003年第5期。

〔註31〕有關啓蒙思想和現代文化意識與中國現代文學的關係，參見何錫章《論「思想」在中國現代文學價值生成與存在中的意義》，載《文學評論》2002年第5期。

義符號。取消和解構了中國現代文學的「現代」價值,在某種意義上說,也就取消了中國現 7 代文學的學科存在的意義根基。

今天看來,80 年代轉型期研究的缺憾,不在啟蒙現代性和文學現代性的意義堅守,而在研究方法論層面出現的一個帶有普遍性的問題。整體上講,他們依然遵循著以某一理念分析、判斷歷史的傳統方法。在他們的前輩那裏,是借用新民主主義理論的政治意識形態、階級本位觀念和革命價值體系去裁決歷史;而在他們自己手中,則以啟蒙現代性和文學現代性作為統攝中國現代文學的「絕對理念」,作為分析、判斷歷史的價值標籤。從這裏可以看出,雖然 80 年代轉型期研究者在價值形態層面實行著對導師輩的反叛與超越,但在方法論層面,不僅沒有任何的超越性,反而卻保持著相當的一致性。

簡言之,80 年代轉型期研究的失誤在於人為地擴大了啟蒙現代性和文學現代性的解釋功能。啟蒙現代性和文學現代性,在中國現代文學研究中,只具有價值論意義,而不具有方法論作用。一旦將它視為統攝一切、裁斷一切的方法論,必然就會顯出生硬與偏狹。

(三)

20 世紀 90 年代以降的中國現代文學研究,可以稱為「失範期」。80 年代轉型期所確立的啟蒙現代性與文學現代性的研究思路與價值體系,一度成為影響極大的中國現代文學的新型研究「範式」,或者說,一度成為人們的認同程度極大的隱性思維結構,被普遍運用於中國現代文學的各類研究之中。然而,時至 90 年代,啟蒙現代性與文學現代性,突然遭到來自變化的中國社會現實與來自新近國際學術話語的多向夾擊與多重質疑,中國現代文學研究一時呈現為「失範」的狀態。

啟蒙現代性與文學現代性的話語意識,體現的是中國現代文學的學術研究對於 20 世紀中國社會歷史進程的參與(介入)意識。學術研究的參與意識必須依賴兩個條件,一是研究者(知識者)的「先覺」感,二是社會大眾的「廣場」空間〔註32〕。90 年代初,湧動的市場經濟與消費主義文化,使人文

〔註32〕「廣場意識」,是陳思和對現代知識者精神存在方式與文學創作理念的形象概括(參見陳思和《論知識分子轉型期的三種價值取向》,載《上海文化》創刊號)。「廣場意識」也是 80 年代中國現代文學研究的精神特徵,研究者們以近似於當年倫敦海德公園的學說演講,將現代文學研究視為介入當下歷史進程的治世良方。

知識者迅速地邊緣化；當下功利主義與瞬間快感意識，迅速解構著學術研究者的「先覺」意識，佔據後者原有的社會空間。在這樣的年月裏，對於啓蒙與現代性、學術研究的價值追尋與歷史反思，當年的言說者與聆聽者都已經失去了它們原以憑藉的社會結構支撐。〔註33〕自然地，80年代興盛一時的有關啓蒙現代性與文學現代性的研究範型，很快陷入被懸置被質疑被疏遠的狀態。

導致這種失範狀態的另一原因，在於90年代各種新近文化理論的引入與傳播。後現代主義、大眾文化理論、全球化思潮、後殖民理論、文化多元主義……各種思潮的引入，都為中國學術界開啓了不同於以往的思維路徑，提供著多義啓示性的理論背景。比如，何謂「中國」？何謂「現代」？何謂「文學」？比如啓蒙精神、政治革命、大眾文化構成及其功能……這些中國現代文學學科的基本概念和基本問題，在90年代的學術理論視域中，其概念屬性及功能義項，都變得複雜而多義了，遠非簡單運用啓蒙現代性與文學現代性能夠闡釋與統攝。面對眾聲喧嘩的學術話語，我們的中國現代文學研究陷入了某種舉措不定、莫衷一是、左右為難的尷尬狀態。

導致90年代中國現代文學研究失範狀態的深層原因，還在於研究者沒能深切把握各種「後學」理論與現代中國的複雜關聯，往往只是簡單攝取、援用單一的理論話語，作為現代中國文學研究的理論指導或意義設定，其結果，往往是以一種看似「新」的理論闡釋遮蔽了中國現代文學原生的豐富性與多義性。

其一，以後現代主義的所謂平面感、零碎化寫作，取代啓蒙現代性之於中國現代文學的意義深度。比如在魯迅小說研究中，後學理論更看重《孤獨者》等篇章流露出的對啓蒙精神的懷疑，從而抽掉甚至否定《狂人日記》、《阿Q正傳》、《祝福》一類作品中啓蒙精神的內涵。在後現代主義理論影響下，學者們僅僅表象地抉取德里達和福柯的後結構主義、詹姆遜的平面感、維特根

〔註33〕南帆對當代中國的社會結構功能的變遷有準確分析：「市場體系擴張導致知識分子精英主義迅速收斂，……這時的大眾正在從購買之中創造利潤，而不是在吶喊之中揭竿而起」（南帆：《四重奏：文學、革命、知識分子與大眾》，載《文學評論》2003年第2期）。早在1994年「人文精神」大討論中，許多學者已經感受到，「經濟一旦啓動，便會產生許多屬於自己特點。接踵而來的市場經濟，不僅沒有滿足知識分子的烏托邦想像，反而以其濃郁的商業性傾向再次推翻了知識分子的話語權力」（參見《道德、學統與政統》，載《讀書》1994年第5期）。

斯坦的語言遊戲理論和利奧塔的反宏大敘事，而沒能從西方文化流變的深層邏輯認識「後現代話語的實質與其說是對現代性的反動，不如說是對現代性的反思甚至重構」〔註34〕。於是以後現代性話語取代啓蒙現代性價值，成為90年代中國現代文學研究的一個普遍現象。由魯迅及「五四」一代作家，由各個時期的自由主義作家們長期堅守並實踐著的啓蒙精神與文學現代性意義，不僅不能得到合理地闡釋，反而遭到「後學」無情地遮蔽與消解。

其二，居於後殖民理論對於歐洲中心主義文化霸權的反叛，進而排斥、抗拒人類普遍的文明精神，以文化相對主義的重視與強調，對抗文化全球化所蘊含的「現代性契機」和現代性文化邏輯。具體到中國現代文學研究，便是過於強調中國政治革命之於現代中國民族自立的現代性意義及其應該具有的對帝國主義的反抗性，而沒能客觀地分析殖民帝國的隱含的權力結構是怎樣地滲透和影響著現代中國民族自立的過程與現代文學結構。這在一定程度上制約著對政治革命現代性及其民族國家敘事文學的多義闡釋與當代反思。我們注意到，對1928年的無產階級革命文學、左翼文學、抗戰文學、解放區文學的研究，早在80年代中後期便陷入相對的停滯或懸置。其根本原因在於，受後殖民理論的影響，研究者人為地「在西方的『現代化』之外設立一種能與之抗衡的『中華性』或『亞洲價值』」，以「中華性」對抗全球性，變文化相對主義為價值相對主義，從而使學術研究「像排斥一切價值那樣排斥自由主義價值，因此也放棄批評那些雖實際存在但卻具有壓迫性的文化體制因素」〔註35〕。

90年代中國現代文學研究的價值迷誤大致表現為以下幾個方面：

第一，重複選題，學術增長點遞減

90年代以降的現代文學研究，似乎不大願意從事文學的歷史在場性的深度研究，比如像特定時期的文學時尚、文學制度、文學生產方式、文學與雜誌、文學與教育的研究；比如鄉俗符號與鄉土敘事、城市經驗與都市敘事等等；又比如中國現代文學與其他國度的文學比較研究。這些研究領域，在80年代已有一定的開拓，但此後卻少有學人繼續。因為，無論是歷史在場性的深度研究，還是跨國度跨文化的比較研究，都需要嚴謹的姿態，厚實的學養，開闊的知識譜系，沉靜而執著的精神。而今，把學術僅視為簡單操作工序的

〔註34〕陸揚：《關於後現代話語中的現代性》，載《文藝研究》2003年第4期。
〔註35〕參見徐賁《「後」學和價值相對論》，載《文藝研究》2003年第4期。

學人，一般不願從事學術探險一類的「吃力不討好」的課題。於是，選擇常態作家，運用常見材料，做出一個人云亦云的研究結論，是當前中國現代文學研究的基本狀況。像郭沫若研究、老舍研究、丁玲研究、趙樹理研究、聞一多研究、張愛玲研究、沈從文研究、錢鍾書研究、張恨水研究等等，存在大量的重複選題人云亦云現象。於是，選擇某一理論話語，構建一套框架，然後在框架內塞進別人的研究材料與觀點，組構成研究專著或論文，就成為普遍的事情，看起來，雖洋洋數萬甚至數十萬言，卻少有學術新見，更談不上什麼新的學術增長點。時人所指陳的「學術泡沫」，正是這樣得以膨脹和蔓延。

第二，當代學理性與歷史在場性的疏離

面對眾聲喧嘩的當代學術理論，中國現代文學研究一定程度地存在著拼貼與誤讀。先說「拼貼」。如女性主義文學理論，論者多直接援引身份認同、肢體寫作、反菲勒斯中心主義等術語概念，然後對某某女作家創作加以簡單比附。其實，只有將當代學理性與歷史在場性緊緊相聯，通過二者的融合、創化，才能獲得合理的研究結論。如丁玲、張愛玲、林自、陳染等中國現當代女作家的創作，構成了相當「中國」的、非常「現代」的、極為「文學」的女性創作風景：丁玲的性愛絕望及其「革命」的救贖方式，張愛玲的男性殘障與林自、陳染的「自戀自瀆」，構成了看不見的精神邏輯——女性絕望及其救贖方式。這才真是「中國現代文學」的女性寫作。再看「誤讀」。對於後殖民理論，學術界多接受賽義德的「東方主義」及其文化相對主義，像艾勒克』博埃默的殖民話語及本土資源命名理論，霍米‧巴巴的後發國家「混雜」文體形態的分析方法，少有問津者。因此，研究者容易從文化相對主義走向價值虛無主義。又如對於後現代理論，我們重視詹姆遜的消費社會和大眾文化的後現代，輕視了作為思維方式的後現代和啟示著全球化新意的後現代，因此簡單地以「日常敘事」分析替代「宏大敘事」分析。如對從魯迅到張愛玲的文學史轉型的研究，就缺乏「中國」式的理論解釋。

當學理僅僅作為一張「皮」而被拼貼，則顯出學界的急功近利時尚與消化能力的不成熟。因此，如何依託全球化背景，結合中國現代文學的歷史在場性，如何從理論拼貼轉為學理創化，這或許是中國現代文學走出疲憊「瓶頸」狀態的途徑。

第三，價值迷亂，評價失範

文學研究和其他學科研究一樣，自身具有價值評判的內在功能。評價功能的呈現，對於研究者而言，具有先在性和客觀必然性。進入 20 世紀 90 年代，在對 50 年代的政治意識形態研究和 80 年代的啓蒙立場進行質疑並對其結論進行消解的同時，一種以學術中立、還原學術爲標識的研究傾向也出現了。這本無可厚非，問題在於，在這種研究思想的指導下，研究者的價值立場和現代思想卻在悄然隱退。過分注重於研究文本的「知識之眞」和技術的規範，這些，對以前研究的反叛具有合理性的一面，強調研究的學術性及其規範自然是學術研究的題中之義。但是，當研究者眞正處於一種無價值的狀態時，其研究的合法性及存在理由便值得懷疑。無論是革命政治評價，還是啓蒙立場的現代性評價，其核心都具有鮮明的價值評判性質，這些評價也許包含著不合理的因素，甚至是極不合理，但對研究者尤其是現代文學這一學科的研究者來說，合理的價值評判是必需的，這不僅是文學研究的基本要求，也是中國現代文學學科的內在規定使然。

從一般性而言，中國現代文學雖然處於「混雜」的歷史場，但整體上，這一文學形態得以存在的基礎是現代性價值。因此，以現代性價值去觀察、認識、評價現代文學及其作家，是研究者應持的價值立場。但是，當一些研究者放棄了這一自明的合理立場後，對中國現代文學的認識，對具體作家的評價，自然會出現價值的迷亂和評價的失範。他們喪失了在複雜的文學形態面前進行價值抉擇的靈敏性，也缺少以現代中國生存發展所需的主導價值去正確評價文學現象的能力，甚至一些人以相反的、缺少現實基礎的陳舊價值爲一些作家作品評功擺好；還有的更以非理性的方式，不顧歷史，對一些文學現象，一些作家或者大加撻伐，或者肉麻吹捧，使研究者的價值操守蕩然無存。這種狀況既存在於對整個中國現代文學的認識理解之中，也表現在對文學運動、文學思潮、作家作品的評價之中。如對魯迅、對「五四」文學革命的「反傳統性」、對左翼及其革命文學、對解放區的文學、對自由主義的文學等等的認識與研究，都存在著不同程度的價值的迷亂與評價失範問題。我們認爲，對複雜的文學歷史不能簡單進行裁決，對具體文學現象的研究也不能用單一標準去抽繹出符合研究主體的意義生成與資源追尋價值內容。一個時代的文學無論多麼複雜紛紜，隱含在其中的，必須有一種爲時代、民族、社會及其所屬的多數人始終追尋、探索

並視爲理想的主導價值，因此，文學研究者理應以此作爲觀照、認識、評價文學現象的基本立場，否則，只能使研究走向價值的虛無。

（四）

通過對中國現代文學研究五十年歷程的反思，我們發現，從 50 年代奠基期、80 年代轉型期到 90 年代失範期，中國現代文學三代研究者雖然對於中國現代文學的學科特徵理解各異，但在方法論層面依然保持著驚人的相似。他們都力圖以某一種既定的理論，作爲統攝貫穿中國現代文學的本體論理念，並以「裁決」歷史的研究方法，對現代中國文學作出符合某一本體論理念的現象拼貼與歷史裁決。50 年代的中國現代文學研究，直接援引新民主主義文化理論作爲學科的本體理念。80 年代轉型期，研究者建構了啓蒙現代性與文學現代性的學科理念，並以此作爲中國現代文學三十年的文學史敘述邏輯。此後，「重寫文學史」呼聲不斷。近年，有學者試圖以審美現代性作爲現代文學的本體論特性，重建文學史的研究系統〔註 36〕，或以民族國家意識與話語系統作爲統攝中國現代文學的本體結構和意義特徵〔註 37〕。但是，有如哥德爾定理顯示的邏輯悖論，如果某一本體論理念能夠將中國現代文學史顯得愈清從歷史的單一視角到歷史的多義解釋晰，那麼，這種敘述邏輯就愈會給現代文學史留下更多的更爲模糊的盲區與黑洞。

在我們看來，中國現代文學研究的自救之途，在於研究方法論的轉型：從文學歷史的單項裁決，轉到文學歷史的多義闡釋；從黑格爾式的「絕對理念」的邏輯建構，轉移到伽達默爾式的歷史解釋學。以現代文化價值爲基點、以現代中國文學爲座標、以中西文化（文學）爲經緯、以文學審美爲路徑，回到歷史的原點，進入現代中國文學的「歷史場」，建立多元文化交匯、多種學理互參的開放的解釋學話語空間。

其實，在中國現代文學歷史「建構」風尚興盛之時，早有研究者自覺地從事著貼近「歷史場」的歷史解釋學工作。王富仁的《中國近現代文化發展

〔註 36〕 吳炫的《一個非文學性命題——20 世紀中國文學觀局限分析》（載《中國社會科學》2000 年第 5 期），對錢理群等人的「二十世紀中國文學」觀進行了質疑式剖析，並提出審美現代性的文學史觀構想。此後，譚桂林的《對文學史觀念的再認識——兼評吳炫的文學觀》（載《中國社會科學》2001 年第 4 期），就審美現代性文學觀問題，進行了評說與修正。

〔註 37〕 參見曠新年《民族國家想像與中國現代文學》，載《文學評論》2003 年第 1 期。

的逆向性特徵與中國現當代文學發展的逆向性特徵》和劉納的《「五四」新文學創作者對於發難者的偏離與超越——兼與辛亥革命時期進步文學比較》便是實例〔註38〕。前者從中西文化的複雜性聯繫中，準確地闡釋了中國近現代文化和現代文學在西方文化（文學）影響下，並沒有形成與西方文化（文學）發展進程相一致的「逆向性特徵」。後者從歷史在場性出發，發現和闡釋了「五四」文學理論提倡者與文學創作實踐者之間的不吻合現象：「『五四』先驅者們啓發青年的覺悟，是出於對於民族命運的危機感，是希望『發展』了『個性』的青年負擔起社會的責任」，但覺醒了的「五四」作家「卻反而常常陷入『無爲』而『無用』的尷尬處境」。而正是這種對於新文學發難者的「偏離與超越」，才使得「五四」新文學創作者由啓蒙現代性進入「更多的對自我生命的體驗」的文學現代性的意義空間。由此啓發我們，對於啓蒙現代性與文學現代性研究，只有通過具體而複雜的歷史闡釋，才能獲得準確而眞實的認知。

解釋學方法，絕不是放逐研究者價值立場的靜態的歷史還原，恰恰相反，它提倡並一直堅守著中國現代文學研究的「現代」價值立場。我們堅持認爲：「從整體講，現代性價值始終是現代文學自覺追求的目標，實現社會、文化、民族以及文學的現代化是根本的目的。因此，在現代文學的三十年間，啓蒙、民族現代性及文學的現代化是根本的目的。因此，在現代文學的三十年間，啓蒙、民族現代性，革命、社會主義現代性，文學自身的審美現代性，是貫穿其間的價值主線。」與以往的研究區別在於，我們提倡的歷史解釋學方法，不是以現代性作爲裁決歷史的尺規，而是以現代性爲價值座標，建立一種現代性座標的多維度多義項的「歷史場」。在這種「歷史場」中，具體闡釋中國現代文學的「現代形態」的生成與流變。比如用福柯知識考古／譜系學方法，闡釋中國古代文學哪些要素合理地進入「現代」並形成中國現代文學的構成元素；比如用後殖民理論，闡釋30年代中國現代派詩如何借用西方的「他者」詩思模式，轉過來對傳統（唐宋詩詞）的承襲與重新命名，從而把握30年代現代派詩歌那屬於「中國的」也屬於「現代」的質素。同樣地，對於革命現代性文學研究、民族現代性文學研究，運用歷史解釋學方法，我們將會獲得更開闊而複雜的闡釋空間，獲得有關中國現代文學的一系列的現代性問題的多義結構、復合狀態和悖論特

〔註38〕王富仁和劉納文章，見於中國現代文學研究會編《在東西古今的碰撞中——對「五四」新文學的文化反思》，北京：中國城市經濟社會出版社1989年版。

徵。而所有這些，正是中國現代文學區別於中國古典文學、區別於歐美現代文學、也區別於亞洲其他國家的現代文學的文學特徵。

後　記

　　辛亥首義打響了推翻兩千多年專制帝國的第一槍，其偉大意義在於結束了清王朝的統治，建立了現代意義上的中華民國，為中國走向現代，走向共和的社會政治制度的建立，奠定了基礎。在這一歷史進程中，文學為思想的現代化、人的現代化和文學自身的現代化，作出了艱苦卓絕的努力，為現代社會的形成提供了必要的思想、精神、情感保證，為現代審美理想的實現和現代審美意識形態的形成作出了巨大貢獻，尤其在現代價值呈現的核心、現代觀念表達的載體、現代思維建構的主體工具——語言的革命進程中，更是功不可沒。因此，研究民國時期的文學及其作家的探索，總結此時期文學與作家的思想、價值、精神、情感、審美的歷史選擇，揭示其歷史品格，並進一步思考文學的發生、發展、繁榮與社會歷史諸多方面的關係，是文學研究的重要任務。本書所研究的問題，基本上就是圍繞上述宗旨而開展的，立場是現代啓蒙，思想是現代性的價值系統，方法是歷史與思想、邏輯與闡釋的結合。書中所關注的問題，主要集中在民國時期文學的品格與精神、文學思潮與文化變革的歷史關係、文學語言革命的意義、魯迅關於中國理想人性建設的思想等方面，同時也關注了文學研究的價值立場與方法等問題。這些文字，歷經三十餘年，其間也經歷了本人思想的變化，因而研究思想的歷史軌跡變化還是相當明顯的。需要說明的是，其中有幾篇文字，分別是和李俊國教授以及先後隨我攻讀博士或碩士的朱恒、王中、付丹、李敏、溫嘯、余禮鳳合作研究的成果，在此深表感謝。

　　民國時期的文學，形成與發展的時間並不長，但其歷史地位卻相當重要，所引發的學術思考乃至對文化思想的思考都極其豐富。可是，對於這些問題

的研究，由於種種原因，至今仍有待深入；尤其是此時期文學的生產機制，作家的存在狀態與文學發展的關係，政治、思想文化與文學的諸多相互影響的關係，文學健康發展的社會保障等重要問題，更需要深入研究。

感謝李怡教授對本書出版的推薦和對內容體例安排的中肯意見，感謝魯紅霞博士為本書成型所付出的辛勤勞動。

作者於武漢華中科技大學

2013 年 2 月 24 日